Visual Basic 5 für Dummies

Wallace Wang

Visual Basic 5 für Dummies

Gegen den täglichen Frust mit Visual Basic 5

*Übersetzung aus dem
Amerikanischen von
Reinhard Engel*

An International Thomson Publishing Company

Bonn • Albany • Belmont • Boston • Cincinnati • Detroit • Johannesburg • London
Madrid • Melbourne • Mexico City • New York • Paris • Singapore • Tokyo

Die Deutsche Bibliothek – CIP-Einheitsaufnahme:

Wallace Wang:
Visual Basic 5 für Dummies / Wallace Wang. Übers. aus
dem Amerikan. von Reinhard Engel. - Bonn ; Albany :
Internat. Thomson Publ., 1997
    Einheitssacht.: Visual Basic 5 for Windows for Dummies <dt.>
ISBN 3-8266-2748-2

ISBN 3-8266-2748-2
1. Auflage 1997

Alle Rechte, auch die der Übersetzung, vorbehalten. Kein Teil des Werkes darf in irgendeiner Form (Druck, Fotokopie, Mikrofilm oder einem anderen Verfahren) ohne schriftliche Genehmigung des Verlages reproduziert oder unter Verwendung elektronischer Systeme verarbeitet, vervielfältigt oder verbreitet werden. Der Verlag übernimmt keine Gewähr für die Funktion einzelner Programme oder von Teilen derselben. Insbesondere übernimmt er keinerlei Haftung für eventuelle aus dem Gebrauch resultierende Folgeschäden.

Die Wiedergabe von Gebrauchsnamen, Handelsnamen, Warenbezeichnungen usw. in diesem Werk berechtigt auch ohne besondere Kennzeichnung nicht zu der Annahme, daß solche Namen im Sinne der Warenzeichen- und Markenschutz-Gesetzgebung als frei zu betrachten wären und daher von jedermann benutzt werden dürften.

Übersetzung der amerikanischen Originalausgabe:
Wallace Wang: Visual Basic For Windows For Dummies

Copyright © 1997 by International Thomson Publishing GmbH, Bonn
Original English language edition text and art copyright © 1997 by IDG Books Worldwide, Inc.
All rights reserved including the right of reproduction in whole part or in part in any form.
This edition published by arrangement with the original publisher, IDG Books Worldwide, Inc.,
Foster City, California, USA.

Printed in Germany

Lektorat: Esther Kockel
Korrektorat: Stefanie Hofert
Druck: IDS, Paderborn
Umschlaggestaltung: Sylvia Eifinger, Bonn
Satz und Layout: Lieselotte und Conrad Neumann, München

Inhaltsverzeichnis

Einführung — 19

    Über dieses Buch — 19
    Wie Sie dieses Buch nutzen sollten — 20
    Wie ich mir Sie vorstelle — 20
    Wie dieses Buch aufgebaut ist — 21
        Teil I: Ein Visual Basic 5-Programm erstellen — 21
        Teil II: Benutzeroberflächen entwerfen — 21
        Teil III: Menüs erstellen — 21
        Teil IV: Code schreiben – die Grundlagen — 21
        Teil V: Entscheidungen treffen (etwas, mit dem Sie aufhören, sobald Sie geheiratet haben) — 22
        Teil VI: Mit Schleifen arbeiten — 22
        Teil VII: Unterprogramme schreiben (damit Sie nicht auf einen Schlag verrückt werden) — 22
        Teil VIII: Datenbankprogramme und Drucken — 22
        Teil IX: Dies und das — 22
    Symbole, die in diesem Buch benutzt werden — 23
    Wie geht es weiter? — 24

Teil I
Ein Visual Basic-Programm erstellen — 25

Kapitel 1
Wie Visual Basic funktioniert — 27

    Wie Sie Ihr Programm schreiben — 27
        Der Visual Basic-Entwicklungszyklus — 28
        Eine ansprechende Benutzeroberfläche erstellen — 30
        Eigenschaften machen Ihre Benutzeroberfläche attraktiv — 31
        BASIC-Code schreiben — 31

Kapitel 2
Die Visual Basic-Benutzeroberfläche — 33

    Visual Basic laden — 33
        Ein neues Programm erstellen — 34
        Ein vorhandenes Programm laden — 35

Die Visual Basic-Benutzeroberfläche kennenlernen	36
Fenster schließen und öffnen	38
Fenster umformen und verschieben	38
Fenster verankern	39
Visual Basic verlassen	40

Kapitel 3
Die Entwicklung Ihrer ersten Benutzeroberfläche — 41

Gemeinsame Komponenten einer Benutzeroberfläche	41
Objekte mit Visual Basic zeichnen	43
Die erste Benutzeroberfläche manuell neu erstellen	44
Definieren Sie die Eigenschaften Ihrer ersten Benutzeroberfläche	47
Was Eigenschaften bewirken	48
Werte von Eigenschaften ändern	48
Die Benutzeroberfläche mit Visual Basic automatisch erstellen	53

Kapitel 4
BASIC-Code schreiben — 61

Was ist BASIC-Code?	61
Ein Programm Schritt für Schritt erstellen	62
Objekte und Ereignisse wählen	63
Visual Basic-Prozeduren schreiben	64
Was kann BASIC-Code tun?	66
Wie eine Visual Basic-Prozedur funktioniert	68
BASIC-Code für Ihr erstes Visual Basic-Programm schreiben	69

Teil II
Entwurf einer Benutzeroberfläche — 73

Kapitel 5
Die hohe Schule des Designs — 75

Ehe Sie mit dem Design der Benutzeroberfläche anfangen	75
Lernen Sie Ihren Benutzer kennen	75
Bieten Sie dem Benutzer Orientierungshilfe	76
Verdeutlichen Sie die Wahlmöglichkeiten	76
Seien Sie nachsichtig	77
Gestalten Sie es einfach	77
Der Entwurf Ihrer Visual Basic-Benutzeroberfläche	78
Objekte zeichnen	80
Das Eigenschaftenfenster benutzen	80

Objekte benennen	81
Die Caption-Eigenschaft von Objekten	83
Objekte auf dem Bildschirm verschieben	89
Objekte von der Bildfläche verschwinden lassen	90
Objekte kopieren, weil Sie zu faul sind, neue zu zeichnen	91
Mehr als ein Objekt auf einmal verschieben, kopieren oder löschen	91
Die Größe von Objekten ändern	92
Die TabIndex-Eigenschaft Ihrer Objekte definieren	93
Objekte deaktivieren	95
Objekte unsichtbar machen	96
Probieren Sie es selbst	96

Kapitel 6
Formulare und Schaltflächen *99*

Ein Formular erstellen	99
Formulare speichern	101
Verschiedene Formulare anzeigen	101
Ein Formular mit dem Layout-Fenster positionieren	102
Formulare mit Rahmen versehen	104
Formulare minimieren und maximieren	105
Symbole für minimierte Formulare anzeigen	107
Das Systemmenüfeld	107
Welches Formular zeigt Visual Basic zuerst an?	108
Maßeinheiten eines Formulars definieren	109
Auf Knöpfe drücken	110
Arten von Schaltflächen	110
Schaltflächen erstellen	111
Bilder auf Schaltflächen anzeigen	112
Die Größe einer Bildschaltfläche ändern	113
Eine Standardschaltfläche erstellen	114
Eine Abbrechen-Schaltfläche erstellen	115
Schaltflächen gruppieren	115
Mit QuickInfos arbeiten	117

Kapitel 7
Mit Kästchen und Knöpfen entscheiden *119*

Kontrollkästchen und Optionsfelder erstellen	119
Kontrollkästchen und Optionsfelder ausrichten	120
Kontrollkästchen gruppieren	120
Optionsfelder gruppieren	122
Bilder in Kontrollkästchen und Optionsfelder einfügen	123

Weitere Entscheidungsmöglichkeiten mit Listenfeldern und Kombinationsfeldern	124
Ein Listenfeld erstellen	125
Arten von Kombinationsfeldern	126
Elemente in Listenfelder und Kombinationsfelder einfügen	128
Standardelemente hervorheben	130
Elemente in einem Listenfeld oder Kombinationsfeld sortieren	131
Elemente aus einem Listenfeld oder Kombinationsfeld entfernen	133
Kontrollkästchen in Listenfeldern anzeigen	133
Mehrspaltige Listenfelder	134
Elemente in einem Listenfeld ansprechend gestalten	135

Kapitel 8
Textfelder zum Eintippen und Anzeigen von Wörtern   137

Ein Textfeld erstellen	137
Textfelder mit einem ansprechenden Rahmen versehen	138
Wörter in Textfeldern anzeigen	139
Horizontale und vertikale Bildlaufleisten in ein Textfeld einfügen	142
Ein Kennwortfeld erstellen	143
Die Länge des Textes begrenzen	144
Schriftarten, Größen und Auszeichnungen	145
Farben in Textfeldern	147

Kapitel 9
Bildlaufleisten und Bezeichnungsfelder   149

Bildlaufleisten erstellen	150
Höchst- und Mindestwerte einer Bildlaufleiste	150
Wo steht das Bildlauffeld in meinen Bildlaufleisten?	151
Das Bildlauffeld verschieben	152
Bezeichnungsfelder erstellen	154
Bezeichnungsfelder mit einem Rahmen versehen	155
Die Größe von Bezeichnungsfeldern ändern	155
Text in einem Bezeichnungsfeld ausrichten	157
Bezeichnungsfelder mit Zeilenumbruch	157

Kapitel 10
Ansprechende Bilder und geometrische Objekte   159

Bilder erstellen	159
Bilder in Bildfeldern oder Abbildungen anzeigen	160
Bildfelder oder Abbildungen mit einem Rahmen versehen	161
Die Größe von Bildfeldern oder Abbildungen ändern	162
Die Größe von Grafiken ändern	162
Die Größe von Bildfeldern automatisch anpassen	163

Bildfelder farbig gestalten	163
Linien, Kreise und andere Alpträume aus der Geometrie	164
Linien erstellen	165
Kreise und Rechtecke erstellen	166
Die Farbe von Linien und anderen Figuren ändern	167
Die Stärke von Linien ändern	167
Die Linienart geometrischer Figuren ändern	167
Die Größe und Position von Linien ändern	169
Die Größe von Kreisen, Rechtecken und anderen Figuren ändern	170
Figuren mit Farben und ansprechenden Mustern füllen	171
Die Hintergrundfarbe von Figuren ändern	172
Probieren Sie es selbst aus	173

Teil III
Menüs erstellen   *175*

Kapitel 11
Menüs erstellen und attraktiv gestalten   *177*

Die Grundelemente einer Menüleiste	177
Menüs für Ihre Benutzeroberfläche erstellen	179
Menüs benennen	181
Menütitel entwerfen	182
Menütitel und -befehle hinzufügen und löschen	183
Menübefehle unter einem Menütitel erstellen	184
Menütitel und -befehle verschieben	185
Menüs benutzerfreundlich gestalten	187
Trennlinien in Menüs einfügen	187
Shortcuts zuweisen	188
Häkchen neben Menübefehle setzen	190
Menübefehle abblenden	191
Menübefehle unterdrücken	192

Kapitel 12
Untermenüs, wachsende Menüs und Kontextmenüs   *195*

Untermenüs erstellen	195
Menü-Captions zur Laufzeit ändern	198
Dynamisch wachsende Menüs	198
Popup-Menüs erstellen	200
Die Position von Popup-Menüs definieren	201
Die rechte Maustaste mit Popup-Menüs verknüpfen	202

Kapitel 13
Dialogfelder   205

    Ein Dialogfeld erstellen   205
        Symbole in ein Dialogfeld einfügen   207
        Anzahl und Art der Befehlsschaltflächen in einem Dialogfeld definieren   208
        Welche Schaltfläche hat der Benutzer in einem Dialogfeld gewählt?   209
    Standard-Dialogfelder   210
        Das Dialogfeld Öffnen anzeigen   212
        Das Dialogfeld Öffnen erstellen   214
        Welche Datei hat der Benutzer im Öffnen-Dialogfeld gewählt?   215
        Das Speichern unter-Dialogfeld anzeigen   215
        Welche Datei hat der Benutzer im Speichern unter-Dialogfeld gewählt?   216
        Das Dialogfeld Farbe anzeigen   216
        Welche Farbe hat der Benutzer im Farbe-Dialogfeld gewählt?   217
        Das Schriftart-Dialogfeld anzeigen   218
        Welche Schriftoptionen hat der Benutzer im Schriftart-Dialogfeld gewählt?   218
        Das Dialogfeld Drucken anzeigen   219

Teil IV
Code schreiben – die Grundlagen   221

Kapitel 14
Ereignisprozeduren   223

    Art von Ereignissen   223
        Ereignisprozeduren erstellen   224
        Die Komponenten von Ereignisprozeduren   226
        Das Code-Fenster in zwei Unterfenster teilen   227
        Editieren im Code-Fenster   228
        Verschiedene Ereignisprozeduren anzeigen   229
        Die Ereignisprozedur, die jedes Programm benötigt   235

Kapitel 15
Mit Variablen arbeiten   237

    Daten lesen   237
    Werte und Variablen   238
        Variablen benutzen   239
        Variablen einen Zahlenwert zuweisen   243
        Variablen eine Zeichenkette zuweisen   244
        Eigenschaften ändern   245
        Variablen eine andere Variable zuweisen   247

Objekten in einem anderen Formular einen Wert zuweisen	249
Datentypen	252
Datentypen für Zeichenketten	255
Der Gültigkeitsbereich von Variablen	256

Kapitel 16
Auf den Benutzer reagieren — 261

Daten aus der Benutzeroberfläche holen	261
Informationen von einem Objekt erfragen	263
Daten aus Textfeldern lesen	264
Feststellen, welches Optionsfeld der Benutzer gewählt hat	264
Feststellen, welches Kontrollkästchen der Benutzer gewählt hat	265
Daten aus Laufwerk-, Verzeichnis- und Dateilistenfeldern lesen	266
Daten eines Kombinationsfeldes abfragen	268
Werte aus horizontalen und vertikalen Bildlaufleisten herauslesen	268
Daten eines Listenfeldes abfragen	269

Kapitel 17
Höhere Mathematik: arithmetische, logische und Vergleichsoperatoren — 275

Arithmetische Operatoren	275
Logische Operatoren	280
Vergleichsoperatoren	282
Vorrang	285

Kapitel 18
Zeichenketten manipulieren — 289

Zeichenketten manipulieren	289
Die Länge einer Zeichenkette berechnen	290
Großbuchstaben in Kleinbuchstaben umwandeln	290
Zeichen aus einer Zeichenkette ausschneiden	291
Einen Teil einer Zeichenkette mit einer anderen Zeichenkette suchen	292
Einen Teil einer Zeichenkette durch eine andere Zeichenkette ersetzen	293
Leerzeichen am Anfang und Ende einer Zeichenkette abschneiden	294
Zeichenketten und Werte umwandeln	295
Eine Zeichenkette in eine Zahl umwandeln	296
Eine Zahl in eine Zeichenkette umwandeln	296
Eine Zeichenkette in ihren ASCII-Wert umwandeln	297
Einen ANSI-Wert in eine Zeichenkette umwandeln	297

Kapitel 19
Konstanten definieren und Code kommentieren — 299

Konstanten benennen	299
Konstanten deklarieren	300
Gültigkeitsbereich von Konstanten	301
Kommentare einsetzen	304

Kapitel 20
Fehler ausmerzen — 311

Arten von Fehlern	312
Syntaxfehler	312
Laufzeitfehler	313
Logikfehler	313
Auf Fehlerjagd	314
Erkennen, daß Ihr Programm einen Fehler hat	314
Den Fehler finden	315
Herausfinden, was den Fehler verursacht	315
Den Fehler beseitigen	315
Fehler an der Quelle ausmerzen	316
Wie Visual Basic Fehler verfolgt und ausmerzt	316
Zeile für Zeile durch ein Programm gehen	317
Variablen beobachten	319
Haltepunkte setzen	320

Teil V
Entscheidungen treffen (etwas, mit dem Sie aufhören, sobald Sie geheiratet haben) — 323

Kapitel 21
Die If-Then- und If-Then-Else-Befehle — 325

Bedingungen	325
Der Befehl If-Then	326
Der Befehl If-Then-End If	327
Der Befehl If-Then-Else	329
Der Befehl If-Then-ElseIf	330
Mehrweg-Entscheidungen mit dem Befehl If-Then-ElseIf	331
Sicherstellen, daß der Computer wenigstens einen Anweisungsblock ausführt	332
If-Then-Befehle verschachteln	332

Kapitel 22
Select Case und verschachtelte Kontrollstrukturen — 335

Der Select Case-Befehl — 335
Den Befehl Select Case mit Vergleichsoperatoren einsetzen — 336
Sicherstellen, daß der Computer wenigstens einen Anweisungsblock ausführt — 337
Verschachtelte Kontrollstrukturen — 337
Verschachtelung — 339

Teil VI
Schleifen über Schleifen — 343

Kapitel 23
Die Do-While- und Do-Loop-While-Schleifen — 345

Wie die Do-While-Schleife funktioniert — 345
   Wie oft wird eine Do-While-Schleife durchlaufen? — 346
   Wann sollten Sie eine Do-While-Schleife verwenden? — 347
Wie die Do-Loop-While-Schleife funktioniert — 347
   Wie oft wird eine Do-Loop-While-Schleife durchlaufen? — 348
   Wann sollten Sie eine Do-Loop-While-Schleife verwenden? — 349

Kapitel 24
Die Do-Until- und Do-Loop-Until-Schleifen — 351

Wie die Do-Until-Schleife funktioniert — 351
   Wie oft wird eine Do-Until-Schleife durchlaufen? — 352
   Wann sollten Sie eine Do-Until-Schleife verwenden? — 353
Wie die Do-Loop-Until-Schleife funktioniert — 353
   Wie oft wird eine Do-Loop-Until-Schleife durchlaufen? — 355
   Wann sollten Sie eine Do-Loop-Until-Schleife verwenden? — 356

Kapitel 25
For Next-Schleifen: Schleifen, die zählen können — 357

Wie die For-Next-Schleife funktioniert — 358
Rückwärts und vorwärts zählen — 359
Wann sollten Sie eine For Next-Schleife verwenden? — 360
Vorsicht bei einer For-Next-Schleife mit Schrittweite — 362
Probieren Sie es selbst — 363

Kapitel 26
Verschachtelte Schleifen und schnelle Ausgänge — 365

Arbeiten mit verschachtelten Schleifen — 365
Verschachtelte Schleifen, die funktionieren — 366
Schnelle Ausgänge aus Schleifen — 367

Teil VII
Unterprogramme schreiben (damit Sie nicht auf einen Schlag verrückt werden) — 369

Kapitel 27
Allgemeine Prozeduren (Unterprogramme, die jeder benutzen kann) — 371

Wie man eine allgemeine Prozedur erstellt — 372
Benennung allgemeiner Prozeduren — 374
Wie man eine allgemeine Prozedur verwendet — 375

Kapitel 28
Argumente übergeben — 377

Warum mit Argumenten arbeiten? — 377
Argumente an eine Prozedur übergeben — 378
Argumente annehmen — 379
    Argumenttypen definieren — 381
    Probleme bei der Übergabe von Argumenten — 382
    Argumente als Werte übergeben — 383
Eine Prozedur vorzeitig verlassen — 386
Probieren Sie es selbst — 386

Kapitel 29
Funktionen: eine eigene Art von Unterprogramm — 389

Einen Wert mit einer Funktion verknüpfen — 389
Funktionen aufrufen — 390
Funktionen mit einem bestimmten Datentyp definieren — 391
    Argumenttypen definieren — 392
    Probleme bei der Übergabe von Argumenten — 395
Eine Funktion vorzeitig verlassen — 396

Kapitel 30
Klassen und objektorientierte Programmierung   **397**

Was ist objektorientierte Programmierung? 397
Theoretisches über Klassenmodule 399
    Ihre Variablen deklarieren 400
    Die Eigenschaften eines Objekts definieren 401
    Die Methoden eines Objekts schreiben 402
    Eine Klasse auf Papier entwerfen 403
Ein Klassenmodul mit dem VB-Klassenerstellungs-Assistenten erstellen 404
    Eine neue Klasse erstellen 404
    Eigenschaften der Klasse definieren 406
    Methoden der Klasse definieren 407
    Das VB-Klassenerstellungs-Programm verlassen 408
Ein Klassenmodul in einem Visual Basic-Programm verwenden 408
    Ein Objekt erstellen 409
    Ein Objekt benutzen 409
Versuchen Sie es selbst mit einem Klassenmodul 409

Kapitel 31
Dateien verwalten   **413**

Wie Visual Basic ein Programm speichert 413
VBP-Projektdateien 414
    Dateien in eine Projektdatei einfügen 416
    Dateien aus einer Projektdatei entfernen 416
ActiveX-Controls hinzufügen oder entfernen 416

Teil VIII
Datenbank-Programme und Drucken   **419**

Kapitel 32
Datenbankendateien erstellen   **421**

Was sind Datenbankdateien? 421
Die Struktur einer Datenbank festlegen 423
Eine Datenbankdatei erstellen 424
    Den Visual Data Manager ausführen 424
Informationen in der Datenbank speichern 428
Den Visual Data Manager verlassen 428

Kapitel 33
Auf Datenbankdateien zugreifen — 429

Was sind Datenbankdateien? — 429
Wie man die Verbindung zu einer Datenbankdatei herstellt — 430
    Sich manuell mit einer Datenbank verbinden — 430
    Sich mit dem VB-Datenformularassistenten mit einer Datenbank verbinden — 432
Datenfelder auf dem Bildschirm anzeigen — 437
Verschiedene Datensätze wählen — 438
    Die Datensätze einer Datenbank anzeigen — 439
    Einen Datensatz löschen — 439
    Einen Datensatz hinzufügen — 440
    Einen Datensatz editieren — 440
    Die Anzahl der vorhandenen Datensätze zählen — 441
Einen bestimmten Datensatz finden — 441
    Daten aus einem Datenbankfeld herauslesen — 443
    Daten in einer Datenbank ändern — 443
    Einen bestimmten Datensatz mit einem Lesezeichen markieren — 444

Kapitel 34
Informationen mit Ihrem Programm drucken — 447

Ein Formular drucken — 447
Mit dem Drucker-Objekt drucken — 448
    Text mit dem Drucker-Objekt drucken — 448
    Linien und Kreise mit dem Drucker-Objekt drucken — 450
Mehrere Seiten drucken — 451
Die Druckqualität festlegen — 451
Die Anzahl der Seiten mitzählen — 452
Nach dem Drucken — 452
Probieren Sie es selbst — 452
Ein Visual Basic-Projekt drucken — 453

Teil IX
Dies und das — 455

Kapitel 35
Die zehn nützlichsten Zusatzprogramme für Visual Basic — 457

Add-Ons, die den Visual Basic-Programmierer davor bewahren, vollkommen verrückt zu werden — 458
Machen Sie Visual Basic als Programmiersprache etwas weniger schwächlich — 459
Aus Visual Basic eine Tabellenkalkulation machen — 460

Daten in ansprechende Grafiken umwandeln	460
Leichter Zugriff auf Access-Datenbanken	461
Aus Visual Basic eine Textverarbeitung machen	462
Grafiken und andere hübsche Bilder anzeigen	462
Fehler in Ihrem Visual Basic-Programm ausmerzen	463
Fügen Sie Ihre eigenen VBA-Makros hinzu	463
Kombinieren Sie Computer-Telephonie mit Visual Basic	464

Kapitel 36
Visual Basic-Themen, die sonst nirgends hineingepaßt haben 467

Kaufen, lesen oder stehlen Sie das Visual Basic-Programmer's Journal	467
Lesen Sie einen Visual Basic-Newsletter	468
Bitten Sie Microsoft um eine Kopie von The Microsoft Developer's Network News	469
Benutzen Sie die Visual Basic-Foren in CompuServe	469
Treten Sie einer lokalen Visual Basic-Benutzergruppe bei	470
Besuchen Sie Web-Sites über Visual Basic	470
Besuchen Sie eine technische Konferenz über Visual Basic	470
Wenn alles nichts hilft, rufen Sie den technischen Support von Microsoft an	471
Suchen Sie nach Versandhändlern	471
Erweitern Sie Visual Basic, indem Sie Ihre eigenen DLL-Dateien schreiben	472
Erweitern Sie die Fähigkeiten von Visual Basic, indem Sie das Windows Application Interface (API) benutzen	473
Kaufen Sie ein Programm, um Hilfedateien zu erstellen	473
Kaufen Sie ein Programm, um Installationsdisketten zu erstellen	474

Kapitel 37
Mit Assistenten und Formularvorlagen arbeiten 477

Ein Programm schnell mit dem Visual Basic-Anwendungsassistenten schreiben	477
Vordefinierte Formulare benutzen	480

Kapitel 38
Über die CD 483

Systemanforderungen	483
Inhalt der CD	483
Wenn Sie Probleme mit der CD haben	485

Stichwortverzeichnis 487

Einführung

Willkommen zur Computer-Programmierung mit Visual Basic. Wenn Sie jemals versucht haben zu programmieren, es aber zu kompliziert fanden, können Sie sich jetzt entspannen. Wenn Sie auf einem Stück Papier herumkritzeln können, können Sie auch ein Programm in Visual Basic 5 schreiben. (Kein Scherz!)

Im Gegensatz zu anderen Büchern, die Sie möglicherweise in die Hand genommen und sofort fallengelassen haben, weil sie so dick und schwer waren, habe ich beim Schreiben dieses Buches eine unkonventionelle Art gewählt, um über Programmieren zu sprechen: Ich schreibe normales Deutsch. Neben den Kern treffenden deutschen Erklärungen vermittle ich interessante Einzelheiten über das Programmieren, Beispielprogramme und Schritt-für-Schritt-Anweisungen zum Schreiben von Programmen in Visual Basic 5.

Programmieren muß wirklich nicht schwer sein. Es kann sogar viel Spaß machen. Sie sollen sich beim Lesen gut unterhalten, daher schafft dieses Buch eine spielerische Atmosphäre. Schließlich haben die meisten Leute ihren Computer ursprünglich aus diesem Grund gekauft – um Spaß zu haben. (Ich frage Sie: »Kauft jemand *wirklich* einen Computer, nur um ein Budget auszugleichen?«)

Über dieses Buch

Betrachten Sie dieses Buch als einen freundlichen Führer zur Visual Basic-Programmierung. Obwohl Visual Basic nicht schwierig zu lernen ist, kann es schwierig sein, sich die vielen kleinen Einzelheiten zu merken, die man zum Schreiben eines interessanten Programmes braucht. Hier sind einige Beispiele der Themen, die Sie in diesem Buch finden:

- ✔ Speichern Ihres Programmes
- ✔ Entwerfen der Benutzeroberfläche
- ✔ Erstellen von Pulldown-Menüs
- ✔ Beseitigen von Fehlern in Ihrem Programm
- ✔ Informationen drucken

Auch wenn viele Leute meinen, daß das Programmieren eines Computers Jahre der Ausbildung in fortgeschrittener Mathematik und Technik erfordert, brauchen Sie keine Angst zu haben. Wenn Sie jemandem beschreiben können, wie er vom Arbeitsplatz zu Ihrem Haus kommt, dann können Sie mit Sicherheit auch einem Computer sagen, was er tun soll. Dieses Buch will Ihr Gehirn nicht mit technischen Details und Erklärungen vollstopfen, sondern Ihnen Schritt für Schritt zeigen, wie Sie Visual Basic-Programme schreiben können, und Ihnen das nötige Selbstvertrauen geben, es dann auch zu tun.

Wie Sie dieses Buch nutzen sollten

Dieses Buch beschreibt Schritt für Schritt, wie Sie eine Benutzeroberfläche erstellen und den BASIC-Code für ein Programm schreiben, das auf jede Aktion reagiert, die sich auf der Benutzeroberfläche ereignet (wie z.B. das Anklicken einer Schaltfläche und das Drücken bestimmter Tasten).

Code wird in einer Schrift mit konstantem Zeichenabstand wie folgt dargestellt:

```
Printer.DrawWidth = Value
```

Wegen der Seitenbegrenzungen in diesem Buch brechen manche Code-Zeilen in die nächste Zeile um. Auf Ihrem Computer jedoch erscheinen diese umbrochenen Zeilen als eine einzige Code-Zeile. Fügen Sie deshalb keinen Zeilenumbruch ein, wenn Sie eine dieser umbrochenen Zeilen sehen. Beispiel:

```
Sub Form_MouseUp(Button As Integer, Shift As Integer,
     X As Single, Y As Single)
```

Visual Basic unterscheidet nicht zwischen Groß- und Kleinschreibung. Sie können deshalb alles in Großbuchstaben, Kleinbuchstaben oder beiden Buchstabengrößen eingeben. Aber damit das, was auf Ihrem Bildschirm erscheint, den Abbildungen in diesem Buch entspricht, benutzen Sie bitte Großbuchstaben und Kleinbuchstaben so, wie sie in den Beispielen dieses Buches angezeigt werden.

Um Ihren Lernerfolg zu testen, sind einfache Quizfragen über das ganze Buch verstreut. Diese Quizfragen sollen Sie nicht runtermachen, sondern Ihr Selbstvertrauen stärken. Zu jeder Quizfrage werden vier mögliche Antworten angeboten. Drei Möglichkeiten liegen so daneben, daß es für Sie leicht sein wird, die richtige zu wählen. Die Fragen sollen nicht nur den Stoff wiederholen, sondern die falschen Antworten sollen Sie auch zum Schmunzeln bringen.

Wie ich mir Sie vorstelle

Ich gehe davon aus, daß Sie einen Computer ein- und ausschalten können und bereits wissen, wie man eine Maus und eine Tastatur bedient. Außerdem nehme ich an, daß Sie Ihre eigenen Programme schreiben wollen, um Spaß zu haben, Geld zu verdienen oder zu arbeiten (Arbeit macht nicht immer Spaß und bringt nicht immer Geld).

Zusätzlich haben Sie eine Kopie von Visual Basic 5 und wollen gerne wissen, wie man damit programmiert. Das ist alles, was Sie für dieses Buch benötigen. Sie brauchen kein mathematisches Wunderkind zu sein, Sie brauchen nicht in Informatik promoviert zu haben, und Sie brauchen nicht viel über die internen Eingeweide Ihres Computers oder seine Funktionsweise zu wissen.

Albert Einstein (der berühmte Physiker, der die Relativitätstheorie erfunden hat) hatte einmal einen Grundschullehrer, der Einstein für zurückgeblieben hielt. Möglicherweise als Reaktion

Einführung

darauf sagte Albert Einstein später einmal: »Phantasie ist wichtiger als Wissen.« (Einige Leute behaupten ebenfalls, daß Einstein auch sagte: »Wenn mein Grundschullehrer so viel wußte, wo sind dann seine Nobelpreise?«)

Wenn Sie also eine bestimmte Vision verfolgen, haben Sie bereits mehr als genug, um mit dem Schreiben von Programmen in Visual Basic anzufangen.

Wie dieses Buch aufgebaut ist

Dieses Buch enthält neun Hauptteile. Jeder Teil enthält mehrere Kapitel; und jedes Kapitel enthält mehrere Abschnitte. Wenn Sie Hilfe benötigen, brauchen Sie nur das Buch zu nehmen und anfangen zu lesen. Die neun Teile haben folgenden Inhalt:

Teil I: Ein Visual Basic 5-Programm erstellen

Teil I enthält eine kurze Einführung in alle Haupteigenschaften von Visual Basic. Wenn der Gedanke daran, einen Computer zu programmieren, Ihnen bisher Angstschweiß auf die Stirn getrieben hat, können Sie hier Ihre Ängste überwinden und Ihr Selbstvertrauen stärken.

Teil II: Benutzeroberflächen entwerfen

Eine Benutzeroberfläche bestimmt, wie Ihr Programm aussieht. Hier werden Sie Ihren Spaß haben und das Aussehen Ihres Programmes so häßlich oder elegant gestalten, wie Sie wollen. In Teil II werden Sie Kreise zeichnen, Linien ziehen und über den ganzen Bildschirm kritzeln. Am Computer ist das unverfänglich; aber wenn Sie dies als Erwachsener ohne Computer machen, könnten die Leute denken, Sie hätten Ihren Verstand verloren und sehnten sich nach der Fingermalerei im Kindergarten zurück.

Teil III: Menüs erstellen

In Teil III werden Sie schicke Pulldown-Menüs erstellen, wie sie heutzutage in allen teuren Programmen benutzt werden. Wenn Sie mit Ihrem Programm Ihre Freunde beeindrucken und Leute beeinflussen wollen, können Sie hier lernen, wie man das macht.

Teil IV: Code schreiben – die Grundlagen

In Teil IV lernen Sie, BASIC-Programme von echtem Schrot und Korn zu schreiben, die der Computer versteht und ausführt. Vielleicht können Sie ja den Computer schon durch die passenden Schimpfwörter zur Räson bringen. Hier lernen Sie, wie Sie Ihrem Computer mit der BASIC-Sprache sagen, was er tun soll.

Teil V: Entscheidungen treffen (etwas, mit dem Sie aufhören, sobald Sie geheiratet haben)

In Teil V lernen Sie, wie Sie dem Computer beibringen, seine eigenen Entscheidungen zu treffen und etwas Nützliches zu tun, statt sich darauf zu verlassen, daß Sie alles erledigen. Diejenigen von Ihnen, die Kinder großziehen, finden die Vorstellung, die Eigenständigkeit zu entwickeln, möglicherweise besonders anziehend.

Teil VI: Mit Schleifen arbeiten

Schleifen sind eine weitere Methode, den Computer anzuweisen, etwas so lange zu tun, bis das Ergebnis stimmt. In Teil VI lernen Sie verschiedene Methoden kennen, mit denen Sie den Computer veranlassen können, bestimmte Aufgabe zu wiederholen.

Teil VII: Unterprogramme schreiben (damit Sie nicht auf einen Schlag verrückt werden)

Viele Leute geraten bei dem Gedanken, ein großes Programm zu schreiben, in Panik. In Teil VII erfahren Sie das Geheimnis, wie Sie Ihre geistige Gesundheit erhalten können, wenn Sie viele kleine Programme schreiben, die zusammenarbeiten, um ein großes Programm zu bilden.

Teil VIII: Datenbankprogramme und Drucken

Teil VIII heißt *Datenbankprogramme und Drucken*, aber lassen Sie sich durch den Titel nicht einschüchtern. Datenbankprogramme sind nur eine bestimmte Methode, Informationen mit Hilfe von Computern zu organisieren. Leute speichern Ihre Informationen in Schubladen, Akten und Schränken, Computer benutzen dazu Datenbanken. Nichts Besonderes also. Außerdem lernen Sie, wie Sie Ihre wertvollen Programme auf Papier drucken können, damit die Welt sie sehen und bewundern kann.

Teil IX: Dies und das

Teil IX enthält mehrere Kapitel mit verschiedenartigen Informationen, die für Sie nützlich oder interessant sein können, einschließlich Tips zu Add-Ons (Zusätzen) für Visual Basic und Hinweise auf weitere Informationen über das Programmieren in Visual Basic.

Symbole, die in diesem Buch benutzt werden

 Dieses Symbol weist auf technische Einzelheiten hin, die informativ (und manchmal interessant), aber nicht notwendig sind. Überspringen Sie die Information, wenn Sie wollen.

 Dieses Symbol zeigt nützliche oder hilfreiche Informationen an, die das Programmieren noch einfacher machen.

 Mißachten Sie diese sanften Erinnerungshilfen nicht – sie zeigen wichtige Informationen an!

 Seien Sie vorsichtig, wenn Sie auf dieses Symbol stoßen. Es warnt Sie vor Dingen, die Sie nicht tun sollten.

 Dieses Symbol zeigt Schritt-für-Schritt-Anweisungen und Erklärungen an.

 Dieses Symbol zeigt Informationen an, die für Sie nützlich oder interessant sein könnten. Aber es ist auf keinen Fall notwendig, daß Sie Ihr Gedächtnis damit belasten.

 Dieses Symbol bedeutet, daß eine Datei auf der beiliegende CD gespeichert ist. Sie können darauf zurückgreifen und brauchen die Datei nicht neu einzutippen.

 Dieses Symbol hebt Features hervor, die nur in Visual Basic 5 zu finden sind. Wenn Sie bereits mit Visual Basic 4 vertraut sind, brauchen Sie nur nach diesen Symbolen zu suchen, um herauszufinden, wie Sie diese neuen Visual Basic 5-Features benutzen können.

Wie geht es weiter?

Jetzt geht es zur Sache! Computer-Programmierung in Visual Basic kann ein Vergnügen sein. Und wenn es für einen Außenstehenden manchmal wie Kritzelei und nach Spielerei statt nach Arbeit aussieht, können Sie ihn (oder sie) mit Ihrem neuen Wissen über Visual Basic 5-Programmierung beeindrucken!

Teil I
Ein Visual Basic-Programm erstellen

«Das stimmt, Papi verdoppelt dein Gehalt, wenn du ihm mehr Visual Basic-Programme schreibst.»

In diesem Teil...

Ein eigenes Programm zu schreiben ist eigentlich nicht schwer. Wenn Sie sich schon immer für Computer-Programmierung interessiert haben, aber sich nicht herangetraut haben, weil die Bücher zu schwierig waren, die Software nicht tat, was sie sollte, oder die »Experten« Sie verwirrt haben, dann haben Sie das richtige Buch in der Hand.

Wir wollen Sie hier nicht mit hochgestochenen mathematischen Theorien über die Computer-Programmierung beeindrucken, sondern Ihnen mit diesem Buch (und mit Visual Basic 5) helfen, Ihre eigenen Erfahrungen zu sammeln und herauszufinden, worum es beim Programmieren geht.

Und Sie können dabei noch Ihren Spaß haben. Nehmen Sie sich deshalb einen Kaffee und lesen Sie weiter...

Wie Visual Basic funktioniert

In diesem Kapitel

- Der Visual Basic-Entwicklungszyklus
- Eine Visual Basic-Benutzeroberfläche erstellen
- Definieren, was BASIC-Code tut

Ein Computerprogramm hat nur einen einzigen Zweck, nämlich den Computer zu einer sinnvollen Aktion zu veranlassen. Weil Leute oft Tausende von Mark für ihre Computer ausgeben, erwarten sie auch, daß die Maschinen etwas mehr tun, als Strom zu verbrauchen und Platz auf dem Schreibtisch wegzunehmen.

Sie können Ihren Computer dazu bringen, fast alles zu tun, was Sie wünschen. Nur Ihre Hausarbeit kann er Ihnen nicht abnehmen. Und er wird auch keine Atomraketen auf Ihre Nachbarn abschießen. Ein Programm kann ganz einfach sein und z.B. nur Ihren Namen auf dem Bildschirm anzeigen; oder es kann so kompliziert wie ein Textverarbeitungsprogramm sein, das speziell für das Schreiben von Bildschirmmasken entwickelt wurde.

Ehe Sie anfangen, ein Visual Basic-Programm zu schreiben, schalten Sie Ihren Computer ab, nehmen Sie Papier und Bleistift, und legen Sie genau fest, was Ihr Computer machen soll. Nachdem Sie festgelegt haben, was Ihr Computer machen soll, müssen Sie dem Computer mit einer sogenannten Programmiersprache (wie z.B. Visual Basic) genau mitteilen, wie er Schritt für Schritt das tun soll, was Sie wollen.

Wie Sie Ihr Programm schreiben

Es gibt nicht *den* richtigen Weg, ein Programm zu schreiben. Theoretisch gibt es Millionen verschiedener Wege, ein Programm richtig zu schreiben, genau wie es Millionen verschiedener Wege gibt, um von Hamburg nach München zu reisen. Einige Leute fliegen gern mit dem Flugzeug, weil sie schnell reisen wollen, andere fahren gerne mit dem Zug, weil sie die Landschaft genießen möchten, und wieder andere nehmen lieber den Bus, weil das besonders kostengünstig ist. Ähnlich gibt es Millionen verschiedener Wege, um ein Programm zu schreiben, das die gleichen Ergebnisse liefert.

Als Programmierer haben Sie die Aufgabe, ein Programm so zu schreiben, daß es korrekt funktioniert und einfach zu bedienen ist. Wenn Ihr Programm nicht funktioniert, kann es niemandem nutzen (obwohl Sie zunächst durchaus einige tausend Kopien an gutgläubige Leute verkaufen können). Wenn Ihr Programm nicht einfach zu bedienen ist, wird es niemand haben wollen, auch wenn es perfekt funktioniert.

Ob Ihr Programm funktioniert, ist normalerweise leicht festzustellen. Wenn Ihr Programm Adreßaufkleber drucken soll, aber statt dessen alle Dateien von Ihrer Festplatte löscht, liegt es auf der Hand, daß es nicht funktioniert.

Ob Ihr Programm einfach zu bedienen ist, ist dagegen etwas schwieriger zu testen. Was Sie als leicht betrachten, mag für eine andere Person fast unmöglich nachzuvollziehen sein.

Um Sie dabei zu unterstützen, Programme zu schreiben, die jeder Benutzer leicht bedienen kann, stellt Visual Basic Bedienelemente zur Verfügung, die auch in anderen Windows-Programmen vorkommen. Dazu gehören Pulldown-Menüs, Kontrollkästchen und Schaltflächen. Dahinter steht der Gedanke, daß es um so leichter ist, die Bedienung eines neuen Programmes zu erlernen, je ähnlicher das neue Programm den schon bekannten Programmen ist.

So können z.B. die meisten Leute einen Toyota oder einen Ford ohne Probleme fahren. Das Lenkrad und die Bremse befinden sich in beiden Fahrzeugen an der gleichen Stelle, selbst wenn das für die Scheibenwischer und die Hupe nicht gelten sollte. Dasselbe gilt für Programme. Befehle werden normalerweise in Pulldown-Menüs am oberen Rand des Bildschirms angezeigt. Und die Maus dient immer dazu, auf bestimmte Objekte zu zeigen und sie zu markieren. Obwohl verschiedene Programme mit unterschiedlichen Befehlen arbeiten, haben sie doch eine gemeinsame, vertraute Gesamtstruktur.

Der Visual Basic-Entwicklungszyklus

Hier sind die neun notwendigen Schritte, um ein Visual Basic-Programm zu schreiben – es sind drei Schritte weniger, als notwendig sind, um eine Sucht zu überwinden! Programmierer bezeichnen die ersten acht Schritte als *Entwicklungszyklus* und den neunten Schritt als *Arbeitsplatzsicherung*.

1. Legen Sie fest, was der Computer machen soll: das Problem, das Sie lösen möchten, oder die Aktionen, die Sie mit dem Computer ausführen möchten.

2. Legen Sie fest, wie Ihr Programm auf dem Bildschirm aussehen soll. (Das Erscheinungsbild eines Programms auf dem Bildschirm wird als *Benutzeroberfläche* bezeichnet.)

3. Entwerfen Sie Ihre Benutzeroberfläche. Benutzen Sie dazu Standardkomponenten wie Fenster, Menüs und Schaltflächen. (Die Komponenten der Benutzeroberfläche werden als *Objekte* oder *Steuerelemente* bezeichnet.)

4. Legen Sie den Namen, die Farbe, die Größe und das Erscheinungsbild der Objekte Ihrer Benutzeroberfläche fest. (Diese Attribute eines Objekts werden als seine *Eigenschaften* bezeichnet.)

5. Schreiben Sie Anweisungen in BASIC, um die Objekte der Benutzeroberfläche mit bestimmten Aktionen zu verknüpfen. (Die BASIC-Anweisungen werden als *Befehle* bezeichnet.)

6. Führen Sie das Programm aus, um zu prüfen, ob es funktioniert.

7. Weinen Sie, wenn Ihr Programm nicht perfekt funktioniert. (Notwendiger Schritt.)
8. Korrigieren Sie die Fehler (oder *Bugs*) in Ihrem Programm.
9. Wiederholen Sie die Schritte 6 bis 8, bis Sie keine Lust mehr haben, weitere Fehler zu suchen.

Sie brauchen die neun Schritte nicht auswendig zu lernen, aber Sie müssen sie Schritt für Schritt befolgen. Leider gibt es keine Abkürzung. Wenn Sie versuchen sollten, vom ersten Schritt direkt zum vierten zu springen, dann ist das so, als ob Sie Ihr Auto mit einem Tritt auf das Gaspedal starten wollten, ohne vorher den Zündschlüssel einzustecken. Sie können es zwar versuchen, doch von der Stelle kommen Sie damit nicht.

Ob Sie es glauben oder nicht, der erste Schritt ist zugleich der schwerste und der wichtigste. Wenn Sie festgelegt haben, was der Computer tun soll, brauchen Sie nur herauszufinden, wie er es tun soll. Mit Ausdauer und Kreativität kommen Sie weiter – und natürlich mit Unmengen koffeinhaltiger Getränke und einem Pizza-Schnelldienst.

Warum kann niemand ein Programm schreiben, das funktioniert?

Ein Programm zu schreiben, das immer 100prozentig korrekt funktioniert, ist mathematisch unmöglich. Erstens: Wenn Sie ein Programm schreiben, das heute 100prozentig korrekt funktioniert, dann können Sie dennoch nicht garantieren, daß dieses Programm auf zukünftigen Computern 100prozentig korrekt funktionieren wird. Weil die Computer-Hersteller laufend neue Computer, Prozessoren und Peripheriegeräte auf den Markt bringen, können Sie niemals garantieren, daß Ihr Programm mit allen Hardware-Typen korrekt funktioniert, weil es unmöglich ist, jede mögliche Computer-Konfiguration auf der Welt erschöpfend zu testen.

Zweitens: Sie müssen nicht bedenken, daß Ihr Programm mit jeder möglichen Computermarke und allen möglichen Zubehörteilen auf dem Markt (einschließlich derjenigen, die zum Zeitpunkt der Programmerstellung noch gar nicht erfunden waren) funktionieren muß, sondern Sie müssen auch an die buchstäblich unendliche Anzahl von Situationen denken, mit denen Ihr Programm tagtäglich konfrontiert wird.

So muß sich Ihr Programm z.B. korrekt verhalten, wenn der Benutzer auf eine beliebige Taste drückt und dann mit der Maus irgendwo auf den Bildschirm klickt. Was passiert, wenn der Benutzer aus Versehen auf die Maus klickt, während er auf die Taste drückt? Was ist, wenn er aus Frustration auf der Tastatur herumhämmert? Wie soll das Programm reagieren, wenn zufällig ein anderes Programm gleichzeitig auf den Speicher des Computers zugreifen will? Was, was, was... (Fragen über Fragen)?

Da kein Programmierer die unendliche Anzahl möglicher Probleme und Situationen vorwegnehmen kann, mit denen ein Programm während seiner Existenz zu tun haben kann, ist es unmöglich, ein Programm zu schreiben, das immer 100prozentig korrekt funktioniert.

Was diese Erkenntnis so erschreckend macht, ist die Tatsache, daß sie für jedes Betriebssystem (wie z.B. Windows 95) auf der Welt gilt, was bedeutet, daß Sie immer Programme schreiben werden, die unter Betriebssystemen laufen, die selbst nicht immer 100-prozentig korrekt funktionieren. Die Situation ist vergleichbar damit, ein Haus auf Treibsand zu bauen und sich dann zu wundern, warum es auseinanderbricht.

Weil niemand über unendlich viel Zeit verfügt, um eine unendlich große Anzahl möglicher Probleme zu testen, haben Computer-Programme immer (jawohl: *immer*) Fehler, die verhindern, daß sie immer 100prozentig korrekt funktionieren. Das gilt für jedes Programm, das Sie schreiben, und für alle Programme, die von Microsofts Millionen-Dollar-Programmierern geschrieben werden. Deshalb sollten Sie, wenn Sie Programme schreiben, viel Zeit dafür reservieren, die Programme zu testen, um alle potentiell gefährlichen Fehler auszumerzen, ehe Sie das Programm an andere Leute weitergeben.

So, jetzt wissen Sie, daß Sie beim nächsten Mal, wenn Sie ein Programm benutzen, das nicht richtig funktioniert, allen Grund haben, den Programmierern die Schuld dafür zu geben, daß sie nicht allmächtig sind.

Eine ansprechende Benutzeroberfläche erstellen

Die Benutzeroberfläche ist das, was der Benutzer sieht, wenn Ihr Programm abläuft. Jedes Programm verfügt in der einen oder anderen Form über eine Benutzeroberfläche. Einige Programme arbeiten mit aufwendigen, bunten Fenstern, die auf dem Bildschirm explodieren. Andere Programme sehen sehr unscheinbar aus – fast so, als hätte der Programmierer Angst gehabt, daß eines Tages der Bildschirmphosphor knapp werden könnte.

Die Benutzeroberfläche eines Visual Basic-Programmes besteht aus Formularen und Objekten. Ein *Formular* ist nichts anderes als ein Fenster, das auf dem Bildschirm angezeigt wird. Jedes Visual Basic-Programm verfügt über mindestens ein Formular, obwohl die meisten Programme mit mehreren Formularen arbeiten.

Objekte sind Bildelemente, die auf einem Formular angezeigt werden (siehe Abbildung 1.1). Dazu zählen z.B. Schaltflächen, Bildlaufleisten und Optionsfelder. Mit den Objekten kann der Benutzer Ihrem Programm Anweisungen geben. Wenn Sie wirklich wollten, könnten Sie natürlich auch ein Programm mit einer einzigen Form ganz ohne Objekte schreiben – aber das wäre weder sehr nützlich noch interessant.

Abbildung 1.1: Ein typisches Formular mit Objekten.

Eigenschaften machen Ihre Benutzeroberfläche attraktiv

Nachdem Sie die Benutzeroberfläche Ihres Visual Basic-Programmes entworfen haben, legen Sie im nächsten Schritt die Eigenschaften jeder Form und jedes Objekts fest. Die Eigenschaften eines Objekts definieren seinen Namen, seine Farbe sowie seine Größe, Position und Erscheinungsform auf dem Bildschirm.

Die verschiedenen Objekte haben unterschiedliche Eigenschaften. Jedes neue Objekt, das Sie erstellen, wird von Visual Basic mit bestimmten Standardeigenschaften ausgestattet. Oft können Sie diese Standardwerte übernehmen, manchmal müssen Sie jedoch einige von ihnen an Ihr Programm anpassen.

BASIC-Code schreiben

Wenn Sie mit dem Aussehen Ihrer Benutzeroberfläche zufrieden sind, besteht der letzte Schritt darin, BASIC-Befehle (den sogenannten *Code*) zu schreiben, um Ihr Programm zum Laufen zu bringen. (Wenn Sie es sich anders überlegen und das Aussehen Ihrer Benutzeroberfläche ändern wollen, können Sie jederzeit zurückgehen und die Änderungen durchführen.)

 Der einzige Zweck des Visual Basic-Codes besteht darin, den Objekten auf einer Form mitzuteilen, was sie tun sollen, wenn der Benutzer eine Aktion ausführt. Wenn Sie z.B. mit der Maus auf die Schaltfläche *OK* oder *Abbrechen* klicken, passiert nichts, es sei denn, Sie haben BASIC-Befehle geschrieben, die genau festlegen, was passieren soll.

Jedesmal, wenn der Benutzer auf eine Taste drückt, die Maus bewegt oder auf eine Maustaste drückt, findet ein sogenanntes *Ereignis* statt. Und jedesmal, wenn ein Ereignis stattfindet, sagen Ihre BASIC-Befehle dem Computer im wesentlichen: »Wach auf, Faulpelz, gerade ist was passiert. Wir müssen uns darum kümmern!«

Im wesentlichen besteht das Schreiben eines Visual Basic-Programmes aus folgenden Schritten: Entwerfen Sie Ihre Benutzeroberfläche auf dem Bildschirm, bis sie exakt das gewünschte Aussehen hat. Schreiben Sie dann den BASIC-Code, damit sie so funktioniert, wie Sie es wollen. Wenn Sie diese beiden Schritte bewältigen, ohne dabei verrückt zu werden, können Sie mit Visual Basic eigene Programme entwickeln.

Die Visual Basic-Benutzeroberfläche

In diesem Kapitel

- Visual Basic laden
- Die Visual Basic-Benutzeroberfläche kennenlernen
- Fenster öffnen, schließen und verschieben
- Visual Basic verlassen

*E*he wir tiefer in Visual Basic einsteigen, wollen wir tief einatmen und uns mit der Visual Basic-Benutzeroberfläche vertraut machen. Denn wenn Sie damit nicht umgehen können, werden Sie nicht weit kommen, wenn Sie Ihre eigenen Visual Basic-Programme schreiben wollen.

Um Visual Basic benutzen zu können, müssen Sie die folgenden drei Vorgänge beherrschen:

1. Visual Basic von Windows 95/NT laden
2. Mit Visual Basic Programme schreiben
3. Visual Basic verlassen

Visual Basic laden

Um Visual Basic zu laden, gehen Sie folgendermaßen vor:

1. **Klicken Sie auf die Start-Schaltfläche am linken Rand der Task-Leiste von Windows 95/NT.**

    Ein Popup-Menü wird angezeigt.

2. **Markieren Sie *Programme*, dann den Ordner *Microsoft Visual Basic 5.0*, und klicken Sie dann auf *Visual Basic 5.0*.**

    Visual Basic zeigt das *Neues Projekt*-Dialogfeld an (siehe Abbildung 2.1).

Wenn das *Neues Projekt*-Dialogfeld angezeigt wird, haben Sie folgende Optionen:

- ✔ Sie können ein neues Programm erstellen.
- ✔ Sie können ein vorhandenes Programm laden und ändern.

Abbildung 2.1: Das Neues Projekt-*Dialogfeld, das direkt nach dem Laden von Visual Basic angezeigt wird.*

Ein neues Programm erstellen

 Wenn Sie ein neues Programm erstellen wollen, können Sie unter acht verschiedenen Programmtypen wählen:

- ✔ *Standard-EXE:* Erstellt ein neues selbständiges Programm, das Sie kopieren, weitergeben oder verkaufen können. Beispiele für selbständige Programme sind *Microsoft Word, Lotus 1-2-3* und *Netscape Navigator*. Selbständige Programme haben die Dateierweiterung *EXE*.

- ✔ *ActiveX-DLL:* Erstellt eine Datei mit der Dateierweiterung *DLL*. ActiveX-DLL-Dateien können nicht selbständig benutzt werden, sondern enthalten Unterprogramme, die als Bausteine für selbständige Programme benutzt werden.

- ✔ *ActiveX-EXE:* Erstellt eine Datei mit der Dateierweiterung *EXE*. Im Gegensatz zu selbständigen EXE-Dateien dienen ActiveX-EXE-Dateien als sogenannte *OLE-Server*. Das sind Programme, die speziell dafür entworfen wurden, um Informationen mit anderen Programmen auszutauschen.

- ✔ *ActiveX-Steuerelement:* Erstellt eine Datei mit der Dateierweiterung *OCX*. Im Gegensatz zu ActiveX-DLL- oder ActiveX-EXE- Dateien stellen ActiveX-Steuerelemente normalerweise sowohl Unterprogramme als auch eine Benutzeroberfläche zur Verfügung, die Sie in anderen Programmen wiederverwenden können.

✔ *ActiveX-Dokument-DLL:* Erstellt eine Datei mit der Dateierweiterung *DLL*. Eine ActiveX-Dokument-DLL-Datei dient dazu, Programme zu unterstützen, die auf einer Web-Site laufen.

✔ *ActiveX-Dokument-EXE:* Erstellt eine Datei mit der Dateierweiterung *EXE*. Eine ActiveX-Dokument-EXE-Datei kann ein Visual Basic-Formular in einem Internet-Browser anzeigen.

✔ *Add-In:* Erstellt ein spezielles Programm, das mit der Visual Basic-Benutzeroberfläche zusammenarbeitet.

✔ *VB-Anwendungsassistent:* Hilft Ihnen, schnell und leicht das Gerüst eines selbständigen, funktionsfähigen Visual Basic-EXE-Programms zu erstellen.

Um eine dieser Optionen im *Neues Projekt*-Dialogfeld zu wählen, klicken Sie einfach auf das entsprechende Symbol, und klicken Sie dann auf *OK*.

Wenn Sie *Datei/Neues Projekt* wählen (oder auf Strg + N drücken), zeigt Visual Basic ein *Neues Projekt*-Dialogfeld ohne Register an.

Das Erstellen von ActiveX-Dateien ist ziemlich fortgeschrittener Stoff, um den Sie sich hier nicht zu kümmern brauchen. ActiveX ist eine Technik, die dazu dient, Programme zu erstellen, die in anderen Programmen wiederverwendet werden können.

Ein vorhandenes Programm laden

Meistens werden Sie ein bereits vorhandenes Programm laden, um es zu bearbeiten. Klicken Sie zu diesem Zweck auf das Vorhanden*-Register. Visual Basic zeigt verschiedene Ordner an, damit Sie das gewünschte Visual Basic-Programm wählen können.*

Wenn Sie ein Programm laden wollen, das Sie erst kürzlich bearbeitet haben, klicken Sie auf das Aktuell*-Register. Visual Basic zeigt eine Liste der Programme an, mit denen Sie vor kurzem gearbeitet haben. Klicken Sie auf das gewünschte Programm und dann auf* Öffnen.

Wenn Sie *Datei/Projekt öffnen* wählen (oder auf Strg + O drücken), zeigt Visual Basic ein *Projekt öffnen*-Dialogfeld ohne Register an.

Die Visual Basic-Benutzeroberfläche kennenlernen

Nachdem Sie gewählt haben, ob Sie ein neues Programm erstellen oder ein vorhandenes Programm öffnen wollen, wird die Visual Basic-Benutzeroberfläche angezeigt. Natürlich müssen Sie, bevor Sie damit anfangen können, die Benutzeroberfläche Ihres Programms zu zeichnen und Visual Basic-Code zu schreiben, wissen, wie man die Visual Basic-Benutzeroberfläche selbst benutzt. Die acht Hauptkomponenten der Visual Basic-Benutzeroberfläche werden in Abbildung 2.2 gezeigt. Es müssen nicht immer alle Komponenten gleichzeitig sichtbar sein.

Abbildung 2.2: Die Visual Basic-Benutzeroberfläche.

✔ **Pulldown-Menüs**: geben Ihnen Zugriff auf jeden verfügbaren Visual Basic-Befehl, obwohl diese Menüs recht einschüchternd wirken können.

✔ **Symbolleiste**: zeigt Symbole an, welche die häufigsten Visual Basic-Befehle repräsentieren – auch das kann noch sehr einschüchternd wirken.

2 ➤ Die Visual Basic-Benutzeroberfläche

Werkzeugsammlung: zeigt die Objekttypen an (wie z.B. Schaltflächen oder Kontrollkästchen), die Sie in einem Formular verwenden können. Die Werkzeugsammlung zeigt möglicherweise nicht alle Objekte an, die Sie in einem Formular verwenden können. Eine komplette Liste aller verfügbaren Objekte erhalten Sie, wenn Sie in der Werkzeugsammlung auf (Strg)+(T) drücken.

✔ *Projekt-Explorer*: zeigt alle Dateien an, die zu einem einzelnen Visual Basic-Programm gehören.

✔ *Eigenschaftenfenster*: zeigt die Eigenschaften des aktuell gewählten Formulars oder Objekts an.

✔ *Formular-Layout-Fenster*: ermöglicht Ihnen, die Position Ihres Fensters auf dem Bildschirm festzulegen.

✔ *Formular*: stellt ein Fenster bereit, in dem Sie die Objekte der Benutzeroberfläche Ihres Programms zeichnen können.

✔ *Überwachungsfenster*: ermöglicht Ihnen, Ihr Visual Basic-Programm zu testen.

Wenn Sie die Benutzeroberfläche entwerfen, benutzen Sie die Werkzeugsammlung, um Objekte in einem Formular zu zeichnen. Danach ändern Sie das Erscheinungsbild der Objekte mit dem Eigenschaftenfenster, bis die Benutzeroberfläche Ihren Erfordernissen entspricht. Schließlich positionieren Sie das Formular mit dem Form-Layout-Fenster auf dem Bildschirm.

Wenn Sie mehr von der Visual Basic-Benutzeroberfläche sehen wollen, ändern Sie Ihre Bildschirmauflösung folgendermaßen.

1. **Klicken Sie auf die *Start*-Schaltfläche in der Task-Leiste von Windows 95/NT.**
2. **Wählen Sie *Einstellungen/Systemsteuerung*.**

    Das *Systemsteuerung*-Dialogfeld wird angezeigt.

3. **Doppelklicken Sie auf das *Anzeige*-Symbol.**

Alternativ zu den Schritten 1 bis 3 können Sie auch mit der rechten Maustaste auf eine leere Stelle Ihres Windows 95/NT-Desktops klicken und dann im Kontextmenü auf *Eigenschaften* klicken.

4. **Klicken Sie auf das *Einstellungen*-Register.**
5. **Klicken Sie auf den *Auflösung*-Schieberegler, und ziehen Sie den Regler nach rechts.**

    Unter dem Schieberegler wird die Bildschirmauflösung (wie z.B. 800x600) angezeigt.

6. **Klicken Sie auf *OK*.**

Fenster schließen und öffnen

Wenn Ihnen die Visual Basic-Benutzeroberfläche zu unübersichtlich ist, können Sie sie an Ihre Bedürfnisse anpassen. Da die meisten Komponenten der Benutzeroberfläche aus Fenstern bestehen, können Sie diese schließen, um mehr Platz auf dem Bildschirm zu schaffen, und wieder öffnen, wenn Sie sie benötigen.

Um ein Fenster der Visual Basic-Benutzeroberfläche zu schließen, klicken Sie auf die *Schließen*-Schaltfläche des Fensters.

Um ein Fenster der Visual Basic-Benutzeroberfläche wieder zu öffnen, wählen Sie im *Ansicht*-Menü den Namen des betreffenden Fensters.

Fenster umformen und verschieben

Statt ein Fenster zu schließen, so daß es vom Bildschirm verschwindet, können Sie es auch umformen oder verschieben.

Um ein Fenster umzuformen, fahren Sie mit dem Mauszeiger auf eine Ecke des Fensters, bis er die Form eines Doppelpfeils annimmt. Drücken und halten Sie dann die linke Maustaste nieder, und ziehen Sie die Maus. Lassen Sie die Maustaste wieder los, wenn das Fenster die gewünschte Form hat (siehe Abbildung 2.3).

Um ein Fenster zu verschieben, fahren Sie mit dem Mauszeiger auf die Titelleiste des Fensters. Drücken und halten Sie dann die linke Maustaste nieder, und ziehen Sie die Maus. Lassen Sie die Maustaste wieder los, wenn das Fenster an der gewünschten Position steht.

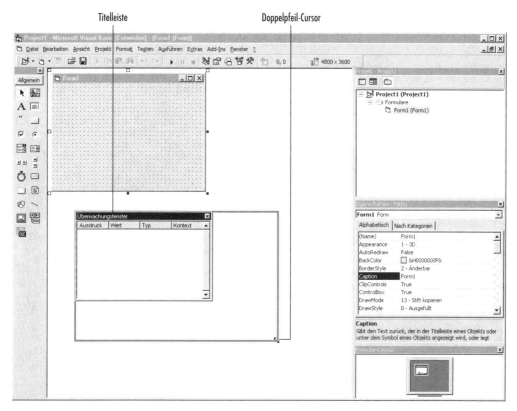

Abbildung 2.3: Ein Fenster umformen.

Fenster verankern

 Um zu vermeiden, daß sich die vielen Fenster überlappen und gegenseitig stören, bietet Visual Basic zusätzlich die Möglichkeit, die Fenster zu verankern.

Verankern bedeutet einfach, daß Visual Basic die Fenster für Sie ordentlich auf einer Seite des Bildschirms anordnet. Um ein Fenster zu verankern (oder seine Verankerung zu lösen), doppelklicken Sie mit der linken Maustaste auf die Titelleiste dieses Fensters.

Visual Basic führt die entsprechende Aktion aus.

Falls Sie nicht mit verankerten Fenstern arbeiten wollen, können Sie dieses Feature fensterspezifisch folgendermaßen abschalten:

1. **Klicken Sie im *Extras*-Menü auf *Optionen*.**

   Das *Optionen*-Dialogfeld wird angezeigt (siehe Abbildung 2.4).

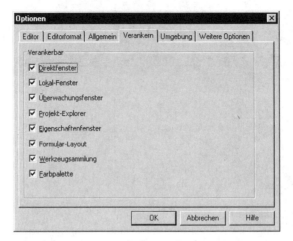

Abbildung 2.4: Das Optionen-*Dialogfeld.*

2. **Klicken Sie auf das *Verankern*-Register.**
3. **Klicken Sie in ein Kontrollkästchen, um dort ein Häkchen einzufügen oder zu entfernen.**

   Ein Häkchen bedeutet, daß das betreffende Fenster verankert werden kann. Ein leeres Kontrollkästchen bedeutet, daß das betreffende Fenster nicht verankert werden kann.
4. **Klicken Sie auf *OK*.**

Visual Basic verlassen

Um Visual Basic zu verlassen, können Sie eine der folgenden drei Methoden verwenden:

✔ Klicken Sie im *Datei*-Menü auf *Beenden*.

✔ Drücken Sie auf `Alt`+`Q`.

✔ Klicken Sie in der Visual Basic-Titelleiste auf die *Schließen*-Schaltfläche.

Wenn Sie das gegenwärtig angezeigte Programm noch nicht gespeichert haben, zeigt Visual Basic ein Dialogfeld an, um Ihnen die Möglichkeit zu geben, Ihre Arbeit zu speichern, bevor sie verloren ist. Klicken Sie auf *Ja*, wenn Sie das Programm speichern wollen, oder auf *Nein*, wenn Sie es verwerfen wollen.

Visual Basic wird beendet, und Sie befinden sich wieder in Ihrer Windows 95/NT-Benutzeroberfläche.

Die Entwicklung Ihrer ersten Benutzeroberfläche

In diesem Kapitel

- Die Komponenten der Benutzeroberfläche kennenlernen
- Die Benutzeroberfläche zeichnen
- Die Eigenschaften der Benutzeroberfläche ändern

Um ein Visual Basic-Programm zu erstellen, müssen Sie die folgenden Schritte ausführen:

- ✔ Zeichnen Sie die Benutzeroberfläche
- ✔ Definieren Sie die Eigenschaften der Benutzeroberfläche
- ✔ Schreiben Sie BASIC-Code

Bevor Sie also Ihr erstes Programm in Visual Basic schreiben können, müssen Sie wissen, wie man eine Benutzeroberfläche zeichnet.

Gemeinsame Komponenten einer Benutzeroberfläche

Trotz ihrer Unterschiede sehen graphische Benutzeroberflächen ähnlich aus, weil sie aus ähnlichen Komponenten bestehen. Jede graphische Benutzeroberfläche zeigt Informationen in einem *Fenster* an. Ein Fenster kann den ganzen Bildschirm oder nur einen Teil davon bedecken. Zwei oder mehr Fenster können gleichzeitig auf dem Bildschirm angezeigt werden, wobei sie sich entweder wie Spielkarten überlappen oder wie Kacheln Seite an Seite liegen können. In Visual Basic werden Fenster als *Formulare* bezeichnet.

Wenn Sie ein neues Formular erstellen, ist es vollkommen leer. Um Ihr Formular nützlich zu machen, müssen Sie Objekte in das Formular einfügen. Ein Objekt kann ein Bild, ein Rahmen, eine Schaltfläche oder ein Kontrollkästchen sein. Objekte ermöglichen dem Benutzer bestimmte Aktionen und machen Ihr Fomular dadurch nützlich.

Auf sich allein gestellt, machen Objekte absolut nichts. Um sie zu veranlassen, etwas zu tun, müssen Sie BASIC-Code schreiben (worüber Sie in Kapitel 4 mehr erfahren).

Eine kurze Geschichte der Benutzeroberflächen

In der Frühzeit der Computer (damals in den Fünfzigern) mußte man einen Computer öffnen und einige Drähte umstecken, wenn man ihn dazu bringen wollte, etwas Nützliches zu tun. Man mußte wissen, wie ein Computer programmiert wird, und man mußte wissen, wie man Drähte verbindet, ohne sich dabei durch einen elektrischen Schlag selbst umzubringen.

Um einen Computer in den Sechzigern zu benutzen, hat man ihn mit einem Stapel Lochkarten gefüttert. Wenn der Computer auf Befehle reagierte, druckte er etwas auf Papier aus, ein Vorgang, der Stunden oder gar Tage dauern konnte. Deshalb war die Benutzung eines Computers immer noch langsam, mühsam und langweilig.

Die Siebziger verbanden eine Tastatur mit einem Fernsehapparat und nannten das ganze Ding ein Computer-Terminal. Zum ersten Mal konnte man einen Befehl direkt in den Computer eintippen und sofort vom Computer eine Antwort erhalten. Diese Möglichkeit hätte die Bedienung der Computer eigentlich erleichtern und zur Abwechslung auch mal etwas angenehmer machen sollen.

Doch diese ersten primitiven Benutzeroberflächen bestanden nur aus einem leeren Bildschirm und einem blinkenden Punkt, der als Cursor bezeichnet wurde. Um den Computer dazu zu bringen, irgend etwas zu tun, mußte man die passenden Befehle eintippen können. Leider verweigerte der Computer die Zusammenarbeit, wenn man nicht die richtigen Befehle kannte und nicht wußte, auf welche Tasten man drücken mußte, so daß man sich ziemlich dumm vorkam. Und wieder war die Benutzung eines Computers langsam, mühsam und langweilig.

In einem verzweifelten Versuch, die Bedienung von Computern zu vereinfachen, erfanden Programmierer bald danach etwas, das als *Graphical User Interface* oder *GUI* (wird so ausgesprochen wie geschrieben) bezeichnet wurde. Ein GUI besteht im wesentlichen aus Menüs und Symbolen, die der Benutzer mit der Maus anklicken kann, um Befehle auszuführen.

Der Apple-Macintosh hatte das erste populäre GUI, aber Microsoft zog schnell nach und führte unter dem Namen *Microsoft Windows* ein sehr erfolgreiches GUI ein (Windows 95 und Windows NT). Leider ist auch die Benutzung eines GUIs auf einem Computer langsam, mühsam und total langweilig. Jetzt wissen Sie, daß die Computerindustrie die Schuld daran hat. Das löst zwar die Probleme nicht, behebt aber vielleicht für einen Moment Ihre Sorgen.

Objekte mit Visual Basic zeichnen

Objekte in einem Formular werden mit der Werkzeugsammlung erstellt, die auf der linken Seite des Bildschirms angezeigt wird. Diese Werkzeugsammlung enthält kleine Zeichnungen, die die verschiedenen Objekte repräsentieren, die Sie auf ein Formular zeichnen können (siehe Abbildung 3.1).

Abbildung 3.1: Die Visual Basic-Werkzeugsammlung.

Um ein Objekt auf einem Formular zu zeichnen, gehen Sie immer folgendermaßen vor:

1. **Klicken Sie auf das Objekt in der Werkzeugsammlung, das Sie zeichnen wollen.**
2. **Gehen Sie mit dem Mauszeiger an die Stelle des Formulars, an der Sie das Objekt zeichnen wollen.**
3. **Drücken und halten Sie die linke Maustaste nieder, und ziehen Sie die Maus. Damit zeichnen Sie das Objekt auf der Form.**

 Um ein Objekt schnell auf einem Formular zu zeichnen, doppelklicken Sie auf das Symbol des Objekts in der Werkzeugsammlung. Visual Basic erstellt dann das betreffende Objekt automatisch auf dem Formular.

Der Entwurf einer Benutzeroberfläche hat viel mit Zeichnen zu tun. In Teil II erfahren Sie mehr über bestimmte Objekte, ihr Einsatzgebiet und ihre Funktion. Hier und jetzt ist es wichtig, daß Sie zwei Dinge verstehen: Alle Ihre Programme brauchen eine Benutzeroberfläche; und Visual Basic stellt Ihnen die Komponenten zur Verfügung, mit denen Sie ein Programm schnell und einfach zusammensetzen können.

Die erste Benutzeroberfläche manuell neu erstellen

Damit Sie jetzt gleich mit Visual Basic vertraut werden, finden Sie hier einige Schritte, mit denen Sie eine lebensechte Benutzeroberfläche erstellen können:

1. **Starten Sie Visual Basic unter Windows 95/NT, falls Sie das noch nicht getan haben.**

    Visual Basic zeigt das *Neues Projekt*-Dialogfeld an und fragt Sie, welche Art von Programm Sie erstellen wollen (siehe Abbildung 3.2).

Abbildung 3.2: Das Neues Projekt-*Dialogfeld.*

2. **Klicken Sie auf das *Standard-EXE* und dann auf *Öffnen*.**

    Visual Basic zeigt ein leeres Formular mit dem Titel *Form1* an. (Wenn Sie den Visual Basic-Anwendungsassistenten aktivieren wollen, um die Benutzeroberfläche mit seiner Hilfe automatisch zu erstellen, klicken Sie an dieser Stelle auf sein Symbol, aber nicht jetzt. Am Ende diese Kapitels erfahren Sie, wie Sie den Visual Basic-Anwendungsassistenten benutzen können.)

3. **Fahren Sie mit dem Mauszeiger auf den rechten Rand des Formulars, so daß er die Form eines doppelköpfigen Pfeils annimmt. Drücken und halten Sie die linke Maustaste nieder, und ziehen Sie die Maus, um das Formular zu vergrößern.**

4. **Klicken Sie im Menü *Ansicht* auf *Werkzeugsammlung*, um die Werkzeugsammlung anzuzeigen.**

    (Überspringen Sie diesen Schritt, falls die Werkzeugsammlung bereits auf dem Bildschirm sichtbar ist.)

5. Klicken Sie in der Werkzeugsammlung auf das *Schaltfläche*-Symbol (siehe Abbildung 3.3).

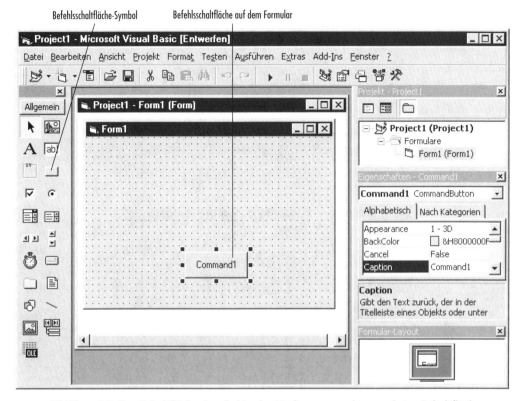

Abbildung 3.3: Das Schaltfläche-*Symbol in der Werkzeugsammlung und eine Schaltfläche auf dem Formular.*

6. Ziehen Sie die Maus, so daß die Schaltfläche wie in Abbildung 3.3 auf dem Formular aussieht.

7. **Klicken Sie in der Werkzeugsammlung auf das *Optionsfeld*-Symbol, und zeichnen Sie ein Optionsfeld.**

   Wiederholen Sie diesen Vorgang noch zweimal, um insgesamt drei Optionsfelder zu erstellen (siehe Abb 3.4).

8. **Klicken Sie in der Werkzeugsammlung auf das *Bild*-Symbol, und zeichnen Sie einen Bilderrahmen.**

   Wiederholen Sie diesen Vorgang noch zweimal, um insgesamt drei Bilderrahmen zu erstellen (siehe Abb 3.5).

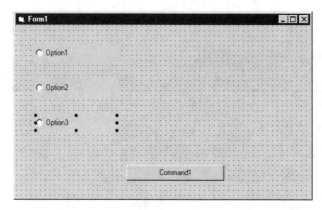

Abbildung 3.4: Drei Optionsfelder auf dem Formular.

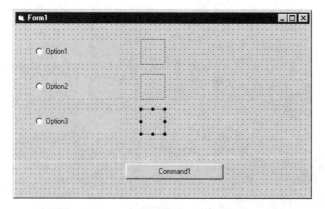

Abbildung 3.5: Drei Bilderrahmen auf dem Formular.

9. **Klicken Sie in der Werkzeugsammlung auf das *Textfeld*-Symbol, und zeichnen Sie ein Textfeld.**

   Wiederholen Sie diesen Vorgang noch zweimal, um insgesamt drei Textfelder zu erstellen (siehe Abb 3.6).

10. **Wählen Sie den Menübefehl *Datei/Speichern*, oder drücken Sie auf [Strg]+[S].**

    Das *Speichern unter*-Dialogfeld erscheint und fragt Sie, wie Sie Ihre Datei nennen wollen. (Sie können vor dem Speichern im *Speichern in*-Kombinationsfeld den Ordner wählen, in dem Sie Ihr Visual Basic-Projekt und Ihre Formulare speichern wollen.

11. **Tippen Sie *HELLO* ein, und klicken Sie auf *Speichern*. Damit wird Ihr ganzes Visual Basic-Projekt in einer Datei mit dem Namen *HELLO.VBP* gespeichert.**

3 ➤ Die Entwicklung Ihrer ersten Benutzeroberfläche

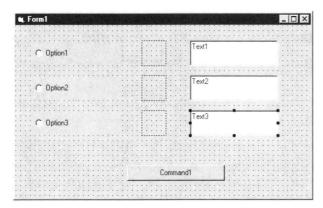

Abbildung 3.6: Drei Textfelder auf dem Formular.

12. Klicken Sie im *Datei*-Menü auf Beenden, oder drücken Sie auf Alt + Q, wenn Sie Visual Basic beenden wollen.

Glückwunsch! Sie haben gerade eine generische Visual Basic-Benutzeroberfläche erstellt. Wenn Sie nicht besonders eindrucksvoll aussieht, liegt das daran, daß die Benutzeroberfläche nicht an Ihr Programm angepaßt wurde.

Um eine Visual Basic-Benutzeroberfläche anzupassen, müssen Sie für jedes Objekt *Eigenschaften* (engl. *properties*) definieren.

 Falls Sie die vorangegangenen zwölf Schritte nicht manuell nachvollziehen wollen, finden Sie auf der beiliegenden CD im Ordner des dritten Kapitels die fertige Datei *HELLO1.VBP*, die Sie öffnen und studieren können.

Definieren Sie die Eigenschaften Ihrer ersten Benutzeroberfläche

Das Zeichnen der Benutzeroberfläche ist der erste Schritt beim Schreiben eines Visual Basic-Programms. Der zweite Schritt besteht darin, die Eigenschaften für jedes Objekt Ihrer Benutzeroberfläche zu definieren.

Ist es wirklich notwendig, die Eigenschaften zu definieren? Ja und nein. Visual Basic weist den Eigenschaften aller Objekte Ihrer Benutzeroberfläche automatisch bestimmte Standardwerte zu. Damit sehen Ihre Programme jedoch ziemlich häßlich aus. Wenn Sie Ihre Benutzeroberfläche attraktiver gestalten wollen, müssen Sie Eigenschaften für Ihre Objekte definieren.

Obwohl jedes Objekt zehn bis dreißig veränderbare Eigenschaften besitzt, brauchen Sie nicht jede einzelne davon zu ändern. Meistens ändern Sie nur ein oder zwei Eigenschaften jedes Objekts.

Zwei Methoden, um eine Benutzeroberfläche zu erstellen

Visual Basic bietet Ihnen zwei Methoden, um eine Benutzeroberfläche zu erstellen:

✔ Sie können die Benutzeroberfläche mit dem Visual Basic-Anwendungsassistenten automatisch erstellen.

✔ Sie können die Benutzeroberfläche manuell neu erstellen.

Welche Methode ist besser? Wenn Sie ein Programm für Windows95/NT mit den Standardmenüs Datei, Bearbeiten, Fenster und Hilfe erstellen wollen, lassen Sie Visual Basic die Arbeit für Sie erledigen.

Aber wenn Sie nur ein einfaches Programm ohne Pulldown-Menüs erstellen wollen, geht es manuell leichter.

Welchen Weg Sie auch wählen, Sie können Ihre Benutzeroberfläche später jederzeit modifizieren.

Was Eigenschaften bewirken

Ehe Sie die Eigenschaften eines Objekts ändern, möchten Sie wahrscheinlich wissen, wozu Eigenschaften überhaupt gut sind. Im wesentlichen definieren Eigenschaften das Erscheinungsbild eines Objekts auf dem Bildschirm und den Namen des Objekts.

Der Name eines Objekts dient nur Ihrer Bequemlichkeit. Visual Basic gibt Objekten automatisch langweilige Namen wie *Text1* oder *Command1*. Wenn Sie BASIC-Code schreiben, machen Sie sich die Arbeit viel leichter, wenn Sie jedem Objekt einen aussagekräftigen Namen geben, um die Objekte in Ihrem Programm zu identifizieren. (In Teil IV lernen Sie, BASIC-Code zu schreiben.)

Das Erscheinungsbild eines Objekts umfaßt seine Größe, Farbe und Position auf dem Bildschirm. Das Erscheinungsbild eines Objekts läßt Ihre Benutzeroberfläche gut aussehen.

Werte von Eigenschaften ändern

Sie können den Wert von Eigenschaften zu zwei verschiedenen Zeiten ändern:

✔ Zur Entwurfszeit

✔ Zur Laufzeit

Die *Entwurfszeit* ist der Zeitraum, in dem Sie Ihre Benutzeroberfläche entwerfen, also ehe Sie Ihr Programm tatsächlich ausführen.

Meistens werden Sie die Werte der Eigenschaften eines Objekts zur Entwurfszeit ändern. Wenn Sie den Namen eines Objekts ändern wollen, müssen Sie dies zur Entwicklungszeit tun.

Die *Laufzeit* ist die Zeit, in der Ihr Programm ausgeführt wird und die Werte der Eigenschaften eines Objekts mit BASIC-Code ohne Ihren Eingriff geändert werden. Ehe Ihr Programm die Eigenschaften eines Objekts ändern kann, müssen Sie natürlich BASIC-Code schreiben, der dem Programm genau vorschreibt, welche Eigenschaften eines Objekts geändert werden sollen.

Durch die Änderung einer Eigenschaft zur Laufzeit können Sie Animationen ablaufen lassen oder Meldungen auf dem Bildschirm anzeigen. Dazu zählen z.B. Fehlermeldungen, Programm-Statusanzeigen oder Meldungen, die den Benutzer daran erinnern, Ihr Programm zu bezahlen.

Wie Sie Eigenschaftswerte zur Entwurfszeit ändern

Jedes Objekt hat zwanzig oder mehr Eigenschaften (siehe Abbildung 3.7). Um die Eigenschaften eines Objekts zu ändern, stellen Sie sicher, daß ein Formular angezeigt wird, und führen Sie dann folgende Schritte aus:

1. **Klicken Sie auf das Objekt, dessen Eigenschaften Sie ändern wollen.**
2. **Öffnen Sie das Eigenschaftenfenster, und klicken Sie auf die Eigenschaft, die Sie ändern wollen.**

   Wenn das Eigenschaftenfenster nicht sichtbar ist, drücken Sie auf F4, um das Fenster zu öffnen.
3. **Geben Sie den neuen Wert dieser Eigenschaft ein.**

Abbildung 3.7: Das Eigenschaftenfenster mit mehreren Eigenschaften des Text3-*Textfelds.*

Einfach, nicht wahr? Wenn Sie die Eigenschaftswerte für ein oder mehrere Objekte ändern müssen, zeigt dieses Buch eine Tabelle, die folgendermaßen aussieht:

Objekt	Eigenschaft	Wert
Form	Name	frmHello
	Caption	Hallo Welt!

Die Tabelle sagt Ihnen folgendes:

1. **Klicken Sie auf das Formular.**
2. **Klicken Sie im Eigenschaftenfenster auf die *Name*-Eigenschaft.**
3. **Ändern Sie den Wert, indem Sie *frmHello* eintippen.**
4. **Klicken Sie im Eigenschaftenfenster auf die *Caption*-Eigenschaft.**
5. **Ändern Sie den Wert, indem Sie *Hallo Welt!* eingeben.**

Testen Sie Ihr neu erworbenes Wissen

1. **Was sind die zwei allgemeinen und in fast jeder Benutzeroberfläche enthaltenen Komponenten?**

    a) Die leicht bedienbare Benutzeroberfläche und ein 500-Seiten-Handbuch, das erklärt, wie einfach die Benutzeroberfläche zu benutzen ist.

    b) Menüs, die niemand versteht, und eine Maus, die niemand benutzen kann.

    c) Nutzlose Symbole, deren Funktion unklar ist, und Text, der nichts aussagt.

    d) Formulare und Objekte.

2. **Wie können Sie Eigenschaftswerte ändern?**

    a) Gar nicht. Die Eigenschaften müssen selbst den Wunsch haben, sich zu ändern.

    b) Durch permanente Drohungen und Einschüchterungen.

    c) Indem Sie das Eigenschaftenfenster benutzen, nachdem Sie die Benutzeroberfläche entworfen haben (zur sogenannten *Entwurfszeit*), oder indem Sie BASIC-Code schreiben, um die Werte zu ändern, wenn das Programm ausgeführt wird (zur sogenannten *Laufzeit*).

    d) Indem Sie einen Magneten an eine Seite Ihres Bildschirms halten und beobachten, wie sich die Bilder verzerren und Ihr Monitor kaputtgeht.

Wie Sie die Eigenschaften Ihrer ersten Benutzeroberfläche definieren

Sie können die Eigenschaften Ihrer Benutzeroberfläche definieren, indem Sie folgende Schritte ausführen:

1. **Starten Sie Visual Basic unter Windows 95/NT.**

   Visual Basic zeigt das *Neues Projekt*-Dialogfeld an.

2. **Klicken Sie auf das *Aktuell*-Register.**

3. **Klicken Sie auf die *HELLO.VBP*-Datei, und klicken Sie dann auf *Öffnen*.**

   Visual Basic zeigt das *HELLO.FRM*-Formular auf dem Bildschirm an.

4. **Klicken Sie auf das Optionsfeld *Option1*, um es zu markieren. Die Markierung besteht aus kleinen schwarzen Rechtecken an den Ecken und Rändern des Objekts.**

5. **Klicken Sie im Eigenschaftenfenster auf die *Name*-Eigenschaft, und tippen Sie *optGrin* ein. Klicken Sie auf die *Caption*-Eigenschaft, und geben Sie *Ich bin glücklich* ein!**

6. **Klicken Sie auf das *Image1*-Feld.**

7. **Klicken Sie im Eigenschaftenfenster auf die *Name*-Eigenschaft, und tippen Sie *imgGrin* ein.**

8. **Klicken Sie im Eigenschaftenfenster auf die *Picture*-Eigenschaft. Klicken Sie auf die drei Punkte (...).**

   Visual Basic zeigt das *Bild laden*-Dialogfeld an (siehe Abbildung 3.8).

Abbildung 3.8: Die Dialogbox Bild laden.

9. **Öffnen Sie den *Icons*-Ordner. (Es könnte sein, daß Sie sich erst durch den *Grafik*-Ordner in Ihrem Visual Basic-Ordner wühlen müssen, um den Ordner zu finden.) Öffnen Sie dann den *Misc*-Ordner im *Icons*-Ordner.**

10. Doppelklicken Sie auf das *FACE03*-Symbol.

    Visual Basic zeigt ein wirklich glückliches Gesicht in dem Bilderrahmen an.

11. Klicken Sie auf die *Visible*-Eigenschaft. Klicken Sie dann auf den Pfeil in dem Wertfeld, und wählen Sie *False*.

12. Klicken Sie auf das *Text1*-Feld.

13. Klicken Sie auf die *Border Style*-Eigenschaft. Klicken Sie auf den Pfeil in dem Wertfeld, und wählen Sie *0-None*.

14. Klicken Sie auf die *Name*-Eigenschaft, und tippen Sie *txtGrin* ein.

15. Doppelklicken Sie auf die *Text*-Eigenschaft. Drücken Sie auf die ⌈Rück⌉-Taste, um der *Text*-Eigenschaft eine Leerzeile zuzuweisen.

16. Ändern Sie die Eigenschaften für die anderen Objekte gemäß Tabelle 3.1.

17. Wählen Sie im *Datei*-Menü den *Speichern*-Befehl, um Ihre Änderungen zu speichern.

Glückwunsch! Sie haben gerade alle notwendigen Eigenschaften für Ihre erste Benutzeroberfläche definiert.

Falls Sie die vorangegangenen 17 Schritte nicht manuell nachvollziehen wollen, können Sie die *HELLO2.VBP*-Datei aus dem Ordner des dritten Kapitels von der beiliegenden CD laden und studieren.

Objekt	Eigenschaft	Wert
Form	Name	frmHello
	Caption	Hallo Welt!
Option2	Name	optSmile
	Caption	Mir geht es gut.
Option3	Name	optFrown
	Caption	Ich bin traurig.
Image2	Name	imgSmile
	Picture	FACE02
	Visible	False
Image3	Name	imgFrown
	Picture	FACE01
	Visible	False
Text2	Name	txtSmile
	Border Style	0-None
	Text	(Leer)

Objekt	Eigenschaft	Wert
Text3	Name	txtFrown
	Border Style	0-None
	Text	(Leer)
Command1	Name	cmdExit
	Caption	Ende

Tabelle 3.1: Eigenschaften, die Sie ändern müssen, um den Entwurf Ihrer Benutzeroberfläche fertigzustellen.

Die Benutzeroberfläche mit Visual Basic automatisch erstellen

Wenn Sie die Schritte zur Erstellung der Benutzeroberfläche manuell nachvollzogen haben, haben Sie einen Eindruck davon bekommen, wie mühsam und zeitaufwendig dieser Prozeß sein kann. Weil Computer doch eigentlich dazu da sind, Zeit einzusparen (damit Sie mehr Computerspiele spielen können), enthält Visual Basic den sogenannten *Visual Basic-Anwendungsassistenten*.

Der Visual Basic-Anwendungsassistent erstellt das Gerüst eines kompletten Programms mit Pulldown-Menüs, Symbolleisten und Dialogfeldern. Wenn Sie ein Programm erstellen wollen, das der Benutzeroberfläche von Microsoft Word, Excel oder PowerPoint entsprechen soll, können Sie Zeit sparen, indem Sie die Benutzeroberfläche mit dem Visual Basic-Anwendungsassistent erstellen.

Um zu sehen, wie der Visual Basic-Anwendungsassistenten funktioniert, führen Sie die folgenden Schritte aus:

1. **Starten Sie Visual Basic unter Windows 95/NT. (Falls Visual Basic bereits läuft, wählen Sie im *Datei*-Menü den *Neues Projekt*-Befehl.)**

   Visual Basic öffnet das *Neues Projekt*-Dialogfeld.

2. **Klicken Sie auf das *VB-Anwendungsassistent*-Symbol und dann auf *Öffnen*.**

   Das Einführungsfenster des Anwendungsassistenten wird angezeigt (siehe Abbildung 3.9).

3. **Klicken Sie auf *Weiter*.**

   Das *Art der Benutzeroberfläche*-Fenster des Anwendungsassistenten wird angezeigt (siehe Abbildung 3.10).

Abbildung 3.9: Das Einführungsfenster des Anwendungsassistenten.

Abbildung 3.10: Das Art der Benutzeroberfläche-Fenster des Anwendungsassistenten.

4. **Markieren Sie das *Multiple Document Interface (MDI)*-Optionsfeld, und klicken Sie dann auf *Weiter*.**

   Das *Menüs*-Fenster des Anwendungsassistenten wird angezeigt (siehe Abbildung 3.11).

5. **Klicken Sie auf die *Alle auswählen*-Schaltfläche, und klicken Sie dann auf *Weiter*.**

   Das *Ressourcen*-Fenster des Anwendungsassistenten wird angezeigt (siehe Abbildung 3.12).

Abbildung 3.11: Das Menüs-*Fenster des Anwendungsassistenten.*

Abbildung 3.12 Das Ressourcen-*Fenster des Anwendungsassistenten.*

6. **Klicken Sie auf *Weiter*.**

   Das *Internet-Verbindung*-Fenster des Anwendungsassistenten wird angezeigt (siehe Abbildung 3.13). An dieser Stelle können Sie die Home-Page (dt. *Hauptseite*) für Ihren Browser spezifizieren.

7. **Klicken Sie auf *Weiter*.**

   Das *Standardformulare*-Fenster des Anwendungsassistenten wird angezeigt (siehe Abbildung 3.14).

Abbildung 3.13: Das Internet-Verbindung*-Fenster des Anwendungsassistenten.*

Abbildung 3.14: Das Standardformulare*-Fenster des Anwendungsassistenten.*

8. **Klicken Sie auf das *Info-Feld*-Kontrollkästchen, und klicken Sie dann auf *Weiter*.**

    Das *Datenzugriffsformulare*-Fenster des Anwendungsassistenten wird angezeigt (siehe Abbildung 3.15). An dieser Stelle können Sie spezifizieren, mit welcher Datenbank Sie in Ihrem Programm arbeiten wollen.

9. **Klicken Sie auf *Weiter*.**

    Das *Fertig!*-Fenster des Anwendungsassistenten wird angezeigt (siehe Abbildung 3.16).

3 ➤ *Die Entwicklung Ihrer ersten Benutzeroberfläche*

Abbildung 3.15: Das Datenzugriffsformulare*-Fenster des Anwendungsassistenten.*

Abbildung 3.16: Das Fertig!*-Fenster des Anwendungsassistenten.*

10. **Klicken Sie auf *Fertig*.**

    Visual Basic zeigt das *Anwendung erstellt*-Dialogfeld an.

11. **Klicken Sie auf *OK*.**

    Visual Basic zeigt das *Anwendungsassistent-Zusammenfassung*-Dialogfeld an.

12. **Klicken Sie auf *Schließen*.**

13. **Drücken Sie auf** [F5], **um das Gerüst-Programm auszuführen, das der Visual Basic-Anwendungsassistent für Sie erstellt hat.**

    Das Programm wird in einem separaten Fenster angezeigt (siehe Abbildung 3.17).

Abbildung 3.17: Das Gerüst-Programm, das von dem Anwendungsassistenten erstellt wurde.

14. **Wählen Sie im *Hilfe*-Menü (*?*-Menü) den *Info über Project1*-Befehl.**

    Das *Info Project1*-Dialogfeld wird angezeigt (siehe Abbildung 3.18).

Abbildung 3.18: Das Info Project1*-Dialogfeld.*

15. **Klicken Sie auf *OK*.**

16. **Klicken Sie auf ein beliebiges Symbol in der Symbolleiste, oder wählen Sie einen beliebigen Menübefehl, um zu sehen, was passiert.**

17. **Klicken Sie im *Datei*-Menü auf den *Beenden*-Befehl, wenn Sie sich mit dem Gerüst-Programm vertraut gemacht haben.**

18. Klicken Sie im *Datei*-Menü auf den *Neues Projekt*-Befehl.

Ein Dialogfeld wird angezeigt, das Sie fragt, ob Sie Ihr neu erstelltes Projekt speichern wollen

19. Klicken Sie auf *Nein*.

Wie Sie sehen, können Sie mit dem Visual Basic-Anwendungsassistenten schnell eine neue Benutzeroberfläche erstellen. Trotzdem müssen Sie die Benutzeroberfläche noch an Ihre Erfordernisse anpassen und BASIC-Code schreiben, um mit dem Programm eine nützliche Funktion zu erfüllen. Der Visual Basic-Anwendungsassistent hilft Ihnen nur dabei, schneller in die Gänge zu kommen.

BASIC-Code schreiben

In diesem Kapitel

- Die Grundlagen über BASIC-Code
- Wie man ein Objekt wählt und eine Prozedur schreibt
- Wie Sie BASIC-Code für Ihr Programm schreiben

Um den Computer zu veranlassen, etwas zu tun, müssen Sie ihm Schritt-für-Schritt-Anweisungen geben. Wenn Sie einen Schritt auslassen oder ihm unklare Anweisungen geben, weiß Ihr Computer nicht, was er tun soll. (Genaugenommen weiß er schon, was er tun soll, nur ist es nicht das, was Sie wollen.)

- Programmierer bezeichnen eine einzelne Anweisung als *Befehl*. Ein typischer BASIC-Befehl kann wie folgt aussehen:

```
Steuern = Einkommen * SteuerSatz
```

- Eine Folge von Befehlen wird als *Code* bezeichnet. Eine typische Folge von Befehlen kann wie folgt aussehen:

```
Einkommen = 90000
SteuerSatz = .35
Steuern = Einkommen * SteuerSatz
```

- Eine Sammlung von Code, die Ihren Computer veranlaßt, etwas Nützliches zu tun (z.B. ein Spiel zu spielen, Ihre Steuern zu berechnen oder fliegende Toaster auf Ihrem Bildschirm anzuzeigen), wird als *Programm* bezeichnet.

Wenn Sie die Sprache der Programmierer sprechen wollen (obwohl Programmierer berüchtigt dafür sind, selten viel zu sagen), müssen Sie eine gewisse Programmieretikette lernen.

Sie schreiben niemals ein *Programm*; Sie schreiben *Code*. Sagen Sie bloß nicht: »Laß mich mal deine Folge von Befehlen sehen.« Ihr Fauxpas läßt coole Programmierer erröten. Sagen Sie statt dessen: »Laß mich mal deinen Code sehen.«

Was ist BASIC-Code?

Um Ihren Computer zu veranlassen, etwas zu tun, müssen Sie ihm Anweisungen geben, die er verstehen kann. Zunächst müssen Sie entscheiden, welche Sprache Sie verwenden wollen. Wenn Sie mit Visual Basic arbeiten, ist dies die Sprache BASIC.

Wie alle Computer-Sprachen hat BASIC besondere Befehle, die als *reservierte Schlüsselwörter* bezeichnet werden. Einige Beispiele reservierter Schlüsselwörter lauten wie folgt:

Loop	Function	Sub	End
Do	Integer	Case	If
Else	Select	Then	For

BASIC-Code besteht aus nichts anderem als reservierten Schlüsselwörtern von BASIC, die kreativ aneinander gereiht sind, um ein Programm zu bilden. Immer wenn der Computer ein reserviertes Schlüsselwort sieht, denkt er automatisch: »Aha, dies ist eine bestimmte Anweisung, bei der ich weiß, was ich machen muß.«

Ein Programm kann ganz kurz sein und aus einem einzigen reservierten Schlüsselwort bestehen. Es kann auch sehr, sehr lang sein und mehrere Millionen reservierter Schlüsselwörter enthalten. Im allgemeinen leisten kurze Programme selten etwas Interessanteres, als eine Meldung wie *Hallo Welt!* auf dem Bildschirm anzuzeigen. Lange Programme machen gewöhnlich viel mehr, aber oft sind sie genauso verwirrend wie ein Steuerformular.

Theoretisch können Sie ein langes Programm schreiben, das aus Millionen oder mehr reservierten Schlüsselwörtern besteht. Doch wird wahrscheinlich jeder Programmierer, der dies versucht, lange bevor er damit fertig wird, verrückt.

Ein Programm Schritt für Schritt erstellen

Um das Programmieren einfacher zu machen, zerlegen die meisten Programmierer ein großes Programm in mehrere kleinere Programme. Nachdem Sie jedes der kleineren Programme geschrieben haben, setzen Sie die Teile zu einem kompletten Programm zusammen.

- ✔ Wenn Sie ein großes Programm in mehrere kleine Programme zerlegen, werden diese kleineren Programme als *Unterprogramme* bezeichnet. Im Visual Basic-Sprachgebrauch werden Unterprogramme als *Prozeduren* bezeichnet (obwohl einige Programmierer sie auch als *Unterroutinen* bezeichnen). Visual Basic enthält neben Prozeduren auch spezielle Unterprogramme, die als Funktionen (siehe Kapitel 29) und als allgemeine Prozeduren (siehe Kapitel 27) bezeichnet werden.

- ✔ Prozeduren schreiben den Objekten auf Ihrem Formular vor, wie sie auf Aktionen des Benutzers reagieren sollen. Ein Objekt kann null oder mehr Prozeduren haben.

So kann z.B. eine Prozedur dem Computer sagen, was er tun soll, wenn der Benutzer ein Objekt mit der Maus anklickt. Und eine andere Prozedur kann dem Computer sagen, was er tun soll, wenn der Benutzer auf eine bestimmte Taste drückt, während ein Objekt markiert ist.

Nicht jedes Objekt benötigt Prozeduren. Die einzigen Objekte, die Prozeduren benötigen, sind diejenigen, die der Benutzer anklicken oder markieren kann, wie z.B. Schaltflächen, Kontrollkästchen oder Optionsfelder.

Objekte und Ereignisse wählen

Ehe Sie eine Prozedur schreiben können, müssen Sie Visual Basic zwei Dinge mitteilen:

✔ Den Namen des Objekts, das Sie benutzen wollen

✔ Das Ereignis, auf welches das Objekt reagieren soll

Visual Basic bietet Ihnen zwei Methoden, um das Objekt zu wählen:

✔ Der einfachste Weg besteht darin, das Objekt (wie.z.B. eine Schaltfläche) auf Ihrem Formular anzuklicken und das Code-Fenster durch Drücken von [F7] zu öffnen. Visual Basic zeigt dann die wahrscheinlichste Prozedur für dieses Objekt an.

✔ Der zweite Weg ist fast ebenso einfach. Jedesmal, wenn Sie ein Objekt auf einem Formular zeichnen, speichert Visual Basic den Namen dieses Objekts in einer Liste mit dem Namen *Objektliste* (siehe Abbildung 4.1). Die Objektliste wird am oberen Rand des Code-Fensters angezeigt und kann durch Drücken von [F7] geöffnet werden. Sie können dann die Liste verschieben, bis Sie das Objekt finden, für das Sie eine Prozedur schreiben wollen.

Abbildung 4.1: Die Objektliste und die Prozedurliste.

Um ein Ereignis zu wählen, benutzen Sie eine weitere Liste, die als *Prozedurliste* bezeichnet und ebenfalls am oberen Rand des Code-Fensters neben der Objektliste angezeigt wird. Die Prozedurliste enthält alle möglichen Ereignisse, für die Sie eine Prozedur schreiben können.

Verschieben Sie diese Liste einfach, bis Sie das Ereignis finden, für das Sie eine Prozedur schreiben wollen. Das häufigste Ereignis ist das *Click*-Ereignis.

Nachdem Sie ein Objekt aus der Objektliste und ein Ereignis aus der Prozedurliste gewählt haben, zeigt Visual Basic die erste und letzte Zeile der Prozedur an. Sie können jetzt damit beginnen, den Code für diese Prozedur zu schreiben.

Visual Basic-Prozeduren schreiben

Ehe Sie irgendeine Visual Basic-Prozedur schreiben können, müssen Sie einige Objekte auf Ihrem Formular zeichnen.

Dann müssen Sie die Eigenschaften der Objekte ändern, um ihnen Namen zu geben, die Sie leicht behalten können. Wenn Sie diesen Schritt auslassen, müssen Sie sich mit den generischen Namen wie z.B. *Option1* oder *Text3* herumschlagen, die Visual Basic standardmäßig für jedes Objekt vergibt.

Wissen Sie, was passiert, wenn Sie eine Prozedur für ein bestimmtes Objekt schreiben und dann später den Namen dieses Objekts ändern? Visual Basic wird verwirrt und denkt, Sie hätten ein nagelneues Objekt erstellt. Das bedeutet, daß mit dem neuen Objekt keine Ereignisprozeduren verknüpft sind, während zu den bereits vorhandenen Ereignisprozeduren kein Objekt mehr gehört. Wenn Sie also ein Objekt umbenennen wollen, tun Sie dies, bevor Sie dafür Ereignisprozeduren schreiben.

Um eine Visual Basic-Prozedur zu schreiben, klicken Sie auf das Objekt, für das Sie die Prozedur schreiben wollen, und öffnen dann das Code-Fenster. (Sie können das Code-Fenster öffnen, indem Sie auf F7 drücken, den Menübefehl *Ansicht/Code* wählen oder auf das Objekt doppelklicken.) Wenn das Code-Fensters angezeigt wird, können Sie damit beginnen, die Prozedur oder den Code einzutippen. Abbildung 4.2 zeigt das Code-Fenster.

Doch halt! Visual Basic zeigt nicht einfach ein leeres Fenster an. Visual Basic zeigt automatisch *Private Sub*, danach den Namen des Objekts, einen Unterstrich, ein Ereignis (wie z.B. *Click*) und ein Paar von Klammern () an, das leer sein oder Argumente enthalten kann. (Argumente werden in Kapitel 28 behandelt.)

Wenn Sie auf das Objekt mit dem Namen *cmdExit* klicken und dann das Code-Fenster öffnen, zeigt Visual Basic folgendes an:

```
Private Sub cmdExit_Click()
End Sub
```

4 ► BASIC-Code schreiben

✔ Die erste Zeile einer Visual Basic-Prozedur beginnt mit *Private Sub*, was in Kurzform ausdrückt, daß ein Unterprogramm ausschließlich zu einem bestimmten Objekt gehört. In diesem Fall gehört das Unterprogramm zu dem Objekt mit dem Namen *cmdExit*.

✔ Danach zeigt Visual Basic den Namen Ihres Objekts an. Wenn Sie vergessen haben, die *Name*-Eigenschaft Ihres Objekts zu ändern, benutzt Visual Basic einen Standardnamen wie *Text2*. Andernfalls zeigt Visual Basic den Namen, den Sie dem Objekt gegeben haben (wie z.B. *cmdExit*).

✔ Auf den Namen des Objekts folgt ein Unterstrich, der den Namen Ihres Objekts von seinem Ereignis trennt. Ein *Ereignis* ist etwas, das der Benutzer tut, um mit dem Computer zu kommunizieren.

✔ Danach folgt ein Paar leerer Klammern. Normalerweise enthalten die Klammern Daten, die das Unterprogramm von der Routine übernimmt, die dieses Unterprogramm aufgerufen hat. Ein leeres Klammernpaar bedeutet, daß dieses Unterprogramm keine besonderen Daten benötigt.

Abbildung 4.2: Das Code-Fenster.

Wenn man diese Prozedur ins Deutsche übersetzt, bedeutet die erste Zeile: »Dies ist ein Unterprogramm für das Objekt mit dem Namen *cmdExit*; und das Unterprogramm sagt dem Computer, was er tun soll, wenn der Benutzer auf das Objekt *cmdExit* klickt.«

Die letzte Zeile dieser Visual Basic-Prozedur besteht aus zwei Wörtern: *End* und *Sub*. Diese Zeile teilt dem Computer mit: »Dies ist das Ende aller Befehle, die zu diesem Unterprogramm gehören.« Statt dies so ausführlich zu sagen, benutzt Visual Basic einfach

```
End Sub
```

Bis jetzt tut diese Visual Basic-Prozedur nichts. Um die Prozedur zu veranlassen, etwas zu tun, müssen Sie zwischen die erste und letzte Zeile Befehle einfügen. Ehe Sie damit anfangen, Befehle hinzuzufügen, müssen Sie wissen, was BASIC-Befehle (auch Code genannt) tun können.

Testen Sie Ihr neu erworbenes Wissen

1. **Was sind reservierte Schlüsselwörter?**

    a) Wörter, die Sie aussprechen, wenn Sie eine Reservierung in einem eleganten Restaurant haben, wo ein Glas Wasser 40 DM kostet.

    b) Das, was schüchterne Leute gerne aussprechen möchten.

    c) Besondere Anweisungen, die in jeder Programmiersprache vorkommen.

    d) Wörter, die Sie gerne jemand ins Gesicht sagen würden, den Sie nicht mögen.

2. **Wie können Sie ein Programm schreiben, ohne verrückt zu werden?**

    a) Zerlegen Sie es in Unterprogramme, die in Visual Basic als Prozeduren bezeichnet werden.

    b) Passen Sie auf, wie andere es tun, und stehlen Sie dann deren Hausaufgaben.

    c) Schreiben Sie einfach ein kurzes Programm, machen Sie davon mehrere Kopien, und hoffen Sie, daß niemand es merkt.

    d) Wenn Sie daran denken, ein großes Programm zu schreiben, sind Sie wahrscheinlich schon verrückt.

Was kann BASIC-Code tun?

BASIC-Code kann folgendes tun:

✔ Ein Ergebnis berechnen.

✔ Die Eigenschaften (Erscheinungsform) eines Objekts verändern.

Wenn Sie die Anzahl der Leute berechnen wollen, die in Segelbooten leben, die *GEO* abonniert haben und die Katzen besitzen, kann Visual Basic das tun, wenn Sie die notwendigen Daten bereitstellen.

Wenn Sie ein Ergebnis berechnet haben, wollen Sie es wahrscheinlich auf dem Bildschirm anzeigen. Um dies zu tun, müssen Sie die Eigenschaften eines Objekts Ihrer Benutzeroberfläche ändern. Wenn Sie z.B. eine Meldung auf dem Bildschirm anzeigen wollen, müssen Sie zunächst ein Textfeld-Objekt auf einem Visual Basic-Formular zeichnen.

Dann müssen Sie diesem Textfeld einen Namen wie *txtMessage* geben. Und schließlich, um etwas in diesem Textfeld anzuzeigen, müssen Sie die Text-Eigenschaft des Textfeldes *txtMessage* etwa wie folgt ändern:

```
txtMessage.Text = "Dies ist schwer zu sagen."
```

Dieser Befehl zeigt die Meldung *Dies ist schwer zu sagen.* im Textfeld *txtMessage* auf dem Bildschirm an (siehe Abbildung 4.3).

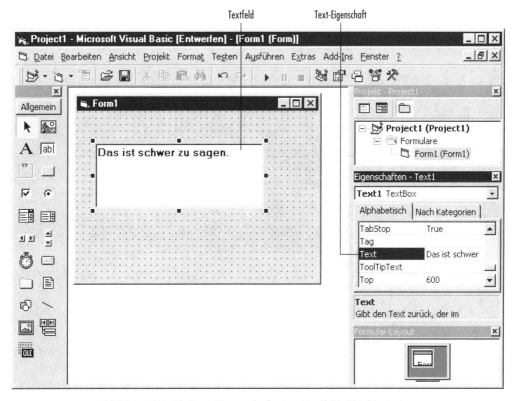

Abbildung 4.3: Die Text-Eigenschaft eines Textfeld-Objekts ändern.

Natürlich kann Visual Basic-Code nicht alle Eigenschaften eines Objekts ändern. Einige Eigenschaften können nur zur Entwurfszeit über das Eigenschaftenfenster des Objekts geändert werden. Ein Beispiel dafür ist der Name eines Objekts, den Sie nur über sein Eigenschaftenfenster ändern können.

Wie eine Visual Basic-Prozedur funktioniert

In Visual Basic werden Anweisungen nur ausgeführt, wenn ein bestimmtes Ereignis eintritt, z.B. wenn der Benutzer ein Objekt anklickt. Derselbe Satz von Befehlen kann wieder und wieder ablaufen, und zwar jedesmal, wenn der Benutzer ein Objekt anklickt. Der einzige Zeitpunkt, an dem ein Visual Basic-Programm aufhört zu laufen, ist der Punkt, an dem die Prozeduren eines Objekts ihm ausdrücklich die Anweisung geben, mit seiner Arbeit aufzuhören.

Betrachten Sie als Beispiel die einfachste Visual Basic-Prozedur, die bei jedem Programm notwendig ist, um es vollständig zu beenden. Bei einem einfachen »Hallo Welt!«-Programm sieht diese Prozedur wie folgt aus:

```
Private Sub cmdExit_Click()
    Unload Me
End Sub
```

Der Code in dieser Prozedur besteht nur aus dem reservierten Schlüsselwort *Unload* und einer Variablen mit dem Namen *Me*, die das Formular repräsentiert. Deshalb weist diese Prozedur Visual Basic an: »Entferne dieses Formular aus dem Speicher.« Weil dieses Programm nur aus einem einzigen Formular besteht, hält dieser Befehl in diesem Fall das Programm an.

Diese Prozedur wird nur ausgeführt, wenn der Benutzer das *cmdExit*-Objekt anklickt. Wenn Sie sich das *cmdExit*-Objekt auf Ihrer Benutzeroberfläche anschauen, sehen Sie, daß es sich um eine Schaltfläche mit der Aufschrift *Ende* handelt.

Wenn Sie dieses Programm ausführen, passiert folgendes:

1. Visual Basic zeigt Ihre Benutzeroberfläche auf dem Bildschirm an. Sie enthält auch die Schaltfläche mit der Aufschrift *Ende*.

2. Das Anklicken der *Ende*-Schaltfläche veranlaßt Visual Basic zu fragen: »He, was ist der Name dieses Objekts, das der Benutzer gerade angeklickt hat?«

3. Verärgert stellt Visual Basic schnell fest, daß der Name der *Ende*-Schaltfläche *cmdExit* lautet.

4. Dann fragt Visual Basic: »Gibt es hier irgendwelche Anweisungen für mich, die mir sagen, was ich tun soll, wenn der Benutzer das *cmdExit*-Objekt anklickt?« Glücklicherweise findet Visual Basic die Prozedur *Private Sub cmdExit_Click()*.

5. Visual Basic untersucht den ersten Befehl der Prozedur *cmdExit_Click()*. In diesem Falle lautet der Befehl *Unload Me*, was Visual Basic anweist, das For-

mular zu entladen. Weil es das einzige Formular im Programm ist, wird das Programm dadurch angehalten.

6. Visual Basic beendet das Programm und entfernt es vom Bildschirm. Natürlich passiert dies alles blitzschnell; und es sieht so aus, als würde Ihr Computer sofort reagieren.

BASIC-Code für Ihr erstes Visual Basic-Programm schreiben

Wenn Sie direkt mit dem Programm arbeiten wollen, ohne den ganzen Code einzutippen, können Sie die *HELLO.VBP*-Datei aus dem Ordner des vierten Kapitels von der beiliegenden CD laden und studieren.

Weil Erfahrung immer der beste Lehrmeister ist, zeigen Ihnen die folgenden Schritte, wie Sie lebensechten BASIC-Code schreiben können, mit dem Sie Ihre Freunde beeindrucken können. Hier werden Sie lernen, wie Sie BASIC-Code für das *HELLO.VBP*-Programm in Kapitel 3 schreiben können.

Machen Sie sich keine Sorgen, wenn Sie beim Eintippen nicht alles verstehen. Der Zweck dieser Übung besteht darin, Ihnen zu zeigen, wie einfach das Erstellen eines Programms in Visual Basic sein kann.

1. **Starten Sie Visual Basic unter Windows, falls Sie das noch nicht getan haben.**

   Visual Basic zeigt das *Neues Projekt*-Dialogfeld an.

2. **Klicken Sie auf das *Aktuell*-Register, klicken Sie auf *Hello*, und klicken Sie dann auf *Öffnen*.**

   Wenn *HELLO.FRM* nicht auf dem Bildschirm erscheint, klicken Sie im Projekt-Fenster auf das frmHello-Formular, und klicken Sie dann auf das *Objekt anzeigen*-Symbol. (Sie können diesen Schritt überspringen, wenn das Formular noch aus Kapitel 3 auf Ihrem Bildschirm steht.)

3. **Klicken Sie auf das optGrin-Optionsfeld, das in der linken oberen Ecke des Formulars angezeigt wird. (Es handelt sich um die Schaltfläche, die sagt: »Ich bin glücklich!«)**

4. **Öffnen Sie das Code-Fenster, indem Sie auf `F7` drücken oder im *Ansicht*-Menü den *Code*-Befehl wählen.**

5. **Tippen Sie die Prozedur *Private Sub optGrin_Click()* so ein, daß sie wie folgt aussieht:**

```
Private Sub optGrin_Click()
   imgFrown.Visible = False
   imgSmile.Visible = False
   imgGrin.Visible = True
```

```
    txtSmile.TEXT = »«
    txtGrin.TEXT = »Ich fahre nach DisneyWorld!«
    txtFrown.TEXT = »«
End Sub
```

6. **Klicken Sie auf den nach unten gerichteten Pfeil in der Objektliste am oberen Rand des Code-Fensters, und wählen Sie dann das *optSmile*-Objekt.**

    Visual Basic zeigt die leere Prozedur *Private Sub optSmile_Click()* an.

7. **Tippen Sie die Prozedur *Private Sub optSmile_Click()* so ein, daß sie wie folgt aussieht:**

    ```
    Private Sub optSmile_Click()
        imgFrown.Visible = False
        imgSmile.Visible = True
        imgGrin.Visible = False
        txtSmile.TEXT = »Hallo Welt!«
        txtGrin.TEXT = »«
        txtFrown.TEXT = »«
    End Sub
    ```

8. **Klicken Sie auf den nach unten gerichteten Pfeil in der Objektliste am oberen Rand des Code-Fensters, und wählen Sie dann das *optFrown*-Objekt.**

    Visual Basic zeigt die leere Prozedur *Private Sub optFrown_Click()* an.

9. **Tippen Sie die Prozedur *Private Sub optFrown_Click()* so ein, daß sie wie folgt aussieht:**

    ```
    Private Sub optFrown_Click()
        imgFrown.Visible = True
        imgSmile.Visible = False
        imgGrin.Visible = False
        txtSmile.TEXT = »«
        txtGrin.TEXT = »«
        txtFrown.TEXT = »Ade, grausame Welt.«
    End Sub
    ```

10. **Klicken Sie auf die Objektliste am oberen Rand des Code-Fensters, und wählen Sie dann das *cmdExit*-Objekt.**

    Visual Basic zeigt die leere Prozedur *Private Sub cmdExit_Click()* an.

11. **Tippen Sie die Prozedur *Private Sub cmdExit_Click()* so ein, daß sie wie folgt aussieht:**

    ```
    Private Sub cmdExit_Click()
        Unload Me
    End Sub
    ```

12. **Drücken Sie auf F5, um Ihr Programm auszuführen, oder wählen Sie den Menübefehl *Ausführen/Starten*.**

    Wenn Sie alles richtig eingetippt haben, zeigt Visual Basic Ihre Benutzeroberfläche, wie in Abbildung 4.4 gezeigt, auf dem Bildschirm an.

    Abbildung 4.4: Das Programm Hallo Welt!.

13. **Klicken Sie auf das Optionsfeld neben der Bezeichnung *Ich bin traurig*.**

    Visual Basic zeigt auf dem Bildschirm ein Gesicht und die Meldung *Ade, grausame Welt* an (siehe Abbildung 4.5).

    Abbildung 4.5: Ade, grausame Welt.

14. **Klicken Sie auf das Optionsfeld neben der Bezeichnung *Mir geht es gut*.**

    Visual Basic zeigt auf dem Bildschirm ein Gesicht und die Meldung *Hallo Welt!* an (siehe Abbildung 4.6).

Abbildung 4.6: Hallo Welt!

15. Klicken Sie auf das Optionsfeld neben der Bezeichnung *Ich bin glücklich!*.

Visual Basic zeigt auf dem Bildschirm ein wirklich fröhliches Gesicht und die Meldung *Ich fahre nach DisneyWorld!* an (siehe Abbildung 4.7).

Abbildung 4.7: Ich fahre nach DisneyWorld!

16. Klicken Sie auf die Schaltfläche mit der Aufschrift *Ende*.

Visual Basic beendet Ihr Programm und kehrt zum Visual Basic-Programm zurück.

Wenn Sie sich durch die ersten vier Kapitel bis hierher durchgearbeitet haben, Glückwunsch! Sie haben das Beispiel *Hallo Welt!* schließlich fertiggestellt. Obwohl es einige Kapitel gedauert hat, um so weit zu kommen, können Sie jetzt sehen, wie Sie Visual Basic dazu benutzen können, eine freundliche Benutzeroberfläche schnell und einfach zu erstellen.

Teil II

Entwurf einer Benutzeroberfläche

In diesem Teil...

Der Zweck einer Benutzeroberfläche liegt darin, einem Benutzer das Arbeiten mit Ihrem Programm zu ermöglichen. Je unhandlicher die Benutzeroberfläche ist, desto schwieriger wird es sein, Ihr Programm zu benutzen. Wenn Sie also eine brauchbare Benutzeroberfläche entwerfen, wird Ihr Programm leichter zu bedienen sein.

Dies ist der Teil des Buches, der Spaß macht. Sie brauchen keinen Code zu schreiben, keine geheimen Befehle zu lernen und keine bizarren Tastenkombinationen einzupauken. In diesem Teil können Sie unter dem Vorwand, eine Programmiersprache zu lernen, nach Herzenslust malen und herumkritzeln.

Die hohe Schule des Designs

In diesem Kapitel

- Tips zum Entwurf einer Benutzeroberfläche
- Objekte auf der Benutzeroberfläche zeichnen
- Objekte verschieben, löschen und kopieren
- Den Zugriff auf Objekte sperren

Damit man von den Leuten verstanden wird, muß man vor allem zu ihren Augen sprechen.

Napoleon Bonaparte

Grundsätzlich sollten Sie sich darüber klar sein, daß niemand Ihr Programm wirklich benutzen will. Die meisten Leute würden lieber am Strand liegen, fernsehen oder ausgehen. Trotzdem möchten die Leute die Ergebnisse haben, die Ihr Programm liefern kann. Wenn sie dieses Ergebnis auf andere Weise mit weniger Arbeit erhalten könnten, würden sie das tun. Bloß weil sie dies nicht können, sind sie bereit, Ihr Programm zu benutzen.

Das bedeutet, daß die Leute am liebsten ein Programm hätten, daß ihre Gedanken liest und dann auf magische Weise das tut, was sie erreichen müssen. Weil dies nicht möglich ist, können Sie nur darauf hinarbeiten, Ihr Programm so einfach wie möglich zu gestalten. Wenn ein absolut inkompetenter Vollidiot (Ihr Chef) Ihr Programm benutzen kann, werden die meisten anderen Leute dies auch schaffen.

Ehe Sie mit dem Design der Benutzeroberfläche anfangen

Eine Benutzeroberfläche zu entwerfen heißt nicht einfach, einige hübsche Bilder in einem bunten Fenster zusammenzuwürfeln und zu hoffen, daß der Benutzer rausfindet, wie Ihr Programm funktioniert. Die Benutzeroberfläche Ihres Programms muß die Bedienung Ihres Programms vereinfachen. Beim Entwurf einer Benutzeroberfläche sollten Sie die folgenden Punkte berücksichtigen:

Lernen Sie Ihren Benutzer kennen

Fragen Sie sich vor dem Entwurf Ihrer Benutzeroberfläche, wer Ihr Programm benutzen soll. Handelt es sich bei den typischen Benutzern um Datentypisten oder Datentypistinnen, die mit Computern umgehen können, oder um Manager, die nur Papierprozeduren kennen und keine Ahnung haben, wie sie sich die Arbeit mit Computern erleichtern können.

Wenn Sie Ihre Benutzergruppe abgegrenzt haben, entwerfen Sie Ihre Benutzeroberfläche so, daß sie die gewohnten Arbeitsabläufe der Benutzer widerspiegelt. Dabei spielt es keine Rolle, ob diese Benutzeroberfläche für andere Leute ineffizient oder seltsam aussehen mag. Buchhalter haben keine Probleme mit Tabellenkalkulationen, weil das Zeilen-und-Spalten-Format ihren Buchungsjournalen sehr ähnlich ist. Ebenso arbeiten Schreibkräfte ohne Probleme mit Textverarbeitungsprogrammen, weil ein solches Programm ein leeres Blatt Papier nachbildet.

Aber stellen Sie sich vor, was passieren würde, wenn alle Textverarbeitungsprogramme wie Tabellenkalkulationen mit Zeilen und Spalten aussehen würden. Eine Schreibkraft, die mit einem solchen Textverarbeitungsprogramm arbeiten wollte, käme sich bald verloren und verwirrt vor (wohingegen ein Buchhalter sich wahrscheinlich wie zu Hause fühlte.)

Je genauer eine Benutzeroberfläche die Art und Weise nachbildet, in der die Benutzer gegenwärtig arbeiten, desto größer ist die Wahrscheinlichkeit, daß sie auch benutzt und akzeptiert wird. Die einzige Person, die wirklich mit der Benutzeroberfläche zufrieden sein muß, ist der Benutzer.

Bieten Sie dem Benutzer Orientierungshilfe

Es ist nicht verwunderlich, daß Leute sich verlaufen, wenn Sie durch die heutigen Supereinkaufszentren schlendern, die viele Ebenen und zwei verschiedene Zeitzonen haben. Wie fühlt man sich, wenn man nicht weiß, wo man gerade ist und wohin man vom gegenwärtigen Standort aus gehen kann?

Dieses Gefühl der Hilflosigkeit ist der Grund, warum Kinder, die sich verlaufen haben, unkontrolliert heulen und verwirrte Computerbenutzer Flüche in ihren Bart murmeln. (Aus diesem Grund gibt es auch in Einkaufszentren Tafeln mit einem großen, roten X, das zeigt: »Sie sind hier.«)

Eine gute Benutzeroberfläche hilft den Benutzern bei der Orientierung, so daß sie wissen, wo sie sich in Ihrem Programm befinden und wie sie dort herauskommen, wenn sie es wollen. Einige Benutzeroberflächen zeigen eine Meldung am unteren Rand des Bildschirms an, z.B. *Seite 2 von 5*. In diesem Fall weiß der Benutzer genau, wie viele Seiten insgesamt angezeigt werden können und welche Seite im Augenblick auf dem Bildschirm erscheint.

Ihre Benutzeroberfläche ist ein Lageplan Ihres Programms. Achten Sie darauf, daß Ihre Benutzeroberfläche genau so viele Informationen zeigt, wie der Benutzer zur Orientierung benötigt, und nicht mehr, denn das würde ihn nur verwirren.

Verdeutlichen Sie die Wahlmöglichkeiten

Eine brauchbare Benutzeroberfläche zeigt dem Benutzer nicht nur, an welcher Stelle des Programmes er sich befindet, sondern verdeutlicht ihm auch, welche Optionen er an dieser Stelle hat. Wenn Ihre Benutzeroberfläche am unteren Rand des Bildschirms anzeigt *Seite 4 von 25*, woher weiß der Benutzer dann, was er tun muß, um die vorhergehende oder nachfolgende

Seite anzuzeigen? Eine Lösung könnte darin bestehen, in den unteren Ecken der Seite Pfeile anzuzeigen, die vorwärts und rückwärts weisen. Eine andere Lösung könnte darin bestehen, Schaltflächen mit den Aufschriften *Seite vor* und *Seite zurück* zu verwenden. Abbildung 5.1 zeigt einige mögliche Lösungen.

Abbildung 5.1: Anzeige der Benutzeroptionen durch Symbole und Schaltflächen.

Solange Ihr Programm dem Benutzer zeigt, welche Optionen er als nächstes hat, auf welche Tasten er drücken muß oder wo er mit der Maus klicken muß, hat der Benutzer ein Gefühl der Kontrolle und des Vertrauens, wenn er Ihr Programm benutzt.

Seien Sie nachsichtig

Der Schlüssel hier heißt Feedback. Wenn Ihr Programm eine arrogante Einstellung erkennen läßt und herabsetzende Meldungen wie *Befehl oder Dateiname nicht erkannt* anzeigt, wenn der Benutzer auf eine falsche Taste drückt oder mit der Maus auf die falsche Stelle klickt, dann fühlt sich der Benutzer durch Ihr Programm eingeschüchtert.

Seien Sie deshalb freundlich. Verstecken oder deaktivieren Sie in Ihrem Programm alle Schaltflächen oder Menübefehle, die für Benutzer im Augenblick nicht verfügbar sind. Wenn der Benutzer auf eine falsche Taste drückt oder mit der Maus auf die falsche Stelle klickt, zeigen Sie in Ihrem Programm ein Fenster an, in dem Sie dem Benutzer sagen, welche Optionen er hat. Ihre Benutzer schätzen ein Programm, das sie unterstützt; und Sie brauchen viel weniger Zeit, um am Telefon technische Hilfestellung zu leisten.

Gestalten Sie es einfach

Viele Programme bieten dem Benutzer zwei oder mehr Wege an, um einen bestimmten Befehl auszuführen. Sie können auf eine Schaltfläche klicken, einen Befehl aus den Menüs auswählen oder eine bestimmte Tastenkombination (z.B. [Strg]+[F2]) drücken. Von diesen drei Methoden ist das direkte Klicken auf den Bildschirm am einfachsten zu merken, das Drücken einer bizarren Tastenkombination am schwierigsten.

Achten Sie darauf, daß häufig benutzte Befehle schnell über eine Schaltfläche oder ein Menü ausgeführt werden können. Nicht alle Befehle müssen eine Tastenkombination haben, über die sie ausgeführt werden können.

Tastenkombinationen sind zwar schneller in der Bedienung, brauchen aber am Anfang mehr Lernaufwand. Wählen Sie möglichst Tastenkombinationen, die leicht zu behalten sind. Ein Speicherbefehl mit der Tastenkombination [Strg]+[S] ist leichter zu behalten als abstrakte Tastenkombinationen wie z.B. [Umschalt]+[F12]. Man kann sich leicht daran erinnern, daß S für *Speichern* steht; aber wofür um alles in der Welt steht *F12*?

Der Entwurf Ihrer Visual Basic-Benutzeroberfläche

Wenn Sie ein Visual Basic-Programm schreiben, müssen Sie zuerst seine Benutzeroberfläche entwerfen. Im wesentlichen besteht die Benutzeroberfläche eines Visual Basic-Programmes aus Objekten, die Sie auf dem Bildschirm anzeigen und dabei so anordnen, daß der Bildschirm übersichtlich aussieht.

Die Hauptelemente einer Visual Basic-Benutzeroberfläche werden in Abbildung 5.2 gezeigt. Dabei handelt es sich um folgende Elemente:

✔ *Formulare (auch* Fenster *genannt)*

✔ Schaltflächen

✔ Textfelder

✔ Bezeichnungsfelder

✔ Bildfelder (und andere dekorative Elemente)

Um Ihre Benutzeroberfläche zu entwerfen, gehen Sie folgendermaßen vor:

1. **Erstellen Sie ein leeres Formular.**
2. **Wählen Sie das Objekt, das Sie zeichnen wollen, aus der Werkzeugsammlung aus (siehe Abbildung 5.3).**
3. **Zeichnen Sie das Objekt auf dem leeren Formular.**

5 ➤ Die hohe Schule des Designs

Abbildung 5.2: Die Teile einer typischen Visual Basic-Benutzeroberfläche.

Abbildung 5.3: Die Werkzeugsammlung.

Objekte zeichnen

Um ein Objekt zu zeichnen, gehen Sie folgendermaßen vor:

1. **Klicken Sie auf das Symbol in der Visual Basic-Werkzeugsammlung, welches das Objekt darstellt, das Sie zeichnen wollen (Schaltfläche, Bildfeld, Bezeichnungsfeld usw).**
2. **Verschieben Sie die Maus an die Stelle auf dem Formular, an der Sie das Objekt zeichnen wollen.**

   Dabei nimmt der Zeiger die Form eines Fadenkreuzes an.
3. **Drücken Sie die auf linke Maustaste, und ziehen Sie die Maus dorthin, wo Sie Ihr Objekt zeichnen wollen. Lassen Sie dann die Maustaste los.**

 Wenn Sie ein Objekt sehr schnell erstellen wollen, doppelklicken Sie in der Werkzeugsammlung einfach auf sein Symbol. Wenn Sie z.B. schnell eine Schaltfläche erstellen wollen, doppelklicken Sie einfach auf das *Schaltfläche*-Symbol in der Werkzeugsammlung, und Visual Basic zeichnet die Schaltfläche automatisch auf dem Formular.

Das Eigenschaftenfenster benutzen

Nachdem Sie ein Objekt auf einem Formular gezeichnet haben, definieren Sie im nächsten Schritt seine Eigenschaften mit Hilfe des Eigenschaftenfensters. Falls das Fenster nicht auf Ihrem Bildschirm zu sehen ist, können Sie eine der folgenden drei Methoden verwenden, um es anzuzeigen:

✔ Drücken Sie auf F4.

✔ Wählen Sie im *Ansicht*-Menü den *Eigenschaftenfenster*-Befehl.

✔ Klicken Sie auf das *Eigenschaftenfenster*-Symbol in der Symbolleiste.

 Das Eigenschaftenfenster kann die Eigenschaften auf zwei verschiedene Weisen anzeigen (siehe Abbildung 5.4).

✔ *Alphabetisch*: Die Eigenschaften eines Objekts werden alphabetisch von A–Z angezeigt.

✔ *Nach Kategorien*: Die Eigenschaften werden zu Kategorien zusammengefaßt, wie z.B. *Darstellung*, *Position*, *Verhalten* usw.

5 ➤ Die hohe Schule des Designs

Abbildung 5.4: Das Eigenschaftenfenster kann die Eigenschaften alphabetisch oder nach Kategorien anzeigen.

Wenn Sie das Eigenschaftenfenster geöffnet haben, befolgen Sie die folgenden Schritte, um die Eigenschaften jedes Objekts in Ihrem Visual Basic-Programm zu studieren:

1. **Öffnen Sie das Fenster des Projekt-Explorers mit einer der folgenden Methoden:**
   Drücken Sie auf ⌈Strg⌋+⌈R⌋.
   Wählen Sie im *Ansicht*-Menü den *Projekt-Explorer*-Befehl.
   Klicken Sie auf das *Projekt-Explorer*-Symbol in der Symbolleiste.

2. **Klicken Sie im Fenster des Projekt-Explorers auf den Namen des Formulars, welches das gewünschte Objekt enthält, das Sie sich ansehen wollen, und klicken Sie auf das *Objekt anzeigen*-Symbol.**

3. **Doppelklicken Sie auf den Namen der Eigenschaft, die Sie ändern wollen.**

 Wenn Sie auf ein Objekt in einem Formular klicken, zeigt das Eigenschaftenfenster automatisch die Eigenschaften des Objekts an.

Objekte benennen

Jedes Objekt, das Sie zeichnen, hat eine Name-Eigenschaft, mit der Visual Basic das Objekt identifiziert. (Aus demselben Grund haben Ihre Eltern Ihnen einen Namen gegeben – damit die Leute nicht immer sagen: »Hallo, du da!«, wenn sie Ihre Aufmerksamkeit erregen wollen.) Wenn Sie auf das Alphabetisch-Register im Eigenschaftenfenster klicken, wird die *Name*-Eigenschaft in der Form *(Name)* am Anfang der Liste angezeigt.

 Jedes Visual Basic-Objekt muß einen eindeutigen Namen haben. Wenn Sie versuchen, zwei verschiedenen Objekten denselben Namen zu geben, protestiert Visual Basic und hindert Sie daran, es zu tun.

Wenn Sie ein Objekt erstellen, gibt Visual Basic ihm automatisch einen langweiligen, generischen Namen. So gibt Visual Basic z.B. der ersten Schaltfläche, die Sie erstellen, den Namen *Command1*. Die zweite Schaltfläche erhält den Namen *Command2* usw.

Der Name eines Objekts wird nie auf dem Bildschirm angezeigt. Namen dürfen bis zu 40 Zeichen lang sein. Sie dürfen keine Satzzeichen oder Leerzeichen enthalten. Sie können den Namen frei wählen, aber Microsoft empfiehlt, daß alle Visual Basic-Programmierer weltweit dieselben Präfixe aus drei Buchstaben benutzen, die in Tabelle 5.1 gezeigt werden, weil es dadurch einfacher wird, Programme anderer Leute zu lesen und zu ändern.

Objekt	Englisch	Präfix	Beispiel
Anzeige	Image	img	imgPrettyDrawing
Befehlsschaltfläche	Command Button	cmd	cmdOpenSesame
Bezeichnungsfeld	Label	lbl	lblFakeName
Bildfeld	Picture box	pic	picPrettyPictures
Dateilistenfeld	File list box	fil	filDocuments
Daten	Data	dat	datBiblio
Figur (Kreis, Quadrat, Oval, Rechteck, abgerundetes Rechteck und abgerundetes Quadrat)	Shape	shp	shpUpOrShipOut
Formular	Formular	frm	frmFileOpen
Horizontale Bildlaufleiste	Horizontal scroll bar	hsb	hsbTemperature
Kombinationsfeld	Combo box	cbo	cboCrimesCommitted
Kontrollkästchen	Check box	chk	chkCareerChoice
Laufwerklistenfeld	Drive list box	drv	drvHardDisk
Linie	Line	lin	linBorder
Listenfeld	List box	lst	lstCandidates
Menü	Menu	mnu	mnuHamAndEggs
Optionsfeld	Radio button	opt	optStation101
Rahmen	Frame	fra	fraGroupedButtons
Textfeld	Text box	txt	txtWarning
Vertikale Bildlaufleiste	Vertical scroll bar	vsb	vsbMoneyRaised
Verzeichnislistenfeld	Directory list box	dir	dirTree

Tabelle 5.1: Namenskonventionen für Visual Basic-Objekte

Um den Namen eines Objekts zu ändern, gehen Sie folgendermaßen vor:

1. **Klicken Sie an einer beliebigen Stelle auf das Objekt, das Sie benennen wollen.**

   Das Objekt wird durch kleine schwarze Ziehpunkte eingerahmt. (Um ein Formular zu benennen, klicken Sie auf eine beliebige Stelle des Formulars, klicken Sie jedoch nicht auf ein Objekt auf dem Formular.)

2. Öffnen Sie das Eigenschaftenfenster, indem Sie auf [F4] drücken oder den Menübefehl *Ansicht/Eigenschaften* wählen.

3. Doppelklicken Sie auf die *Name*-Eigenschaft, und tippen Sie einen neuen Namen ein.

Die Caption-Eigenschaft von Objekten

Zusätzlich zu einem Namen haben die meisten (aber nicht alle) Objekte eine Caption. (A.d.Ü.: Die amerikanische Bezeichnung *Caption* wird in der Visual Basic-Dokumentation von Microsoft nicht ins Deutsche übersetzt. Das Wort entspricht ungefähr dem deutschen Wort *Aufschrift*.) Die Caption ist das, was Sie auf dem Bildschirm sehen. Einige Captions werden in Abbildung 5.5 gezeigt.

Abbildung 5.5: Captions für verschiedene Objekte.

Standardmäßig sind Captions und Namen von Objekten gleich, bis Sie sie ändern. Wenn Sie also ein Kontrollkästchen auf dem Bildschirm zeichnen, erhält es die langweilige Caption *Check1*, und sein Name lautet ebenfalls *Check1*.

Die Caption eines Formulars wird in seiner Titelleiste angezeigt. Die Caption eines Objekts (wie z.B. einer Befehlsschaltfläche, eines Bezeichnungsfeldes, eines Kontrollkästchens oder eines Textfeldes) erscheint direkt auf diesem Objekt.

Captions sollen dem Benutzer helfen, sich zurechtzufinden. Eine Caption kann leer oder bis zu 255 Zeichen lang sein. Sie darf Leerzeichen, Satzzeichen und Schimpfwörter enthalten. Die folgenden Beispiele zeigen gültige Captions:

✔ Hallo

✔ Hallo, Dummkopf!

✔ Weiß ich wirklich, was ich tue?

Um die Caption eines Objekts zu ändern, gehen Sie folgendermaßen vor:

1. **Klicken Sie auf das Objekt, dessen Caption Sie ändern wollen, so daß es durch die schwarzen Ziehpunkte eingerahmt wird.**

   (Um ein Formular zu wählen, klicken Sie auf eine beliebige Stelle des Formulars, klicken Sie jedoch nicht auf ein Objekt auf dem Formular.)

2. **Öffnen Sie das Eigenschaftenfenster, indem Sie auf F4 drücken oder den Menübefehl *Ansicht/Eigenschaften* wählen oder auf das *Eigenschaftenfenster*-Symbol in der Symbolleiste klicken.**

3. **Klicken Sie auf die *Caption*-Eigenschaft, und tippen Sie eine neue Caption ein.**

   Beachten Sie, daß Visual Basic Ihre Caption beim Tippen auf dem Bildschirm anzeigt.

Zugriffstasten in Captions definieren

Zusätzlich zu ihrer Funktion, die Benutzeroberfläche ansprechend zu gestalten und Informationen für den Benutzer anzuzeigen, können Sie Captions dazu verwenden, Zugriffstasten zu definieren, mit denen der Benutzer ein Objekt wählen kann, ohne es mit der Maus anzuklicken.

Um eine Caption mit einer Zugriffstaste zu verbinden, müssen Sie ein kaufmännisches *Und*-Zeichen (&) in die Caption eines Objekts einfügen. Vielleicht fragen Sie sich: »Warum um alles in der Welt soll ich so ein häßliches Symbol verwenden?« Die Antwort darauf lautet: »Um dem Benutzer noch eine Methode zur Verfügung zu stellen, auf Ihre Knöpfe zu drücken.«

Es gibt zwei Methoden, um auf eine Schaltfläche zu drücken:

- Klicken Sie die Schaltfläche mit der Maus an.

- Drücken Sie auf die Tab -Taste, bis die Schaltfläche markiert ist, und drücken Sie dann auf die Leertaste oder die Eingabetaste (ziemlich einleuchtend, nicht wahr?).

Wenn Sie ein kaufmännisches Und-Zeichen (&) benutzen, kann der Benutzer auf eine Schaltfläche drücken, indem er die Alt -Taste niederdrückt und dann auf die Taste mit dem Zeichen drückt, vor dem das kaufmännische *Und*-Zeichen steht. Wenn z.B. eine Befehlsschaltfläche die Caption *&Ende* hat, wird die Caption auf der Schaltfläche mit einem unterstrichenen *E* angezeigt, also als *E*nde. Um diese Schaltfläche zu aktivieren, brauchen Sie nur auf Alt + E zu drücken. Wenn die Befehlsschaltfläche jedoch die Caption *E&nde* hat, wird die Caption auf der Schaltfläche mit einem unterstrichenen *n* angezeigt, also als *En*de; und um diese Schaltfläche zu aktivieren, müssen Sie dann auf Alt + N drücken (siehe Abbildung 5.6).

Abbildung 5.6: Zwei Befehlsschaltflächen, welche die Verwendung des kaufmännischen &-Zeichens zeigen.

Testen Sie Ihr neu erworbenes Wissen

1. **Warum ist es wichtig zu wissen, welche Art von Leuten wahrscheinlich mit Ihrem Programm arbeiten werden?**

    a) Damit Sie falsche Erwartungen wecken und Ihre Benutzer verwirren können.

    b) Um Ihre Benutzeroberfläche an deren Erwartungen und Erfahrungen anpassen zu können.

    c) Weil jemand Freunde in höheren Positionen haben könnte.

    d) Das ist unwichtig, solange die Leute mein Programm in bar bezahlen.

2. **Eine Benutzeroberfläche muß wie ein Lageplan funktionieren. Erklären Sie diesen Satz.**

    a) Warum sollte ich ihn erklären. Schließlich haben Sie ihn geschrieben.

    b) Der Meyers-Verlag vertreibt jetzt Software.

    c) Dieser Satz ist ein Gleichnis. Das ist eine kreative Art, Analogien auszudrücken.

    d) Die Benutzeroberfläche muß dem Benutzer stets zeigen, an welcher Stelle er sich in Ihrem Programm befindet.

Die Schriftart einer Objekt-Caption ändern

Wenn Sie eine Caption erstellen, zeigt Visual Basic sie auf dem Bildschirm in einer gewöhnlichen Schrift an. Wenn Sie zu den kreativen Typen zählen, die ihre Caption jazziger gestalten wollen, können Sie die Schriftart, die Auszeichnung und den Schriftgrad der Captions ändern, um ihnen mehr Power zu verleihen.

Schriftarten (engl. *Fonts*) sind verschiedene Mittel, um Text anzuzeigen. Normalerweise benutzt Visual Basic die Schriftart MS Sans Serif; aber Sie können jede Schriftart verwenden, die in Ihrem Computer gespeichert ist. (MS Sans Serif sieht ähnlich aus wie die Schriftart Helvetica; und die Visual Basic-Schriftart MS Serif sieht ähnlich aus wie die Schriftart Times Roman.)

Um die Schriftart einer Caption zu ändern, gehen Sie folgendermaßen vor:

1. **Klicken Sie auf das Objekt, dessen Caption Sie ändern wollen.**
2. **Öffnen Sie das Eigenschaftenfenster, indem Sie auf F4 drücken oder den Menübefehl *Ansicht/Eigenschaften* wählen oder auf das *Eigenschaftenfenster*-Symbol in der Symbolleiste klicken.**
3. **Doppelklicken Sie auf die *Font*-Eigenschaft.**

   Visual Basic zeigt ein Dialogfeld mit einer Liste aller Schriftarten an, die Sie verwenden können (siehe Abbildung 5.7).

4. **Klicken Sie auf die gewünschte Schriftart.**

   Visual Basic ändert die Schriftart der Caption sofort.

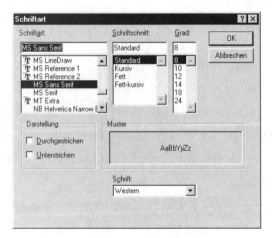

Abbildung 5.7: Das Schriftarten-*Dialogfeld.*

Schriftarten bieten Ihnen die Möglichkeit, kreativ zu sein, sie können den Benutzer aber auch verwirren, wenn Sie bizarr und unnatülich aussehende Schriftarten verwenden. Um Verwirrung zu vermeiden, sollten Sie bei der Visual Basic-Standardschriftart MS Sans Serif bleiben, es sei denn, Sie haben einen wirklich guten Grund dafür, eine andere Schriftart zu verwenden.

 Falls Sie eine wirklich bizarre Schrift verwenden, kann es passieren, daß diese Schrift nicht auf dem Computer des Benutzers verfügbar ist. Verwenden Sie deshalb gebräuchliche Schriften, sonst besteht die Gefahr, daß die Captions Ihrer Programme wirklich seltsam aussehen.

Die Größe einer Objekt-Caption ändern

Sie können auch die Größe Ihrer Caption ändern und sie verkleinern oder vergrößern, damit sie in Ihr Objekt paßt. Abhängig von der Schriftart, die Sie wählen, bietet Ihnen Visual Basic eine Auswahl verschiedener Schriftgrade an.

Wenn Sie z.B. die Schriftart Helvetica wählen, bietet Ihnen Visual Basic die folgenden Schriftgrade zur Auswahl an:

- 8
- 10
- 12
- 14
- 18
- 24

Es ist klar, daß Ihre Captions um so seltsamer aussehen, je mehr verschiedene Schriftgrade Sie verwenden. Am besten verwenden Sie nur eine Größe, um den Benutzer nicht unnötig zu verwirren.

Um den Schriftgrad Ihrer Captions zu ändern, gehen Sie folgendermaßen vor:

1. **Klicken Sie auf das Objekt, dessen Schriftgrad Sie ändern wollen.**
2. **Öffnen Sie das Eigenschaftenfenster, indem Sie auf F4 drücken oder den Menübefehl *Ansicht/Eigenschaften* wählen oder auf das *Eigenschaftenfenster*-Symbol in der Symbolleiste klicken.**
3. **Doppelklicken Sie auf die *Font*-Eigenschaft.**

   Visual Basic zeigt ein Dialogfeld zur Änderung der Schrift an (siehe Abbildung 5.7).
4. **Wählen Sie den gewünschten Schriftgrad, und klicken Sie auf *OK*.**

Die Auszeichnung einer Objekt-Caption ändern

Wenn die Änderung der Schriftart und der Größe Ihrer Captions noch nicht genug Aufregung für einen Tag gebracht hat, können Sie mit Visual Basic auch die Auszeichnung Ihrer Captions ändern. Die Anzahl der verfügbaren Auszeichnungen hängt von der Schriftart ab, die Sie für Ihre Caption verwenden.

Wenn Sie z.B. die Schriftart MS Sans Serif wählen, bietet Ihnen Visual Basic die folgenden Schriftauszeichnungen zur Auswahl an:

✔ Normal

✔ *Kursiv*

✔ **Fett**

✔ ***Fett und kursiv***

✔ <u>Unterstrichen</u>

✔ ~~Durchgestrichen~~

Diese verschiedenen Auszeichnungen werden in Abbildung 5.8 gezeigt. Sie können sogar zwei und mehr Auszeichnungen miteinander kombinieren, um den Effekt zu verstärken.

Abbildung 5.8: Befehlsschaltflächen mit den verschiedenen Auszeichnungen.

Um eine oder mehr Auszeichnungen zu ändern, gehen Sie folgendermaßen vor:

1. **Klicken Sie auf das Objekt, dessen Schriftgrad Sie ändern wollen.**

2. **Öffnen Sie das Eigenschaftenfenster, indem Sie auf F4 drücken oder den Menübefehl *Ansicht/Eigenschaften* wählen oder auf das *Eigenschaftenfenster*-Symbol in der Symbolleiste klicken.**

3. **Doppelklicken Sie auf die *Font*-Eigenschaft.**

    Visual Basic zeigt ein Dialogfeld zur Änderung der Schrift an (siehe Abbildung 5.7).

4. **Wählen Sie die gewünschte Auszeichnung, und klicken Sie auf OK.**

    Visual Basic ändert die Erscheinung der Caption sofort.

Hintergrund- und Vordergrundfarbe von Captions ändern

Captions werden normalerweise in einem langweiligen Schwarz und Weiß oder in Grautönen angezeigt. Um Ihre Captions farbig hervorzuheben, können Sie die Vordergrundfarben und

Hintergrundfarben ändern. Die *BackColor*-Eigenschaft eines Objekts bestimmt seine Hintergrundfarbe; und die *ForeColor*-Eigenschaft bestimmt seine Vordergrundfarbe (siehe Abbildung 5.9).

Abbildung 5.9: Die Buchstaben selbst erscheinen in der Vordergrundfarbe. Alles andere hat die Hintergrundfarbe.

Befehlsschaltflächen haben im Gegensatz zu anderen Objekttypen nur eine *BackColor*-Eigenschaft. Die *BackColor*-Eigenschaft ändert einfach die Farbe, die die Caption umgibt, wenn die Befehlsschaltfläche markiert ist.

Um die Farbe zu ändern, welche die Caption eines Objekts umgibt, gehen Sie folgendermaßen vor:

1. **Klicken Sie auf das Objekt, dessen Hintergrundfarbe Sie ändern wollen.**
2. **Öffnen Sie das Eigenschaftenfenster, indem Sie auf F4 drücken oder den Menübefehl *Ansicht/Eigenschaften* wählen oder auf das *Eigenschaftenfenster*-Symbol in der Symbolleiste klicken.**
3. **Doppelklicken Sie auf die *BackColor*-Eigenschaft (oder *ForeColor*-Eigenschaft), und klicken Sie dann auf das *Palette*-Register.**

   Visual Basic zeigt eine Farbpalette an.

4. **Wählen Sie die gewünschte Farbe.**

   Visual Basic paßt die Farbe sofort an.

Objekte auf dem Bildschirm verschieben

Objekte können an beliebiger Stelle auf dem Bildschirm angezeigt werden. Visual Basic bietet Ihnen zwei Methoden an, um die Position eines Objekts auf dem Bildschirm zu definieren:

✔ Mit der Maus.

✔ Durch Änderung der *Left*- und *Top*-Eigenschaften im Eigenschaftenfenster.

Um die Position eines Objekts mit der Maus zu ändern, gehen Sie folgendermaßen vor:

1. **Klicken Sie auf das Objekt, das Sie verschieben wollen, so daß es durch schwarze Ziehpunkte eingerahmt wird.**
2. **Drücken Sie die linke Maustaste nieder, und ziehen Sie die Maus an die Stelle, an der Sie Ihr Objekt anzeigen wollen.**
3. **Lassen Sie die Maustaste los.**

Falls Sie es bis jetzt noch nicht bemerkt haben: Visual Basic zeigt ein Objekt standardmäßig an der Stelle an, an der Sie es beim Erstellen gezeichnet haben. Benutzen Sie die Maus, wenn Sie ein Objekt schnell verschieben wollen und keinen Wert auf seine genaue Position legen.

Um ein Objekt genauer zu positionieren, können Sie im Eigenschaftenfenster die Werte für die *Left*- und *Top*-Eigenschaften eingeben.

Bei Objekten gibt die *Left*-Eigenschaft den Abstand des linken Rands des Objekts vom linken Rand des Formulars an. Die *Top*-Eigenschaft gibt den Abstand des oberen Rands des Objekts vom oberen Rand des Formulars an.

Bei Formularen gibt die *Left*-Eigenschaft den Abstand des linken Rands des Formulars vom linken Rand des Bildschirms an. Die *Top*-Eigenschaft gibt den Abstand des oberen Rands des Formulars vom oberen Rand des Bildschirms an.

Um die Position eines Objekts mit dem Eigenschaftenfenster zu ändern, gehen Sie folgendermaßen vor:

1. **Klicken Sie auf das Objekt, dessen Position Sie ändern wollen, so daß es durch schwarze Ziehpunkte eingerahmt wird.**

   (Um die Position eines Formulars zu definieren, klicken Sie auf eine beliebige Stelle des Formulars, aber klicken Sie nicht auf ein Objekt auf dem Formular.)
2. **Öffnen Sie das Eigenschaftenfenster, indem Sie auf `F4` drücken oder den Menübefehl *Ansicht/Eigenschaften* wählen oder auf das *Eigenschaftenfenster*-Symbol in der Symbolleiste klicken.**
3. **Doppelklicken Sie auf die *Left*-Eigenschaft, und geben Sie einen neuen Wert ein.**
4. **Doppelklicken Sie auf die *Top*-Eigenschaft, und geben Sie einen neuen Wert ein.**

Objekte von der Bildfläche verschwinden lassen

Manchmal zeichnen Sie ein Objekt, um dann festzustellen, daß Sie es gar nicht brauchen.

Um ein Objekt zu löschen, gehen Sie folgendermaßen vor:

1. **Klicken Sie auf das Objekt, das Sie löschen wollen.**
2. **Drücken Sie auf `Entf`, oder wählen Sie den Menübefehl *Bearbeiten/Löschen*.**

Wenn Sie unmittelbar nach dem Löschen auf Strg+Z drücken, können Sie den Löschvorgang rückgängig machen.

Objekte kopieren, weil Sie zu faul sind, neue zu zeichnen

Wenn Sie ein Objekt gezeichnet haben, das genau die richtige Größe hat, ist es einfacher, das Objekt zu kopieren, als ein neues zu zeichnen und seine Größe mühsam wieder zu ändern.

Um ein Objekt zu kopieren, gehen Sie folgendermaßen vor:

1. **Klicken Sie auf das Objekt, das Sie kopieren wollen.**
2. **Drücken Sie auf Strg+C, oder wählen Sie** *Kopieren* **aus dem** *Bearbeiten*-**Menü.**
3. **Drücken Sie auf Strg+V, oder wählen Sie** *Einfügen* **aus dem** *Bearbeiten*-**Menü.**

   Visual Basic zeigt ein Dialogfeld an, das Sie fragt, ob Sie ein Feld aus Steuerelementen erstellen wollen. Wenn Sie wissen, was ein Feld aus Steuerelementen ist und Sie ein solches Feld erstellen wollen, klicken Sie auf *Ja*, sonst klicken Sie auf *Nein*. Visual Basic zeigt eine Kopie Ihres Objekts in der oberen linken Ecke der Formular an.

4. **Verschieben Sie die Kopie an eine beliebige Stelle auf Ihrem Formular.**

Mehr als ein Objekt auf einmal verschieben, kopieren oder löschen

Ehe Sie ein Objekt verschieben, kopieren oder löschen können, müssen Sie es durch Anklicken wählen. Wenn Sie *mehr als ein Objekt* gleichzeitig verschieben, kopieren oder löschen wollen, können Sie zwei Methoden anwenden:

✔ Wählen Sie mit der Maus mehrere Objekte.

✔ Drücken Sie auf Strg oder Umschalt, und klicken Sie auf mehrere Objekte.

Um mit der Maus mehrere Objekte zu wählen, gehen Sie folgendermaßen vor:

1. **Positionieren Sie die Maus in die linke obere Ecke der Gruppe von Objekten, die Sie auswählen möchten.**
2. **Drücken Sie auf die linke Maustaste, und ziehen Sie die Maus zur rechten unteren Ecke der Gruppe von Objekten, die Sie auswählen möchten (siehe Abbildung 5.10).**

   Visual Basic rahmt alle Objekte, die Sie ausgewählt haben, mit einer gepunkteten Linien ein.

3. **Lassen Sie die Maustaste los.**

   Visual Basic rahmt alle Objekte, die Sie ausgewählt haben, mit einem grauen Rechteck ein.

Abbildung 5.10: Mehrere Objekte mit der Maus auswählen.

Um mehrere Objekte zu wählen, während [Strg] oder [Umschalt] gedrückt sind, gehen Sie folgendermaßen vor:

1. **Klicken Sie auf das erste Objekt, das Sie wählen wollen.**

   Visual Basic rahmt das Objekt durch schwarze Ziehpunkte ein.

2. **Zeigen Sie mit der Maus auf das zweite Objekt, das Sie auswählen wollen.**

3. **Drücken Sie auf [Strg] oder [Umschalt], während Sie auf das zweite Objekt klicken.**

   Visual Basic rahmt dieses Objekt und alle vorher gewählten Objekte durch ein graues Rechteck ein.

4. **Wiederholen Sie die Schritte 2 und 3, bis Sie alle gewünschten Objekte ausgewählt haben.**

Die Größe von Objekten ändern

Nachdem Sie ein Objekt erstellt haben, besteht der nächste Schritte darin, seine Größe zu definieren. Visual Basic stellt Ihnen zwei Methoden zur Verfügung, um die Größe eines Objekts zu ändern:

- ✔ Verwenden Sie die Maus.

- ✔ Ändern Sie die *Heigth*- und *Width*-Eigenschaften im Eigenschaftenfenster (Height=Höhe, Width=Breite).

Um die Größe eines Objekts mit der Maus zu ändern, gehen Sie folgendermaßen vor:

1. **Klicken Sie auf das Objekt, dessen Größe Sie ändern wollen.**

   Das Objekt wird durch kleine schwarze Ziehpunkte eingerahmt.

2. **Gehen Sie mit der Maus so auf den Rand des Objekts, daß der Mauszeiger die Form eines Doppelpfeils annimmt (siehe Abbildung 5.11).**

3. **Drücken Sie die linke Maustaste nieder, und ziehen Sie die Maus. Wenn das Objekt die gewünschte Form hat, lassen Sie die Maustaste los.**

5 ➤ *Die hohe Schule des Designs*

Abbildung 5.11: Die Größe eines Objekts verändern.

Um die Größe eines Objekts mit dem Eigenschaftenfenster zu ändern, gehen Sie folgendermaßen vor:

1. **Klicken Sie auf das Objekt, dessen Größe Sie ändern wollen.**

2. **Öffnen Sie das Eigenschaftenfenster, indem Sie auf** [F4] **drücken oder den Menübefehl** *Ansicht/Eigenschaften* **wählen oder auf das** *Eigenschaftenfenster*-**Symbol in der Symbolleiste klicken.**

3. **Doppelklicken Sie auf die** *Height*-**Eigenschaft (=Höhe), und geben Sie einen neuen Wert ein.**

4. **Doppelklicken Sie auf die Width-Eigenschaft (=Breite), und geben Sie einen neuen Wert ein.**

Benutzen Sie die Maus-Methode, wenn die genaue Größe Ihres Objekts nicht so wichtig ist. Ändern Sie die Height- und Width-Eigenschaften manuell, wenn Sie absolute Präzision bevorzugen oder wenn Sie auch die Sachen gerne sorgfältig erledigen, die anderen gleichgültig sind.

Die TabIndex-Eigenschaft Ihrer Objekte definieren

Die *TabIndex*-Eigenschaft legt die Reihenfolge fest, in der Visual Basic Schaltflächen markiert, wenn der Benutzer auf eine der folgenden sechs Tasten drückt: [Tab], [↑], [↓], [←], [→] und [Umschalt]+[Tab].

Die Tasten [Tab], [↓] und [→] markieren das Objekt mit dem nächstgrößeren *TabIndex*-Wert.

✔ Die Tasten [Umschalt]+[Tab], [↑] und [←] markieren das Objekt mit dem nächst kleineren *TabIndex*-Wert.

✔ Die Leertaste oder die Eingabetaste wählt das markierte Objekt aus.

(Bild-Schaltflächen haben keine *TabIndex*-Eigenschaft, daher können sie nicht über die Tastatur markiert werden.)

Ein Objekt, dessen *TabIndex*-Eigenschaft den Wert 0 hat, wird markiert, sobald Sie Ihr Programm starten. Wenn der Benutzer auf die `Tab`-Taste drückt, wird als nächstes das Objekt mit der *TabIndex*-Eigenschaft 1 markiert; und so geht es weiter.

Das erste Objekt, das Sie erstellen, hat die *TabIndex*-Eigenschaft 0. Das zweite Objekt, das Sie erstellen, hat die *TabIndex*-Eigenschaft 1 usw.

Das Drücken der `Tab`-Taste und der Mausklick sind die einzigen Möglichkeiten, ein Objekt in einem Rahmen zu markieren (siehe *Befehlsschaltflächen gruppieren* in Kapitel 6). Wenn ein Objekt in einem Rahmen markiert ist, können Sie mit den Tasten `↑`, `↓`, `←` und `→` nur die anderen Befehlsschaltflächen in demselben Rahmen markieren.

Obwohl die meisten Leute Objekte mit der Maus wählen und markieren, gibt es einige, die dies nicht tun, sondern lieber die Tastatur dafür benutzen.

Um die TabIndex-*Eigenschaft eines Objekts zu ändern, gehen Sie folgendermaßen vor:*

1. **Klicken Sie auf das Objekt, das Sie ändern wollen.**

2. **Öffnen Sie das Eigenschaftenfenster, indem Sie auf `F4` drücken oder den Menübefehl *Ansicht/Eigenschaften* wählen oder auf das *Eigenschaftenfenster*-Symbol in der Symbolleiste klicken.**

3. **Doppelklicken Sie auf die *TabIndex*-Eigenschaft, und geben Sie eine Zahl (wie z.B. 1 oder 4) ein.**

Wenn Sie die TabIndex-Eigenschaft einer Schaltfläche ändern, numeriert Visual Basic die *TabIndex*-Eigenschaft Ihrer anderen Schaltflächen automatisch um. So wird vermieden, daß zwei Schaltflächen denselben *TabIndex*-Wert haben.

 Wenn Sie viele Objekte erstellt haben, können Sie deren *TabIndex*-Eigenschaft schnell und leicht folgendermaßen ändern:

1. **Klicken Sie auf das Objekt, das als letztes markiert werden soll (das Objekt, dessen TabIndex-Eigenschaft den größten Wert haben soll).**

2. **Öffnen Sie das Eigenschaftenfenster, indem Sie auf `F4` drücken oder den Menübefehl *Ansicht/Eigenschaften* wählen oder auf das *Eigenschaftenfenster*-Symbol in der Symbolleiste klicken.**

3. **Klicken Sie auf die *TabIndex*-Eigenschaft, und geben Sie *0* ein.**

4. **Klicken Sie auf das Objekt, das als vorletztes markiert werden soll.**

5. **Wiederholen Sie die Schritte 2 bis 4, bis Sie die TabIndex-Eigenschaft für alle Objekte auf 0 gesetzt haben.**

Wenn Sie diese Schritte ausgeführt haben, hat das letzte angeklickte Objekt den TabIndex 0, das vorletzte den TabIndex 1 usw.

Objekte deaktivieren

Wenn Sie verhindern wollen, daß ein Benutzer ein bestimmtes Objekt (wie z.B. eine Befehlsschaltfläche, ein Kontrollkästchen oder ein Bildfeld) anklickt, können Sie das Objekt deaktivieren. Deaktivierte Objekte werden abgeblendet dargestellt (siehe Abbildung 5.12). Ein abgeblendetes Objekt sagt dem Benutzer: »Manchmal können Sie mich benutzen. Aber im Moment stehe ich nicht zur Verfügung.«

Abbildung 5.12: Aktivierte (=normale) und deaktivierte (=abgeblendete) Befehlsschaltflächen, Kontrollkästchen und Optionsfelder.

Um ein Objekt zu deaktivieren, gehen Sie folgendermaßen vor:

1. **Klicken Sie auf das Objekt, das Sie deaktivieren wollen.**
2. **Öffnen Sie das Eigenschaftenfenster, indem Sie auf F4 drücken oder den Menübefehl *Ansicht/Eigenschaften* wählen oder auf das *Eigenschaftenfenster*-Symbol in der Symbolleiste klicken.**
3. **Klicken Sie auf die *Enabled*-Eigenschaft, und wählen Sie den Wert *False*.**

Ein deaktiviertes (=abgeblendetes) Objekt hat keine Funktion. Der Benutzer kann das Objekt erst dann (wieder) benutzen, wenn Sie es bei einem bestimmten Ereignis zur Laufzeit mit BASIC-Code aktivieren oder reaktivieren.

Um Ihnen einen kleinen Vorgeschmack davon zu geben, wie unglaublich mächtig BASIC-Code ist, sehen Sie hier, wie BASIC eine Schaltfläche aktiviert und deaktiviert. Um eine Schaltfläche zu aktivieren, setzen Sie die *Enable*-Eigenschaft der Schaltfläche auf *True*. Das folgende Beispiel aktiviert eine Befehlsschaltfläche mit dem Namen *cmdEnde*:

```
cmdEnde.Enabled = True
```

Um eine Schaltfläche mit BASIC-Code zu deaktivieren, setzen Sie die *Enable*-Eigenschaft der Schaltfläche auf *False*. Das folgende Beispiel deaktiviert eine Befehlsschaltfläche mit dem Namen *cmdEnde*:

```
cmdEnde.Enabled = False
```

Sie können Schaltflächen nur mit BASIC-Code und nur zur Laufzeit aktivieren und deaktivieren. Auf diese Weise können Sie Schaltflächen in Abhängigkeit von den Aktionen des Benutzers aktivieren und deaktivieren (Text eintippen, Maus verschieben, hilflos auf die Tastatur hämmern usw.).

Objekte unsichtbar machen

Statt ein Objekt zu deaktivieren (was darauf hinausläuft, daß Sie den Benutzer verspotten: denn das Objekt ist zwar vorhanden, aber nicht benutzbar), können Sie das Objekt ganz unsichtbar machen.

Um ein Objekt unsichtbar zu machen, gehen Sie folgendermaßen vor:

1. **Klicken Sie auf das Objekt, das Sie unsichtbar machen wollen.**
2. **Öffnen Sie das Eigenschaftenfenster, indem Sie auf F4 drücken oder den Menübefehl *Ansicht/Eigenschaften* wählen.**
3. **Klicken Sie auf die *Visible*-Eigenschaft, und wählen Sie den Wert *False*.**

Sie können ein Objekt auch mit BASIC-Code unsichtbar machen, indem Sie die *Visible*-Eigenschaft des Objekts auf *False* setzen. Das folgende Beispiel macht eine Befehlsschaltfläche mit dem Namen *cmdNew* unsichtbar:

```
cmdNew.Visible = False
```

Wie deaktivierte Objekte sind unsichtbare Objekte nutzlos, wenn sie nicht bei Bedarf sichtbar gemacht werden können. Um ein Objekt wieder sichtbar zu machen, müssen Sie seine *Visible*-Eigenschaft mit BASIC-Code auf *True* setzen. Das folgende Beispiel macht eine Befehlsschaltfläche mit dem Namen *cmdNew* sichtbar:

```
cmdNew.Visible = True
```

Probieren Sie es selbst

Mit dem folgenden Beispielprogramm können Sie die Caption des Formulars ändern, indem Sie eine neue Caption in ein Textfeld eingeben und auf die Befehlsschaltfläche *cmdCaption* klicken. Erstellen Sie einfach die Benutzeroberfläche anhand der folgenden Tabelle, und erfahren Sie selbst, wie erstaunlich mächtig Visual Basic ist.

Wenn Sie das Programm nicht manuell eintippen wollen, können Sie die *CAPTION.VBP*-Datei aus dem Ordner des fünften Kapitels von der beiliegenden CD laden und studieren.

Objekt	Eigenschaft	Wert
Formular	Caption	Die unglaublich wandlungsfähige Caption
	Height	3480
	Left	4740
Label1	Name	lblHeadline
	Caption	Diese Caption können Sie ändern, wenn Sie auf die untenstehende Befehlsschaltfläche klicken.
	Height	600
	Left	840
	Top	480
	Width	5200
Label2	Caption	Geben Sie hier eine neue Caption ein:
	Height	300
	Left	840
	Top	1320
	Width	4455
Text1	Name	txtCaption
	Left	840
	Multiline	True
	Text	(Leer)
	Top	1920
	Width	5175
Command1	Name	cmdCaption
	Caption	Caption ändern
	Left	2400
	Top	2760
	Width	1695

```
Private Sub cmdCaption_Click()
   lblHeadline.Caption = txtCaption.Text
End Sub
```

Wenn Sie dieses Programm ausführen, geben Sie einfach eine neue Caption in das Textfeld ein, und klicken Sie dann auf die Befehlsschaltfläche mit der Aufschrift *Caption ändern*. Visual Basic zeigt die neu eingetippte Caption sofort in dem oberen Bezeichnungsfeld an.

Formulare und Schaltflächen

In diesem Kapitel

- Formulare erstellen und Rahmen zeichnen
- Die Reihenfolge festlegen, in der Formulare angezeigt werden
- Schaltflächen erstellen

Die Hauptkomponente einer Benutzeroberfläche ist ein Fenster, das in Visual Basic als *Formular* bezeichnet wird. Jedes Visual Basic-Programm muß wenigstens ein Formular haben, aber die meisten Programme arbeiten mit zwei oder mehr Formularen.

So benutzt z.B. ein typisches Programm ein Formular, um eine Liste mit Befehlsschaltflächen anzuzeigen. Wenn der Benutzer eine Befehlsschaltfläche anklickt, wird ein zweites Formular präsentiert, auf dem Informationen wie z.B. Namen, Adressen und Telefonnummern der Leute angezeigt werden, denen Sie Geld schulden.

Ein Formular erstellen

Visual Basic bietet zwei Methoden, um ein Formular zu erstellen:

✔ Erstellen Sie ein leeres Formular.

✔ Benutzen Sie eine Formular-Vorlage.

Das Erstellen eines leeren Formulars ist dann angebracht, wenn Sie das Erscheinungsbild des Formulars komplett selbst bestimmen wollen. Schneller geht es, wenn Sie eine vorgefertigte Formular-Vorlage für einige Standardzwecke, wie z.B. *Tip des Tages*, *Eröffnungsbildschirm* oder *Info-Dialog*, benutzen.

 Wenn Sie eine Formular-Vorlage benutzen, müssen Sie das Formular immer noch an Ihr Programm anpassen, aber wenigstens brauchen Sie nicht alle Objekte auf dem Formular neu zu erstellen. Abbildung 6.1 zeigt Ihnen eine Reihe von Formularen, die Visual Basic für Sie erstellen kann.

✔ *Info-Dialog*: Zeigt Informationen über Ihr Programm an.

✔ *Anmeldung-Dialog*: Zwingt den Benutzer, eine Benutzer-ID und ein Kennwort einzugeben, bevor er das Programm benutzen kann.

✔ *Optionen-Dialog*: Zeigt ein Dialogfeld mit Registern, mit dem Sie in Ihrem Programm Optionen zur Anpassung des Programms präsentieren können.

Abbildung 6.1: Formular-Vorlagen in Visual Basic.

✔ *Eröffnungsbildschirm*: Zeigt beim Laden Ihres Programms den Namen des Programms und ein Logo an.

✔ *Tip des Tages*: Präsentiert Tips zur Benutzung des Programms.

✔ *ODBC-Anmeldung*: Zeigt Optionen zur Verbindung Ihres Programms mit einer Datenbank an.

✔ *Browser*: Fügt einen Web-Browser in Ihr Programm ein.

✔ *Abfragen*: Präsentiert einen Bildschirm zur Eingabe von SQL-Befehlen und zur Speicherung von Datenbankabfragen.

✔ *Add-In*: Ermöglicht Ihnen, ein Add-In zu erstellen, um die Visual Basic-Benutzeroberfläche zu modifizieren.

✔ *Datentabelle*: Zeigt eine Datentabelle zur Anzeige von Datenbankinformationen.

✔ *VB-Datenformular-Assistent*: Erstellt automatisch ein Formular zur Anzeige von Datenbankinformationen.

Um ein Formular für Ihr Programm zu erstellen, gehen Sie folgendermaßen vor:

1. **Wählen Sie den Menübefehl *Projekt/Formular hinzufügen*, oder klicken Sie auf das *Formular hinzufügen*-Symbol in der Symbolleiste (siehe Abbildung 6.2).**

   Das *Formular hinzufügen*-Dialogfeld wird angezeigt.

2. **Klicken Sie im *Formular hinzufügen*-Dialogfeld auf ein Symbol, wie z.B. *Tip des Tages*, *Eröffnungsbildschirm* oder *Info-Dialog*, um die Art des gewünschten Formulars zu wählen, und klicken Sie dann auf *Öffnen*.**

Abbildung 6.2: Ein Formular zu einem Programm hinzufügen.

Formulare speichern

Wenn Sie ein Formular erstellt haben, sollten Sie dieses speichern (wenn schon nicht aus religiösen, so doch wenigstens aus praktischen Gründen), so daß Sie später nicht noch einmal von vorne anfangen müssen. Um ein Formular zu speichern, können Sie in Visual Basic zwei Methoden anwenden:

✔ Wählen Sie den Menübefehl *Datei/Speichern*.

✔ Drücken Sie auf [Strg]+[S].

Wenn zwei oder mehr Formulare auf dem Bildschirm stehen und Sie die Änderungen in allen Formularen speichern wollen, wählen Sie den Menübefehl *Datei/Projekt speichern*, oder klicken Sie auf das Symbol *Projekt speichern* in der Symbolleiste (siehe Abbildung 6.2). Dieser Befehl speichert automatisch alle Dateien (die in der *VBP*-Projektdatei stehen), aus denen Ihr komplettes Visual Basic-Programm besteht.

Machen Sie es sich zur Gewohnheit, Ihre Formulare periodisch zu speichern. Wenn Ihr Computer kaputtgeht, der Strom ausfällt oder Terroristen Ihr Haus überfallen und Ihren Computer mit Kugeln durchlöchern, verlieren Sie nur die Änderungen seit dem letzten Speichern des Formulars.

Verschiedene Formulare anzeigen

Die meisten Visual Basic-Programme, die Sie erstellen, brauchen zwei oder mehr Formulare. Damit mehrer Formulare nicht den Bildschirm unübersichtlich machen, zeigt Visual Basic immer nur ein Formular zu einem gegebenen Zeitpunkt an.

Wenn Sie von einem Formular zu einem anderen wechseln wollen, führen Sie folgende Schritte aus:

1. **Öffnen Sie das Fenster des *Projekt-Explorers* mit einer der folgenden Methoden:**
   Drücken Sie auf [Strg]+[R].
   Wählen Sie im *Ansicht*-Menü den *Projekt-Explorer*-Befehl.
   Klicken Sie auf das *Projekt-Explorer*-Symbol in der Symbolleiste.

2. **Betrachten Sie den *Formulare*-Ordner (siehe Abbildung 6.3). Wenn neben dem *Formulare*-Ordnern ein Pluszeichen steht, klicken Sie auf das Pluszeichen.**

   Visual Basic zeigt eine Liste aller Formulare in Ihrem Programm.

3. **Klicken Sie im Fenster des Projekt-Explorers auf den Namen des Formulars, welches das gewünschte Objekt enthält, das Sie sich ansehen wollen, und klicken Sie auf das *Objekt anzeigen*-Symbol. (Oder doppelklicken Sie einfach auf den Formularnamen.)**

Abbildung 6.3: Ein anderes Formular anzeigen.

Ein Formular mit dem Layout-Fenster positionieren

Mit dem Formular-Layout-Fenster können Sie festlegen, wo Ihr Formular auf dem Bildschirm angezeigt werden soll, wenn das Programm ausgeführt wird (siehe Abbildung 6.4). Falls Sie das Formular-Layout-Fenster nicht sehen können, führen Sie eine der beiden folgenden Aktionen aus:

✔ Wählen Sie den Menübefehl *Ansicht/Formular-Layout-Fenster*.

✔ Klicken Sie auf das *Formular-Layout-Fenster*-Symbol in der Symbolleiste.

6 ➤ Formulare und Schaltflächen

Das Formular-Layout-Fenster zeigt Ihre Formulare auf einem winzigen Computer-Bildschirm an. Um ein Formular zu verschieben, führen Sie folgende Schritte aus:

1. **Setzen Sie im Formular-Layout-Fenster den Mauszeiger auf das Formular, das Sie verschieben wollen.**

   Der Mauszeiger nimmt die Form eines vierköpfigen Pfeils an.

2. **Drücken und halten Sie die linke Maustaste nieder, und ziehen Sie das Formular an seine neue Position.**

3. **Lassen Sie die Maustaste los.**

Abbildung 6.4: Mit dem Formular-Layout-Fenster können Sie festlegen, wo die Formulare zur Laufzeit auf dem Bildschirm stehen sollen.

 Egal, wo Ihr Formular beim Editieren auf dem Bildschirm steht, das Formular-Layout-Fenster steuert die richtige Position Ihres Formulars, wenn das Programm ausgeführt wird.

Formulare mit Rahmen versehen

Rahmen verbessern das Aussehen eines Formulars. Mit der *BorderStyle*-Eigenschaft können Sie einem Formular einen von sechs möglichen Rahmentypen zuweisen (siehe Abbildung 6.5).

Abbildung 6.5: Vergleich aller sechs Rahmentypen.

Der Rahmentyp beeinflußt nicht nur das Aussehen Ihres Formulars, sondern er legt auch fest, ob der Benutzer das Formular verschieben oder in der Größe ändern kann.

Der Rahmentyp *0 – None* macht das Formular unsichtbar, die Objekte auf Ihrem Formular bleiben jedoch sichtbar. Der Benutzer kann diese Art von Formular nicht verschieben, in der Größe verändern oder minimieren (hauptsächlich, weil er sie nicht sieht).

Der Rahmentyp *1 – Fixed Single* enthält ein Systemmenüfeld, eine Titelleiste und die Schaltfläche *Schließen*. Der Benutzer kann diese Art von Formular verschieben, aber nicht in der Größe ändern.

Der Rahmentyp *2 – Sizable* ist der Standardrahmentyp. Er hat ein Systemmenüfeld, eine Titelleiste und die Schaltflächen *Minimieren, Maximieren* und *Schließen*. Der Benutzer kann diese Art von Formular verschieben, in der Größe ändern, minimieren und maximieren.

Der Rahmentyp *3 – Fixed Dialog* enthält ein Systemmenüfeld, eine Titelleiste und die Schaltfläche *Schließen*. Der Benutzer kann diese Art von Formular verschieben, aber nicht in der Größe ändern, minimieren oder maximieren.

Der Rahmentyp *4 – Fixed ToolWindow* enthält eine Titelleiste und die Schaltfläche *Schließen*. Der Benutzer kann diese Art von Formular verschieben, aber nicht in der Größe ändern, minimieren oder maximieren.

Der Rahmentyp *5 – Sizable ToolWindow* enthält eine Titelleiste und die Schaltfläche *Schließen*. Der Benutzer kann diese Art von Formular verschieben und in der Größe ändern.

Um den Rahmen Ihres Formulars mit dem Eigenschaftenfenster zu ändern, gehen Sie folgendermaßen vor:

1. **Klicken Sie an einer beliebigen Stelle auf das Formular. (Klicken Sie jedoch nicht auf ein Objekt auf dem Formular.)**

2. **Öffnen Sie das Eigenschaftenfenster, indem Sie auf** F4 **drücken oder den Menübefehl** *Ansicht/Eigenschaften* **wählen, oder klicken Sie auf das** *Eigenschaftenfenster*-**Symbol auf der Symbolleiste.**

3. **Klicken Sie auf die** *BorderStyle*-**Eigenschaft.**

4. **Wählen Sie einen der folgenden Rahmentypen:**

    - 0 – None
    - 1 – Fixed Single
    - 2 – Sizable
    - 3 – Fixed Dialog
    - 4 – Fixed ToolWindow
    - 5 – Sizable ToolWindow

Formulare minimieren und maximieren

Formulare können einen Teil des Bildschirms oder den ganzen Bildschirm bedecken. Wenn ein Formular den ganzen Bildschirm bedeckt, wird es als *maximiert* bezeichnet. Andererseits können Formulare geschrumpft und auf dem Bildschirm als Symbole angezeigt werden. Wenn ein Formular als Symbol angezeigt wird, wird es als *minimiert* bezeichnet. Ein Formular, das nur einen Teil des Bildschirms bedeckt, wird als *normal* bezeichnet. Jeder, der jetzt denkt, daß es beim Programmieren zu viele Definitionen gibt, ist ebenfalls normal. Abbildung 6.6 zeigt die drei Größen von Formularen.

 Wenn Sie die *BorderStyle*-Eigenschaft auf *0 – None*, *1 – Fixed Single*, *3 – Fixed Dialog*, *4 – Fixed ToolWindow* oder *5 – Sizable ToolWindow* setzen, können Sie das Formular nicht minimieren oder maximieren.

Um ein Formular zur Laufzeit normal, minimiert oder maximiert anzuzeigen, gehen Sie folgendermaßen vor:

1. **Klicken Sie an einer beliebigen Stelle auf das Formular. (Klicken Sie jedoch nicht auf ein Objekt auf dem Formular.)**

2. Öffnen Sie das Eigenschaftenfenster, indem Sie auf F4 drücken oder den Menübefehl *Ansicht/Eigenschaften* wählen, oder klicken Sie auf das *Eigenschaftenfenster*-Symbol auf der Symbolleiste.

3. Klicken Sie auf die *WindowState*-Eigenschaft.

4. Wählen Sie einen der folgenden Werte:

    - 0 – Normal
    - 1 – Minimiert
    - 2 – Maximiert

Sie können auch dem Benutzer die Möglichkeit geben, ein Formular zu minimieren oder zu maximieren. Dazu muß Ihr Formular die Schaltflächen *Minimieren* und *Maximieren* anzeigen.

Abbildung 6.6: *Normales, minimiertes und maximiertes Formular.*

Um die Schaltflächen *Minimieren* und *Maximieren* anzuzeigen, gehen Sie folgendermaßen vor:

1. **Klicken Sie an einer beliebigen Stelle auf das Formular. (Klicken Sie jedoch nicht auf ein Objekt auf dem Formular.)**
2. **Öffnen Sie das Eigenschaftenfenster, indem Sie auf F4 drücken oder den Menübefehl *Ansicht/Eigenschaften* wählen, oder klicken Sie auf das Eigenschaftenfenster-Symbol auf der Symbolleiste.**
3. **Klicken Sie auf die *MinButton*- oder *MaxButton*-Eigenschaft im Eigenschaftenfenster, und wählen Sie *True* oder *False*.**

    (Abhängig vom Rahmentyp, den Sie für Ihr Formular gewählt haben, kann der Standardwert für die *MinButton*- oder *MaxButton*-Eigenschaft *True* oder *False* betragen.)

Symbole für minimierte Formulare anzeigen

Symbole (engl. *Icons*) sind besondere grafische Symbole mit der *ICO*-Dateierweiterung. Normalerweise zeigt Visual Basic minimierte Formulare auf dem Bildschirm mit einem Standardsymbol an, das wie ein im Wind flatterndes Segel aussieht. Um ein Symbol mit dem Eigenschaftenfenster zu ändern, gehen Sie folgendermaßen vor:

1. **Klicken Sie an einer beliebigen Stelle auf das Formular. (Klicken Sie jedoch nicht auf ein Objekt auf dem Formular.)**
2. **Öffnen Sie das Eigenschaftenfenster, indem Sie auf F4 drücken oder den Menübefehl *Ansicht/Eigenschaften* wählen, oder klicken Sie auf das *Eigenschaftenfenster*-Symbol auf der Symbolleiste.**
3. **Doppelklicken Sie im Eigenschaftenfenster auf die *Icon*-Eigenschaft.**

    Visual Basic zeigt das *Symbol laden*-Dialogfeld an.

4. **Wählen Sie das Symbol, das Sie benutzen wollen, und klicken Sie auf *Öffnen*.**

Das Systemmenüfeld

Die Benutzer können ein Formular mit der Maus verschieben oder in der Größe ändern. Um ein Formular zu minimieren oder zu maximieren, klicken Sie einfach auf die Schaltflächen *Minimieren* oder *Maximieren*. Für Benutzer, die nicht auf dem neuesten Stand der Technik sind oder die sich weigern, eine Maus zu benutzen, stellt jedes Formular ein Systemmenüfeld zur Verfügung.

 Wenn Sie die *BorderStyle*-Eigenschaft auf *0 – None*, *4 – Fixed ToolWindow* oder *5 – Sizable ToolWindow* setzen, enthält das Formular kein Systemmenüfeld.

Um das Systemmenüfeld zu öffnen, während das Programm ausgeführt wird, drücken Sie auf
[Alt]+[Leertaste]. Dann erscheint ein Menü, mit dem der Benutzer das Formular verschieben, in der Größe ändern, minimieren oder maximieren kann.

Das Systemmenüfeld erscheint auf allen Formularen. Aber wenn es Ihnen nicht gefällt und Sie es entfernen wollen, gehen Sie folgendermaßen vor:

1. **Klicken Sie an einer beliebigen Stelle auf das Formular. (Klicken Sie jedoch nicht auf ein Objekt auf dem Formular.)**

2. **Öffnen Sie das Eigenschaftenfenster, indem Sie auf [F4] drücken oder den Menübefehl *Ansicht/Eigenschaften* wählen, oder klicken Sie auf das *Eigenschaftenfenster*-Symbol auf der Symbolleiste.**

3. **Klicken Sie im Eigenschaftenfenster auf die *ControlBox*-Eigenschaft.**

4. **Wählen Sie *True* oder *False*.**

   (Abhängig vom Rahmentyp, den Sie für Ihr Formular gewählt haben, kann der Standardwert *True* oder *False* betragen.)

Welches Formular zeigt Visual Basic zuerst an?

Beim Ausführen zeigt Ihr Programm im allgemeinen das erste Formular an, das Sie erstellt haben. Wenn Ihr Programm ein anderes Formular an erster Stelle anzeigen soll, gehen Sie folgendermaßen vor:

1. **Wählen Sie den Menübefehl *Projekt/Eigenschaften von <Projekt>*. (*<Projekt>* bedeutet den Namen Ihres Visual Basic-Projekts.)**

   Visual Basic zeigt das *Projekteigenschaften*-Dialogfeld an (siehe Abbildung 6.7).

Abbildung 6.7: Die erste Datei wählen, die beim Start eines Programms angezeigt werden soll.

2. Klicken Sie auf die *Allgemein*-Registerkarte.

3. Klicken Sie in dem *Startobjekt*-Kombinationsfeld auf den nach unten gerichteten Pfeil, um eine Liste mit allen Dateien Ihres Projekts anzuzeigen.

4. Wählen Sie die Datei, die Sie zuerst anzeigen wollen, und klicken Sie auf *OK*.

Maßeinheiten eines Formulars definieren

Formulare dienen dazu, Objekte aufzunehmen. Vielleicht haben Sie bemerkt, daß jedes Formular ein Gitter anzeigt, das Ihnen hilft, Objekte auszurichten.

Standardmäßig benutzt jedes Formular eine Maßeinheit, die als *Twip* bezeichnet wird.

Falls es Sie wirklich interessiert: 1440 Twips ergeben ein Zoll. Wenn Sie statt Twips eine andere Maßeinheit bevorzugen, bietet Ihnen Visual Basic folgende sieben Möglichkeiten:

- Twips (1440 Twips = 1 Zoll)
- Points (72 Points = 1 Zoll)
- Pixels (Die Anzahl der Pixel, die ein Zoll ergeben, hängt von der Auflösung Ihres Monitors ab.)
- Zeichen (Ein Zeichen ist 1/6 Zoll hoch und 1/12 Zoll breit.)
- Zoll (1 Zoll = 1 Zoll – erstaunlich, nicht wahr?)
- Millimeter (25,4 mm = 1 Zoll)
- Zentimeter (2,54 cm = 1 Zoll)

Hartgesottene Programmierer schätzen es, daß sie in Visual Basic sogar ihr eigenes, persönliches Koordinatensystem definieren können. Falls Sie so etwas in Erwägung ziehen, sollten Sie nicht dieses Buch, sondern statt dessen lieber ein Buch wie *Visual Basic für hartgesottene Programmiergenies* lesen. Für Normalsterbliche reichen die sieben in Visual Basic verfügbaren Maßeinheiten mehr als aus.

Um die Maßeinheit des Gitternetzes eines Formulars zu ändern, gehen Sie folgendermaßen vor:

1. **Klicken Sie an einer beliebigen Stelle auf das Formular. (Klicken Sie jedoch nicht auf ein Objekt auf dem Formular.)**

2. **Öffnen Sie das Eigenschaftenfenster, indem Sie auf F4 drücken oder den Menübefehl *Ansicht/Eigenschaften* wählen, oder klicken Sie auf das *Eigenschaftenfenster*-Symbol auf der Symbolleiste.**

3. **Klicken Sie auf die *ScaleMode*-Eigenschaft im Eigenschaftenfenster.**

4. Klicken Sie auf den Pfeil, um die Liste mit den verschiedenen verfügbaren Maßeinheiten anzuzeigen (siehe Abbildung 6.8).

5. Wählen Sie die Maßeinheit, die Ihr Formular benutzen soll.

Abbildung 6.8: Die Maßeinheit wählen.

Auf Knöpfe drücken

Auf einen Knopf zu drücken ist so einfach, daß jeder es kann. Sogar Kinder können auf Knöpfe drücken, was ihnen die Fähigkeit gibt, ein Würstchen in den Mikrowellenherd zu werfen und vor Freude zu jauchzen, wenn es vor ihren Augen explodiert.

Jeder drückt auf Knöpfe. Ihr Diskettenlaufwerk hat wahrscheinlich einen Knopf, mit dem Sie eine Diskette auswerfen können. Ihr Bildschirm hat einen Knopf zum Ein- und Ausschalten. Sogar Ihre Maus hat einen Knopf (oder zwei oder drei).

Weil Knöpfe so vertraut und einfach zu bedienen sind, zeigen viele Programme Knöpfe auf dem Bildschirm an, die Sie mit der Maus anklicken können; allerdings werden die Knöpfe hier als *Schaltflächen* bezeichnet. Statt Sie zu zwingen, durch verschiedene Menüs zu waten, um den richtigen Befehl zu finden, zeigen Schaltflächen Ihnen die Optionen in bequemer Form direkt vor Ihren Augen an. Sie brauchen nur herauszufinden, auf welche Schaltfläche Sie drücken müssen.

Schaltflächen kommen in fast jedem Programm vor. Deshalb beschäftigt sich der Rest dieses Kapitels nur damit, wie Sie Ihre eigenen Schaltflächen erstellen, ändern und anklicken können.

Arten von Schaltflächen

Im Grunde genommen ist eine *Schaltfläche* nichts anderes als ein Teil des Bildschirms, den der Benutzer mit der Maus anklicken kann. Wenn eine Schaltfläche gedrückt (angeklickt) wird, führt sie einen Befehl aus. (Deshalb wird sie auch als *Befehlsschaltfläche* bezeichnet.) In Visual Basic können Sie zwei Arten von Schaltflächen erstellen: Befehlsschaltflächen und Bildschaltflächen.

Eine *Befehlsschaltfläche* hat eine Aufschrift. Aufschriften können phantasielos *OK*, *Abbruch* oder *Ende* lauten. Oder Sie können bestimmte Befehle wie *Datei löschen*, *Nächstes Fenster* oder *Herrn Johnsons Flugreservierung stornieren* anzeigen.

Befehlsschaltflächen werden oft in Dialogfeldern zur Anzeige von Meldungen (wie z.B.: »Möchten Sie wirklich Ihre Steuererklärung abgeben, um eine Strafverfolgung zu vermeiden?«) benutzt. Mögliche Antworten wären *Ja* oder *Nein*.

Im Gegensatz zu einer Befehlsschaltfläche, die ein Bild und eine Caption anzeigen kann, kann eine Bildschaltfläche nur ein Bild anzeigen.

Der Vorteil einer Bildschaltfläche besteht darin, daß sie kleiner sein kann als eine Befehlsschaltfläche. Ihr Nachteil besteht darin, daß der Benutzer ihre Funktion kennen muß. Wenn er nicht weiß, welcher Befehl durch eine Bildschaltfläche ausgelöst wird, kann er sie nicht richtig benutzen. Befehlsschaltflächen und Bildschaltflächen werden in Abbildung 6.9 gezeigt.

Abbildung 6.9: Beispiele für Befehlsschaltflächen und Bildschaltflächen.

Weil Bildschaltflächen nicht so selbsterklärend sind wie Befehlsschaltflächen, ist es sinnvoll, eine kurze Beschreibung der Funktion der Schaltfläche in der *ToolTipText*-Eigenschaft anzugeben (siehe *Mit QuickInfos arbeiten* später in diesem Kapitel).

Wenn z.B. der einzige Weg, Ihr Programm zu verlassen, darin besteht, auf eine Bildschaltfläche mit einer offenen Tür zu klicken, gibt es wahrscheinlich Leute, die diesen Zusammenhang nicht verstehen und statt dessen ihren Computer abschalten, um Ihr Programm zu verlassen. (Und danach werden sie wahrscheinlich Ihr Programm nicht mehr benutzen.)

Schaltflächen erstellen

Um eine Befehlsschaltfläche zu erstellen, gehen Sie folgendermaßen vor:

1. **Klicken Sie auf das *CommandButton*-Symbol in der Visual Basic-Werkzeugsammlung.**

2. Gehen Sie mit der Maus an die Stelle auf dem Formular, an der Sie die Befehlsschaltfläche zeichnen wollen.

3. Drücken und halten Sie die linke Maustaste nieder, und ziehen Sie die Maus, um die Befehlsschaltfläche zu zeichnen.

4. Lassen Sie linke Maustaste los, um den Vorgang zu beenden.

   Visual Basic zeigt eine langweilige Aufschrift wie *Command1* auf der Befehlsschaltfläche an.

Obwohl Befehlsschaltflächen für Benutzer sehr leicht zu sehen und anzuklicken sind, können Sie zusätzlich Bildschaltflächen erstellen, um Ihrem Programm einen multimedialen Charakter zu geben. Um eine Bildschaltfläche zu erstellen, gehen Sie folgendermaßen vor:

1. Klicken Sie in der Visual Basic-Werkzeugsammlung auf das *PictureBox*-Symbol.

2. Gehen Sie mit der Maus an die Stelle auf dem Formular, an der Sie das Bild anzeigen wollen.

3. Öffnen Sie das Eigenschaftenfenster, indem Sie auf F4 drücken oder den Menübefehl *Ansicht/Eigenschaften* wählen, oder klicken Sie auf das *Eigenschaftenfenster*-Symbol auf der Symbolleiste.

4. Doppelklicken Sie auf die *Picture*-Eigenschaft im Eigenschaftenfenster.

   Visual Basic zeigt das *Bild laden*-Dialogfeld an.

5. Wählen Sie eine beliebige Grafikdatei (Bitmap, Symbol oder Metafile).

   Visual Basic zeigt dieses Symbol als Ihre Bildschaltfläche an.

Bilder auf Schaltflächen anzeigen

Obwohl die meisten Schaltflächen einfach nur eine Caption, wie z.B. *OK*, *Abbrechen*, *Ja* oder *Nein*, anzeigen, können Sie in Visual Basic 5 zusätzlich ein Bild auf einer Schaltfläche präsentieren. Bilder können den Zweck einer Schaltfläche verdeutlichen. Statt z.B. nur eine Schaltfläche mit der Caption *OK* anzuzeigen, könnten Sie zusätzlich eine grüne Verkehrsampel auf der Schaltfläche abbilden.

Tatsächlich kann eine Schaltfläche drei verschiedene Bilder anzeigen: ein Bild, wenn die Schaltfläche auf dem Formular angezeigt wird, ein zweites, wenn sie deaktiviert ist, und ein drittes, wenn der Benutzer auf die Schaltfläche klickt.

Um ein Bild in eine Schaltfläche einzufügen, gehen Sie folgendermaßen vor:

1. Klicken Sie im Formular auf die Schaltfläche, der Sie ein Bild hinzufügen wollen.

2. Öffnen Sie das Eigenschaftenfenster, indem Sie auf F4 drücken oder den Menübefehl *Ansicht/Eigenschaften* wählen, oder klicken Sie auf das *Eigenschaftenfenster*-Symbol auf der Symbolleiste.

3. Klicken Sie auf die *Style*-Eigenschaft, klicken Sie dann auf den nach unten gerichteten Pfeil, und wählen Sie *1 – Grafisch*.

4. Doppelklicken Sie auf die *Picture*-Eigenschaft, um das Bild zu wählen, das im Normalzustand auf der Schaltfläche angezeigt werden soll.

   Visual Basic zeigt das *Bild laden*-Dialogfeld an.

5. Wählen Sie eine beliebige Grafikdatei (Bitmap, Symbol oder Metafile), und klicken Sie auf *Öffnen*.

6. Doppelklicken Sie auf die *DownPicture*-Eigenschaft, um das Bild zu wählen, das angezeigt werden soll, wenn der Benutzer die Schaltfläche angeklickt hat.

7. Wählen Sie eine beliebige Grafikdatei (Bitmap, Symbol oder Metafile), und klicken Sie auf *Öffnen*.

8. Doppelklicken Sie auf die *DisabledPicture*-Eigenschaft, um das Bild zu wählen, das angezeigt werden soll, wenn die Schaltfläche deaktiviert ist.

9. Wählen Sie eine beliebige Grafikdatei (Bitmap, Symbol oder Metafile), und klicken Sie auf *Öffnen*.

Die Größe einer Bildschaltfläche ändern

In Visual Basic können Sie eine Bildschaltfläche so groß oder klein machen, wie Sie wollen. Wenn Ihre Grafik jedoch nicht auf die Bildschaltfläche paßt, wird die Grafik beschnitten.

Um zu erreichen, daß die Grafik sich in der Größe an die Größe der Bildschaltfläche anpaßt, müssen Sie den Wert ihrer *Stretch*-Eigenschaft auf *True* setzen. (Der Standardwert der *Stretch*-Eigenschaft ist *False*.)

So hat z.B. die *Stretch*-Eigenschaft der Bildschaltfläche in der oberen linken Ecke der Abbildung 6.10 den Wert False, so daß das Bild beschnitten wird, wenn es nicht auf die Schaltfläche paßt. Bei den drei anderen Bildschaltflächen ist der Wert der *Stretch*-Eigenschaft auf *True* gesetzt; deshalb passen diese Grafiken sich an die Größe der Bildschaltfläche an.

Abbildung 6.10: Einfluß der Stretch-Eigenschaft auf die Größe der Grafik in Bildschaltflächen.

Eine Standardschaltfläche erstellen

Die *Standardschaltfläche* ist die Schaltfläche, die der Benutzer sofort durch Drücken der `Eingabe`-Taste wählen kann. Der Zweck einer Standardschaltfläche besteht darin, den Benutzer die wahrscheinlichste Wahl so schnell wie möglich treffen zu lassen. Wenn Sie dem Benutzer einen Befehl vorschlagen wollen, müssen Sie eine Standard-Befehlsschaltfläche erstellen.

Wenn der Benutzer z.B. den Befehl gibt, Atomraketen auf ein anderes Land abzuschießen, könnte ein Dialogfeld erscheinen, das den Benutzer fragt: »Würden Sie nicht lieber ein schönes Schachspiel spielen?« Wenn die Standard-Befehlsschaltfläche »Ja« wäre, könnte der Benutzer ohne Nachdenken auf `Eingabe` drücken und die Welt vor einer atomaren Katastrophe bewahren.

Nur eine Befehlsschaltfläche kann als Standardschaltfläche definiert werden. Bildschaltflächen können nicht als Standard-Befehlsschaltflächen definiert werden.

Es gibt zwei Wege, um eine Standard-Befehlsschaltfläche zu erstellen:

- ✔ Setzen Sie den Wert der *TabIndex*-Eigenschaft der Befehlsschaltfläche auf den Wert Null. Dadurch wird die Befehlsschaltfläche markiert, die als Standard-Befehlsschaltfläche dienen soll.
- ✔ Setzen Sie die *Default*-Eigenschaft der Standard-Befehlsschaltfläche auf *True*. Dies funktioniert nur, wenn kein anderes Objekt eine *TabIndex*-Eigenschaft mit dem Wert Null hat.

Um eine Standard-Befehlsschaltfläche mit der *TabIndex*-Eigenschaft zu erstellen, gehen Sie folgendermaßen vor:

1. **Klicken Sie auf die Befehlsschaltfläche, die Sie zur Standard-Befehlsschaltfläche machen wollen.**

2. **Öffnen Sie das Eigenschaftenfenster, indem Sie auf `F4` drücken oder den Menübefehl *Ansicht/Eigenschaften* wählen, oder klicken Sie auf das *Eigenschaftenfenster*-Symbol auf der Symbolleiste.**

3. **Klicken Sie auf die *TabIndex*-Eigenschaft, und tippen Sie *0* ein.**

    Wenn keine andere Befehlsschaltfläche Ihres Formulars eine *TabIndex*-Eigenschaft mit dem Wert Null hat, können Sie eine Standard-Befehlsschaltfläche dadurch definieren, daß Sie ihre *Default*-Eigenschaft auf *True* setzen.

Um eine Standard-Befehlsschaltfläche mit der *Default*-Eigenschaft zu definieren, gehen Sie folgendermaßen vor:

1. **Klicken Sie auf die Befehlsschaltfläche, die Sie zur Standard-Befehlsschaltfläche machen wollen.**

2. **Öffnen Sie das Eigenschaftenfenster, indem Sie auf `F4` drücken oder den Menübefehl *Ansicht/Eigenschaften* wählen, oder klicken Sie auf das *Eigenschaftenfenster*-Symbol auf der Symbolleiste.**

3. Klicken Sie auf die *Default*-Eigenschaft, und setzen Sie ihren Wert auf *True*.
4. Stellen Sie sicher, daß kein anderes Objekt auf dem Formular einen TabIndex mit dem Wert Null hat.

 Was passiert, wenn eine Befehlsschaltfläche eine *TabIndex*-Eigenschaft mit dem Wert Null hat und die *Default*-Eigenschaft einer anderen Befehlsschaltfläche auf den Wert *True* gesetzt ist? Die Befehlsschaltfläche, deren *TabIndex*-Eigenschaft den Wert Null hat, ist die Standard-Befehlsschaltfläche. Das ist alles.

Eine *Abbrechen-Schaltfläche* erstellen

Wenn Benutzer auf `Esc` hämmern, wollen sie normalerweise ihren letzten Befehl rückgängig machen oder das Programm verlassen. Eine Schaltfläche, die dem Benutzer diese Möglichkeit bietet, sollte als *Abbrechen*-Schaltfläche gekennzeichnet sein. Nur eine Schaltfläche kann als *Abbrechen*-Schaltfläche definiert werden. (Ein anderer passender Name für die *Abbrechen*-Schaltfläche wäre *Panik-Schaltfläche*, aber das würde die Illusion zerstören, daß Programmieren eine höhere Wissenschaft statt eines groben Handwerks ist.)

Um eine *Abbrechen*-Schaltfläche zu erstellen, gehen Sie folgendermaßen vor:

1. Klicken Sie auf die Schaltfläche, die Sie als *Abbrechen*-Schaltfläche definieren wollen.
2. Öffnen Sie das Eigenschaftenfenster, indem Sie auf `F4` drücken oder den Menübefehl *Ansicht/Eigenschaften* wählen, oder klicken Sie auf das *Eigenschaftenfenster*-Symbol auf der Symbolleiste.
3. Klicken Sie auf die *Cancel*-Eigenschaft, und setzen Sie ihren Wert auf *True*. Ändern Sie die *Caption*-Eigenschaft der Schaltfläche auf *Abbrechen* oder etwas Ähnliches.

Schaltflächen gruppieren

In Visual Basic können Sie zusammengehörige Schaltflächen zu Gruppen zusammenfassen (siehe Abbildung 6.11).

Um eine Gruppe von Schaltflächen zu erstellen, gehen Sie folgendermaßen vor:

1. Klicken Sie auf das *Frame*-Symbol in der Visual Basic-Werkzeugsammlung.
2. Gehen Sie mit der Maus an die Stelle auf dem Formular, an der Sie den Rahmen zeichnen wollen.
3. Drücken und halten Sie die linke Maustaste nieder, und ziehen Sie die Maus, um einen Rahmen zu zeichnen.
4. Lassen Sie die linke Maustaste los.
5. Klicken Sie auf das *CommandButton*-Symbol in der Visual Basic-Werkzeugsammlung.

6. Gehen Sie mit der Maus in den Rahmen, in dem Sie eine Befehlsschaltfläche zeichnen wollen.

7. Drücken und halten Sie die linke Maustaste nieder, und ziehen Sie die Maus, um Ihre Befehlsschaltfläche innerhalb des Rahmens zu zeichnen.

8. Wiederholen Sie die Schritte 5 bis 7, bis Sie alle benötigten Befehlsschaltflächen erstellt haben.

Abbildung 6.11: Gruppierte Befehlsschaltflächen.

Wenn Sie eine Befehlsschaltfläche in einem Rahmen erstellt haben, bleibt sie für immer in diesem Rahmen eingesperrt. Wenn Sie den Rahmen verschieben, werden alle in ihm enthaltenen Befehlsschaltflächen ebenfalls verschoben.

 Wenn Sie eine Befehlsschaltfläche außerhalb eines Rahmens erstellen, können Sie die Befehlsschaltfläche nicht nachträglich in einen Rahmen verschieben. Versuchen Sie es also erst gar nicht.

Setzen Sie als letzte Änderung bei gruppierten Befehlsschaltflächen deren *TabStop*-Eigenschaften auf den Wert *False*, und setzen Sie dann die *TabStop*-Eigenschaft der ersten Befehlsschaltfläche auf den Wert *True*. Auf diese Weise wird nur die erste Befehlsschaltfläche in einer Gruppe hervorgehoben, wenn der Benutzer auf Tab drückt.

Um die *TabStop*-Eigenschaften für eine Gruppe von Befehlsschaltflächen abzuschalten, gehen Sie folgendermaßen vor:

1. Klicken Sie auf eine – nicht auf die erste – Befehlsschaltfläche innerhalb des Rahmens.

2. Öffnen Sie das Eigenschaftenfenster, indem Sie auf F4 drücken oder den Menübefehl *Ansicht/Eigenschaften* wählen, oder klicken Sie auf das *Eigenschaftenfenster*-Symbol auf der Symbolleiste.

3. Klicken Sie auf die *TabStop*-Eigenschaft, und setzen Sie ihren Wert auf *False*.

4. Wiederholen Sie die Schritte 1 bis 3, bis Sie die *TabStop*-Eigenschaft aller Befehlsschaltflächen (mit Ausnahme der ersten) auf den Wert False gesetzt haben.

Testen Sie Ihr neu erworbenes Wissen

1. **Warum haben Befehlsschaltflächen Namen und Captions?**

   a) Damit Sie die doppelte Gelegenheit haben, sie mit einem Schimpfwort zu belegen.

   b) Der Name ist ein Schimpfwort, mit dem Sie die Befehlsschaltfläche aufrufen können; und die Caption dient dazu, eine witzige Bemerkung anzubringen.

   c) Der Name identifiziert die Befehlsschaltfläche; und die Caption ist der Text, der auf der Befehlsschaltfläche auf dem Bildschirm angezeigt wird.

   d) Weil Visual Basic dies so will und ein Produkt, das von Bill Gates verkauft wird, keine Fehler enthalten kann, denn schließlich ist er Milliardär.

2. **Warum kann es sinnvoll sein, Befehlsschaltflächen in einem Rahmen zu gruppieren.**

   a) Damit sie nicht in die Wildnis entfliehen.

   b) Damit zusammengehörige Befehle auf dem Bildschirm leicht zu erkennen sind.

   c) Damit der Benutzer größere Schwierigkeiten hat zu verstehen, was Ihr Programm eigentlich machen soll.

   d) Dafür gibt es keinen Grund, höchstens den, Leute zu verwirren, die anfangen zu lernen, wie man einen Computer programmiert.

Mit QuickInfos arbeiten

Trotz der standardisierten Benutzeroberfläche von Windows 95 wissen viele Leute immer noch nicht, was die verschiedenen Objekte Ihres Programms tun. Statt wahllos auf die verschiedenen unmarkierten Objekte zu klicken (und damit einen Datenverlust zu riskieren), sitzen die meisten wie vor Furcht gelähmt vor ihrem Bildschirm und benutzen Ihr Programm überhaupt nicht.

Um diese Lähmung zu überwinden, können Ihre Objekte sogenannte *QuickInfos* anzeigen. Dabei handelt es sich einfach um einen kurzen Text, der die Funktion des betreffenden Objekts (hoffentlich) erklärt. Die QuickInfo bleibt unsichtbar, bis der Benutzer mit dem Mauszeiger auf das Objekt fährt und dort mit ihm einige Sekunden stehenbleibt. Dann zeigt Visual Basic die QuickInfo an (siehe Abbildung 6.12).

Abbildung 6.12: Die QuickInfo für ein Objekt anzeigen.

Um einen QuickInfo-Text für ein Objekt zu definieren, gehen Sie folgendermaßen vor:

1. **Klicken Sie im Formular auf das betreffende Objekt.**
2. **Öffnen Sie das Eigenschaftenfenster, indem Sie auf** F4 **drücken oder den Menübefehl** *Ansicht/Eigenschaften* **wählen, oder klicken Sie auf das** *Eigenschaftenfenster*-**Symbol auf der Symbolleiste.**
3. **Doppelklicken Sie auf die** *ToolTipText*-**Eigenschaft.**
4. **Geben Sie eine kurze Beschreibung ein, die als QuickInfo angezeigt werden soll.**

Mit Kästchen und Knöpfen entscheiden

In diesem Kapitel

- Kontrollkästchen und Optionsfelder erstellen
- Listenfelder und Kombinationsfelder erstellen
- Elemente in einem Listenfeld oder Kombinationsfeld sortieren
- Elemente in einer Liste ansprechend gestalten

In der Schule war es immer leichter, eine Klassenarbeit mit einem Multiple-Choice-Test als einen Aufsatz zu schreiben, weil man bei einem Multiple-Choice-Test das Denken durch Raten ersetzen und trotzdem noch eine annehmbare Note erzielen konnte. Doch sind Schüler bei weitem nicht die einzigen Leute, die das Denken vermeiden, wann immer sie können. Die meisten Benutzer sind genauso: Sie haben die Optionen am liebsten klar vor Augen. Auf diese Weise können sie wilde Vermutungen anstellen und hoffen, daß sie damit durchkommen.

Visual Basic stellt mehrere Methoden zur Verfügung, mit denen Sie dem Benutzer Wahlmöglichkeiten präsentieren können: *Kontrollkästchen*, *Optionsfelder*, *Listenfelder* und *Kombinationsfelder*. Mit Kontrollkästchen können Benutzer eine oder mehrere Optionen wählen. Mit Optionsfeldern können Benutzer nur eine aus mehreren Optionen wählen. Listenfelder und Kombinationsfelder bieten den Benutzern Mehrfachwahlen an.

Kontrollkästchen und Optionsfelder erstellen

Die englische Bezeichnung *check boxes* der Kontrollkästchen ist von dummen Fragebögen abgeleitet, die Sie auffordern: »Kreuzen Sie alles an, was zutrifft«, wie z.B.:

Warum wollen Sie hier arbeiten? (Kreuzen Sie alles an, was zutrifft.)

- Ich brauche Geld.
- Ich möchte am Mitarbeiterdiebstahl teilnehmen.
- Ich stoße die Leute gerne herum.
- Ich brauche einen sicheren Ort, um mich vor der Polizei zu verstecken.

Optionsfelder haben ihren englischen Namen *radio button* von den alten Radios, bei denen man den Sender schnell wechseln konnte. Wie man immer nur einen Sender gleichzeitig hören kann, so kann man bei Optionsfeldern auch nur eine von mehreren Optionen wählen.

Das folgende Beispiel zeigt Optionsfelder:

Welches Geschlecht haben Sie?

- Männlich
- Weiblich
- Ex-männlich (chirurgisch weiblich)
- Ex-weiblich (chirurgisch männlich)

Kontrollkästchen und Optionsfelder ausrichten

Kontrollkästchen und Optionsfelder sind normalerweise linksbündig ausgerichtet, d.h., sie sehen folgendermaßen aus:

- Dies ist linksbündig.

Aus irgendeinem seltsamen Grund, der nur den wenigen Programmierern bekannt ist, die tatsächlich damit arbeiten, kann man Kontrollkästchen und Optionsfelder auch rechtsbündig ausrichten.

Dies ist rechtsbündig.

Um ein Kontrollkästchen oder ein Optionsfeld linksbündig oder rechtsbündig auszurichten, gehen Sie folgendermaßen vor:

1. **Klicken Sie auf das Kontrollkästchen oder das Optionsfeld, das Sie ausrichten möchten.**
2. **Öffnen Sie das Eigenschaftenfenster, indem Sie auf F4 drücken oder den Menübefehl *Ansicht/Eigenschaften* wählen oder auf das *Eigenschaftenfenster*-Symbol in der Symbolleiste klicken.**
3. **Klicken Sie auf die *Alignment*-Eigenschaft, und setzen Sie ihren Wert auf *0 – Linksbündig* oder *1 – Rechtsbündig*.**

Kontrollkästchen gruppieren

Kontrollkästchen treten selten alleine auf. Meistens sehen Sie zwei oder mehr Kontrollkästchen wie verängstigtes Vieh zusammengedrängt. Der beste Weg, Gruppen von Kontrollkästchen voneinander zu trennen, besteht darin, einen *Rahmen* zu benutzen. Rahmen grenzen verschiedene Gruppen von Kontrollkästchen optisch voneinander ab.

Um eine Gruppe von Kontrollkästchen zu erstellen, gehen Sie folgendermaßen vor:

1. **Klicken Sie auf das Rahmen-Symbol in der Visual Basic-Werkzeugsammlung (siehe Abbildung 7.1).**
2. **Gehen Sie mit der Maus an die Stelle auf dem Formular, an der Sie den Rahmen zeichnen wollen.**

3. Drücken und halten Sie die linke Maustaste nieder, und ziehen Sie die Maus, um einen Rahmen zu zeichnen.
4. Klicken Sie auf das Kontrollkästchen-Symbol in der Visual Basic-Werkzeugsammlung.
5. Gehen Sie mit der Maus an die Stelle in dem Rahmen, an der Sie ein Kontrollkästchen zeichnen wollen.
6. Drücken und halten Sie die linke Maustaste nieder, und ziehen Sie die Maus, um Ihr Kontrollkästchen zu zeichnen.
7. Wiederholen Sie die Schritte 4 bis 6, bis Sie alle benötigten Kontrollkästchen im Rahmen erstellt haben.

Abbildung 7.1: Die Rahmen-, Kontrollkästchen- und Optionsfeld-Symbole in der Visual Basic-Werkzeugsammlung.

Setzen Sie als letzte Änderung bei gruppierten Kontrollkästchen deren *TabStop*-Eigenschaften auf den Wert *False*, und setzen Sie dann die *TabStop*-Eigenschaft des ersten Kontrollkästchens auf den Wert *True*. Auf diese Weise wird nur die erste Befehlsschaltfläche in einer Gruppe hervorgehoben, wenn jemand auf Tab drückt.

Um die *TabStop*-Eigenschaften für eine Gruppe von Kontrollkästchen abzuschalten, gehen Sie folgendermaßen vor:

1. **Klicken Sie auf ein beliebiges Kontrollkästchen innerhalb des Rahmens, nur nicht auf das erste.**

2. **Öffnen Sie das Eigenschaftenfenster, indem Sie auf F4 drücken oder den Menübefehl** *Ansicht/Eigenschaften* **wählen oder auf das** *Eigenschaftenfenster*-**Symbol in der Symbolleiste klicken.**

3. **Klicken Sie auf die** *TabStop*-**Eigenschaft, und setzen Sie ihren Wert auf** *False*.

4. **Wiederholen Sie die Schritte 1 bis 3, bis Sie die** *TabStop*-**Eigenschaft aller Kontrollkästchen (mit Ausnahme des ersten) auf den Wert** *False* **gesetzt haben.**

Optionsfelder gruppieren

Wenn die Optionsfelder auf einem Formular nicht gruppiert sind, nimmt Visual Basic an, daß alle Optionsfelder auf diesem Formular eine einzige Gruppe bilden. Deshalb können Sie von zwei Optionsfeldern, die auf demselben Formular erscheinen, immer nur eins wählen, selbst wenn die beiden Optionsfelder nichts miteinander zu tun haben. Abbildung 7.2 zeigt, daß nur ein Optionsfeld in jeder Gruppe gewählt werden kann.

Abbildung 7.2: Wie sich Optionsfelder auf einem Formular gegenseitig beeinflussen.

Wenn Sie zwei oder mehr Gruppen von Optionsfeldern anzeigen müssen, müssen Sie die Optionsfelder in Rahmen einschließen. Andernfalls faßt Visual Basic alle Optionsfelder zu einer einzigen Gruppe zusammen, was bedeutet, daß zu einem beliebigen Zeitpunkt immer nur ein Optionsfeld gewählt sein kann. Um eine Gruppe von Optionsfeldern in einem Rahmen zu erstellen, gehen Sie folgendermaßen vor:

1. **Klicken Sie auf das** *Rahmen*-**Symbol in der Visual Basic-Werkzeugsammlung.**

2. Gehen Sie mit der Maus an die Stelle auf dem Formular, an der Sie den Rahmen zeichnen wollen.
3. Drücken und halten Sie die linke Maustaste nieder, und ziehen Sie die Maus, um einen Rahmen zu zeichnen.
4. Klicken Sie auf das *Optionsfeld*-Symbol in der Visual Basic-Werkzeugsammlung.
5. Gehen Sie mit der Maus an die Stelle in dem Rahmen, an der Sie ein Optionsfeld zeichnen wollen.
6. Drücken und halten Sie die linke Maustaste nieder, und ziehen Sie die Maus, um Ihr Optionsfeld zu zeichnen.
7. Wiederholen Sie die Schritte 4 bis 6, bis Sie alle benötigten Optionsfelder im Rahmen erstellt haben.

Wenn Sie ein Optionsfeld in einem Rahmen erstellt haben, bleibt es für immer in diesem Rahmen eingesperrt. Wenn Sie den Rahmen verschieben, werden auch alle Optionsfelder in dem Rahmen verschoben.

Bilder in Kontrollkästchen und Optionsfelder einfügen

Normalerweise zeigen Kontrollkästchen und Optionsfelder nur eine Caption, aber wenn Sie etwas Ausgefallenes bieten wollen, können Sie die Steuerelemente auch mit Bildern versehen. Ein Kontrollkästchen oder ein Optionsfeld kann drei verschiedene Bilder anzeigen: ein Bild für den normalen Zustand, ein zweites für den gewählten Zustand und ein drittes für den deaktivierten Zustand (siehe Abbildung 7.3).

Abbildung 7.3: Bilder in Kontrollkästchen und Optionsfeldern anzeigen.

Aus irgendeinem unbekannten Grund sehen Kontrollkästchen und Optionsfelder mit Bildern in Visual Basic wie Schaltflächen aus. Berücksichtigen Sie dieses seltsame Aussehen bei Ihrem Entwurf, damit Sie und der Benutzer diese Kontrollkästchen oder Optionsfelder nicht mit Schaltflächen verwechseln.

Um ein Bild in ein Kontrollkästchen oder ein Optionsfeld einzufügen, gehen Sie folgendermaßen vor:

1. **Klicken Sie im Formular auf das Kontrollkästchen oder Optionsfeld, dem Sie ein Bild hinzufügen wollen.**

2. **Öffnen Sie das Eigenschaftenfenster, indem Sie auf F4 drücken oder den Menübefehl *Ansicht/Eigenschaften* wählen, oder klicken Sie auf das *Eigenschaftenfenster*-Symbol auf der Symbolleiste.**

3. **Klicken Sie auf die *Style*-Eigenschaft, klicken Sie dann auf den nach unten gerichteten Pfeil, und wählen Sie *1 – Grafisch*.**

4. **Doppelklicken Sie auf die *Picture*-Eigenschaft, um das Bild zu wählen, das im Normalzustand auf der Schaltfläche angezeigt werden soll.**

   Visual Basic zeigt das *Bild laden*-Dialogfeld an.

5. **Wählen Sie eine beliebige Grafikdatei (Bitmap, Symbol oder Metafile), und klicken Sie auf *Öffnen*.**

6. **Doppelklicken Sie auf die *DownPicture*-Eigenschaft, um das Bild zu wählen, das angezeigt werden soll, wenn der Benutzer die Schaltfläche angeklickt hat.**

7. **Wählen Sie eine beliebige Grafikdatei (Bitmap, Symbol oder Metafile), und klicken Sie auf *Öffnen*.**

8. **Doppelklicken Sie auf die *DisabledPicture*-Eigenschaft, um das Bild zu wählen, das angezeigt werden soll, wenn die Schaltfläche deaktiviert ist.**

9. **Wählen Sie eine beliebige Grafikdatei (Bitmap, Symbol oder Metafile), und klicken Sie auf *Öffnen*.**

Weitere Entscheidungsmöglichkeiten mit Listenfeldern und Kombinationsfeldern

Wenn Sie nur einige wenige Optionen anbieten, sind Kontrollkästchen und Optionsfelder bestens geeignet. Wenn Sie dagegen zehn oder mehr Optionen anbieten und den Benutzer mit einem Bildschirm voller Kontrollkästchen und Optionsfelder bombardieren, können Sie ihn leicht einschüchtern. Außerdem sieht das nicht sehr elegant aus. Um dem Benutzer viele Optionen anzubieten, gibt es in Visual Basic zwei Alternativen zu den Kontrollkästchen und Optionsfeldern: Listenfelder und Kombinationsfelder.

Listenfelder zeigen lange Listen mit Optionen an, aus denen der Benutzer wählen kann. Wenn der Benutzer etwas wählen möchte, das nicht auf der Liste steht, hat er Pech gehabt. Das geht nämlich nicht.

Kombinationsfelder zeigen ebenfalls lange Listen mit Optionen an, aus denen der Benutzer wählen kann. Der Unterschied zu den Listenfeldern besteht darin, daß der Benutzer eine Option eintippen kann, die er nicht in der Liste findet. Abbildung 7.4 zeigt jeweils ein Beispiel eines Listenfeldes und eines Kombinationsfeldes. Beachten Sie, daß das Kombinationsfeld die Elemente nur anzeigt, wenn Sie auf den nach unten gerichteten Pfeil klicken. Das Listenfeld zeigt die Elemente immer an.

 Wenn Sie die *Style*-Eigenschaft eines Kombinationsfelds auf *2* (*Dropdown-Liste*) setzen, kann der Benutzer keine Daten in das Feld eingeben.

Abbildung 7.4: Vergleich eines Listenfeldes (rechts) und eines Kombinationsfeldes.

Ein Listenfeld erstellen

Listenfelder sind wie Speisekarten im Schnellimbiß. Sie können nur wählen, was auf der Karte steht, weil die Teenager, die dort arbeiten, nicht wissen, wie sie Sonderwünsche bearbeiten sollen. Kombinationsfelder sind wie vornehme Restaurants, wo Sie auch etwas bestellen können, das nicht auf der Speisekarte steht, und sagen können: »Ich weiß, daß dies ein vegetarisches Restaurant ist, aber ich bitte den Koch, mir trotzdem ein Steak zu grillen.«

Um ein Listenfeld zu erstellen, gehen Sie folgendermaßen vor:

1. **Klicken Sie auf das *Listenfeld*-Symbol in der Visual Basic-Werkzeugsammlung.**
2. **Gehen Sie mit der Maus an die Stelle des Formulars, an der Sie das Listenfeld zeichnen wollen.**

3. **Drücken und halten Sie die linke Maustaste nieder, und ziehen Sie die Maus, um das Listenfeld zu zeichnen.**

   Visual Basic zeigt ein Listenfeld mit einer langweiligen Caption wie *List3* an.

4. **Wiederholen Sie die Schritte 1 bis 3, bis Sie alle benötigten Listenfelder gezeichnet haben.**

Um ein Kombinationsfeld zu erstellen, gehen Sie folgendermaßen vor:

1. **Klicken Sie auf das *Kombinationsfeld*-Symbol in der Visual Basic-Werkzeugsammlung.**

2. **Gehen Sie mit der Maus an die Stelle des Formulars, an der Sie das Kombinationsfeld zeichnen wollen.**

3. **Drücken und halten Sie die linke Maustaste nieder, und ziehen Sie die Maus, um das Kombinationsfeld zu zeichnen.**

   Visual Basic zeigt ein Kombinationsfeld mit einer langweiligen Caption wie *Combo1* an.

4. **Wiederholen Sie die Schritte 1 bis 3, bis Sie alle benötigten Kombinationsfelder gezeichnet haben.**

Arten von Kombinationsfeldern

Bei einem Kombinationsfeld können Sie eine Option eingeben oder aus der angezeigten Liste wählen. Um die Variationsbreite zu vergrößern, gibt es drei Typen von Kombinationsfeldern (siehe Abbildung 7.5):

✔ Dropdown-Kombinationsfeld (Stil 0 – der Standard)

✔ Einfaches Kombinationsfeld (Stil 1)

✔ Dropdown-Listenfeld (Stil 2)

Abbildung 7.5: Drei Formen des Kombinationsfelds.

Bei einem Dropdown-Kombinationsfeld kann der Benutzer ein Element eintippen. Wenn der Benutzer nicht weiß, was er eintippen soll, kann er auf den Pfeil rechts neben dem Kombinationsfeld klicken. Das Kombinationsfeld ist dann so höflich, eine der möglichen Eingaben anzuzeigen. Visual Basic erstellt standardmäßig diese Art von Kombinationsfeld, es sei denn, Sie ändern seine *Style*-Eigenschaft.

Das einfache Kombinationsfeld zeigt die Liste immer auf dem Bildschirm an, gibt aber dem Benutzer zugleich die Möglichkeit, ein Element einzutippen.

Das Dropdown-Listenfeld ist in Wirklichkeit ein Listenfeld und zeigt immer eine Liste mit Optionen an, in die Sie keine eigene Option einfügen können.

Testen Sie Ihr neu erworbenes Wissen

1. **Was ist der Unterschied zwischen einem Kontrollkästchen und einem Optionsfeld?**

    a) Man kann ein oder mehrere Kontrollkästchen, aber nur ein Optionsfeld wählen.

    b) Optionsfelder sind Felder, die von einem Bauern nur dann beackert werden, wenn er Lust dazu hat, während Kontrollkästchen die kleinen Hütten der Zollbeamten an der Grenze sind.

    c) Das weiß ich nicht. Sie sind der Lehrer, der eigentlich alles wissen sollte.

    d) Alles ist eins, Mann. So wie alles von deinem Standpunkt abhängt.

2. **Worin besteht der Hauptunterschied zwischen einem Listenfeld und einem Kombinationsfeld?**

    a) Ein Kombinationsfeld bietet Ihnen die Möglichkeit, eine Option einzugeben oder aus einer angezeigten Liste auszuwählen. Ein Listenfeld zwingt Sie dazu, eine Option aus der angezeigten Liste auszuwählen.

    b) Ein Listenfeld wird L-I-S-T buchstabiert, ein Kombinationsfeld dagegen K-O-M-B-I-N-A-T-I-O-N.

    c) Kombinationsfelder sind cooler als Listenfelder, weil ein Kombinationsfeld den normalen Benutzer in der Regel mehr verwirrt als ein Listenfeld.

    d) Es gibt keinen Unterschied. Tatsächlich hat man festgestellt, daß zwei von drei französischen Köchen meinen, daß beide genau wie Butter schmecken.

Hier fragen Sie sich vielleicht: »Halt mal. Warum sollte ich erst ein Kombinationsfeld erstellen und es dann in ein dummes Listenfeld umwandeln?« Im Gegensatz zu gewöhnlichen Listenfeldern zeigt ein Dropdown-Listenfeld seine Liste erst auf dem Bildschirm an, wenn der Benutzer auf den Pfeil rechts neben dem Feld klickt. Diese Art von Listenfeld ist nützlich, wenn Sie Platz auf dem Bildschirm sparen müssen.

Um den Stil eines Kombinationsfeldes festzulegen, gehen Sie folgendermaßen vor:

1. **Klicken Sie auf das Kombinationsfeld, das Sie ändern möchten.**

   (Dies setzt voraus, daß Sie das Feld bereits erstellt haben.)

2. **Öffnen Sie das Eigenschaftenfenster, indem Sie auf F4 drücken oder den Menübefehl *Ansicht/Eigenschaften* wählen oder auf das *Eigenschaftenfenster*-Symbol in der Symbolleiste klicken.**

3. **Klicken Sie auf die *Style*-Eigenschaft.**

4. **Klicken Sie auf den Pfeil in dem Eigenschaftsfeld, um die Liste mit Ihren Optionen anzuzeigen.**

   (Aufgepaßt! Hier sehen Sie selbst ein Beispiel eines Dropdown-Listenfeldes in Aktion!)

5. **Klicken Sie auf den gewünschten Kombinationsfeld-Stil.**

Elemente in Listenfelder und Kombinationsfelder einfügen

Wenn Sie Ihr Listenfeld oder Kombinationsfeld erstellt haben, müssen Sie es mit Elementen füllen. (Andernfalls macht es ja keinen Sinn, ein Listenfeld oder Kombinationsfeld zu erstellen, nicht wahr?) In Visual Basic haben Sie zwei Möglichkeiten, Elemente in ein Listenfeld oder Kombinationsfeld einzufügen:

- ✔ *Die* List-*Eigenschaft im Eigenschaftenfenster*
- ✔ BASIC-Code

Um Elemente mit der List-Eigenschaft in ein Listenfeld oder ein Kombinationsfeld einzufügen, gehen Sie folgendermaßen vor:

1. **Klicken Sie auf das Listenfeld oder Kombinationsfeld, in das Sie Elemente einfügen möchten.**

2. **Öffnen Sie das Eigenschaftenfenster, indem Sie auf F4 drücken oder den Menübefehl *Ansicht/Eigenschaften* wählen oder auf das *Eigenschaftenfenster*-Symbol in der Symbolleiste klicken.**

3. **Doppelklicken Sie auf die *List*-Eigenschaft.**

   Ein Dropdown-Textfeld erscheint.

4. **Geben Sie das erste Element der Liste ein, und drücken Sie dann auf Strg + Eingabe.**

   Wiederholen Sie diesen Schritt für jedes Element, das Sie in die Liste einfügen wollen.

5. **Drücken Sie auf Eingabe.**

7 ➤ Mit Kästchen und Knöpfen entscheiden

Wenn Sie die Elemente mit BASIC-Code in das Listenfeld oder das Kombinationsfeld einfügen wollen, lautet der geheime BASIC-Befehl AddItem. Wenn Sie also das Element »Wähle mich« in ein Listenfeld mit dem Namen lstCommands einfügen wollen, lautet der magische BASIC-Code, mit dem Sie dies erreichen können, folgendermaßen:

```
lstCommands.AddItem »Wähle mich«
```

Sie können Elemente beim Ausführen eines Programms jederzeit in ein Listenfeld oder Kombinationsfeld einfügen; aber meistens wird dies beim Start eines Programms erledigt.

Um Elemente am Anfang eines Programms in eine Liste einzufügen, gehen Sie folgendermaßen vor:

1. **Klicken Sie auf das Formular Ihres Programms.**
2. **Klicken Sie auf das *Code anzeigen*-Symbol.**
3. **Wählen Sie im *Objekt*-Kombinationsfeld das Element *Form*.**

   Visual Basic zeigt die folgende Prozedur an:

   ```
   Private Sub Formular_Load()
   End Sub
   ```

4. **Benutzen Sie für jedes Element, das Sie in einem Listenfeld oder Kombinationsfeld anzeigen wollen, den Befehl AddItem. Wenn Sie z.B. ein Listenfeld mit dem Namen *lstToDo* und ein Kombinationsfeld mit dem Namen *cboHideIn* haben, könnte die Prozedur Sub Formular_Load() folgendermaßen aussehen:**

   ```
   Private Sub Formular_Load()
       lstToDo.AddItem »Makler anrufen«
       lstToDo.AddItem »Flugticket bestellen«
       lstToDo.AddItem »Bis Mittag normal verhalten«
       lstToDo.AddItem »250.000 DM stehlen«
       lstToDo.AddItem »Kopfschmerzen vortäuschen«
       lstToDo.AddItem »Arbeitsplatz vorzeitig verlassen«
       lstToDo.AddItem »Zum Flughafen fahren«
       lstHideIn.AddItem »Acapulco«
       lstHideIn.AddItem »Rio de Janeiro«
       lstHideIn.AddItem »Paris«
       lstHideIn.AddItem »Tokio«
       lstHideIn.AddItem »New York«
       lstHideIn.AddItem »Bangkok«
   End Sub
   ```

Die Prozedur fügt diese Elemente in das Listenfeld *lstToDo* und das Kombinationsfeld *cboHideIn* ein, wenn das erste Formular Ihres Programmes geladen wird. Die Abbildung 7.6 zeigt das Ergebnis Ihrer Prozedur.

Abbildung 7.6: Wie lstToDo und cboHideIn aussehen, nachdem die Form_Load-Prozedur ausgeführt wurde.

Standardelemente hervorheben

Listenfelder und Kombinationsfelder bieten dem Benutzer Wahlmöglichkeiten. Um dem Benutzer das Wählen noch einfacher und damit aus seiner Sicht effizienter zu machen, können Kombinationsfelder ein Standardelement anzeigen. (Bei Listenfeldern ist das erste Element das Standardelement.) Das *Standardelement* ist das Element, das der Computer automatisch als gewählt betrachtet, solange der Benutzer nichts anderes angibt. (Es ist nicht sehr sinnvoll, das am wenigsten wahrscheinliche Element als Standardelement zu definieren.)

Um das Standardelement eines Kombinationsfeldes zu definieren, gehen Sie folgendermaßen vor:

1. **Klicken Sie auf das Kombinationsfeld, für das Sie ein Standardelement definieren wollen.**

2. **Öffnen Sie das Eigenschaftenfenster, indem Sie auf F4 drücken oder den Menübefehl *Ansicht/Eigenschaften* wählen oder auf das *Eigenschaftenfenster*-Symbol in der Symbolleiste klicken.**

3. **Klicken Sie auf die *Text*-Eigenschaft.**

4. **Geben Sie das Element ein, das Sie als Standardelement des Kombinationsfeldes definieren wollen.**

 Wenn Sie die *Style*-Eigenschaft auf *2* (*Dropdown-Liste*) setzen, können Sie das Standardelement mit BASIC-Code definieren, indem Sie die *ListIndex*-Eigenschaft auf einen Wert wie z.B. *2* setzen (um das betreffende Element zum Standardelement zu machen):

```
CboHideIn.ListIndex = 2
```

Wenn der Benutzer auf das Kombinationsfeld klickt, wird das Standardelement markiert (siehe Abbildung 7.6). Wenn Sie kein Standardelement definieren, benutzt Visual Basic den generischen Namen (*Combo1*, *Combo2* usw.) des Kombinationsfeldes. Da dies ziemlich amateurhaft aussieht, sollten Sie immer ein Standardelement für Ihre Kombinationsfelder definieren.

Elemente in einem Listenfeld oder Kombinationsfeld sortieren

Die Reihenfolge, in der Sie Elemente in ein Listenfeld oder Kombinationsfeld einfügen, entspricht der Reihenfolge, in der die Elemente angezeigt werden. Um Abwechslung ins Spiel zu bringen, können Sie in Visual Basic die Elemente auf zwei Arten sortieren:

- ✔ Alphabetisch
- ✔ Beliebig

Beim alphabetischen Sortieren kümmert sich Visual Basic nicht um die Groß- oder Kleinschreibung der Elemente. So sind z.B. für Visual Basic »Ihre Mutter« und »IHRE MUTTER« beim Sortieren gleichwertig.

Um Elemente in einem Listenfeld oder Kombinationsfeld alphabetisch zu sortieren, gehen Sie folgendermaßen vor:

1. **Klicken Sie auf das Listenfeld oder Kombinationsfeld, dessen Elemente Sie alphabetisch anzeigen wollen.**
2. **Öffnen Sie das Eigenschaftenfenster, indem Sie auf F4 drücken oder den Menübefehl *Ansicht/Eigenschaften* wählen oder auf das *Eigenschaftenfenster*-Symbol in der Symbolleiste klicken.**
3. **Klicken Sie auf die *Sorted*-Eigenschaft, und setzen Sie deren Wert auf *True*.**

Visual Basic sortiert die Elemente immer aufsteigend von A bis Z. Sie können die Elemente nicht absteigend von Z nach A sortieren (es sei denn, Sie stellen Ihren Bildschirm auf den Kopf).

Wenn Sie die Elemente nicht alphabetisch sortieren wollen, müssen Sie die Elemente Stück für Stück manuell sortieren. Visual Basic gibt jedem Element in der Liste eine sogenannte Indexnummer. (Dabei handelt es sich um eine ganz gewöhnliche Zahl wie *1* oder *3*.)

Das erste Element in einer Liste erhält die Indexnummer *0*, das zweite Element die Indexnummer *1*, das dritte Element die Indexnummer *2* usw. (siehe Abbildung 7.7). Wenn Sie jemals in einem europäischen Aufzug gefahren sind, bei dem das Erdgeschoß mit *1*, das erste Geschoß mit *2* und das zweite Geschoß mit *3* ausgezeichnet war, ist Ihnen die verwirrende Zählweise der Indexnummern in Visual Basic vertraut.

Um ein Element an erster Stelle in eine Liste einzufügen, müssen Sie wieder den BASIC-Befehl AddItem benutzen, und zwar diesmal folgendermaßen:

```
cboHideIn.AddItem »Harare«, 0
```

Abbildung 7.7: Acapulco hat die Indexnummer 0, Rio de Janeiro hat die Indexnummer 1 usw. bis Bangkok, das die Indexnummer 5 hat.

Wenn Sie die Indexnummer auslassen, fügt Visual Basic das Element an einer der beiden folgenden Stellen ein:

✔ Wenn die *Sorted*-Eigenschaft des Listenfeldes oder Kombinationsfeldes den Wert *False* hat, wird das Element an die Liste angehängt.

✔ Wenn die *Sorted*-Eigenschaft des Listenfeldes oder Kombinationsfeldes den Wert *True* hat, wird das Element an der alphabetisch richtigen Stelle in die Liste einsortiert.

Abbildung 7.8 zeigt, wie *Harare* in die sortierte Liste an der alphabetisch richtigen Stelle eingefügt und bei der unsortierten Liste an die Liste angehängt wird.

Abbildung 7.8: Elemente in eine sortierte und eine unsortierte Liste einfügen.

 Wenn Sie die Sorted-Eigenschaften eines Listenfeldes oder Kombinationsfeldes auf den Wert True setzen *und* ein Element unter Angabe einer Indexnummer einfügen, fügt Visual Basic das Element an der Stelle ein, die durch die Indexnummer definiert wird. Das hinzugefügte Element wird in diesem Fall also nicht alphabetisch einsortiert.

Elemente aus einem Listenfeld oder Kombinationsfeld entfernen

Elemente in eine Liste einzufügen und zu sortieren sieht ganz gut aus, aber manchmal macht es mehr Spaß, ein Element zu löschen, um den destruktiven Drang zu befriedigen, den jeder ab und zu in sich verspürt.

In Visual Basic können Sie ein Element auf zwei Wegen aus einer Liste entfernen:

✔ Benutzen Sie den BASIC-Befehl RemoveItem, um Elemente einzeln aus der Liste zu löschen.

✔ Benutzen Sie den BASIC-Befehl Clear, um eine ganze Liste auf einmal zu löschen.

Wenn Sie den BASIC-Befehl RemoveItem benutzen wollen, müssen Sie die Indexnummer des Elements kennen, das Sie löschen wollen. Wenn Sie z.B. das Element mit der Indexnummer 5 aus dem Listenfeld mit dem Namen *lstToDo* löschen wollen, müssen Sie folgenden BASIC-Befehl benutzen:

```
lstToDo.RemoveItem 5
```

Wenn Sie den BASIC-Befehl Clear benutzen wollen, um eine ganze Liste auf einen Schlag zu löschen, müssen Sie den Namen des Listenfeldes oder Kombinationsfeldes kennen, das diese Liste enthält. Wenn Sie z.B. den ganzen Inhalt eines Kombinationsfeldes mit dem Namen *cboHideIn* auf einmal löschen wollen, müssen Sie folgenden BASIC-Befehl benutzen:

```
cboHideIn.Clear
```

Vergewissern Sie sich, daß Sie wirklich eine ganze Liste löschen wollen, ehe Sie den BASIC-Befehl Clear verwenden.

Kontrollkästchen in Listenfeldern anzeigen

Sie können die Elemente in einem Listenfeld zusätzlich mit einem Kontrollkästchen versehen (siehe Abbildung 7.9). Mit Hilfe solcher Kontrollkästchen können Sie z.B. Aufgaben- oder Einkaufslisten erstellen und die Elemente als erledigt markieren.

Abbildung 7.9: Kontrollkästchen in einem Listenfeld anzeigen.

Um Kontrollkästchen in einem Listenfeld anzuzeigen, gehen Sie folgendermaßen vor:

1. Klicken Sie auf das Listenfeld, in das Sie Kontrollkästchen einfügen wollen.
2. Öffnen Sie das Eigenschaftenfenster, indem Sie auf [F4] drücken oder den Menübefehl *Ansicht/Eigenschaften* wählen oder auf das *Eigenschaftenfenster*-Symbol in der Symbolleiste klicken.
3. Klicken Sie auf die *Style*-Eigenschaft, und wählen Sie *1 – Kontrollkästchen*.

Mehrspaltige Listenfelder

Aus ästhetischen Gründen oder einfach nur, weil Sie sich langweilen und herumspielen wollen, können Sie mehrere Spalten in einem Listenfeld anzeigen. In Visual Basic gibt es drei Varianten der Spaltenbildung in Listen:

- *Value 0* – Eine einspaltige Liste mit der Möglichkeit, die Liste vertikal zu verschieben (die Standardform eines Listenfeldes)
- *Value 1* – Eine einspaltige Liste mit der Möglichkeit, die Liste horizontal zu verschieben (ohne die Möglichkeit, sie vertikal zu verschieben)
- *Value größer als 1* – Eine mehrspaltige Liste mit zwei oder mehr Spalten mit der Möglichkeit, die Liste horizontal zu verschieben (ohne die Möglichkeit, sie vertikal zu verschieben)

Diese verschiedenen Stile werden in Abbildung 7.10 gezeigt. Um den Stil der Spaltenanzeige eines Listenfeldes zu ändern, gehen Sie folgendermaßen vor:

1. Klicken Sie auf das Listenfeld, das Sie ändern wollen.

Abbildung 7.10: Vergleich der Listenfeld-Stile.

2. Öffnen Sie das Eigenschaftenfenster, indem Sie auf [F4] drücken oder den Menübefehl *Ansicht/Eigenschaften* wählen oder auf das *Eigenschaftenfenster*-Symbol in der Symbolleiste klicken.

3. Klicken Sie auf die *Columns*-Eigenschaft, und geben Sie *0, 1* oder irgendeine Zahl größer als eins ein.

Elemente in einem Listenfeld ansprechend gestalten

Damit Ihre Listen nicht wie langweilige Einkaufszettel, sondern etwas attraktiver aussehen, können Sie in Visual Basic die Schriftart, die Auszeichnung und den Schriftgrad der Elemente in Ihrer Liste ändern.

Schriftarten (engl. *Fonts*) sind verschiedene Mittel, um Text anzuzeigen. Normalerweise benutzt Visual Basic die Schriftart *MS Sans Serif*; aber Sie können jede Schriftart verwenden, die in Ihrem Computer gespeichert ist. (*MS Sans Serif* sieht ähnlich aus wie die Schriftart *Helvetica*; und die Visual Basic-Schriftart *MS Serif* sieht ähnlich aus wie die Schriftart *Times Roman*.)

Um die Schriftart der Elemente in einem Listenfeld oder Kombinationsfeld zu ändern, gehen Sie folgendermaßen vor:

1. **Klicken Sie auf das Listenfeld oder Kombinationsfeld, dessen Schriftart Sie ändern wollen.**

2. **Öffnen Sie das Eigenschaftenfenster, indem Sie auf** [F4] **drücken oder den Menübefehl** *Ansicht/Eigenschaften* **wählen oder auf das** *Eigenschaftenfenster*-**Symbol in der Symbolleiste klicken.**

3. **Doppelklicken Sie auf die *Font*-Eigenschaft.**

    Visual Basic zeigt das *Schriftart*-Dialogfeld an.

4. **Klicken Sie auf die gewünschte Schriftart und dann auf *OK*.**

Visual Basic ändert die Schriftart des Listenfeldes oder Kombinationsfeldes sofort.

Gehen Sie mit Schriftarten sorgfältig um. Anfänger lassen sich oft dazu hinreißen, so viele bizarre Schriftarten zu verwenden, daß jeder Kontakt zum Normalen verlorengeht. Benutzen Sie in der Regel die Visual Basic-Standardschriftart *MS Sans Serif*, und greifen Sie nur dann auf andere Schriftarten zurück, wenn Sie dafür einen wirklich guten Grund haben.

Sie können auch die Größe Ihrer Elemente ändern und sie verkleinern oder vergrößern. Beachten Sie: Je größer der Schriftgrad der Elemente ist, desto größer muß Ihr Listenfeld oder Kombinationsfeld sein, um das ganze Element anzeigen zu können.

Je größer der Schriftgrad, desto auffälliger wirken die Elemente in Ihren Listenfeldern oder Kombinationsfeldern. Normalerweise ist es besser, nur einen Schriftgrad für alle Listenfelder oder Kombinationsfelder zu verwenden, um den Benutzer nicht unnötig zu verwirren.

Um den Schriftgrad zu ändern, gehen Sie folgendermaßen vor:

1. **Klicken Sie auf das Listenfeld oder Kombinationsfeld, dessen Schriftgrad Sie ändern wollen.**
2. **Öffnen Sie das Eigenschaftenfenster, indem Sie auf** F4 **drücken oder den Menübefehl** *Ansicht/Eigenschaften* **wählen oder auf das** *Eigenschaftenfenster*-**Symbol in der Symbolleiste klicken.**
3. **Doppelklicken Sie auf die** *Font*-**Eigenschaft.**

   Visual Basic zeigt das *Schriftart*-Dialogfeld an.
4. **Klicken Sie auf den gewünschten Schriftgrad und dann auf** *OK*.

Visual Basic ändert den Schriftgrad des Listenfeldes oder Kombinationsfeldes sofort.

Neben der Schriftart und dem Schriftgrad können Sie auch die Auszeichnung ändern, und Text **fett**, *kursiv*, <u>unterstrichen</u> oder ~~durchgestrichen~~ darstellen. Um eine oder mehr Auszeichnungen zu ändern, gehen Sie folgendermaßen vor:

1. **Klicken Sie auf das Listenfeld oder Kombinationsfeld, dessen Auszeichnung Sie ändern wollen.**
2. **Öffnen Sie das Eigenschaftenfenster, indem Sie auf** F4 **drücken oder den Menübefehl** *Ansicht/Eigenschaften* **wählen oder auf das** *Eigenschaftenfenster*-**Symbol in der Symbolleiste klicken.**
3. *Doppelklicken Sie auf die Font-Eigenschaft.*

   Visual Basic zeigt das *Schriftart*-Dialogfeld an.
4. **Klicken Sie auf die gewünschte Auszeichnung und dann auf** *OK*.

Visual Basic ändert die Textauszeichnung des Listenfeldes oder Kombinationsfeldes sofort.

Je attraktiver Sie Ihre Listenfelder und Kombinationsfelder gestalten, desto eher wird der Benutzer sie wenigstens bemerken (wenn auch nicht unbedingt benutzen). Behalten Sie immer im Auge, daß Sie ein leicht bedienbares Programm und kein Kunstwerk schaffen sollen. Wenn Sie kreativ sein wollen, versuchen Sie es mit Fingerfarbe. Wenn Sie nützliche Programme schreiben und damit Millionen verdienen wollen, gestalten Sie Ihre Programme so, daß man einfach mit ihnen arbeiten kann und möglichst noch Spaß dabei hat.

Textfelder zum Eintippen und Anzeigen von Wörtern

In diesem Kapitel

- Textfelder erstellen
- Textfelder füllen und Kennwörter verbergen
- Verschiedene Schriftarten, Schriftgrade, Auszeichnungen und Farben verwenden

*T*rotz der zunehmenden Akzeptanz von Symbolen und grafischen Benutzeroberflächen können nicht alle Optionen mit Kontrollkästchen, Optionsfeldern oder Kombinationsfeldern präsentiert werden. Manchmal muß Ihr Programm auch ein Wort, einen Satz, einen Absatz oder einen Roman auf dem Bildschirm anzeigen. Und manchmal möchte auch der Benutzer das eine oder andere Wort eingeben.

Wie lautet die Lösung? Kombinationsfelder funktionieren bei Wörtern und kurzen Ausdrücken. Aber wenn Ihr Programm einen größeren Textabschnitt anzeigen oder der Benutzer Informationen in beträchtlichem Umfang eintippen muß, wird Ihre Arbeit durch den Einsatz von *Textfeldern* erheblich einfacher.

Textfelder haben zwei Aufgaben:

✔ Text auf dem Bildschirm anzuzeigen

✔ Dem Benutzer das Eingeben von Text zu ermöglichen

Ein Textfeld erstellen

Textfelder funktionieren wie Miniatur-Textverarbeitungsprogramme, aber zeigen Text nur in einer Schriftart, einem Schriftgrad und einer Auszeichnung an. Selbst wenn Sie gerne wollten, können Sie also in Ihren Textfeldern keine verschiedenen Schriftarten gleichzeitig verwenden.

Wenn der Benutzer Text in ein Textfeld eingibt, sind die folgenden Windows-Tasten und -Tastenkombinationen aktiv:

✔ `Entf` löscht das Zeichen rechts von der Einfügemarke.

✔ `Backspace` löscht das Zeichen links von der Einfügemarke.

✔ `Umschalt`+`↑` markiert einen Textblock.

✔ `Strg`+`←` verschiebt die Einfügemarke ein Wort nach links.

- ✔ `Strg`+`→` verschiebt die Einfügemarke ein Wort nach rechts.
- ✔ `Pos1` verschiebt die Einfügemarke an den Anfang der Zeile.
- ✔ `Ende` verschiebt die Einfügemarke an das Ende der Zeile.
- ✔ `F11` und `F12` machen gar nichts und sind ungefähr so nützlich wie Weisheitszähne.

Um ein Textfeld zu erstellen, gehen Sie folgendermaßen vor:

1. Klicken Sie auf das *Textfeld*-Symbol in der Visual Basic-Werkzeugsammlung.
2. Gehen Sie mit der Maus an die Stelle auf dem Formular, an der Sie das Textfeld zeichnen wollen.
3. Drücken und halten Sie die linke Maustaste nieder, und ziehen Sie die Maus, um das Textfeld zu zeichnen.

   Visual Basic zeigt ein Textfeld mit einem langweiligen Standardtext wie *Text1* an.
4. Wiederholen Sie die Schritte 1 bis 3, bis Sie alle benötigten Textfelder gezeichnet haben.

Textfelder mit einem ansprechenden Rahmen versehen

Normalerweise rahmt Visual Basic ein Textfeld mit einer einzelnen Linie ein, welche die Grenzen des Textfeldes definiert. Wenn Sie den Benutzer aus irgendeinem Grund darüber im unklaren lassen wollen, wo ein Textfeld steht, können Sie diesen Rahmen entfernen. Abbildung 8.1 zeigt Ihnen Beispiele von Textfeldern mit und ohne Begrenzung.

Abbildung 8.1: Vergleich eines Textfelds mit Rahmen und eines Textfelds ohne Rahmen.

Um den Rahmen eines Textfeldes zu ändern, gehen Sie folgendermaßen vor:

1. Klicken Sie auf das Textfeld, dessen Rahmen Sie ändern möchten.
2. Öffnen Sie das Eigenschaftenfenster, indem Sie auf `F4` drücken oder den Menübefehl *Ansicht/Eigenschaften* wählen oder auf das *Eigenschaftenfenster*-Symbol in der Symbolleiste klicken.

3. **Klicken Sie auf die *BorderStyle*-Eigenschaft, und wählen Sie einen der folgenden Werte:**
   - 0 – Kein
   - 1 – Fest Einfach

Wörter in Textfeldern anzeigen

Wenn Sie Ihr Textfeld erstellt haben, wollen Sie es sicher auch mit Text füllen. Standardmäßig zeigt Visual Basic in einem Textfeld den Namen des Textfeldes an – und auch das nur, um überhaupt etwas anzuzeigen.

Die Änderung des Textes in einem Textfeld hat keinen Einfluß auf die *Name*-Eigenschaft des Textfeldes. Wenn Sie also in Ihrem Textfeld etwas Aufregenderes als etwa *Text3* anzeigen wollen, müssen Sie die *Text*-Eigenschaft des Textfeldes ändern (siehe Abbildung 8.2).

Abbildung 8.2: Wie der Wert der Text-Eigenschaft in einem Textfeld angezeigt wird.

Die *Text*-Eigenschaft darf alles enthalten: eine Leerzeile (wobei Ihr Textfeld auf dem Bildschirm leer ist), gewöhnlichen Text oder eine Masse unverständlichen Textmülls, der einem typischen Computerhandbuch ähnlich sieht.

Um die *Text*-Eigenschaft eines Textfeldes zu ändern, gehen Sie folgendermaßen vor:

1. **Klicken Sie auf das Textfeld, dessen *Text*-Eigenschaften Sie ändern wollen.**
2. **Öffnen Sie das Eigenschaftenfenster, indem Sie auf F4 drücken oder den Menübefehl *Ansicht/Eigenschaften* wählen oder auf das *Eigenschaftenfenster*-Symbol in der Symbolleiste klicken.**
3. **Doppelklicken Sie auf die *Text*-Eigenschaft.**
4. **Geben Sie einen beliebigen Text ein, der anfangs in dem Textfeld angezeigt werden soll.**

Wenn Sie den Inhalt eines Textfeldes ändern wollen, während Ihr Programm läuft, müssen Sie BASIC-Code wie den folgenden benutzen:

```
TxtMessage.Text = "Dies ist der neue Text im Textfeld."
```

Wenn Sie die *Text*-Eigenschaft eines Textfelds ändern, wird dessen vorheriger Inhalt komplett ausgelöscht.

Text in einem Textfeld ausrichten

Damit ein Textfeld ansprechend und aufgeräumt aussieht, kann Visual Basic den Text linksbündig, rechtsbündig oder zentriert ausrichten (siehe Abbildung 8.3).

Abbildung 8.3: Vergleich von linksbündig, zentriert und rechtsbündig ausgerichtetem Text.

Um Text in einem Textfeld auszurichten, gehen Sie folgendermaßen vor:

1. **Klicken Sie auf das Textfeld, dessen Text Sie ausrichten möchten.**
2. **Öffnen Sie das Eigenschaftenfenster, indem Sie auf F4 drücken oder den Menübefehl *Ansicht/Eigenschaften* wählen oder auf das *Eigenschaftenfenster*-Symbol in der Symbolleiste klicken.**
3. **Klicken Sie auf die *MultiLine*-Eigenschaft, und setzen Sie ihren Wert auf *True*.**

    (Wenn die *MultiLine*-Eigenschaft auf den Wert *False* gesetzt ist, übergeht Visual Basic Ihre Änderungen an der *Alignment*-Eigenschaft.)

4. Klicken Sie auf die *Alignment*-Eigenschaft, und wählen Sie einen der folgenden Werte:
   - 0 – Links
   - 1 – Rechts
   - 2 – Zentriert

Zeilenumbruch in Textfeldern

Textfelder dienen nicht nur dazu, Text anzuzeigen, den der Programmierer festgelegt hat, sondern auch dazu, Texteingaben des Benutzers zu ermöglichen. Standardmäßig verhält sich ein Textfeld beim Eingeben von Text ziemlich dumm. Wenn ein Benutzer Text eintippt, zeigt das Textfeld den Text als eine einzige riesenlange Zeile an, die so verschoben werden kann, daß man immer nur einen Teil von ihr sieht. Damit der Text wie bei einem richtigen Textverarbeitungsprogramm umbrochen wird, müssen Sie die *MultiLine*-Eigenschaften des Textfeldes auf den Wert *True* setzen.

Um die MultiLine-*Eigenschaft eines Textfeldes einzuschalten, gehen Sie folgendermaßen vor:*

1. Klicken Sie auf das Textfeld, in dem Sie den Text umbrechen wollen.
2. Öffnen Sie das Eigenschaftenfenster, indem Sie auf F4 drücken oder den Menübefehl *Ansicht/Eigenschaften* wählen oder auf das *Eigenschaftenfenster*-Symbol in der Symbolleiste klicken.
3. Klicken Sie auf die *MultiLine*-Eigenschaft, und setzen Sie ihren Wert auf *True*.

Wenn die *MultiLine*-Eigenschaft eines Textfeldes den Wert *True* hat, umbricht das Textfeld den Text in seinen Grenzen (siehe Abbildung 8.4). Wenn Sie die Breite eines Textfeldes mitten in Ihrem Programm ändern, paßt das Textfeld den Zeilenumbruch automatisch an die neuen Begrenzungen an. Ist das nicht erstaunlich?

Abbildung 8.4: Zeilenumbruch in Textfeldern.

Horizontale und vertikale Bildlaufleisten in ein Textfeld einfügen

Wenn ein Textfeld nicht hoch genug ist, wird ein Teil des Textes beim Zeilenumbruch verdeckt. Um auch die Textteile anzeigen zu können, die nicht in das Textfeld passen, können Sie in Visual Basic mit *horizontalen* und *vertikalen Bildlaufleisten* arbeiten (siehe Abbildung 8.5).

Abbildung 8.5: Horizontale und vertikale Bildlaufleisten in Textfeldern.

 Achtung! Wenn Sie eine horizontale Bildlaufleiste in ein Textfeld einfügen, wird der Zeilenumbruch abgeschaltet. Der Benutzer kommt dann nur durch Drücken der [Eingabe]-Taste in die nächste Zeile.

Wenn Sie eine vertikale Bildlaufleiste in ein Textfeld einfügen, kann der Benutzer mehr Text eingeben, als in den sichtbaren Teil des Textfeldes hineinpaßt. Außerdem kann der Benutzer in einem solchen Textfeld mit den Tasten [Bild ↑] und [Bild ↓] im Text zurück- und vorblättern.

Um Bildlaufleisten in ein Textfeld einzufügen, gehen Sie folgendermaßen vor:

1. **Klicken Sie auf das Textfeld, in das Sie Bildlaufleisten einfügen möchten.**
2. **Öffnen Sie das Eigenschaftenfenster, indem Sie auf [F4] drücken oder den Menübefehl *Ansicht/Eigenschaften* wählen oder auf das *Eigenschaftenfenster*-Symbol in der Symbolleiste klicken.**
3. **Klicken Sie auf die *ScrollBars*-Eigenschaft, und wählen Sie einen der folgenden Werte:**

   - 0 – Kein
   - 1 – Horizontal
   - 2 – Vertikal
   - 3 – Beides

Horizontale und vertikale Bildlaufleisten funktionieren nur, wenn Sie die *Multi-Line*-Eigenschaften eines Textfeldes auf den Wert *True* setzen. (Es ist müßig, mit Bildlaufleisten zu arbeiten, wenn der Text nicht länger als eine Zeile lang sein kann.)

Ein Kennwortfeld erstellen

Falls Sie für den CIA, das FBI, den BND oder eine andere Organisation mit viel Geld, dem Hang zur Geheimniskrämerei und einem Akronym aus drei Buchstaben arbeiten, können Sie mit Visual Basic eine bestimmte Art von Textfeldern, die sogenannten *Kennwort-Textfelder*, erstellen.

Kennwort-Textfelder zeigen beim Eingeben eines Textes nicht die Buchstaben an, die Sie eintippen, sondern statt dessen ein anderes Zeichen wie z.B. ein Sternchen (*), um damit Ihren Text zu verbergen. In Abbildung 8.6 wird das Kennwort *Geheim* als Folge von Sternchen dargestellt.

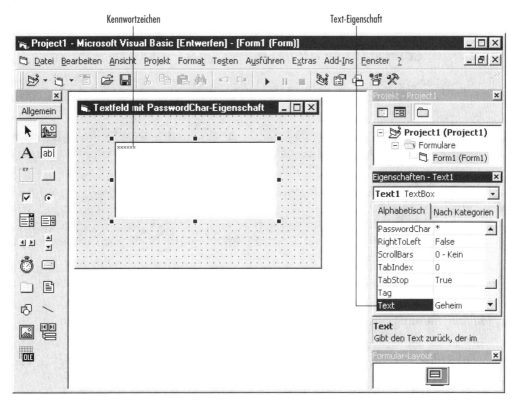

Abbildung 8.6: Wie ein Kennwortfeld funktioniert.

Setzen Sie die *MultiLine*-Eigenschaft eines Kennwort-Textfeldes immer auf den Wert *False*. Andernfalls werden die eingetippten Buchstaben nicht verdeckt. Auf diese Weise macht Visual Basic deutlich, daß Kennwörter nicht zwei oder mehr Zeilen lang sein sollten.

Wenn Sie ein Kennwort-Textfeld erstellen wollen, müssen Sie das Zeichen definieren, das angezeigt werden soll, wenn der Benutzer Text eintippt. Gehen Sie dabei folgendermaßen vor:

1. Klicken Sie auf das Textfeld, das Sie als Kennwort-Textfeld definieren möchten.
2. Öffnen Sie das Eigenschaftenfenster, indem Sie auf F4 drücken oder den Menübefehl *Ansicht/Eigenschaften* wählen oder auf das *Eigenschaftenfenster*-Symbol in der Symbolleiste klicken.
3. Klicken Sie auf die *MultiLine*-Eigenschaft, und setzen Sie sie auf den Wert *False*.
4. Klicken Sie auf die *PasswordChar*-Eigenschaft, und tippen Sie das Zeichen ein, das den Text verdecken soll, also z.B. ein Sternchen.

   Sie dürfen hier nur ein Zeichen eingeben.

Die Länge des Textes begrenzen

Um die Benutzer davon abzuhalten, zu viele Worte zu machen, können Sie die Länge des Textes in einem Textfeld begrenzen. Das hindert die Leute daran, ellenlange Aufsätze über ihre letzten Urlaubserlebnisse einzutippen.

Die Textlänge wird durch die *MaxLength*-Eigenschaft begrenzt. Wenn der Benutzer mehr Zeichen eingeben will, als diese Eigenschaft erlaubt, gibt Visual Basic eine akustische Warnung und verweigert die Annahme der überzähligen Zeichen.

(Leider gibt es in Visual Basic keine Eigenschaft, mit der man die Mindestlänge einer Texteingabe festlegen könnte. Bei normalem Text ist das unwichtig. Aber wenn Sie versuchen, ein sicher funktionierendes Kennwort-Textfeld zu erstellen, kommt wenigstens ein unterbelichteter Benutzer daher und verwendet ein Kennwort mit nur einem Buchstaben, das von jedem anständigen Hacker mit links geknackt wird.)

Um die maximal zulässige Länge des Textes in einem Textfeld zu definieren, gehen Sie folgendermaßen vor:

1. Klicken Sie auf das Textfeld, dessen maximale Textlänge Sie definieren möchten.
2. Öffnen Sie das Eigenschaftenfenster, indem Sie auf F4 drücken oder den Menübefehl *Ansicht/Eigenschaften* wählen oder auf das *Eigenschaftenfenster*-Symbol in der Symbolleiste klicken.

3. **Doppelklicken Sie auf die *MaxLength*-Eigenschaft, und geben Sie eine beliebige, positive Ganzzahl ein.**

Der Wert Null bedeutet, daß die Textlänge nur durch den verfügbaren Speicher des Computers begrenzt ist.

Testen Sie Ihr neu erworbenes Wissen

1. **Nennen Sie zwei Funktionen von Textfeldern.**
   a) Buchstaben Ihres Scrabble-Spiels speichern und die Wörter festhalten, mit denen Sie hunderttausend Mark beim Glücksrad gewinnen könnten.
   b) Text auf dem Bildschirm anzeigen und dem Benutzer die Texteingabe ermöglichen.
   c) Alle Computerbücher speichern, die Sie gekauft und niemals gelesen haben, und alle Träume festhalten, die Sie geträumt und nicht verwirklicht haben.
   d) Den Acker für die Gedankenkeime angehender Literaten bereiten und den Nährboden für ungeborene Wörter bilden.

2. **Was passiert bei einem Textfeld, dessen *PasswordChar*-Eigenschaft auf * (Sternchen) und dessen *MaxLength*-Eigenschaft auf 10 gesetzt ist?**
   a) Ich müßte nochmal zurückblättern, um die Antwort zu finden, die ich eigentlich schon kennen sollte.
   b) Ich bin mir nicht ganz sicher, aber ich glaube, die Frage ist wichtig, sonst würde sie wohl nicht hier stehen.
   c) Dadurch wird ein geheimes Kennwort definiert, mit dem man in die Computer des Pentagon eindringen kann.
   d) Das Textfeld nimmt höchstens einen 10Zeichen langen Text an. Und es zeigt an Stelle der tatsächlich eingetippten Buchstaben nur Sternchen (*) an.

Schriftarten, Größen und Auszeichnungen

Visual Basic zeigt Text in einem Textfeld normalerweise mit der Schriftart *MS Sans Serif* an. Um den Benutzer vor seinem Computer wachzuhalten, können Sie Ihren Text zur Abwechslung durch andere Schriftarten aufpeppen. (*MS Sans Serif* sieht ähnlich aus wie die Schriftart *Helvetica*; und die Visual Basic-Schriftart *MS Serif* sieht ähnlich aus wie die Schriftart *Times Roman*.)

Um die Schriftart in einem Textfeld zu ändern, gehen Sie folgendermaßen vor:

1. **Klicken Sie auf das Textfeld, dessen Schriftart Sie ändern wollen.**
2. **Öffnen Sie das Eigenschaftenfenster, indem Sie auf `F4` drücken oder den Menübefehl *Ansicht/Eigenschaften* wählen oder auf das *Eigenschaftenfenster*-Symbol in der Symbolleiste klicken.**
3. **Doppelklicken Sie auf die *Font*-Eigenschaft.**

    Visual Basic zeigt das *Schriftart*-Dialogfeld an.

4. **Klicken Sie auf die gewünschte Schriftart und dann auf OK.**

Visual Basic ändert die Schriftart des Textfelds sofort.

 Gehen Sie mit Schriftarten sorgfältig um. Anfänger lassen sich oft dazu hinreißen, bizarre Schriftarten zu verwenden, die den Benutzer eher verwirren, als ihm bei der Orientierung zu helfen. Benutzen Sie in der Regel die Visual Basic-Standardschriftart *MS Sans Serif*, und greifen Sie nur dann auf andere Schriftarten zurück, wenn Sie dafür einen wirklich guten Grund haben.

Sie können auch die Größe des Textes in Textfeldern verkleinern oder vergrößern. Beachten Sie: Je größer der Schriftgrad ist, desto größer muß Ihr Textfeld sein, um den ganzen Text anzeigen zu können. Je größer der Schriftgrad, desto weniger Text können Sie in Ihrem Textfeld anzeigen. Normalerweise ist es besser, nur einen Schriftgrad für alle Textfelder zu verwenden, um den Benutzer nicht unnötig zu verwirren.

Um den Schriftgrad zu ändern, gehen Sie folgendermaßen vor:

1. **Klicken Sie auf das Textfeld, dessen Schriftgrad Sie ändern wollen.**
2. **Öffnen Sie das Eigenschaftenfenster, indem Sie auf `F4` drücken oder den Menübefehl *Ansicht/Eigenschaften* wählen oder auf das *Eigenschaftenfenster*-Symbol in der Symbolleiste klicken.**
3. **Doppelklicken Sie auf die Font-Eigenschaft.**

    Visual Basic zeigt das *Schriftart*-Dialogfeld an.

4. **Klicken Sie auf den gewünschten Schriftgrad und dann auf OK.**

    Visual Basic ändert den Schriftgrad des Textfelds sofort.

Das Ändern der Schriftart und des Schriftgrades kann ein Vergnügen sein. Darüber hinaus können Sie in Visual Basic die Auszeichnung des Textes in einem Textfeld ändern und Text **fett**, *kursiv*, <u>unterstrichen</u> oder ~~durchgestrichen~~ darstellen. Um eine oder mehrere Auszeichnungen zu ändern, gehen Sie folgendermaßen vor:

1. Klicken Sie auf das Textfeld, dessen Auszeichnung Sie ändern wollen.
2. Öffnen Sie das Eigenschaftenfenster, indem Sie auf [F4] drücken oder den Menübefehl *Ansicht/Eigenschaften* wählen oder auf das *Eigenschaftenfenster*-Symbol in der Symbolleiste klicken.
3. Doppelklicken Sie auf die Font-Eigenschaft.

   Visual Basic zeigt das *Schriftart*-Dialogfeld an.
4. Klicken Sie auf die gewünschte Auszeichnung und dann auf *OK*.

   Visual Basic ändert die Textauszeichnung des Textfelds sofort.

Farben in Textfeldern

Wenn Sie als Kind gerne mit Buntstiften gemalt haben, wird Ihnen der folgende Aspekt von Visual Basic gefallen.

Visual Basic stellt Text normalerweise schwarz auf weiß dar. Kreative Leute können Ihren Text in anderen *Vordergrund-* und *Hintergrundfarben* darstellen (siehe Abbildung 8.7).

Abbildung 8.7: Hintergrund- und Vordergrundfarben in einem Textfeld.

Die Farbe in einem Textfeld (Hintergrundfarbe) wird durch die *BackColor*-Eigenschaften definiert. Die Farbe des Textes selbst (Vordergrundfarbe) wird durch die *ForeColor*-Eigenschaften definiert.

Um die Hintergrund- oder Vordergrundfarbe eines Textfeldes zu ändern, gehen Sie folgendermaßen vor:

1. Klicken Sie auf das Textfeld, dessen Hintergrund- oder Vordergrundfarbe Sie ändern wollen.
2. Öffnen Sie das Eigenschaftenfenster, indem Sie auf [F4] drücken oder den Menübefehl *Ansicht/Eigenschaften* wählen oder auf das *Eigenschaftenfenster*-Symbol in der Symbolleiste klicken.

3. **Doppelklicken Sie auf die *BackColor*- oder *ForeColor*-Eigenschaft im Eigenschaftenfenster.**

   Visual Basic zeigt eine Farbpalette an.

4. **Klicken Sie auf die gewünschte Farbe.**

Visual Basic ändert die Farbe des Textfeldes sofort.

Textfelder machen Sie sehr flexibel, weil Sie Anweisungen mit Textfeldern anzeigen und die Benutzer mit gewöhnlichen Wörtern antworten können. Wenn Ihr Programm eine ausreichende Anzahl von Textfeldern benutzt, schaffen Sie es vielleicht, unseren Kindern wieder besseres Lesen und Schreiben beizubringen.

Bildlaufleisten und Bezeichnungsfelder

In diesem Kapitel

- Bildlaufleisten erstellen
- Das Bildlauffeld verschieben
- Bezeichnungsfelder erstellen
- Text ausrichten und umbrechen

Nicht alle Entscheidungen im Leben lassen sich in sauber abgegrenzte Kategorien wie Kontrollkästchen, Optionsfelder oder Listenfelder einordnen. Manchmal müssen die Benutzer auch Entscheidungen treffen, die ein breites Spektrum mit gleitenden Übergängen erfordern.

Denken Sie z.B. an die Lautstärkeregelung Ihrer Stereoanlage. Wenn Sie nur die Wahl zwischen leise, mittel und laut hätten, könnten Sie die Lautstärke nicht genau nach Ihrem Geschmack einstellen. Deshalb haben die meisten Stereoanlagen einen Drehknopf oder Schieberegler, mit dem Sie die Lautstärke gleitend lauter oder leiser einstellen können.

Gleitende Übergänge werden in Visual Basic mit den sogenannten *Bildlaufleisten* ermöglicht. Sie dienen z.B. dazu, lange Listen zu verschieben oder in einem Bildbearbeitungsprogramm die Farbsättigung einzustellen. Visual Basic stellt Bildlaufleisten nicht nur als fest eingebaute Bestandteile von Textfeldern, Formularen oder Listenfeldern, sondern auch als eigenständige Objekte zur Verfügung. Abbildung 9.1 zeigt die Komponenten einer Bildlaufleiste.

Abbildung 9.1: Komponenten einer Bildlaufleiste in einem richtigen Programm.

Bildlaufleisten erstellen

In Visual Basic können Sie zwei Arten von Bildlaufleisten erstellen: horizontale Bildlaufleisten und vertikale Bildlaufleisten. *Horizontale Bildlaufleisten* sind waagerecht und zeigen nach links und rechts, vergleichbar mit den Knöpfen für den schnellen Vor- und Rücklauf an Ihrem Videorekorder oder Tonbandgerät. *Vertikale Bildlaufleisten* sind senkrecht und zeigen nach oben und unten, vergleichbar mit den Schiebereglern zur Einstellung der Lautstärke bei manchen Stereoanlagen.

Um eine Bildlaufleiste zu erstellen, gehen Sie folgendermaßen vor:

1. **Klicken Sie auf das *HScrollBar*- oder *VScrollBar*-Symbol in der Visual Basic-Werkzeugsammlung.**

2. **Gehen Sie mit der Maus an die Stelle auf dem Formular, an der Sie die Bildlaufleiste zeichnen wollen.**

3. **Drücken und halten Sie die linke Maustaste nieder, und ziehen Sie die Maus, um die Bildlaufleiste zu zeichnen. Lassen Sie die linke Maustaste los.**

4. **Wiederholen Sie die Schritte 1 bis 3, bis Sie alle gewünschten Bildlaufleisten erstellt haben.**

Wenn Sie auf die Bildlaufleisten-Symbole in der Visual Basic-Werkzeugsammlung doppelklicken, erstellt Visual Basic die Bildlaufleisten direkt auf dem Formular.

Höchst- und Mindestwerte einer Bildlaufleiste

Bildlaufleisten stellen einen numerischen Wertebereich grafisch dar. Eine Bildlaufleiste kann Werte von -32.768 bis 32.767 annehmen. Mit diesen numerischen Werten können Sie in einem Programm beliebige Maße, Mengen oder Positionen (etwa in einer Liste) repräsentieren.

Standardmäßig setzt Visual Basic den Höchstwert einer Bildlaufleiste auf 32.767 und ihren Mindeswert auf Null.

Bei einer horizontalen Bildlaufleiste ist der Höchstwert erreicht, wenn das Bildlauffeld so weit wie möglich nach rechts geschoben ist. Der Mindestwert ist erreicht, wenn es so weit wie möglich nach links geschoben ist.

Bei einer vertikalen Bildlaufleiste ist der Höchstwert erreicht, wenn das Bildlauffeld so weit wie möglich nach unten geschoben ist. Der Mindestwert ist erreicht, wenn es so weit wie möglich nach oben geschoben ist.

Sicher ist bei den meisten Programmen der Standardwertebereich von 0 bis 32.767 zu groß. (Wie viele Programme kennen Sie, bei denen der Benutzer zwischen 32.767 Alternativen wählen kann?) Sie können den Wertebereich mit der *Min*- und der *Max*-Eigenschaft der Bildlaufleiste eingrenzen.

Um den Höchstwert und Mindestwert einer Bildlaufleiste zu definieren, gehen Sie folgendermaßen vor:

1. Klicken Sie auf die Bildlaufleiste, deren Höchstwert und Mindestwert Sie ändern wollen.
2. Öffnen Sie das Eigenschaftenfenster, indem Sie auf F4 drücken oder den Menübefehl *Ansicht/Eigenschaften* wählen oder auf das *Eigenschaftenfenster*-Symbol in der Symbolleiste klicken.
3. Doppelklicken Sie (oder klicken Sie einmal) auf die *Max*-Eigenschaft, und geben Sie einen neuen Wert ein.
4. Doppelklicken Sie (oder klicken Sie einmal) auf die *Min*-Eigenschaft, und geben Sie einen neuen Wert ein.

Wenn der Mindestwert größer als der Höchstwert ist, wird die Bildlaufleiste auf den Kopf gestellt. Dann ist der Höchstwert erreicht, wenn das Bildlauffeld so weit wie möglich links bzw. oben steht, und der Mindestwert, wenn es so weit wie möglich rechts bzw. unten steht.

Wo steht das Bildlauffeld in meinen Bildlaufleisten?

Standardmäßig weist Visual Basic einer Bildlaufleiste den Wert Null zu. Wenn Sie der Bildlaufleiste positive Höchst- und Mindestwerte zugewiesen haben, steht das Bildlauffeld deshalb bei einer horizontalen Bildlaufleiste ganz links und bei einer vertikalen Bildlaufleiste ganz oben (siehe Abbildung 9.2).

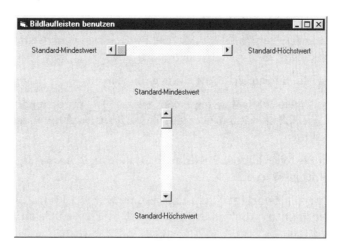

Abbildung 9.2: Standardpositionen der Bildlauffelder.

Wenn das Bildlauffeld standardmäßig nicht den Mindestwert repräsentieren und deshalb an einer anderen Position auf der Bildlaufleiste stehen soll, müssen Sie den Wert der Bildlaufleiste ändern.

Um den Wert einer Bildlaufleiste zu ändern, gehen Sie folgendermaßen vor:

1. **Klicken Sie auf die Bildlaufleiste, deren Wert Sie ändern wollen.**
2. **Öffnen Sie das Eigenschaftenfenster, indem Sie auf F4 drücken oder den Menübefehl *Ansicht/Eigenschaften* wählen oder auf das *Eigenschaftenfenster*-Symbol in der Symbolleiste klicken.**
3. **Klicken Sie auf die *Value*-Eigenschaft, und geben Sie einen neuen Wert ein.**

   Visual Basic setzt das Bildlauffeld sofort an die neue Position.

Das Bildlauffeld verschieben

Die Position des Bildlauffeldes repräsentiert den aktuellen Wert der Bildlaufleiste. Sie können das Bildlauffeld mit folgenden Methoden verschieben:

- ✔ Ziehen Sie das Bildlauffeld mit der Maus auf der Bildlaufleiste hin und her.
- ✔ Klicken Sie auf die Bildlaufpfeile an den Enden der Bildlaufleiste.
- ✔ Klicken Sie auf eine der Flächen zwischen dem Bildlauffeld und den Bildlaufpfeilen.

Wenn der Benutzer auf einen der Bildlaufpfeile klickt, wird das Bildlauffeld um eine bestimmte Strecke verschoben. Standardmäßig entspricht die Strecke einer Einheit des Wertebereiches der Bildlaufleiste. Wenn z.B. Ihre Bildlaufleiste einen Wertebereich von 0 bis 12 repräsentiert, müssen Sie zwölfmal auf einen Bildlaufpfeil klicken, um das Bildlauffeld von einem Ende der Bildlaufleiste zum anderen zu verschieben.

Um die Strecke zu ändern, um die das Bildlauffeld verschoben wird, wenn der Benutzer auf einen Bildlaufpfeil klickt, gehen Sie folgendermaßen vor:

1. **Klicken Sie auf die Bildlaufleiste, die Sie ändern wollen.**
2. **Öffnen Sie das Eigenschaftenfenster, indem Sie auf F4 drücken oder den Menübefehl *Ansicht/Eigenschaften* wählen oder auf das *Eigenschaftenfenster*-Symbol in der Symbolleiste klicken.**
3. **Doppelklicken Sie (oder klicken Sie einmal) auf die *SmallChange*-Eigenschaft, und geben Sie einen neuen Wert ein.**

Analog dazu wird das Bildlauffeld auch um eine bestimmte Strecke verschoben, wenn der Benutzer auf eine der Flächen zwischen dem Bildlauffeld und den Bildlaufpfeilen klickt. Standardmäßig entspricht die Strecke einer Einheit des Wertebereiches der Bildlaufleiste. Wenn z.B. Ihre Bildlaufleiste einen Wertebereich von 0 bis 5 repräsentiert, müssen Sie fünfmal klicken, um das Bildlauffeld von einem Ende der Bildlaufleiste zum anderen zu verschieben.

Um die Strecke zu ändern, um die das Bildlauffeld verschoben wird, wenn der Benutzer auf die freie Fläche zwischen dem Bildlauffeld und den Bildlaufpfeilen klickt, gehen Sie folgendermaßen vor:

9 ▸ Bildlaufleisten und Bezeichnungsfelder

1. Klicken Sie auf die Bildlaufleiste, die Sie ändern wollen.
2. Öffnen Sie das Eigenschaftenfenster, indem Sie auf F4 drücken oder den Menübefehl *Ansicht/Eigenschaften* wählen oder auf das *Eigenschaftenfenster*-Symbol in der Symbolleiste klicken.
3. Doppelklicken Sie (oder klicken Sie einmal) auf die *LargeChange*-Eigenschaft, und geben Sie einen neuen Wert ein.

Die *SmallChange*- und die *LargeChange*-Eigenschaft können Werte zwischen 1 und 32.767 annehmen. Je kleiner der Wert, desto kürzer ist die Strecke, um die das Bildlauffeld verschoben wird. Je größer der Wert, desto länger ist die Strecke, um die das Bildlauffeld verschoben wird.

Die folgende Information werden Sie möglicherweise nie verwenden: Wenn Sie die *SmallChange*- oder die *LargeChange*-Eigenschaft auf einen Wert setzen, der größer als der Höchstwert der Bildlaufleiste ist, springt das Bildlauffeld sofort an das Ende der Bildlaufleiste, wenn der Benutzer auf den entsprechenden Bildlaufpfeil oder die entsprechende freie Fläche auf der Bildlaufleiste klickt.

Testen Sie Ihr neu erworbenes Wissen

1. **Unter welchen Umständen würden Sie eine Bildlaufleiste verwenden?**
   a) Wenn Sie die Illusion der Komplexität erzeugen wollen.
   b) Wenn der Benutzer einen Wertebereich wählen muß.
   c) Wenn Sie das Toilettenpapier wieder aufrollen müssen, das Ihre Katze auf dem Fußboden entrollt hat.
   d) Wenn alles andere nicht zu funktionieren scheint und Ihnen die Ideen ausgegangen sind, wie Sie Ihr Programm benutzerfreundlicher machen können.

2. **Mit welchen drei Methoden kann man das Bildlauffeld einer Bildlaufleiste verschieben?**
   a) Auf die Pfeiltasten drücken, die Maus auf den Kopf stellen und den Computer mit einem Hammer bearbeiten.
   b) Telekinese, verbale Beschimpfungen und die Bildlaufleiste mit dem Finger anschubsen.
   c) Das Bildlauffeld verschiebt sich nie. Das ist eine Fangfrage, nicht wahr?
   d) Das Bildlauffeld mit der Maus ziehen, auf die Bildlaufpfeile klicken oder auf die Fläche zwischen dem Bildlauffeld und den Bildlaufpfeilen klicken.

Bezeichnungsfelder erstellen

Bezeichnungsfelder sind Gestaltungselemente, mit denen Sie Ihre Formulare dekorieren und andere Objekte auf Ihren Formularen identifizieren können. Im wirklichen Leben begegnen Ihnen Bezeichnungsfelder auf Schritt und Tritt. Z.B. sehen Sie Schilder wie HERREN und DAMEN auf Toilettentüren, das Schild FEUERLÖSCHER über Feuerlöschern in öffentlichen Gebäuden oder die Aufschrift POWER neben dem Einschaltknopf Ihres Bildschirms. Bezeichnungsfelder lenken Ihre Aufmerksamkeit auf Objekte, die sie sonst möglicherweise übersehen könnten.

Sowohl Textfelder (siehe Kapitel 8) als auch Bezeichnungsfelder können Text auf dem Bildschirm anzeigen. Der Hauptunterschied zwischen diesen beiden Objekttypen besteht darin, daß der Benutzer den Text in einem Textfeld ändern kann, während er den Text in einem Bezeichnungsfeld nicht ändern kann.

(Psst, das gilt nur für den Benutzer! Er kann den Text in einem Bezeichnungsfeld nicht ändern, aber Sie können sehr wohl mit BASIC-Code einen anderen Text in ein Bezeichnungsfeld schreiben. Auf diese Weise können Sie dem Benutzer mit Bezeichnungsfeldern verschiedene Meldungen anzeigen. So können Sie ihm z.B. sagen: »Diese Option steht im Moment leider nicht zur Verfügung«, »Seite 2 von 9 wird gedruckt.« oder: »Sind Sie schwer von Begriff?« (siehe Abbildung 9.3).

Abbildung 9.3: Die Meldung wurde mit einem Bezeichnungsfeld realisiert.

Um ein Bezeichnungsfeld zu erstellen, gehen Sie folgendermaßen vor:

1. **Klicken Sie auf das *Bezeichnungsfeld*-Symbol in der Visual Basic-Werkzeugsammlung.**
2. **Gehen Sie mit der Maus an die Stelle auf dem Formular, an der Sie das Bezeichnungsfeld zeichnen wollen.**
3. **Drücken und halten Sie die linke Maustaste nieder, und ziehen Sie die Maus, um das Bezeichnungsfeld zu zeichnen.**

    Visual Basic zeigt ein Bezeichnungsfeld mit einer langweiligen Caption wie *Label2* an.
4. **Wiederholen Sie die Schritte 1 bis 3, bis Sie alle benötigten Bezeichnungsfelder gezeichnet haben.**

Wenn Sie auf das Bezeichnungsfeld-Symbol in der Visual Basic-Werkzeugsammlung doppelklicken, erstellt Visual Basic das Bezeichnungsfeld direkt auf dem Formular.

Bezeichnungsfelder mit einem Rahmen versehen

Normalerweise sind Bezeichnungsfelder optisch nicht begrenzt. Sie können jedoch ein Bezeichnungsfeld auf Wunsch mit einem Rahmen versehen. Visual Basic bietet dafür nur eine einzelne durchgezogene Linie an (siehe Abbildung 9.4).

Abbildung 9.4: Bezeichnungsfeld mit und ohne Rahmen.

Um den Rahmen eines Bezeichnungsfeldes zu ändern, gehen Sie folgendermaßen vor:

1. Klicken Sie auf das Bezeichnungsfeld, dessen Rahmen Sie ändern möchten.
2. Öffnen Sie das Eigenschaftenfenster, indem Sie auf F4 drücken oder den Menübefehl *Ansicht/Eigenschaften* wählen oder auf das *Eigenschaftenfenster*-Symbol in der Symbolleiste klicken.
3. Klicken Sie auf die *BorderStyle*-Eigenschaft, und wählen Sie einen der folgenden Werte:
   - 0 – Kein
   - 1 – Fest Einfach

Die Größe von Bezeichnungsfeldern ändern

Die Größe eines Bezeichnungsfeldes auf dem Bildschirm legt die Länge des Textes fest, den Sie in dem Feld anzeigen können. Wenn das Bezeichnungsfeld zu klein ist, wird der Text abgeschnitten.

 Beachten Sie, daß sich die Größe des angezeigten Textes nicht ändert, wenn Sie die Größe des Bezeichnungsfeldes ändern. Wenn Sie die Größe des angezeigten Textes ändern wollen, müssen Sie seine *Font*-Eigenschaft ändern.

Wenn Sie vorher nicht wissen, wieviel Platz der Text in einem Bezeichnungsfeld benötigt, kann es recht mühsam sein, die passende Größe des Bezeichnungsfeldes festzulegen. Aber wofür haben wir einen Computer? Soll er sich doch um solche nebensächlichen Details kümmern.

Um Ihnen das Leben leichter zu machen, paßt Visual Basic auf Wunsch die Größe eines Bezeichnungsfeldes automatisch an die Größe des Textes an, den Sie in diesem Feld anzeigen wollen. Diese automatische Anpassung eignet sich besonders gut für Meldungen mit variabler Textlänge. Bezeichnungsfelder ohne automatische Größenanpassung zeigen den Text immer in demselben vorgegebenen Rahmen an. In Abbildung 9.5 sehen Sie beide Arten von Bezeichnungsfeldern.

Abbildung 9.5: Vergleich von Bezeichnungsfeldern, die sich automatisch anpassen, und Bezeichnungsfeldern, die sich nicht automatisch anpassen.

 Ein Bezeichnungsfeld, das sich automatisch an die Länge des Textes anpaßt, wächst oder schrumpft horizontal. Wenn der Text sehr lang ist, kann das Feld so groß werden, daß sein rechter Rand über den Bildschirm hinausragt. Sie können dies verhindern, indem Sie die *WordWrap*-Eigenschaft des Bezeichnungsfeldes auf den Wert *True* setzen und damit den Text in dem Bezeichnungsfeld umbrechen.

Um die Größe eines Bezeichnungsfeldes automatisch an die Länge des Textes anzupassen, gehen Sie folgendermaßen vor:

1. **Klicken Sie auf das Bezeichnungsfeld, das sich automatisch an die Länge des Textes anpassen soll.**

2. **Öffnen Sie das Eigenschaftenfenster, indem Sie auf F4 drücken oder den Menübefehl *Ansicht/Eigenschaften* wählen oder auf das *Eigenschaftenfenster*-Symbol in der Symbolleiste klicken.**

3. **Klicken Sie auf die *AutoSize*-Eigenschaft, und setzen Sie ihren Wert auf *True*.**

 Bezeichnungsfelder, deren Größe sich automatisch an die Länge des Textes anpaßt, haben den Vorteil, daß Sie mit BASIC-Code Texte verschiedener Länge in die Felder schreiben können und sich dabei nicht darum zu kümmern brauchen, ob ein bestimmter Text in ein Bezeichnungsfeld hineinpaßt. Sie haben den Nachteil, daß Sie die maximale Größe der Bezeichnungsfelder nicht steuern können. Wenn

Sie nicht aufpassen, können solche Bezeichnungsfelder zu groß werden und andere Komponenten Ihrer Benutzeroberfläche verdecken.

Text in einem Bezeichnungsfeld ausrichten

Damit der Text in einem Bezeichnungsfeld ansprechend und aufgeräumt aussieht, kann Visual Basic den Text linksbündig, rechtsbündig oder zentriert ausrichten (siehe Abbildung 9.6).

Abbildung 9.6: Vergleich von linksbündig, zentriert und rechtsbündig ausgerichtetem Text in einem Bezeichnungsfeld.

Um den Text in einem Bezeichnungsfeld auszurichten, gehen Sie folgendermaßen vor:

1. **Klicken Sie auf das Bezeichnungsfeld, dessen Text Sie ausrichten möchten.**
2. **Öffnen Sie das Eigenschaftenfenster, indem Sie auf F4 drücken oder den Menübefehl *Ansicht/Eigenschaften* wählen oder auf das *Eigenschaftenfenster*-Symbol in der Symbolleiste klicken.**
3. **Klicken Sie auf die *Alignment*-Eigenschaft.**
4. **Wählen Sie einen der folgenden Werte:**
   - 0 – Links
   - 1 – Rechtsbündig
   - 2 – Zentriert

Bezeichnungsfelder mit Zeilenumbruch

Wenn Sie die *AutoSize*-Eigenschaft eines Bezeichnungsfeldes auf den Wert *True* setzen, dehnt es sich horizontal um so weiter aus, je mehr Text Sie hineinschreiben. Wenn sich das Bezeichnungsfeld statt dessen vertikal ausdehnen soll, müssen Sie sowohl seine *AutoSize*-Eigenschaft wie auch seine *WordWrap*-Eigenschaft auf den Wert *True* setzen.

Wenn die *AutoSize*-Eigenschaft den Wert False und die *WordWrap*-Eigenschaft den Wert *False* hat, werden Texte, die von der Länge her nicht in das Bezeichnungsfeld passen, am Ende abgeschnitten (siehe Beispiel 1 in Abbildung 9.7).

Wenn die *AutoSize*-Eigenschaft den Wert *False* und die *WordWrap*-Eigenschaft den Wert *True* hat, werden Texte, die von der Länge her nicht in das Bezeichnungsfeld passen, ebenfalls am Ende abgeschnitten (siehe Beispiel 2 in Abbildung 9.7).

Wenn die *AutoSize*-Eigenschaft den Wert *True* und die *WordWrap*-Eigenschaft den Wert *False* hat, paßt sich das Bezeichnungsfeld horizontal an die Länge des Textes an. Es zeigt jedoch nur eine einzige Zeile an (siehe Beispiel 3 in Abbildung 9.7).

Wenn die *AutoSize*-Eigenschaft den Wert *True* und die *WordWrap*-Eigenschaft den *True* hat, paßt sich das Bezeichnungsfeld vertikal an die Länge des Textes an. (siehe Beispiel 4 in Abbildung 9.7).

Abbildung 9.7: Vier Bezeichnungsfeld-Varianten mit verschiedenen True-False-Werten in der AutoSize- und WordWrap-Eigenschaft.

Um den Zeilenumbruch bei einem Bezeichnungsfeld zu aktivieren, gehen Sie folgendermaßen vor:

1. **Klicken Sie auf das Bezeichnungsfeld, in dem Sie den Text umbrechen wollen.**
2. **Öffnen Sie das Eigenschaftenfenster, indem Sie auf F4 drücken oder den Menübefehl *Ansicht/Eigenschaften* wählen oder auf das *Eigenschaftenfenster*-Symbol in der Symbolleiste klicken.**
3. **Klicken Sie auf die *WordWrap*-Eigenschaft, und setzen Sie ihren Wert auf *True*.**

 Achten Sie bei Bezeichnungsfeldern mit automatischer Größenanpassung darauf, daß die Felder nicht aus Versehen so groß werden, daß sie andere Objekte Ihrer Benutzeroberfläche verdecken. Denn das kann – vor allem für Erstanwender Ihres Programms – sehr verwirrend sein.

Ansprechende Bilder und geometrische Objekte

In diesem Kapitel

- Bildfelder und Abbildungen erstellen
- Bildfelder und Abbildungen an die Größe ihres Inhalts anpassen
- Geometrische Figuren erstellen
- Die Erscheinungsform von Linien, Kreisen und anderen Figuren ändern

Sie können Ihre Visual Basic-Formulare freizügig mit Bezeichnungsfeldern und Bildern dekorieren. Bilder lassen Ihr Programm nicht nur ansprechend aussehen, sondern können im Programm auch eine echte Funktion ausüben.

So ist z.B. das Frontbild auf einer Straßenkarte, das einen freundlichen Tankwart mit der Bildunterschrift »Bei dem Mann mit dem Stern ist Ihr Wagen immer in guten Händen.« zeigt, rein dekorativ und überflüssig. Dagegen sind Fotos auf einer Straßenkarte, die wichtige Hauptstraßen oder Kreuzungen zeigen, Bestandteile, die wesentlich zum besseren Verständnis der Karte beitragen können.

Mit passenden Bezeichnungsfeldern und Bildfeldern können Sie Ihr Programm wesentlich benutzerfreundlicher gestalten. Denn das ist ja der eigentliche Sinn und Zweck der Benutzeroberfläche.

Bilder erstellen

In Visual Basic gibt es zwei Methoden, um Bilder auf dem Bildschirm anzuzeigen:

✔ Bildfelder

✔ Abbildungen

Ein *Bildfeld* (engl. *picture box*) dient dazu, Grafiken oder Schaltflächen zu gruppieren. Eine *Abbildung* (engl. *image box*) dient dazu, Grafiken anzuzeigen und Bildschaltflächen zu erstellen.

Um ein Bildfeld oder eine Abbildung zu erstellen, gehen Sie folgendermaßen vor:

1. **Klicken Sie auf das Bildfeld-Symbol oder das Abbildung-Symbol in der Visual Basic-Werkzeugsammlung.**

2. Gehen Sie mit der Maus an die Stelle auf dem Formular, an der Sie das Bildfeld oder die Abbildung zeichnen wollen.

3. Drücken und halten Sie die linke Maustaste nieder, und ziehen Sie die Maus, um den Rahmen des Bildfeldes oder der Abbildung zu zeichnen. Lassen Sie die linke Maustaste los.

4. Wiederholen Sie die Schritte 1 bis 3, bis Sie alle Bildfelder oder Abbildungen erstellt haben.

Wenn Sie auf das *PictureBox*- oder *Image*-Symbol in der Visual Basic-Werkzeugsammlung doppelklicken, erstellt Visual Basic die Objekte direkt auf dem Formular.

Bilder in Bildfeldern oder Abbildungen anzeigen

Wenn Sie die Bildfelder oder Abbildungen auf dem Formular gezeichnet haben, müssen Sie die Bilder oder Grafiken festlegen, die in ihnen angezeigt werden sollen. Bildfelder und Abbildungen können drei Arten von Grafiken anzeigen:

✔ Bitmap-Dateien (welche die Dateierweiterung BMP oder DIB haben)

✔ Symbol-Dateien (welche die Dateierweiterung ICO haben)

✔ Metafiles (welche die Dateierweiterung WMF haben)

Bitmap-Dateien bestehen aus einem Muster von Punkten, auch *Pixel* genannt. Diese Art von Grafikdateien wird mit Programmen wie z.B. Microsoft Paint erstellt. Wenn Sie eine Bitmap-Grafik vergrößern, sieht das Bild körnig und ziemlich häßlich aus.

Symbol-Dateien sind eine besondere Art von Bitmap-Datei. Sie können maximal 32 x 32 Pixel groß sein.

Metafiles sind Grafiken, die aus Linien und grafischen Figuren zusammengesetzt sind, von denen die meisten Leute zuletzt im Geometrieunterricht in der Schule gehört haben. Diese Art von Grafikdateien wird mit *Zeichenprogrammen* wie z.B. CorelDRAW erstellt.

Um ein Bild in ein Bildfeld oder eine Abbildung zu laden, gehen Sie folgendermaßen vor:

1. **Klicken Sie auf das Bildfeld oder die Abbildung, in das bzw. die Sie ein Bild laden wollen.**

   (Dieser Schritt setzt voraus, daß Sie das Bildfeld bzw. die Abbildung bereits erstellt haben.)

2. **Öffnen Sie das Eigenschaftenfenster, indem Sie auf F4 drücken oder den Menübefehl *Ansicht/Eigenschaften* wählen oder auf das *Eigenschaftenfenster*-Symbol in der Symbolleiste klicken.**

3. **Doppelklicken Sie auf die *Picture*-Eigenschaft.**

   Visual Basic zeigt das *Bild laden*-Dialogfeld an (siehe Abbildung 10.1).

Abbildung 10.1: Das Bild laden-*Dialogfeld.*

4. Wählen Sie die Grafikdatei, und klicken Sie auf OK.

Visual Basic lädt das Bild sofort in das Bildfeld oder die Abbildung.

Sie können Grafiken nicht nur zur Entwurfszeit mit der Picture-Eigenschaft laden, sondern Sie können Bilder mit dem Befehl LoadPicture auch zur Laufzeit des Programms laden oder entfernen. Um ein Bild zur Laufzeit zu laden, wird der Befehl LoadPicture folgendermaßen benutzt:

```
imgGreeting.Picture = LoadPicture(»c:\graphics.martian.bmp«)
```

Der Befehl LoadPicture gibt das Laufwerk, den Ordner und die Grafikdatei an, die in die *Picture*-Eigenschaft des Bildfeldes oder der Abbildung geladen werden soll.

Um ein Bild zur Laufzeit aus einem Bildfeld oder einer Abbildung zu löschen, wird der Befehl LoadPicture folgendermaßen benutzt:

```
imgGreeting.Picture = LoadPicture(»«)
```

Dieser Befehl lädt eigentlich *ein leeres Bild in die* Picture-*Eigenschaft des Bildfeldes oder der Abbildung.*

Bildfelder oder Abbildungen mit einem Rahmen versehen

Standardmäßig haben Bildfelder oder Abbildungen keine Begrenzung. Sie können aber mit Visual Basic einen Rahmen um diese Objekte ziehen. Um den Rahmen eines Bildfeldes oder einer Abbildung zu ändern, gehen Sie folgendermaßen vor:

1. **Klicken Sie auf das Bildfeld oder die Abbildung, dessen bzw. deren Rahmen Sie ändern möchten.**

2. **Öffnen Sie das Eigenschaftenfenster, indem Sie auf F4 drücken oder den Menübefehl *Ansicht/Eigenschaften* wählen oder auf das *Eigenschaftenfenster*-Symbol in der Symbolleiste klicken.**

3. Klicken Sie auf die *BorderStyle*-Eigenschaft, und wählen Sie einen der folgenden Werte:
   - 0 – Kein
   - 1 – Fest Einfach

Die Größe von Bildfeldern oder Abbildungen ändern

Im allgemeinen hat die Größe eines Bildfeldes oder einer Abbildung keinen Einfluß auf die Größe der Grafik, die darin angezeigt wird. Es gibt allerdings zwei Ausnahmen:

✔ Metafiles passen ihre Größe immer an die Größe des Bildfeldes oder der Abbildung an.

✔ Wenn die *Stretch*-Eigenschaft eines Bildfeldes auf den Wert *True* gesetzt ist, paßt Visual Basic die Größe von Bitmaps und Symbolen an die Größe des Bildfeldes an.

Die Größe von Grafiken ändern

Falls die *Stretch*-Eigenschaft des Bildfeldes nicht auf den Wert *True* gesetzt ist, werden Bitmaps und Symbole unabhängig von der Größe des Bildfeldes immer in Originalgröße angezeigt. Wenn Sie also ein riesiges Bildfeld erstellen und dann mit winzigen Bitmap-Grafiken laden, sehen Sie nur winzige Bitmap-Grafiken, die von einem großen Leerraum umgeben sind.

Im Gegensatz zu Bitmaps oder Symbolen passen sich Metafiles durch Dehnung oder Schrumpfung an die Größes eines Bildfeldes oder einer Abbildung an. Um die Größe eines Metafiles zu ändern, brauchen Sie also nur die Größe des Bildfeldes oder der Abbildung zu ändern.

Bei einem Bildfeld können Sie die Größe einer Bitmap-Grafik oder eines Symbols niemals (und ich meine *niemals*) ändern. Bei einer Abbildung können Sie die Größe einer Bitmap-Grafik ändern, indem Sie die Stretch-Eigenschaft des Bildfeldes ändern.

Um die Größe einer Bitmap-Grafik oder eines Symbols in einem Bildfeld zu ändern, gehen Sie folgendermaßen vor:

1. **Klicken Sie auf das Bildfeld, dessen Stretch-Eigenschaft Sie ändern wollen.**

2. **Öffnen Sie das Eigenschaftenfenster, indem Sie auf F4 drücken oder den Menübefehl *Ansicht/Eigenschaften* wählen oder auf das *Eigenschaftenfenster*-Symbol in der Symbolleiste klicken.**

3. **Klicken Sie auf die *Stretch*-Eigenschaft, und setzen Sie ihren Wert auf *True*.**

Wenn Sie die *Stretch*-Eigenschaft eines Bildfeldes auf den Wert *True* gesetzt haben, können Sie die Größe von Bitmap-Grafiken oder Symbolen einfach dadurch ändern, daß Sie die Größe des Bildfeldes ändern. (Ist es nicht erstaunlich, was Computer für 3500 DM alles tun können?)

Die Größe von Bildfeldern automatisch anpassen

In Visual Basic können Sie die Größe eines Bildfeldes nicht nur manuell, sondern auch automatisch an die Größe einer Grafik anpassen, indem Sie die *AutoSize*-Eigenschaft des Bildfeldes auf den Wert *True* setzen. Wenn Sie eine Bitmap oder ein Symbol in ein Bildfeld laden, dessen *AutoSize*-Eigenschaft auf den Wert *True* gesetzt ist, paßt sich die Größe des Bildfeldes durch Dehnen oder Schrumpfen genau an die Größe der Grafik an – vergleichbar etwa mit der Schrumpffolie einer Verpackung, die sich eng um den Verpackungsinhalt zusammenzieht (siehe Abbildung 10.2). Um die Größes eines Bildfeldes automatisch an die Größe einer Grafik anzupassen, gehen Sie folgendermaßen vor:

1. Klicken Sie auf das Bildfeld, dessen AutoSize-Eigenschaft Sie ändern wollen.
2. Öffnen Sie das Eigenschaftenfenster, indem Sie auf ⌜F4⌝ drücken oder den Menübefehl *Ansicht/Eigenschaften* wählen oder auf das *Eigenschaftenfenster*-Symbol in der Symbolleiste klicken.
3. Klicken Sie auf die *AutoSize*-Eigenschaft, und setzen Sie ihren Wert auf *True*.

Abbildung 10.2: Vergleich von Bildfeldern, deren AutoSize-*Eigenschaft den Wert* True *oder* False *hat.*

Bildfelder farbig gestalten

Visual Basic stellt Bildfelder standardmäßig mit einem einfachen grauen Hintergrund dar. Wenn Ihre Grafiken das ganze Bildfeld ausfüllen, spielt die Hintergrundfarbe keine Rolle. Aber wenn Ihre Grafik nicht groß genug ist, ist die Hintergrundfarbe sichtbar.

Die Hintergrundfarbe wird durch die *BackColor*-Eigenschaft des Bildfeldes definiert. Mit einer passenden Hintergrundfarbe können Sie Ihre Grafiken hervorheben und farblich stärker betonen.

Um die Hintergrundfarbe eines Bildfeldes zu ändern, gehen Sie folgendermaßen vor:

1. **Klicken Sie auf das Bildfeld, dessen Hintergrundfarbe Sie ändern wollen.**
2. **Öffnen Sie das Eigenschaftenfenster, indem Sie auf F4 drücken oder den Menübefehl *Ansicht/Eigenschaften* wählen oder auf das *Eigenschaftenfenster*-Symbol in der Symbolleiste klicken.**
3. **Doppelklicken Sie auf die *BackColor*-Eigenschaft im Eigenschaftenfenster, und klicken Sie dann auf das *Palette*-Register.**
4. **Wählen Sie die gewünschte Farbe.**

   Visual Basic paßt die Farbe sofort an.

Testen Sie Ihr neu erworbenes Wissen

1. **Bei welchem Objekt können Sie die Größe einer Bitmap-Grafik oder eines Symbols ändern: bei einem Bildfeld oder bei einer Abbildung?**

    a) Weder bei dem einen noch bei dem anderen. Bitmap-Grafiken und Symbole sind schon perfekt. Es wäre eine Blasphemie anzunehmen, man könne sie noch verbessern.

    b) Bei einem Bildfeld. Ich habe zwar nicht den leisesten Schimmer, was der Unterschied ist, aber ich kann ja mal raten.

    c) Bei einem Bildfeld dann, wenn seine Stretch-Eigenschaft auf den Wert True gesetzt ist.

    d) Diese Frage ist mir zu schwer. Ich muß erst mal Pause machen.

2. **Welche drei Arten von Grafiken kann man in ein Bildfeld oder eine Abbildung laden?**

    a) Bitmaps, Symbole und Metafiles.

    b) Bitmaps, Graffiti und Fälschungen berühmter Gemälde.

    c) Bitmaps, das Playmate des Monats und Heimvideos.

    d) Bigfoot, UFOs und grobkörnige Fotos von Elvis in den Straßen von Manhattan.

Linien, Kreise und andere Alpträume aus der Geometrie

Was ist nur Fassade und erfüllt absolut keine sinnvolle Funktion? Schämen Sie sich, wenn Sie geantwortet haben: »Der Bundespräsident.« Die richtige Antwort lautet: »Die Komponenten der Benutzeroberfläche, die ihr Aussehen attraktiver gestalten.«

Je attraktiver etwas aussieht, desto mehr fühlen sich Leute davon angezogen. Je attraktiver Sie also Ihre Benutzeroberfläche gestalten, desto mehr Leute werden wahrscheinlich Ihr Programm ausprobieren.

Visual Basic stellt Ihnen sieben Objekttypen zur Verfügung, mit denen Sie das visuelle Make-up Ihrer Benutzeroberfläche stylen können (siehe Abbildung 10.3). Dabei handelt es sich um folgende Objekttypen:

- ✔ Linien
- ✔ Quadrate
- ✔ Rechtecke
- ✔ Ellipsen
- ✔ Kreise
- ✔ Abgerundete Rechtecke
- ✔ Abgerundete Quadrate

Abbildung 10.3: Geometrische Objekte, die Sie auf der Benutzeroberfläche benutzen können.

Linien erstellen

Mit Linien können Sie andere Objekte auf dem Bildschirm unterstreichen oder optisch trennen.

Um eine Linie zu erstellen, gehen Sie folgendermaßen vor:

1. **Klicken Sie auf das *Linie*-Symbol in der Visual Basic-Werkzeugsammlung.**
2. **Gehen Sie mit der Maus an die Stelle auf dem Formular, an der die Linie beginnen soll.**
3. **Drücken und halten Sie die linke Maustaste nieder, und ziehen Sie die Maus an die Stelle, an der die Linie aufhören soll.**
4. **Lassen Sie die Maustaste los.**

Wenn Sie auf das *Linie*-Symbol in der Werkzeugsammlung doppelklicken, erstellt Visual Basic eine Linie direkt auf dem Formular.

Kreise und Rechtecke erstellen

Mit Kreisen und Rechtecken können Sie andere Objekte auf dem Bildschirm einschließen und zu separaten Gruppen zusammenfassen. Oder Sie können mit diesen Objekten während der Arbeitszeit herumspielen und Ihren Chef in dem Glauben lassen, daß Sie programmieren.

Um einen Kreis oder ein Rechteck zu erstellen, gehen Sie folgendermaßen vor:

1. **Klicken Sie auf das *Shape*-Symbol in der Visual Basic-Werkzeugsammlung.**

2. **Gehen Sie mit der Maus an die Stelle auf dem Formular, wo die obere linke Ecke der Figur stehen soll.**

3. **Drücken und halten Sie die linke Maustaste nieder, und ziehen Sie die Maus an die Stelle, an der die rechte untere Ecke der Figur stehen soll.**

4. **Lassen Sie die Maustaste los.**

   Zu diesem Zeitpunkt zeigt Visual Basic ein Rechteck auf dem Bildschirm an. Wenn Sie ein Rechteck zeichnen wollen, hören Sie hier auf, andernfalls fahren Sie mit Schritt 5 fort.

5. **Öffnen Sie das Eigenschaftenfenster, indem Sie auf F4 drücken oder den Menübefehl *Ansicht/Eigenschaften* wählen oder auf das *Eigenschaftenfenster*-Symbol in der Symbolleiste klicken.**

6. **Klicken Sie auf die *Shape*-Eigenschaft und dann auf den Pfeil im Eigenschaftenfeld.**

   Visual Basic zeigt eine Liste mit den verfügbaren Figuren an:

   - 0 – Rechteck
   - 1 – Quadrat
   - 2 – Ellipse
   - 3 – Kreis
   - 4 – Abgerundetes Rechteck
   - 5 – Abgerundetes Quadrat

7. **Klicken Sie auf die gewünschte Figur.**

Die Farbe von Linien und anderen Figuren ändern

Standardmäßig benutzt Visual Basic zum Zeichen von Linien, Kreisen und Rechtecken eine durchgezogene schwarze Linie. Für die meisten Zwecke ist Schwarz die passende Farbe, aber manchmal können Sie mit etwas Farbe mehr Leben in Ihre Benutzeroberfläche bringen. Die Farbe einer Linie wird durch die *BorderColor*-Eigenschaft definiert.

Um die Linienfarbe einer Linie oder Figur zu ändern, gehen Sie folgendermaßen vor:

1. Klicken Sie auf die Linie oder Figur, deren Linienfarbe Sie ändern wollen.

2. Öffnen Sie das Eigenschaftenfenster, indem Sie auf F4 drücken oder den Menübefehl *Ansicht/Eigenschaften* wählen oder auf das *Eigenschaftenfenster*-Symbol in der Symbolleiste klicken.

3. Doppelklicken Sie auf die *BorderColor*-Eigenschaft im Eigenschaftenfenster, und klicken Sie auf das *Palette*-Register.

4. Wählen Sie die gewünschte Farbe.

   Visual Basic paßt die Farbe sofort an.

Die Stärke von Linien ändern

Linien können ein Stärke von 1 bis 8.192 haben. (Die Zahlen sind relativ und beziehen sich nicht auf eine konkrete Maßeinheit.) Jede Linie, die dicker als 100 ist, sieht auf dem Bildschirm eher wie eine fette Wurst aus. Um die Linienstärke einer Linie oder Figur zu ändern, gehen Sie folgendermaßen vor:

1. Klicken Sie auf die Linie oder Figur, deren Linienstärke Sie ändern wollen.

2. Öffnen Sie das Eigenschaftenfenster, indem Sie auf F4 drücken oder den Menübefehl *Ansicht/Eigenschaften* wählen oder auf das *Eigenschaftenfenster*-Symbol in der Symbolleiste klicken.

3. Doppelklicken Sie auf die *BorderWidth*-Eigenschaft im Eigenschaftenfenster, und geben Sie die neue Stärke ein.

   Visual Basic ändert die Linienstärke sofort.

Die Linienart geometrischer Figuren ändern

Standardmäßig benutzt Visual Basic zum Zeichnen von Linien, Kreisen und Rechtecken eine durchgezogene Linie. Durchgezogene Linien sind am leichtesten zu erkennen. Mit Linien, die wie eine Perforation oder wie Morsecode aussehen, können Sie Spezialeffekte erzeugen. Die Linienart wird mit der BorderStyle-Eigenschaft definiert. Daß die Linienart bei einzelnen Linien auch als *BorderStyle* (in deutsch *Rahmenart* oder *Rahmenstil*) bezeichnet wird, ist etwas verwirrend.

Visual Basic stellt Ihnen die folgenden sieben Linienarten zur Verfügung (einige sehen Sie in Abbildung 10.4):

✔ Transparent

✔ Ausgefüllt (Standard)

✔ Strich

✔ Punkt

✔ Strich-Punkt

✔ Strich-Punkt-Punkt

✔ Innen ausgefüllt

Abbildung 10.4: Beispiele für einige verfügbare Linienarten.

Wenn eine Linie dicker als 1 ist, können Sie nur die Linienarten 1 (*Ausgefüllt*) oder 6 (*Innen ausgefüllt*) verwenden. Wenn Sie eine andere Linienart wählen, ändert Visual Basic die Figur nicht, so daß Sie vielleicht annehmen, Visual Basic sei defekt.

Das Aussehen einer Linie wird durch die *BorderStyle*-Eigenschaft festgelegt. Lassen Sie sich nicht dadurch verwirren, daß *Border* normalerweise *Rahmen* bedeutet. Um die Linienart einer Linie oder Figur zu ändern, gehen Sie folgendermaßen vor:

1. **Klicken Sie auf die Linie oder Figur, deren Linienart Sie ändern wollen.**

2. **Öffnen Sie das Eigenschaftenfenster, indem Sie auf F4 drücken oder den Menübefehl *Ansicht/Eigenschaften* wählen oder auf das *Eigenschaftenfenster*-Symbol in der Symbolleiste klicken.**

3. **Klicken Sie auf die *BorderStyle*-Eigenschaft im Eigenschaftenfenster, und wählen Sie eine der folgenden Eigenschaften:**

    ● 0 – Transparent

    ● 1 – Augefüllt

- 2 – Strich
- 3 – Punkt
- 4 – Strich-Punkt
- 5 – Strich-Punkt-Punkt
- 6 – Innen ausgefüllt

 Wenn Sie eine der Linienarten von 2 bis 5 wählen, müssen Sie die *BorderWidth*-Eigenschaft auf den Wert *1* setzen. Andernfalls zeigt Visual Basic unabhängig von Ihrer Wahl eine durchgezogene Linie an.

Die Größe und Position von Linien ändern

Wenn Sie eine neue Linie erstellen, sollten Sie die Linie möglichst gleich in der genauen Länge zeichnen, die Sie benötigen. (Denn wozu sollten Sie eine lange Linie zeichnen, wenn Sie tatsächlich eine kurze benötigen?)

In Visual Basic können Sie die Größe und Position auf zwei Wegen ändern:

✔ Mit der Maus.

✔ Durch Ändern der X1-, X2-, Y1- und Y2-Eigenschaften im Eigenschaftenfenster.

Mit der Maus können Sie die Größe und Position einer Linie am schnellsten ändern. Allerdings ist diese Methode nicht sehr exakt. Aber wenn Sie darauf bestehen, gehen Sie folgendermaßen vor:

1. **Klicken Sie auf die Linie, die Sie ändern wollen.**

    Visual Basic zeigt an den Enden der Linie kleine schwarze Rechtecke an, die als *Ziehpunkte* bezeichnet werden. (Weil das Anklicken einer einzelnen Linie sehr genau erfolgen muß und Sie die Linie leicht verfehlen können, können Sie die Linie auch markieren, indem Sie mit der Maus an eine Stelle oberhalb der Linie fahren, die linke Maustaste niederdrücken, die Maus an eine Stelle unterhalb der Linie ziehen und dann die Maustaste loslassen.)

2. **Gehen Sie mit der Maus auf einen dieser Ziehpunkte, so daß sich der Mauszeiger in ein Fadenkreuz verwandelt.**

3. **Drücken und halten Sie die linke Maustaste nieder, und ziehen Sie die Maus. Wenn die Linie die gewünschte Länge und/oder Position hat, lassen Sie die Maustaste wieder los.**

Wenn Sie Ihre Hände nicht an der Maus schmutzig machen wollen, können Sie auch den raffinierteren Königsweg beschreiten und statt dessen das Eigenschaftenfenster benutzen.

Um die Größe oder Position einer Linie mit dem Eigenschaftenfenster zu ändern, gehen Sie folgendermaßen vor:

1. **Klicken Sie auf die Linie, die Sie ändern wollen.**
2. **Öffnen Sie das Eigenschaftenfenster, indem Sie auf** F4 **drücken oder den Menübefehl** *Ansicht/Eigenschaften* **wählen oder auf das** *Eigenschaftenfenster*-**Symbol in der Symbolleiste klicken.**
3. **Klicken Sie auf die** *X1*-**Eigenschaft, und geben Sie einen neuen Wert ein.**
4. **Klicken Sie auf die** *Y1*-**Eigenschaft, und geben Sie einen neuen Wert ein.**
5. **Klicken Sie auf die** *X2*-**Eigenschaft, und geben Sie einen neuen Wert ein.**
6. **Klicken Sie auf die** *Y2*-**Eigenschaft, und geben Sie einen neuen Wert ein.**

Abbildung 10.5 zeigt die X- und Y-Koordinaten einer Linie.

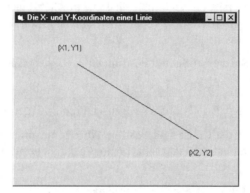

Abbildung 10.5: Wie die X1-, X2, Y1- und Y2-Koordinaten eine Linie beeinflussen.

Die Größe von Kreisen, Rechtecken und anderen Figuren ändern

Glücklicherweise ist das Ändern der Größe von Kreisen, Rechtecken oder anderen Figuren viel einfacher als das Ändern der Größe von Linien. Sie können die Größe einer Figur mit der Maus oder mit dem Eigenschaftenfenster ändern.

Um die Größe einer Figur mit der Maus zu ändern, gehen Sie folgendermaßen vor:

1. **Klicken Sie auf die Figur, deren Größe Sie ändern wollen.**

    Visual Basic rahmt die Figur durch Ziehpunkte ein.

2. **Gehen Sie mit der Maus auf einen dieser Ziehpunkte, so daß sich der Mauszeiger in einen Doppelpfeil verwandelt.**

3. Drücken und halten Sie die linke Maustaste nieder, und ziehen Sie die Maus. Wenn die Figur die gewünschte Größe hat, lassen Sie die Maustaste wieder los.

Wenn Sie auf das bequeme Arbeiten mit der Maus verzichten und lieber mit der Tastatur arbeiten wollen, können Sie die Größe einer Figur auch mit dem Eigenschaftenfenster ändern. Um die Größe einer Figur mit dem Eigenschaftenfenster zu ändern, gehen Sie folgendermaßen vor:

1. Klicken Sie auf die Figur, die Sie ändern wollen.
2. Öffnen Sie das Eigenschaftenfenster, indem Sie auf F4 drücken oder den Menübefehl *Ansicht/Eigenschaften* wählen oder auf das *Eigenschaftenfenster*-Symbol in der Symbolleiste klicken.
3. Doppelklicken Sie auf die *Height*-Eigenschaft (*Height* = *Höhe*), und geben Sie einen neuen Wert ein.
4. Doppelklicken Sie auf die *Width*-Eigenschaft (*Width* = *Breite*), und geben Sie einen neuen Wert ein.

Figuren mit Farben und ansprechenden Mustern füllen

Die innere Fläche einer Figur ist standardmäßig leer und sieht deshalb ziemlich langweilig aus. Um das Aussehen einer Figur aufregender zu gestalten, als für das Herz der meisten Leute gut ist, können Sie die Farbe und das Füllmuster einer Figur ändern. Visual Basic stellt Ihnen acht verschiedene *Füllmuster* für Figuren zur Verfügung. Das Füllmuster wird durch die *FillStyle*-Eigenschaft definiert. Die *Farbe* des Füllmusters wird durch die *FillColor*-Eigenschaft definiert. Abbildung 10.6 zeigt die acht Füllmuster, die in Visual Basic zum Füllen von Figuren verfügbar sind.

Abbildung 10.6: Die acht zur Füllung von Figuren verfügbaren Muster.

Um das Füllmuster einer Figur zu ändern, gehen Sie folgendermaßen vor:

1. **Klicken Sie auf die Figur, deren Füllmuster Sie ändern wollen.**
2. **Öffnen Sie das Eigenschaftenfenster, indem Sie auf ⎡F4⎤ drücken oder den Menübefehl *Ansicht/Eigenschaften* wählen oder auf das *Eigenschaftenfenster*-Symbol in der Symbolleiste klicken.**
3. **Klicken Sie auf die *FillStyle*-Eigenschaft, und wählen Sie einen der folgenden Werte:**

    - 0 – Ausgefüllt
    - 1 – Transparent
    - 2 – Horizontale Linie
    - 3 – Vertikale Linie
    - 4 – Aufwärtsdiagonal
    - 5 – Abwärtsdiagonal
    - 6 – Kreuz
    - 7 – Diagonalkreuz

Um die Farbe des Füllmusters einer Figur zu ändern, gehen Sie folgendermaßen vor:

1. **Klicken Sie auf die Figur, deren Füllmusterfarbe Sie ändern wollen.**
2. **Öffnen Sie das Eigenschaftenfenster, indem Sie auf ⎡F4⎤ drücken oder den Menübefehl *Ansicht/Eigenschaften* wählen oder auf das *Eigenschaftenfenster*-Symbol in der Symbolleiste klicken.**
3. **Doppelklicken Sie auf die *FillColor*-Eigenschaft im Eigenschaftenfenster, und klicken Sie auf das *Palette*-Register.**
4. **Klicken Sie auf die gewünschte Farbe.**

    Visual Basic paßt die Farbe sofort an.

Die Hintergrundfarbe von Figuren ändern

Neben der Farbe des Füllmusters (*FillColor*) und der Linienfarbe (*BorderColor*) einer Figur können Sie auch noch ihre Hintergrundfarbe (*BackColor*) ändern. Verwirrt? Abbildung 10.7 bringt Ihnen Klarheit.

Ehe Sie die Hintergrundfarbe einer Figur ändern können, müssen Sie die *BackStyle*-Eigenschaft der Figur auf den Wert *Undurchsichtig* setzen. Der Standardwert ist *Transparent* (= durchscheinend), d.h., normalerweise ist der Hintergrund einer Figur unsichtbar. Wenn der Hintergrund unsichtbar ist, können Sie zwar seinen Farbwert ändern, aber die geänderte Farbe ist nicht zu sehen.

Abbildung 10.7: Die Hintergrundfarbe einer Figur im Vergleich zu ihrer Rahmenfarbe und der Farbe ihres Füllmusters.

Um die Hintergrundfarbe einer Figur zu ändern, gehen Sie folgendermaßen vor:

1. Klicken Sie auf die Figur, deren Hintergrundfarbe Sie ändern wollen.
2. Öffnen Sie das Eigenschaftenfenster, indem Sie auf F4 drücken oder den Menübefehl *Ansicht/Eigenschaften* wählen oder auf das *Eigenschaftenfenster*-Symbol in der Symbolleiste klicken.
3. Klicken Sie auf die *BackStyle*-Eigenschaft, und setzen Sie ihren Wert auf *Undurchsichtig*.
4. Doppelklicken Sie auf die *BackColor*-Eigenschaft, und klicken Sie dann auf das *Palette*-Register.
5. Wählen Sie die gewünschte Farbe.

   Visual Basic paßt die Farbe sofort an.

Probieren Sie es selbst aus

Mit dem folgenden Programm können Sie die Linienstärke eines Kreises mit einer horizontalen Bildlaufleiste ändern. Sehen heißt glauben. Erstellen Sie deshalb drei Objekte mit den folgenden Eigenschaften:

Objekt	Eigenschaft	Wert
Formular	Caption	Der schrumpfende und wachsende Kreis
Shape1	Name	shpCircle
	Height	1455
	Left	2640
	Shape	3 – Kreis
	Top	1080
	Width	1695
Hscroll1	Name	hsbCircle
	Height	255

Objekt	Eigenschaft	Wert
	Left	720
	Max	20
	Min	1
	Width	3255

Doppelklicken Sie auf die horizontale Bildlaufleiste, und geben Sie folgenden Code im Code-Fenster ein:

```
Private Sub hsbCircle_Change()
   shpCircle.BorderWidth = hsbCirle.Value
End Sub
```

Führen Sie das Programm durch Drücken von [F5] aus. Klicken Sie dann auf die horizontale Bildlaufleiste und beobachten Sie, wie der Kreis vor Ihren Augen wächst. Faszinierend! Beeindrucken Sie Ihre Freunde! Stehen Sie im Mittelpunkt der nächsten Party! Visual Basic bringt es!

Teil III

Menüs erstellen

In diesem Teil...

Pulldown-Menüs sind eine gut geeignete Methode, um einem Benutzer alle möglichen Optionen zur Benutzung Ihres Programms anzubieten. Der Benutzer braucht dann nur das richtige Menü zu öffnen und die gewünschte Aktion zu wählen.

Dieser Teil des Buchs zeigt Ihnen, wie Sie Pulldown-Menüs in Ihren Programmen verwenden können. Ob Sie es glauben oder nicht – eigene Menüs zu entwerfen ist recht einfach. (Es ist viel schwerer, ein Programm dahin zu bringen, daß es so funktioniert, wie Sie es sich vorstellen.)

Menüs erstellen und attraktiv gestalten

In diesem Kapitel

- Menüs und Menütitel entwerfen
- Trennlinien einfügen
- Shortcuts und Häkchen einsetzen
- Menübefehl abblenden oder unterdrücken

Standardmäßig besteht eine Menüleiste aus folgenden Menütiteln: Datei, Bearbeiten, Fenster und Hilfe (siehe Abbildung 11.1). Das Datei-Menü steht ganz links. Das Bearbeiten-Menü steht rechts daneben. Das Fenster-Menü steht rechts an vorletzter Stelle. Und das Hilfe-Menü steht ganz rechts an letzter Stelle. Dazwischen stehen gegebenenfalls programmspezifische Menütitel.

Abbildung 11.1: Typische Pulldown-Menüs.

Jedes Menü hat einen *Menütitel* und ein oder mehrere *Menüelemente* (siehe Abbildung 11.2). Der Menütitel wird in der Menüleiste am oberen Rand des Bildschirms angezeigt. Die Menüelemente werden im Pulldown-Menü angezeigt.

Die Grundelemente einer Menüleiste

Beim Entwurf einer Menüoberfläche müssen Sie die Menütitel und Menüelemente Ihres Programms festlegen und die Menüelemente einem bestimmten Menütitel zuordnen.

 Wenn Sie Ihr Programm mit dem Visual Basic-Anwendungsassistenten erstellen, können Sie dabei auch die Menüs definieren.

Abbildung 11.2: Menütitel und Menüelemente.

Das Datei-Menü (siehe noch einmal Abbildung 11.2) sollte die Befehle enthalten, mit denen Sie Dateien manipulieren. Dazu zählen: Öffnen, Schließen, Speichern oder Drucken einer Datei. Außerdem sollte dieses Menü den Befehl zum Beenden des Programms enthalten.

Das Bearbeiten-Menü (siehe Abbildung 11.3) sollte die Befehle enthalten, mit denen Sie den Inhalt einer Datei bearbeiten. Dazu zählen: Rückgängig machen, Wiederholen, Ausschneiden, Kopieren, Löschen, Einfügen und Auswählen.

Abbildung 11.3: Ein typisches Bearbeiten-Menü.

Das Fenster-Menü (siehe Abbildung 11.4) sollte die Befehle enthalten, mit denen Sie die Fenster auf dem Bildschirm manipulieren. Dazu zählen: Fenster überlappend oder nebeneinander darstellen, Fenster schließen und zwischen Fenstern wechseln.

11 ➤ Menüs erstellen und attraktiv gestalten

Abbildung 11.4: Ein typisches Fenster-Menü.

Das Hilfe-Menü (siehe Abbildung 11.5) sollte die Befehle enthalten, mit denen Sie Hilfeinformationen über Ihr Programm zur Verfügung stellen. Dazu zählen: Inhaltsverzeichnis Ihres Hilfesystems, ein alphabetischer Index, Werbung für Ihren Software-Support und ein nutzloses *Info*-Dialogfeld mit Informationen, die Sie dem Benutzer unbedingt mitteilen wollen.

Abbildung 11.5: Ein typisches Hilfe-Menü.

Andere Menütitel sollten zwischen das Bearbeiten- und das Fenster-Menü eingefügt werden. Jedes Menü sollte mehrere sachlich zusammenhängende Befehle auch optisch als Gruppe präsentieren.

So gibt es z.B. in vielen Textverarbeitungsprogrammen ein *Werkzeuge-* oder *Extras*-Menü, in dem Befehle zur Rechtschreibprüfung, Silbentrennung oder Makroerstellung zusammengefaßt werden, die von 99 Prozent der arbeitenden Bevölkerung Deutschlands nie benutzt werden.

Achten Sie darauf, daß die Menütitel, die Sie zusätzlich in Ihrem Programm verwenden wollen, in die Menüleiste passen. (Aus dem Auge aus dem Sinn: Menüs, die man nicht sehen kann, kann man auch nicht benutzen.)

Menüs für Ihre Benutzeroberfläche erstellen

Um Menüs zu erstellen, müssen Sie den Menü-Editor öffnen (siehe Abbildung 11.6). (Wenn Sie den Visual Basic-Anwendungsassistenten benutzen, kann Visual Basic die Menüs für Sie automatisch erstellen, aber Sie müssen die Menüs trotzdem noch mit dem Menü-Editor an Ihre Wünsche anpassen.)

Abbildung 11.6: Das Fenster des Menü-Editors.

Sie können das Fenster des Menü-Editors auf folgenden drei Wegen öffnen:

✔ Drücken Sie auf [Strg]+[E].

✔ Wählen Sie den Menübefehl *Extras/Menü-Editor*.

✔ Klicken Sie auf das *Menü-Editor*-Symbol in der Symbolleiste (siehe noch einmal Abbildung 11.6).

Sie können für jedes Formular einen Satz von Menüs erstellen. Wenn Ihr Programm zwei Formulare enthält, können Sie für jedes Formular ein anderes Menüsystem definieren. Natürlich können Sie damit den Benutzer verwirren. Aber wenn Sie ein echter Programmierer sind, interessiert es Sie überhaupt nicht, was der Benutzer denkt.

Mit dem Menü-Editor definieren Sie die gesamte Menüoberfläche Ihres Programms. Zunächst müssen Sie für jedes Menü den Namen und den Menütitel definieren.

Menüs benennen

Jedes Menü und jedes Menüelement hat eine Caption und einen Namen. Die *Caption* ist das Wort oder die Zeichenfolge, die das Menü in der Menüleiste auf dem Bildschirm anzeigt. Der *Name* erscheint nie auf dem Bildschirm, sondern dient dazu, mit BASIC-Code auf das Menü oder Menüelement zuzugreifen.

Eine Caption darf bis zu 40 Zeichen lang sein. Sie darf Buchstaben, Ziffern, Satzzeichen und den Unterstrich enthalten. Je länger eine Caption ist, desto mehr Platz nimmt sie in der Menüleiste für sich in Anspruch.

Wenn Sie vor ein Zeichen in einer Caption ein kaufmännisches Und-Zeichen (&) setzen (z.B. &Datei oder Bee&nden), wird dieses Zeichen unterstrichen (siehe Abbildung 11.7) und dient dann als Zugriffstaste auf das Menü oder Menüelement.

Abbildung 11.7: Das kaufmännische Und-Zeichen zeigt die Zugriffstasten für Menüs und Menübefehle unterstrichen an.

Wenn in einem Menütitel ein Zeichen unterstrichen ist, kann der Benutzer das Menü öffnen, indem er die [Alt]-Taste niederdrückt und dann auf die Taste mit dem unterstrichenen Zeichen drückt. Wenn z.B. ein Menü die Caption *&Fenster* hat, kann der Benutzer das Menü durch Drücken der Tastenkombination [Alt]+[F] öffnen.

Wenn in einem Menüelement ein Zeichen unterstrichen ist, kann der Benutzer den Menübefehl wählen, indem er einfach auf die Taste mit dem unterstrichenen Zeichen drückt. (Er braucht dazu nicht die [Alt]-Taste zu drücken.) Wenn z.B. ein Menüelement die Caption *&Neu* hat, kann der Benutzer den Menübefehl wählen, indem er erst das Menü öffnet und dann auf die Taste [N] drückt.

Der Name eines Menüs oder Menüelementes darf bis zu 40 Zeichen lang sein. Er darf aus Buchstaben, Ziffern und dem Unterstrich bestehen. Im Gegensatz zu Captions dürfen Namen keine Leerzeichen oder Satzzeichen enthalten.

In Visual Basic beginnen Namen von Menüs und Menüelementen per Konvention mit dem Präfix *mnu*. Beispiele:

```
mnuDatei
mnuFenster
mnuDateiÖffnen
```

Da Visual Basic nicht zwischen Groß- und Kleinbuchstaben unterscheidet, können Sie Namen auch folgendermaßen schreiben:

```
MNuDatei
mNuFenster
MNUDateiÖFFNEN
```

Aber solche wilden Schreibweisen sind nicht nur schwer zu lesen, sondern weisen Sie auch als Anfänger aus. Profis benutzen einen konsistenten Stil. Wenn Sie also Wert auf ein gutes Image legen, sollten Sie sich für einen Stil entscheiden und dann dabei bleiben.

Sie können Menüelemente leichter identifizieren, wenn Sie den Namen seines Menüs in den Namen des Menüelementes einbeziehen. Wenn z.B. ein Datei-Menü den Namen *mnuDatei* hat, dann erhalten die Menüelemente zum Öffnen, Speichern und Beenden die Namen *mnuDateiÖffnen*, *mnuDateiSpeichern* und *mnuDateiBeenden*.

Menütitel entwerfen

In Visual Basic werden Pulldown-Menüs in folgenden zwei Schritten erstellt:

✔ Zuerst definieren Sie den Menütitel, der in der Menüleiste angezeigt wird.

✔ Dann definieren Sie die Menüelemente, die unter dem Menütitel angezeigt werden.

Um Menütitel zu definieren, die in der Menüleiste am oberen Rand des Formulars angezeigt werden, gehen Sie folgendermaßen vor:

1. **Klicken Sie auf das Formular, in dessen Menüleiste Sie Menütitel einfügen wollen.**

2. **Öffnen Sie das Fenster des Menü-Editors, indem Sie auf Strg+E drücken oder den Menübefehl *Extras/Menü-Editor* wählen oder auf das *Menü-Editor*-Symbol in der Symbolleiste klicken.**

3. **Geben Sie im Textfeld *Caption* den Menütitel ein, der in der Menüleiste angezeigt werden soll. Geben Sie dabei auch das kaufmännische Und-Zeichen ein.**

    Beim Eintippen zeigt Visual Basic die Caption im Menü-Steuerelement-Listenfeld an.

4. **Drücken Sie auf Tab, um die Einfügemarke in das Textfeld *Name* zu verschieben.**

5. **Geben Sie den Namen Ihres Menüs ein. Per Konvention sollte der Name mit dem Präfix *mnu* beginnen und dann die Caption wiederholen, also z.B. *mnuDatei* oder *mnuDateiDrucken*.**

(Sie können zwar beliebige Groß- oder Kleinbuchstaben verwenden, sollten aber aus Gründen der Konsistenz den Stil verwenden, der sich bei Visual Basic-Programmierern weltweit eingebürgert hat.)

6. Drücken Sie auf `Eingabe`, oder klicken Sie auf *Nächstes*, um den nächsten Menütitel zu definieren.

7. Wiederholen Sie die Schritte 3 bis 6, bis Sie alle gewünschten Menütitel für Ihre Menüleiste erstellt haben.

8. Klicken Sie auf OK.

Visual Basic zeigt Ihre Menüs am oberen Rand des Formulars an.

Menütitel und -befehle hinzufügen und löschen

Menütitel zu definieren ist nicht schwer. Leider ist nichts im Leben von Dauer. Das gilt auch für Ihre Menütitel. Früher oder später müssen Sie neue Menütitel in Ihr Menü einfügen oder vorhandene Menütitel ändern oder löschen .

Um einen Menütitel in ein Menü einzufügen, gehen Sie folgendermaßen vor:

1. Klicken Sie auf das Formular, in dessen Menüleiste Sie den Menütitel einfügen wollen.

2. Öffnen Sie das Fenster des Menü-Editors, indem Sie auf `Strg`+`E` drücken oder den Menübefehl *Extras/Menü-Editor* wählen oder auf das *Menü-Editor*-Symbol in der Symbolleiste klicken.

3. Klicken Sie auf den Menütitel, der rechts von Ihrem neuen Menütitel stehen soll.

4. Klicken Sie auf *Einfügen*.

   Visual Basic schiebt den markierten Menütitel eine Zeile nach unten und markiert dann die entstandene Leerzeile (siehe Abbildung 11.8).

5. Klicken Sie auf das Textfeld *Caption*.

6. Geben Sie die Caption Ihres neuen Menütitels ein: z.B. *&Extras* oder *Forma&t*.

7. Drücken Sie auf `Tab`, um die Einfügemarke in das Textfeld *Name* zu verschieben. Geben Sie den Namen Ihres neuen Menütitels ein: Z.B. *mnuExtras* oder *mnuFormat*, und drücken Sie dann auf `Eingabe`.

8. Klicken Sie auf *OK*.

Abbildung 11.8: Das Einfügen eines neuen Menütitels in das Menü-Steuerelement-Listenfeld steuert die Position der Menütitel in der Menüleiste.

Um einen Menütitel zu löschen, gehen Sie folgendermaßen vor:

1. **Klicken Sie auf das Formular, aus dessen Menüleiste Sie einen Menütitel löschen wollen.**
2. **Öffnen Sie das Fenster des Menü-Editors, indem Sie auf Strg+E drücken oder den Menübefehl *Extras/Menü-Editor* wählen oder auf das *Menü-Editor*-Symbol in der Symbolleiste klicken.**
3. **Klicken Sie auf den Menütitel, den Sie löschen wollen.**
4. **Klicken Sie auf *Löschen*.**

    Visual Basic löscht den markierten Menütitel.

5. **Klicken Sie auf *OK*.**

Menübefehle unter einem Menütitel erstellen

Wenn Sie die Menütitel in der Menüleiste erstellt haben, müssen Sie als nächstes die Menüelemente definieren, die unter den Menütiteln angezeigt werden sollen.

Im Menü-Steuerelement-Listenfeld repräsentieren alle Listenelemente, die ganz links stehen, einen Menütitel. Listenelemente, die nach rechts eingerückt sind, repräsentieren Menüelemente, die unter einem Menütitel angezeigt werden.

Um Menüelemente zu definieren, gehen Sie folgendermaßen vor:

1. **Klicken Sie auf das Formular, in das Sie Menüelemente einfügen wollen.**
2. **Öffnen Sie das Fenster des Menü-Editors, indem Sie auf `Strg`+`E` drücken oder den Menübefehl *Extras/Menü-Editor* wählen oder auf das *Menü-Editor*-Symbol in der Symbolleiste klicken.**

   Visual Basic öffnet das Fenster des Menü-Editors.

3. **Klicken Sie auf die Zeile unter dem Menütitel, unter dem Sie Ihr neues Menüelement einfügen wollen.**

   Wenn Sie z.B. neue Menübefehle unter dem Menütitel *&Datei* einfügen wollen, klicken Sie auf die Zeile, die unter der Zeile mit dem Menütitel *&Datei* steht.

4. **Klicken Sie auf *Einfügen*.**
5. **Klicken Sie auf das *Caption*-Textfeld, und geben Sie die Caption des neuen Menüelements ein: z.B. *&Speichern* oder *&Drucken*.**
6. **Drücken Sie auf `Tab`, um die Einfügemarke in das Textfeld *Name* zu verschieben.**
7. **Geben Sie den Namen des neuen Menübefehls ein, z.B. *mnuDateiSpeichern* oder *mnuDateiDrucken*.**
8. **Klicken Sie auf die Schaltfläche mit dem nach rechts gerichteten Pfeil, um das Listenelement einzurücken.**

   Die Einrückung zeigt an, daß das Listenelement ein Menüelement und nicht etwa einen Menütitel repräsentiert, der in der Menüleiste angezeigt wird. (Jetzt reicht es aber mit den vielen ähnlichen und verwirrenden Termini, nicht wahr?)

9. **Klicken Sie auf *OK*.**

Menütitel und -befehle verschieben

Wenn Sie Ihre Pulldown-Menüs entwerfen, müssen Sie nicht alles auf Anhieb perfekt machen, weil Sie in Visual Basic die Menütitel und Menüelemente folgendermaßen verschieben können:

- ✔ Auf
- ✔ Ab
- ✔ Nach rechts: Einrücken
- ✔ Nach links: Einrückung aufheben

Das Fenster des Menü-Editors enthält für diesen Zweck vier Pfeile (siehe noch einmal Abbildung 11.6). Wenn Sie ein Element im Menü-Steuerelement-Listenfeld nach oben oder unten verschieben, wird nur die Position dieses Elementes in der Menüleiste oder in einem Pulldown-Menü geändert.

Um ein Element im Menü-Steuerelement-Listenfeld nach oben oder unten zu verschieben, gehen Sie folgendermaßen vor:

1. Klicken Sie auf das Formular, dessen Menütitel oder Menüelemente Sie verschieben wollen.
2. Öffnen Sie das Fenster des Menü-Editors, indem Sie auf ⌈Strg⌉+⌈E⌉ drücken oder den Menübefehl *Extras/Menü-Editor* wählen oder auf das *Menü-Editor*-Symbol in der Symbolleiste klicken.
3. Klicken Sie auf das Listenelement, das Sie nach oben oder unten verschieben möchten.
4. Klicken Sie auf die Schaltfläche mit dem nach oben gerichteten Pfeil, um das Element nach oben zu verschieben, oder klicken Sie auf die Schaltfläche mit dem nach unten gerichteten Pfeil, um das Element nach unten zu verschieben.
5. Klicken Sie auf *OK*, wenn alle Elemente an der gewünschten Position sind.

Wenn Sie ein Element im Menü-Steuerelement-Listenfeld nach oben oder unten verschieben, ändern Sie nur seine Position. Wenn Sie aber ein Listenelement nach links verschieben, machen Sie aus einem Menüelement einen Menütitel. Wenn Sie ein Listenelement nach rechts verschieben, machen Sie aus einem Menütitel ein Menüelement (siehe Abbildung 11.9).

Abbildung 11.9: Menübefehle nach links einrücken.

Um ein Element im Menü-Steuerelement-Listenfeld nach links oder rechts zu verschieben, gehen Sie folgendermaßen vor:

1. **Klicken Sie auf das Formular, dessen Menütitel oder Menüelemente Sie verschieben wollen.**
2. **Öffnen Sie das Fenster des Menü-Editors, indem Sie auf `Strg`+`E` drücken oder den Menübefehl *Extras/Menü-Editor* wählen oder auf das *Menü-Editor*-Symbol in der Symbolleiste klicken.**

   Visual Basic öffnet das Fenster des Menü-Editors.
3. **Klicken Sie auf das Listenelement, das Sie nach links oder rechts verschieben möchten.**
4. **Klicken Sie auf die Schaltfläche mit dem nach links gerichteten Pfeil, um das Element nach links zu verschieben, oder klicken Sie auf die Schaltfläche mit dem nach rechts gerichteten Pfeil, um das Element nach rechts zu verschieben.**
5. **Klicken Sie auf *OK*.**

Menüs benutzerfreundlich gestalten

Pulldown-Menüs fassen Befehle für den Benutzer an einer leicht zugänglichen Stelle zusammen. Obwohl dies für den Benutzer schon recht bequem ist, können Sie in Visual Basic Menüs noch benutzerfreundlicher gestalten, indem Sie verwandte Befehle durch Trennlinien kennzeichnen, gegenwärtig aktive Menübefehle durch Häkchen markieren, nicht aktive Menüelemente abblenden oder unterdrücken oder Shortcuts definieren, die den Weg über das Menü überflüssig machen.

Trennlinien in Menüs einfügen

Trennlinien sind Linien, mit denen Sie sachlich verwandte Menüelemente in einem Menü optisch zu Gruppen zusammenfassen können (siehe Abbildung 11.10). Im allgemeinen grenzen Trennlinien in einem Menü Gruppen von zwei oder mehr Menüelementen voneinander ab, so daß der Benutzer ein bestimmtes Menüelement schneller finden kann.

Abbildung 11.10: Typische Trennlinien in einem Menü.

Um Trennlinien zu erstellen, gehen Sie folgendermaßen vor:

1. **Klicken Sie auf das Formular mit den Menüs, in die Sie Trennlinien einfügen wollen.**
2. **Öffnen Sie das Fenster des Menü-Editors, indem Sie auf [Strg]+[E] drücken oder den Menübefehl *Extras/Menü-Editor* wählen oder auf das *Menü-Editor*-Symbol in der Symbolleiste klicken.**
3. **Klicken Sie auf das Listenelement, das unmittelbar unter der Trennlinie stehen soll.**
4. **Klicken Sie auf *Einfügen*, so daß Visual Basic eine Leerzeile anzeigt.**

    (Möglicherweise müssen Sie die Schaltflächen mit den nach links oder rechts gerichteten Pfeilen anklicken, um die Trennlinie auf dasselbe Niveau wie die zu trennenden Listenelemente zu rücken.)

5. **Klicken Sie auf das Textfeld *Caption*. Geben Sie einen Bindestrich (-) ein.**
6. **Drücken Sie auf [Tab], um die Einfügemarke in das Textfeld *Name* zu verschieben. Geben Sie den Namen Ihrer neuen Trennlinie ein.**

    Der Name sollte möglichst den Menütitel und die Position der Trennlinie wiedergeben: z.B. *barDatei1* oder *sepBearbeiten2*.

7. **Klicken Sie auf *OK*, um das Menü-Editor-Fenster zu schließen.**

Shortcuts zuweisen

Wenn Sie mit einem Programm vertraut sind, kann es ganz schön lästig werden, wenn Sie sich jedesmal durch Pulldown-Menüs wählen müssen, um einen bestimmten Befehl zu geben. Deshalb ist es sinnvoll, häufig benutzte Befehle mit einem *Shortcut* zu verbinden. Dann ist es z.B. möglich, eine Datei mit den Tasten [Strg]+[S] zu speichern oder einen markierten Text mit den Tasten [Strg]+[X] auszuschneiden. Abbildung 11.11 zeigt einige Shortcuts.

Abbildung 11.11: Beispiele für Shortcuts.

Shortcuts werden in den Menüs rechts neben den zugehörigen Menübefehlen angezeigt. Auf diese Weise können die Benutzer schnell lernen, welche Shortcuts in Ihrem Programm zur Verfügung stehen und welche Befehle mit ihnen verbunden sind.

Shortcuts werden mit dem Menü-Editor definiert. Obwohl es manchmal schön wäre, beliebige eigene Shortcuts zu definieren, bietet Ihnen Visual Basic nur eine begrenzte Anzahl möglicher Shortcuts an.

Wenn Sie versuchen, denselben Shortcut mehrfach bei verschiedenen Befehlen zu verwenden, zeigt Visual Basic eine Fehlermeldung an.

Testen Sie Ihr neu erworbenes Wissen

1. **Warum sind Pulldown-Menüs so nützlich?**

    a) Sie verbergen Befehle, damit der Benutzer sie nicht findet.

    b) Sie machen ein Programm benutzerfreundlicher, weil sie den Standardrichtlinien aller Windows-Programme entsprechen.

    c) Weil sie den Programmierer ans Essen erinnern.

    d) Wenn Pulldown-Menüs so nützlich sind, warum müssen die Leute immer noch 400-Seiten-Bücher kaufen, um zu lernen, wie man Windows benutzt?

2. **Auf welchem einzigen Weg kann man in Visual Basic Pulldown-Menüs erstellen?**

    a) Öffnen Sie das Fenster des Menü-Editors, indem Sie auf die Tasten [Strg]+[E] drücken oder den Menübefehl *Extras/Menü-Editor* wählen oder auf das *Menü-Editor*-Symbol in der Symbolleiste klicken.

    b) Indem man das Programm eines anderen Programmierers kopiert und hofft, daß er es nicht merkt.

    c) Das dürfen Sie gar nicht. Apple-Computer wird Sie wegen einer Copyright-Verletzung verklagen.

    d) Kann Visual Basic denn Pulldown-Menüs erstellen?

Um Shortcuts mit Menübefehlen zu verbinden, gehen Sie folgendermaßen vor:

1. **Klicken Sie auf das Formular mit den Menübefehlen, die Sie mit Shortcuts verbinden wollen.**

2. **Öffnen Sie das Fenster des Menü-Editors, indem Sie auf [Strg]+[E] drücken oder den Menübefehl *Extras/Menü-Editor* wählen oder auf das *Menü-Editor*-Symbol in der Symbolleiste klicken.**

    Visual Basic öffnet das Fenster des Menü-Editors.

3. **Klicken Sie auf den Menübefehl, dem Sie einen Shortcut zuweisen wollen.**

4. **Klicken Sie im Listenfeld *Shortcut* auf den nach unten gerichteten Pfeil.**

   Visual Basic zeigt eine Liste der möglichen Shortcuts an.

5. **Wählen Sie den Shortcut für den Menübefehl.**

   Idealerweise sollte der Shortcut leicht zu behalten sein. Beispiele dafür sind [Strg]+[S] für den Befehl *Speichern* oder [Strg]+[D] für den Befehl *Drucken*. Visual Basic zeigt Ihre Wahl im Menü-Steuerelement-Listenfeld an.

6. **Klicken Sie auf *OK*.**

   Wenn Sie jetzt ein Pulldown-Menü öffnen, werden neben einigen Menübefehlen Shortcuts angezeigt. Weil Sie noch keinen BASIC-Code für die Menübefehle geschrieben haben, passiert nichts, wenn Sie auf einen Shortcut drücken.

Häkchen neben Menübefehle setzen

Um in einem Menü anzuzeigen, daß bestimmte Menüelemente gewählt oder aktiviert sind, können Sie ein Häkchen vor die betreffenden Menüelemente setzen (siehe Abbildung 11.12). Z.B. dienen Häkchen oft zur Anzeige der aktuellen Schriftart oder des aktuellen Schriftgrades.

Abbildung 11.12: Häkchen in einem Pulldown-Menü.

Sie können Häkchen dazu verwenden, um in Ihren Pulldown-Menüs bestimmte Standardeinstellungen beim Start Ihres Programmes anzuzeigen.

Häkchen können nur in Verbindung mit Menübefehlen und nicht mit Menütiteln verwendet werden. Wenn Sie versuchen, ein Häkchen vor einen Menütitel zu setzen, zeigt Visual Basic die Fehlermeldung »An dieser Stelle kann kein Häkchen gesetzt werden« an.

Um ein Häkchen vor einen Menübefehl zu setzen, gehen Sie folgendermaßen vor:

1. **Klicken Sie auf das Formular mit dem Menübefehl, vor den Sie ein Häkchen setzen wollen.**

2. **Öffnen Sie das Fenster des Menü-Editors, indem Sie auf [Strg]+[E] drücken oder den Menübefehl *Extras/Menü-Editor* wählen oder auf das *Menü-Editor*-Symbol in der Symbolleiste klicken.**

3. Klicken Sie auf den Menübefehl, vor den Sie ein Häkchen setzen wollen.
4. Markieren Sie das Kontrollkästchen *Checked*.
5. Klicken Sie auf *OK*.

Um das Häkchen vor einem Menübefehl zu entfernen, müssen Sie BASIC-Code benutzen. Mit dem Code müssen Sie die *Checked*-Eigenschaft des Menübefehls auf *False* setzen. Das folgende Beispiel entfernt das Häkchen vor dem Menübefehl *mnuFont12*:

```
mnuFont12.Checked = False
```

Um mit BASIC-Code ein Häkchen vor einen Menübefehl zu setzen, müssen Sie die *Checked*-Eigenschaft des Menübefehls auf *True* setzen. Das folgende Beispiel setzt ein Häkchen vor den Menübefehl *mnuFontHelvetica*:

```
mnuFontHelvetica.Checked = True
```

Menübefehle abblenden

In manchen Situationen sind bestimmte Menübefehle sinnlos. So ist es z.B. unsinnig, die Befehle *Kopieren* oder *Ausschneiden* zu verwenden, wenn kein Text markiert ist. Um den Benutzer daran zu hindern, Befehle zu wählen, die in der aktuellen Situation nicht zur Verfügung stehen, können Sie die Befehle abblenden (siehe Abbildung 11.13). Der Benutzer kann abgeblendete Befehle in den Menüs zwar noch sehen, aber nicht mehr wählen.

Abbildung 11.13: Beispiel für abgeblendete Menübefehle.

Um einen Menübefehl abzublenden, gehen Sie folgendermaßen vor:

1. **Klicken Sie auf das Formular mit dem Menübefehl, den Sie abblenden wollen.**
2. **Öffnen Sie das Fenster des Menü-Editors, indem Sie auf `Strg`+`E` drücken oder den Menübefehl *Extras/Menü-Editor* wählen oder auf das *Menü-Editor*-Symbol in der Symbolleiste klicken.**

   Visual Basic öffnet das Fenster des Menü-Editors.
3. **Klicken Sie auf den Menübefehl, den Sie abblenden wollen.**

4. Klicken Sie auf das Kontrollkästchen *Enabled*, um das *X* zu löschen (siehe Abbildung 11.14).

5. Klicken Sie auf *OK*.

Abbildung 11.14: Das Kontrollkästchen Enabled *im Fenster des Menü-Editors.*

Um einen abgeblendeten Menübefehl zur Laufzeit Ihres Programmes wieder verfügbar zu machen, müssen Sie BASIC-Code benutzen. Mit dem Code müssen Sie die *Enabled*-Eigenschaft des Menübefehls auf *True* setzen. Das folgende Beispiel stellt den Menübefehl *mnuEditCut* normal dar:

```
mnuEditCut.Enabled = True
```

Um einen Menübefehl zur Laufzeit Ihres Programmes abzublenden, müssen Sie mit BASIC-Code die *Enabled*-Eigenschaft des Menübefehls auf *False* setzen. Das folgende Beispiel blendet den Menübefehl *mnuEditCopy* ab:

```
mnuEditCopy.Enabled = False
```

Menübefehle unterdrücken

Statt einen Menübefehl abzublenden, können Sie ihn auch unterdrücken, so daß er in dem Menü nicht mehr sichtbar ist. So unterdrücken z.B. manche Programme alle Menütitel außer

11 ➤ Menüs erstellen und attraktiv gestalten

Datei und Hilfe, bis der Benutzer eine Datei öffnet oder erstellt. (Denn es ist unsinnig, ein Bearbeiten-Menü anzuzeigen, wenn es nichts zu editieren gibt.)

Um einen Menübefehl zu unterdrücken, gehen Sie folgendermaßen vor:

1. **Klicken Sie auf das Formular mit dem Menübefehl, den Sie unterdrücken wollen.**
2. **Öffnen Sie das Fenster des Menü-Editors, indem Sie auf `Strg`+`E` drücken oder den Menübefehl *Extras/Menü-Editor* wählen oder auf das *Menü-Editor*-Symbol in der Symbolleiste klicken.**
3. **Klicken Sie auf den Menübefehl, den Sie unterdrücken wollen.**
4. **Klicken Sie auf das Kontrollkästchen *Visible*, um das *X* zu löschen.**
5. **Klicken Sie auf *OK*.**

Um einen unterdrückten Menübefehl zur Laufzeit Ihres Programmes wieder anzuzeigen, müssen Sie BASIC-Code benutzen. Mit dem Code müssen Sie die *Visible*-Eigenschaft des Menübefehls auf *True* setzen. Das folgende Beispiel macht den Menütitel *mnuEdit* sichtbar:

```
mnuEdit.Visible = True
```

Um einen Menübefehl zur Laufzeit Ihres Programmes zu unterdrücken, müssen Sie mit BASIC-Code die *Visible*-Eigenschaft des Menübefehls auf *False* setzen. Das folgende Beispiel macht den Menütitel *mnuTools* unsichtbar:

```
mnuTools.Visible = False
```

Denken Sie daran, daß diese fortgeschrittenen Techniken Ihre Programme benutzerfreundlicher machen und ihnen ein professionelleres Aussehen geben. Professionelle Programmierer teilen die folgende Ansicht: Wenn ein Programm professionell aussieht, sucht der Benutzer den Fehler bei sich selbst, wenn etwas schiefgeht. Und das ist auch der wahre Grund, warum Programmierer soviel Zeit auf die Benutzeroberfläche verwenden: damit die Benutzer nicht die Schuld auf sie schieben, wenn das Programm jämmerlich versagt.

Untermenüs, wachsende Menüs und Kontextmenüs

In diesem Kapitel

- Untermenüs erstellen
- Dynamisch wachsende Untermenüs
- Popup-Menüs erstellen

*E*ine typische Menüleiste zeigt am oberen Rand des Bildschirms eine Reihe von Menütiteln an. Wenn man einen der Menütitel wählt, wird ein Pulldown-Menü angezeigt.

Leider kann eine Menüleiste nur eine begrenzte Anzahl von Menütiteln aufnehmen; und ein Pulldown-Menü kann nur so viele Menübefehle anzeigen, wie gleichzeitig auf den Bildschirm passen. Was können Sie tun, wenn Ihre Killer-Anwendung mehr Menübefehle enthält, als in der Menüleiste und den Pulldown-Menüs Platz haben? Die Lösung besteht darin, Untermenüs zu verwenden (oder das Design Ihres Programmes zu ändern).

Untermenüs erstellen

Untermenüs werden oft dazu verwendet, um einen Befehl viele Schichten tief in einer Folge von Pulldown-Menüs zu vergraben. Wenn Untermenüs richtig aufgebaut sind, machen sie den Zusammenhang zwischen verschiedenen Themen deutlich. Wenn sie nicht richtig aufgebaut sind, sieht Ihr Programm nicht anders aus als die vielen kommerziellen Softwarepakete für 500 DM, die Millionen von Leuten bei Ihrer täglichen Arbeit benutzen müssen.

Z.B. haben viele Programme den Menütitel *Text*, unter dem Befehle wie *Schriftart*, *Schriftschnitt* oder *Schriftgrad* angeordnet sind. Wenn man den Menübefehl *Schriftart* wählt, wird oft ein Untermenü mit den verschiedenen zur Verfügung stehenden Schriftarten angezeigt (siehe Abbildung 12.1).

Abbildung 12.1: Ein typisches Pulldown-Menü mit einem Menübefehl zur Wahl der Schriftart und einem Untermenü mit den verschiedenen Schriftarten.

In Visual Basic können Sie Untermenüs bis zu vier Stufen tief schachteln (siehe Abbildung 12.2). Obwohl diese Anzahl manchmal gebraucht wird, benutzen die meisten Programme nur eine Untermenüstufe, um die Menübefehle nicht so tief zu vergraben, daß niemand sie finden kann. Gerüchte besagen, daß die Watergate-Bänder, die Leiche von Jimmy Hoffa und der Heilige Gral irgendwo in den Untermenüs eines bekannten Programmes vergraben sind.

Abbildung 12.2: Vier Untermenüstufen: Jetzt ist's aber genug.

Wenn rechts neben einem Menüelement ein Pfeilspitzensymbol angezeigt wird, dann hat dieser Menübefehl ein Untermenü. Wenn Sie Untermenüs definieren, zeigt Visual Basic dieses Pfeilspitzensymbol automatisch an (siehe Abbildung 12.3).

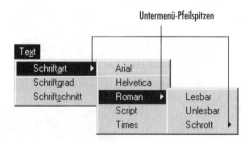

Abbildung 12.3: Das Pfeilspitzensymbol in einem Menübefehl zeigt das Vorhandensein eines Untermenüs an.

12 ➤ Untermenüs, wachsende Menüs und Kontextmenüs

Untermenüs werden mit dem Menü-Editor definiert. Alle Elemente des Menü-Steuerelement-Listenfeldes, die ganz links stehen, repräsentieren einen Menütitel in der Menüleiste. Elemente, die eine Stufe nach rechts eingerückt sind, gehören zu einem Pulldown-Menü. Elemente, die zwei Stufen nach rechts eingerückt sind, gehören zu einem Untermenü der ersten Stufe. Elemente, die drei Stufen nach rechts eingerückt sind, gehören zu einem Untermenü der zweiten Stufe. Elemente, die vier Stufen nach rechts eingerückt sind, gehören zu einem Untermenü der dritten Stufe. Elemente, die fünf Stufen nach rechts eingerückt sind, gehören zu einem Untermenü der vierten und letzten Stufe.

Um Untermenüs zu erstellen, gehen Sie folgendermaßen vor:

1. **Klicken Sie auf das Formular, für das Sie Untermenüs erstellen wollen.**
2. **Öffnen Sie das Fenster des Menü-Editors, indem Sie auf [Strg]+[E] drücken oder den Menübefehl *Extras/Menü-Editor* wählen oder auf das *Menü-Editor*-Symbol in der Symbolleiste klicken.**
3. **Markieren Sie im Menü-Steuerelement-Listenfeld den Menübefehl, den Sie in ein Untermenü einfügen wollen.**
4. **Klicken Sie auf die Schaltfläche mit dem nach rechts gerichteten Pfeil, um das Element nach rechts einzurücken.**
5. **Klicken Sie auf *OK*.**

Jede Einrückungsstufe wird im Menü-Steuerelement-Listenfeld durch vier Punkte (....) repräsentiert.

Um ein Untermenü eine Stufe höher zu setzen, gehen Sie folgendermaßen vor:

1. **Klicken Sie auf das Formular mit den Umtermenüs, die Sie ändern wollen.**
2. **Öffnen Sie das Fenster des Menü-Editors, indem Sie auf [Strg]+[E] drücken oder den Menübefehl *Extras/Menü-Editor* wählen oder auf das *Menü-Editor*-Symbol in der Symbolleiste klicken.**
3. **Markieren Sie im Menü-Steuerelement-Listenfeld den Menübefehl, den Sie höherstufen wollen.**
4. **Klicken Sie auf die Schaltfläche mit dem nach links gerichteten Pfeil, um das Element nach links zu verschieben.**
5. **Klicken Sie auf *OK*.**

Statt mehrstufige Untermenüs zu verwenden, arbeiten die meisten wirklich professionellen Programme mit Dialogfeldern. (Dialogfelder werden in Kapitel 13 behandelt.) Bei einem *Dialogfeld* kann der Benutzer mehrere Entscheidungen auf einmal treffen, ohne sich durch viele Untermenüstufen arbeiten zu müssen.

Warum gibt es denn überhaupt Untermenüs, wenn sogar Microsoft von ihrer Verwendung abrät? Untermenüs gehören zu den vielen Methoden, mit denen Microsoft Ihnen die Freiheit gibt, eine schwierig zu bedienende Benutzeroberfläche zu entwerfen, damit Ihre Programme nicht zu einer Bedrohung für die Programme von Microsoft werden.

Menü-Captions zur Laufzeit ändern

In manchen Situationen kann es notwendig oder wünschenswert sein, die Caption eines Menütitels oder eines Menüelementes zu ändern. Der Menübefehl, bei dem dies wohl am häufigsten vorkommt, ist der Befehl *Rückgängig* im Menü *Bearbeiten*. Viele Programme ersetzen den Befehl *Rückgängig*, nachdem er ausgeführt wurde, durch den Befehl *Wiederherstellen*.

Um die Caption eines Menütitels oder eines Menüelementes zu ändern, müssen Sie seine *Caption*-Eigenschaft mit BASIC-Code ändern. Das folgende Beispiel ändert die Caption des Menüelements *mnuEditUndo* in *Wiederherstellen* um:

```
mnuEditUndo.Caption = "Wiederherstellen"
```

Das folgende Beispiel ändert die Caption des Menüelements *mnuEditUndo* wieder in *Rückgängig*:

```
mnuEditUndo.Caption = "Rückgängig"
```

 Beim Ändern der Caption eines Menütitels oder Menüelementes können Sie mit dem kaufmännischen Und-Zeichen die Zugriffstaste (Shortcut) des Menübefehls definieren. Das folgende Beispiel ändert die Caption des Menüelements *mnuEditUndo* in *Rückgängig* und definiert eine Zugriffstaste:

```
mnuEditUndo.Caption = "&Rückgängig"
```

Dynamisch wachsende Menüs

Bei manchen Windows-Programmen wie z.B. Microsoft Word für Windows haben Sie vielleicht schon folgendes bemerkt: Wenn Sie das Programm laden, zeigt das Datei-Menü eine Liste mit den letzten vier oder fünf Dateien an, die Sie bearbeitet haben (siehe Abbildung 12.4). Wenn Sie in diesem Programm zwei oder mehr Fenster öffnen, zeigt das Fenster-Menü eine Liste mit den gegenwärtig geöffneten Dateien an.

Damit ein Menü dynamisch wachsen kann, müssen Sie in Ihrem Menü mit dem Menü-Editor Leerstellen einbauen, denen Sie dann zur Laufzeit mit BASIC-Code eine andere Caption zuweisen und dann sichtbar machen.

12 ➤ Untermenüs, wachsende Menüs und Kontextmenüs

Abbildung 12.4: Ein dynamisch wachsendes Menü, das Ihre zuletzt geöffneten Dateien anzeigt.

Um ein dynamisch wachsendes Menü zu erstellen, gehen Sie folgendermaßen vor:

1. **Klicken Sie auf das Formular, für das Sie ein dynamisch wachsendes Menü erstellen wollen.**
2. **Öffnen Sie das Fenster des Menü-Editors, indem Sie auf [Strg]+[E] drücken oder den Menübefehl *Extras/Menü-Editor* wählen oder auf das Menü-Editor-Symbol in der Symbolleiste klicken.**
3. **Klicken Sie auf die Zeile unter dem letzten Menüelement des Menütitels, der dynamisch wachsen soll.**

   Wenn Sie z.B. neue Menüelemente an das Datei-Menü anhängen wollen, klicken Sie auf die Zeile unter dem letzten Menübefehl des Datei-Menüs.
4. **Klicken Sie auf *Einfügen*, um ein Element einzuzufügen.**
5. **Klicken Sie auf die Schaltfläche mit dem nach rechts gerichteten Pfeil, um das neue Element nach rechts einzurücken, so daß es unter den anderen Menübefehlen steht.**
6. **Lassen Sie das Textfeld *Caption* leer, und drücken Sie auf [Tab].**
7. **Geben Sie im Textfeld *Name* für jedes leere Menüelement, das Sie einfügen, denselben Namen, z.B. *mnuFileArray*, ein.**
8. **Geben Sie bei der ersten Leerzeile den Wert *0* in das Textfeld *Index* ein.**

   Erhöhen Sie den Wert in diesem Feld für jede weitere Leerzeile um eins. Bei der ersten Leerzeile sollte also im Textfeld *Index* der Wert *0* stehen, bei der zweiten der Wert *1*, bei der dritten der Wert *2* usw.
9. **Klicken Sie auf das *Visible*-Kontrollkästchen, um seinen Inhalt zu löschen.**
10. **Drücken Sie auf [Eingabe].**

11. **Wiederholen Sie die Schritte 3 bis 10, bis Sie vier oder fünf Leerzeilen unter dem letzten Menüelement des Menütitels erstellt haben.**

Achten Sie darauf, daß jede Leerzeile im Textfeld *Index* einen anderen Wert hat.

12. **Klicken Sie auf *OK*.**

Die vorhergehenden Schritte erstellen ein dynamisch wachsendes Menü. Um das Menü tatsächlich wachsen zu lassen, müssen Sie die Leerzeilen mit BASIC-Code durch richtige Menübefehle ersetzen. Das folgende Beispiel ersetzt die erste Leerzeile (Index = 0) in einem dynamisch wachsenden Menü:

```
Private Sub Formular_Load()
   mnuFileArray(0).Caption = "&1 " + "C:\VB\HELLO.VBP"
   mnuFileArray(0).Visible = True
End Sub
```

Die erste Zeile setzt die Caption der ersten Leerzeile (mit dem Namen *mnuFileArray(0)*) auf *1 C:\VB\HELLO.VBP*. Die zweite Zeile macht diesen Menübefehl im Pulldown-Menü sichtbar.

Popup-Menüs erstellen

Popup-Menüs dienen oft dazu, eine Liste mit Befehlen schnell auf dem Bildschirm anzuzeigen. Jedes Menü oder Untermenü kann als Popup-Menü angezeigt werden. Popup-Menüs werden normalerweise angezeigt, wenn der Benutzer auf die rechte Maustaste drückt. Abbildung 12.5 zeigt ein Beispiel eines Popup-Menüs.

Abbildung 12.5: Beispiel eines Popup-Menüs.

Popup-Menüs werden mit dem BASIC-Befehl PopupMenu erstellt. Das folgende Beispiel zeigt das Menü *mnuEdit* als Popup-Menü an, wenn der Benutzer auf die rechte Maustaste drückt:

```
Private Sub Formular_MouseUp(Button As Integer, Shift As Integer, _
        X As Single, Y As Single)
   If Button = 2 Then      ' Rechte Maustaste gedrückt
      PopupMenu mnuEdit    ' mnuEdit als Popup-Menü anzeigen
   End If
End Sub
```

Um ein Popup-Menü zu erstellen, gehen Sie folgendermaßen vor:

1. **Klicken Sie auf das Formular mit dem Menü, das Sie als Popup-Menü anzeigen wollen.**
2. **Drücken Sie auf F7, oder klicken Sie auf das *Code anzeigen*-Symbol im Fenster des Projekt-Explorers.**

    Visual Basic zeigt das Fenster des Code-Editors an.

3. **Wählen Sie im *Objekt*-Kombinationsfeld den Eintrag *Form*.**
4. **Wählen Sie im *Prozedur*-Listenfeld den Eintrag *MouseUp*.**

    Visual Basic zeigt die leere Prozedur Private Sub Formular_MouseUp an.

5. **Geben Sie den folgenden Code zwischen der ersten und letzten Zeile der Prozedur ein:**

```
If Button = 2 Then
    PopupMenu (geben Sie hier den Namen des Menüs ein)
End If
```

Die Position von Popup-Menüs definieren

Normalerweise werden Popup-Menüs an der aktuellen Position des Mauszeigers angezeigt. Wenn Sie dagegen ein Popup-Menü an einer ganz bestimmten Position anzeigen wollen, müssen Sie die exakten Koordinaten dieser Position angeben (siehe Abbildung 12.5).

Das folgende Beispiel zeigt das Popup-Menü *mnuTools* an der Position mit der X-Koordinate *500* und der Y-Koordinate *650* an:

```
PopupMenu mnuTools, 500, 600
```

Sie können die Position des Popup-Menüs auch relativ zur Position des Mauszeigers definieren und es bezogen auf den Mauszeiger links, rechts oder zentriert anzeigen. Benutzen Sie dafür einen der folgenden Befehle:

```
PopupMenu mnuEdit, 0    ' linksbündig
PopupMenu mnuEdit, 4    ' zentriert
PopupMenu mnuEdit, 8    ' rechtsbündig
```

Zahlen zur Spezifikation der Ausrichtung zu benutzen ist zwar kurz und bündig, kann aber verwirrend sein, wenn man sich den Code später ansieht und nicht mehr genau weiß, was die Zahlen bedeuten. Deshalb können Sie in Visual Basic die Zahlen durch aussagefähigere Wörter ersetzen:

```
PopupMenu mnuEdit, vbPopupMenuLeftAlign      ' linksbündig
PopupMenu mnuEdit, vbPopupMenuCenterAlign    ' zentriert
PopupMenu mnuEdit, vbPopupMenuRightAlign     ' rechtsbündig
```

Diese Befehle geben Visual Basic folgende Anweisung: »Paß auf. Immer wenn du das Wort *vbPopupMenuRightAlign* siehst, ersetze es durch die Zahl 8.«

Mit der alten Methode sieht die Visual Basic-Prozedur folgendermaßen aus:

```
Sub Formular_MouseUp(Button As Integer, Shift As Integer,
          X As Single, Y As Single)
   If Button = 2 Then         ' Rechte Maustaste gedrückt
      PopupMenu mnuEdit, 4    ' Alte, verwirrende Methode
   End If
End Sub
```

Mit der neuen, leicht zu lesenden Methode sieht die Visual Basic-Prozedur folgendermaßen aus:

```
Sub Formular_MouseUp(Button As Integer, Shift As Integer,
          X As Single, Y As Single)
   If Button = 2 Then           ' Rechte Maustaste gedrückt
      PopupMenu mnuEdit, vbPopupMenuCenterAlign
   End If
End Sub
```

Falls Ihre Gedanken schon vorauseilen, denken Sie sicher daran, wie Sie ein Popup-Menü an einer bestimmten Position linksbündig, zentriert oder rechtsbündig ausrichten können. Der BASIC-Befehl dazu lautet:

```
PopupMenu mnuTools, 4, 500, 650
```

oder

```
PopupMenu mnuTools, vbPopupMenuCenterAlign, 500, 650
```

Das Beispiel zeigt ein Popup-Menü zentriert an der Position mit den Twips-Koordinaten (500, 650) an.

Wenn Sie als Maßeinheit nicht Twips, sondern Zoll oder Zentimeter wählen, müssen Sie die Werte der Koordinaten an die neue Maßskala anpassen.

Die rechte Maustaste mit Popup-Menüs verknüpfen

Normalerweise funktionieren Popup-Menüs wie gewöhnliche Pulldown-Menüs. Um einen Menübefehl zu wählen, klicken Sie mit der linken Maustaste auf den Befehl. Die rechte Maustaste ist in einem Popup-Menü normalerweise deaktiviert. Wenn Sie in einem Popup-Menü einen Befehl sowohl mit der linken als auch mit der rechten Maustaste wählen wollen, müssen Sie die rechte Maustaste aktivieren.

Das folgende Beispiel aktiviert die rechte Maustaste:

```
PopupMenu mnuEdit, 2
```

Testen Sie Ihr neu erworbenes Wissen

1. **Erläutern Sie, aus welchem Grund Menü-Captions zur Laufzeit eines Programms geändert werden.**

   a) Um den Benutzer konfus zu machen.

   b) Um wichtige Befehle zu verschieben und den Benutzer wach zu halten.

   c) Um zwischen Menü-Captions wie z.B. *Undo* und *Redo* hin und her zu schalten.

   d) Um die faszinierenden Möglichkeiten von Visual Basic zu zeigen.

2. **Erkären Sie, was der folgende BASIC-Code bewirkt:**

   ```
   Sub Formular_MouseUp(Button As Integer, Shift As Integer,
               X As Single, Y As Single)
       If Button = 2 Then     ' Rechte Maustaste gedrückt
           PopupMenu mnuFont
       End If
   End Sub
   ```

   a) Wenn der Benutzer auf die rechte Maustaste drückt, wird das Menü *mnuFont* als Popup-Menü angezeigt.

   b) Wenn der Benutzer auf die rechte Maustaste drückt, wird das Bild eines Popstars angezeigt.

   c) Wenn der Benutzer auf die rechte Maustaste drückt, zerstört sich die Maus mit einem lauten »Pop« selbst.

   d) Ein Popup-Menü erscheint – welches das ist und wie es aussieht, ist mir allerdings schleierhaft. Aber was soll's?

Noch einmal: Um die Zahlen durch leicht zu behaltende Wörter zu ersetzen, können Sie folgenden Befehl einfügen:

```
PopupMenu mnuEdit, vbPopupMenuRightButton
```

Standardmäßig geht Visual Basic davon aus, daß Sie bei einem Popup-Menü immer die linke Maustaste zur Wahl eines Menübefehls benutzen wollen.

Jetzt kommt eine knifflige Frage: Wie können Sie ein Popup-Menü definieren, das zugleich zentriert ist und auf die rechte Maustaste reagiert? Die Lösung besteht darin, den OR-Operator folgendermaßen zu verwenden:

```
PopupMenu mnuEdit, 2 Or 4
```

Oder um mit leichter lesbaren Wörtern zu arbeiten:

```
PopupMenu mnuEdit, vbPopupMenuRightButton Or
   vbPopupMenuCenterAlign
```

Viele weit verbreitete Programme (wie WordPerfect, Excel oder Paradox) arbeiten mit Untermenüs, dynamisch wachsenden Menüs und Popup-Menüs. Bei weniger komplizierten Programmen wie z.B. Computerspielen brauchen Sie diese vielen Menüvarianten wahrscheinlich nicht.

Die meisten Benutzer kennen die verschiedenen Menüvarianten bereits. Deshalb werden sie nicht überrascht sein, wenn ein Untermenü oder Popup-Menü auf dem Bildschirm erscheint. Die Kunst besteht darin, diese Werkzeuge nur einzusetzen, wenn es notwendig ist. Denken Sie immer daran: Je aufwendiger Sie Ihr Programm gestalten, desto mehr Dinge können schiefgehen. (Und Sie haben doch sicher schon von Murphy's Gesetz gehört ...)

Dialogfelder

In diesem Kapitel

- Dialogfelder erstellen
- Symbole und Schaltflächen in Dialogfelder einfügen
- Standard-Dialogfelder

Keine Frage, Pulldown-Menüs erleichtern das Leben des Benutzers (vorausgesetzt natürlich, er weiß damit umzugehen). Zusätzlich zu Pulldown-Menüs arbeiten fast alle Programme mit Dialogfeldern.

Dialogfelder sind Fenster, die zur Laufzeit eines Programms auf dem Bildschirm angezeigt werden. Viele Dialogfelder dienen dazu, dem Benutzer Statusmeldungen anzuzeigen. Beispiele: *Drucke Seite 4 von 67* oder *Windows-Anwendungsfehler*.

Andere Dialogfelder dienen dazu, den Benutzer nach zusätzlichen Informationen zu fragen. Beispiele: *Druck abbrechen?* oder *Wollen Sie Windows wirklich verlassen?*. Größere Dialogfelder enthalten oft eine Vielzahl verschiedener Optionen, so daß der Benutzer mehrere Entscheidungen auf einmal treffen kann.

Analog zu den Standard-Pulldown-Menüs (Datei, Bearbeiten, Hilfe) arbeiten die meisten Programme mit vordefinierten Dialogfeldern.

Ein Dialogfeld erstellen

Ein Dialogfeld zeigt auf dem Bildschirm eine Meldung und eine oder mehrere Befehlsschaltflächen an. Dialogfelder bestehen aus den folgenden veränderbaren Komponenten (siehe Abbildung 13.1):

- ✔ Titelleistentext
- ✔ Meldung
- ✔ Symbol als Blickfang
- ✔ Eine oder mehrere Befehlsschaltflächen

Abbildung 13.1: Komponenten eines typischen Dialogfeldes.

Die *Titelleiste* identifiziert den Zweck des Dialogfeldes. Beispiel: *Über dieses Programm*. Die *Meldung* enthält die Information, die mit dem Dialogfeld angezeigt werden soll. Beispiel: *Wollen Sie wirklich lieber C++ lernen?*. Das *Symbol* zeigt an, wie wichtig die Information ist. Die Anzahl und die Art der *Befehlsschaltflächen* kann von eins bis drei variieren.

Das einfachste Dialogfeld zeigt nur eine Information auf dem Bildschirm an und enthält eine *OK*-Schaltfläche, mit welcher der Benutzer das Dialogfeld schließen kann.

Das folgende Beispiel erstellt das einfache Dialogfeld, das in Abbildung 13.2 gezeigt wird:

```
Private Sub Formular_Load()
   MsgBox "Graue-Eminenzen-Software",, "Über dieses Programm"
End Sub
```

Dieses einfache Dialogfeld zeigt nur die Meldung »Graue-Eminenzen-Software« auf dem Bildschirm an. Es wird geschlossen, wenn der Benutzer auf die *OK*-Schaltfläche klickt.

Abbildung 13.2: Das Dialogfeld »Über dieses Programm«.

Symbole in ein Dialogfeld einfügen

Mit Symbolen können Sie die Aufmerksamkeit des Benutzers leichter auf Ihr Dialogfeld lenken. In Visual Basic stehen für diesen Zweck die folgenden vier Symbole zur Verfügung (siehe Abbildung 13.3):

- ✔ Critical Message
- ✔ Warning Query
- ✔ Warning Message
- ✔ Information Message

Symbol	Name	Numerischer Wert	Visual Basic-Konstante
✖	Critical Message	16	vbCritical
?	Warning Query	32	vbQuestion
!	Warning Message	48	vbExclamation
i	Information Message	64	vbInformation

Abbildung 13.3: Die vier Symbole für Dialogfelder und ihre numerischen Werte.

Das Symbol *Critical Message* dient dazu, den Benutzer auf eine sehr wichtige Frage hinzuweisen. Beispiel: »Wenn Sie weitermachen, wird Ihre ganze Festplatte gelöscht. Wollen Sie dies wirklich?«

Das Symbol *Warning Query* (ein Fragezeichen) dient dazu, Fragen in Situationen mit weniger schwerwiegenden Folgen zu stellen. Beispiel: »Wollen Sie Microsoft Word wirklich verlassen?«

Das Symbol *Warning Message* (ein Ausrufezeichen) dient dazu, dem Benutzer die Konsequenzen seiner Aktionen zu verdeutlichen. Beispiel: »Wollen Sie wirklich alle 79 Seiten Ihres Dokumentes durch einen einzigen Satz ersetzen?«

Das Symbol *Information Message* dient dazu, einfache Meldungen optisch aufzubereiten. Beispiel: »Drucken beendet.«

Um ein Symbol in ein Dialogfeld einzufügen, brauchen Sie nur den numerischen Wert des Symbols zwischen die Meldung und den Titelleistentext einzufügen:

```
Private Sub Formular_Load()
   MsgBox "Graue-Eminenzen-Software", 64, "Über dieses Programm"
End Sub
```

Dieser Code erzeugt das Dialogfeld der Abbildung 13.4.

Abbildung 13.4: Ein Dialogfeld mit dem Symbol Information Message.

 Normalerweise können Sie in Visual Basic nur eins der vier möglichen Symbole in einem Dialogfeld anzeigen. Wenn Ihnen das zuwenig ist, können Sie ein Dialogfeld simulieren, indem Sie ein separates Formular erstellen und seine *BorderStyle*-Eigenschaft auf den Wert *Fixed Dialog* setzen. Fügen Sie dann die gewünschten Symbole mit Abbildungsfeldern in das Formular ein. Zeigen Sie die Meldung mit einem Bezeichnungsfeld an, und fügen Sie die Befehlsschaltflächen ein.

Denken Sie jedoch daran, daß Sie beim Simulieren eines Dialogfeldes alle Komponenten (Symbole, Befehlsschaltflächen und Bezeichnungsfeld) selbst erstellen müssen und daß Sie den BASIC-Code schreiben müssen, um das Dialogfeld zu steuern. Wenn Sie schnell und einfach ein Dialogfeld erstellen wollen, sollten Sie lieber den Befehl MsgBox verwenden.

Anzahl und Art der Befehlsschaltflächen in einem Dialogfeld definieren

Dialogfelder können eine bis drei Befehlsschaltflächen enthalten. Jede Kombination von Befehlsschaltflächen wird durch einen numerischen Wert repräsentiert. Tabelle 13.1 zeigt die sechs möglichen Kombinationen von Befehlsschaltflächen, ihre numerischen Werte sowie die Visual Basic-Konstanten:

Angezeigte Befehlsschaltflächen	Numerischer Wert	Visual Basic-Konstante
OK	0	vbOKOnly
OK und Abbrechen	1	vbOKCancel
Abbrechen, Wiederholen und Ignorieren	2	vbAbortRetryIgnore
Ja, Nein und Abbrechen	3	vbYesNoCancel
Ja und Nein	4	vbYesNo
Wiederholen und Abbrechen	5	vbRetryCancel

Tabelle 13.1: In Visual Basic verfügbare Kombinationen von Befehlsschaltflächen.

Um die gewünschte Kombination von Befehlsschaltflächen anzuzeigen, geben Sie ihren numerischen Wert zwischen der Meldung und dem Titelleistentext des Dialogfeldes ein:

```
Private Sub Formular_Load()
    MsgBox "Datei nicht gefunden", 2, "Fehlermeldung"
End Sub
```

oder

```
Private Sub Formular_Load()
    MsgBox "Datei nicht gefunden", vbRetryIgnore, "Fehlermeldung"
End Sub
```

Welche Schaltfläche hat der Benutzer in einem Dialogfeld gewählt?

Dialogfelder mit zwei oder mehr Befehlsschaltflächen bieten dem Benutzer eine Wahlmöglichkeit. Wenn das Dialogfeld geschlossen wird, muß Ihr Programm natürlich erfahren, welche Wahl der Benutzer getroffen hat.

Tabelle 13.2 zeigt die sieben wählbaren Befehlsschaltflächen und ihre numerischen Werte:

Befehlsschaltfläche	Numerischer Wert	Visual Basic-Konstante
OK (OK)	1	vbOK
Abbrechen (Cancel)	2	vbCancel
Abbrechen (Abort)	3	vbAbort
Wiederholen (Retry)	4	vbRetry
Ignorieren (Ignore)	5	vbIgnore
Ja (Yes)	6	vbYes
Nein (No)	7	vbNo

Tabelle 13.2: Wählbare Befehlsschaltflächen und ihre numerischen Werte.

Damit Sie in Ihrem Programm feststellen können, welche Befehlsschaltfläche der Benutzer gewählt hat, müssen Sie den numerischen Wert, der von dem BASIC-Code MsgBox übergeben wird, in einer Variablen speichern. Das folgende Beispiel zeigt, wie Sie den numerischen Wert in einer Variablen mit dem Namen *Auswahl* speichern können:

```
Auswahl = MsgBox("Datei nicht gefunden", 2, "Fehlermeldung")
```

Dieser Code zeigt ein Dialogfeld mit den Befehlsschaltflächen *Abbrechen*, *Wiederholen* und *Ignorieren* an. Wenn der Benutzer auf *Abbrechen* klickt, erhält *Auswahl* den Wert 3. Wenn der Benutzer auf *Wiederholen* klickt, erhält *Auswahl* den Wert 4. Wenn der Benutzer auf *Ignorieren* klickt, erhält *Auswahl* den Wert 5.

Wenn Sie den Wert, der von einem Dialogfeld zurückgegeben wird, einer Variablen zuweisen wollen, müssen Sie die Parameter des Befehls MsgBox in Klammern einschließen.

Standard-Dialogfelder

Einfache Dialogfelder genügen zwar gelegentlich, für viele Standardaufgaben benötigen Sie jedoch kompliziertere Dialogfelder. Unter Windows gibt es für häufig durchgeführte Aufgaben die sogenannten *Standard-Dialogfelder*, die auch in Visual Basic zur Verfügung stehen. Dazu zählen:

✔ Öffnen

✔ Speichern Unter

✔ Farbe

✔ Schriftart

✔ Drucken

Ehe Sie ein Standard-Dialogfeld benutzen können, müssen Sie möglicherweise das *CommonDialog*-Symbol in die Visual Basic-Werkzeugsammlung einfügen. Gehen Sie dazu folgendermaßen vor:

1. **Wählen Sie im *Projekt*-Menü den *Komponenten*-Befehl.**

    Das *Komponenten*-Dialogfeld wird angezeigt.

2. **Klicken Sie auf das *Steuerelemente*-Register.**

3. **Markieren Sie das *Microsoft Common Dialog Control 5.0*-Kontrollkästchen.**

4. **Klicken Sie auf *OK*.**

    Die Visual Basic-Werkzeugsammlung zeigt das *CommonDialog*-Symbol an (siehe Abbildung 13.5).

Um eins der fünf Standard-Dialogfelder in Ihrem Programm anzuzeigen, gehen Sie folgendermaßen vor:

1. **Klicken Sie in der Visual Basic-Werkzeugsammlung auf das *CommonDialog*-Symbol.**

2. **Gehen Sie mit der Maus an eine beliebige Stelle auf dem Formular. Drücken und halten Sie die linke Maustaste nieder, und ziehen Sie die Maus nach rechts unten. Lassen Sie die Maustaste los.**

    Damit wird das *CommonDialog*-Symbol auf dem Formular gezeichnet (siehe Abbildung 13.5).

13 ➤ Dialogfelder

Abbildung 13.5: Das CommonDialog-*Symbol in der Werkzeugsammlung und auf einem Formular.*

Wenn Sie in der Werkzeugsammlung auf das *CommonDialog*-Symbol doppelklicken, fügt Visual Basic das *CommonDialog*-Symbol automatisch in das Formular ein.

Es spielt keine Rolle, an welcher Stelle Sie das *CommonDialog*-Symbol zeichnen, da das Symbol immer unsichtbar bleibt. Wenn Sie das *CommonDialog*-Symbol in ein Formular einfügen, sagen Sie Visual Basic: »Paß auf, dieses Symbol gibt dir die magische Fähigkeit, das Dialogfeld *Öffnen*, *Speichern unter*, *Drucken*, *Farbe* oder *Schriftart* anzuzeigen, wenn ich es dir sage.«

Sie benötigen nur ein *CommonDialog*-Symbol pro Formular und brauchen deshalb den Namen des Symbols nicht zu ändern. Benutzen Sie einfach seinen Standardnamen *CommonDialog1*, den es von Visual Basic automatisch erhält.

Testen Sie Ihr neu erworbenes Wissen

1. Warum sollte man in einem Dialogfeld ein Symbol anzeigen?

    a) Damit auch ein Analphabet Ihr Programm benutzen kann.

    b) Um den Blick des Benutzers zu fangen und einen optischen Hinweis auf die Wichtigkeit der Meldung zu geben. So kann z.B. das Symbol *Critical Message* den Benutzer auf die schwerwiegenden Folgen seiner geplanten Aktion hinweisen.

    c) Um den Blick des Benutzers zu fangen und ihn vom Wesentlichen abzulenken.

    d) Um zu sehen, ob der Benutzer klug genug ist zu erkennen, daß das Dialogfeld nichts Wichtiges zu sagen hat.

2. Was müssen Sie zuerst machen, wenn Sie ein Standard-Dialogfeld wie *Öffnen*, *Speichern unter*, *Drucken*, *Farbe* oder *Schriftart* benutzen wollen?

    a) Das Handbuch lesen.

    b) Ein neues Formular erstellen, drei Befehlsschaltflächen, zwei Kontrollkästchen und ein Listenfeld zeichnen.

    c) Die aktuelle Datei speichern und Visual Basic verlassen.

    d) Das *CommonDialog*-Symbol in das Formular einfügen.

Das Dialogfeld Öffnen anzeigen

Mit dem Dialogfeld *Öffnen* (siehe Abbildung 13.6) kann der Benutzer ein Laufwerk, einen Ordner und den Namen einer zu öffnenden Datei wählen. Außerdem kann er die Art der angezeigten Dateien auswählen, indem er die Anzeige auf Dateien mit einer bestimmten Dateinamenserweiterung wie z.B. *.TXT oder *.EXE einschränkt.

Um das Dialogfeld *Öffnen* anzuzeigen, brauchen Sie nur folgenden BASIC-Befehl zu verwenden:

```
CommonDialog1.ShowOpen
```

Um die Liste der Dateien zu definieren, die in dem Dialogfeld *Öffnen* angezeigt werden sollen, müssen Sie einen sogenannten *Filter* benutzen. Ein Filter teilt Visual Basic mit, welche Dateiarten angezeigt werden sollen. So legt ein Filter z.B. fest, daß alle Dateien mit der Dateinamenerweiterung *TXT* oder *BAT* angezeigt werden sollen.

13 ▶ Dialogfelder

Abbildung 13.6: Das Öffnen-*Dialogfeld.*

Ein Filter besteht aus zwei Komponenten: Die erste Komponente ist die Bezeichnung, die im Listenfeld angezeigt wird. Die zweite Komponente ist der Filter selbst. Die Tabelle 13.3 zeigt einige Beispiele solcher Bezeichnungen und Filter. Um die Bezeichnungen möglichst aussagefähig zu machen, wird der Filter normalerweise mit in die Bezeichnung aufgenommen.

So haben z.B. Textdateien normalerweise die Dateinamenserweiterung *TXT*. Manchmal enden sie auch auf *ASC*. Eine Bezeichnung wie *Textdateien (*.TXT)* sagt Ihnen eindeutig, daß nur Textdateien mit der Dateinamenserweiterung *TXT* (und nicht mit der Dateinamenserweiterung *ASC*) angezeigt werden.

Bezeichnung	Filter
Alle Dateien (*.*)	*.*
Textdateien (*.TXT)	*.TXT
Batch-Dateien (*.BAT)	*.BAT
Ausführbare Dateien (*.EXE)	*.EXE

Tabelle 13.3: Bezeichnungen und Filter.

Um Bezeichnungen und Filter zu definieren, verwenden Sie BASIC-Code wie in dem folgenden Beispiel:

```
CommonDialog1.Filter = "Alle Dateien (*.*)|*.*|Textdateien
        (*.TXT)|*.TXT|Batch-Dateien (*.BAT)|*.BAT|
        Ausführbare Dateien (*.EXE)|*.EXE"
```

Dieser Code legt auch die Reihenfolge der Filter fest. Sie können dann mit einer Indexnummer auf die Filter zugreifen. In dem obigen Beispiel steht der *Alle Dateien*-Filter an erster Stelle. Er hat deswegen die Filter-Indexnummer eins. Wenn Sie die Liste der Bezeichnungen und Filter erstellt haben, müssen Sie mit BASIC-Code den Filter festlegen, der als erster angewendet werden soll:

```
CommonDialog1.FilterIndex = 1
```

Dieser Code zeigt die Bezeichnung *Alle Dateien (*.*)* im *Dateityp*-Listenfeld an und wendet den Filter *(*.*)* auf die anzuzeigenden Dateien an. Sie können auch folgenden BASIC-Code verwenden:

```
CommonDialog1.FilterIndex - 4
```

Dieser Code zeigt die Bezeichnung *Ausführbare Dateien (*.EXE)* im *Dateityp*-Listenfeld an und wendet den Filter (**.EXE*) auf die anzuzeigenden Dateien an.

Die Reihenfolge, in der Sie Ihre Filter mit dem Befehl CommonDialog1.Filter definieren, bestimmt die *FilterIndex*-Nummer. Wenn Sie den Filter z.B. folgendermaßen ändern:

```
CommonDialog1.Filter = "Textdateien (*.TXT)|*.TXT|Alle Dateien
         (*.*)|*.*"
```

dann zeigt der folgende Code die Bezeichnung *Textdateien (*.TXT)* im *Dateityp*-Listenfeld an und wendet den Filter (**.TXT*) auf die anzuzeigenden Dateien an:

```
CommonDialog1.FilterIndex = 1
```

Das Dialogfeld Öffnen erstellen

Wenn Ihr Programm Daten in einer Datei speichern will, muß es diese Datei irgendwann vorher öffen (oder erstellen). Da fast jedes Programm die eine oder andere Datei öffnet, machen Sie sich das Leben leichter, wenn Sie sich mit dem Dialogfeld *Öffnen* vertraut machen.

Um das *Öffnen*-Dialogfeld anzuzeigen, müssen Sie BASIC-Code schreiben:

```
Private Sub mnuFileOpen_Click()
    CommonDialog1.Filter = "Text-Dateien (*.TXT)|*.TXT|Alle Dateien (*.*)|*.*"
    CommonDialog1.FilterIndex = 1
    CommonDialog1.ShowOpen
End Sub
```

Diese Ereignisprozedur teilt Visual Basic folgendes mit:

1. Wenn der Benutzer im *Datei*-Menü auf den *Öffnen*-Befehl klickt, führe die Anweisungen zwischen der ersten und der letzten Zeile der *Private Sub mnuFileOpen_Click()*-Ereignisprozedur aus.

2. Die zweite Zeile teilt Visual Basic mit, welche Dateiarten es in dem *Öffnen*-Dialogfeld anzeigen soll.

3. Die dritte Zeile weist Visual Basic an, die Dateinamen anzuzeigen, welche die erste Filterbedingung in der *Filter*-Eigenschaft erfüllen. In diesem Fall weist die dritte Zeile das *Öffnen*-Dialogfeld an, Dateien mit der Dateierweiterung *.TXT* anzuzeigen.

4. Die vierte Zeile weist Visual Basic an, das *Öffnen*-Dialogfeld auf dem Bildschirm anzuzeigen.

An dieser Stelle sieht das Dialogfeld *Öffnen* annehmbar aus und scheint auch zu funktionieren. Aber weil Sie noch keinen BASIC-Code geschrieben haben, rührt sich das Dialogfeld nicht..

Welche Datei hat der Benutzer im Öffnen-Dialogfeld gewählt?

Wenn Sie ein *Öffnen*-Dialogfeld angezeigt haben, wollen Sie auch wissen, welche Datei der Benutzer gewählt hat. Wenn der Benutzer auf eine Datei in dem *Öffnen*-Dialogfeld klickt, speichert Visual Basic den Dateinamen in der *Filename*-Eigenschaft des Standard-Dialogfelds. Wenn Sie den Dateinamen wissen wollen, müssen Sie eine Variable mit dem Wert dieser Eigenschaft füllen:

```
WelcheDatei = CommonDialog1.filename
```

Eine komplette Ereignisprozedur könnte etwa folgendermaßen aussehen:

```
Private Sub mnuFileOpen_Click()
Dim WelcheDatei As String
  CommonDialog1.Filter = "Text-Dateien (*.TXT)|*.TXT|Alle Dateien (*.*)|*.*"
  CommonDialog1.FilterIndex = 1
  CommonDialog1.ShowOpen
  WelcheDatei = CommonDialog1.filename
End Sub
```

Das Speichern unter-Dialogfeld anzeigen

Das *Speichern unter*-Dialogfeld sieht mit kleinen Unterschieden fast so aus wie das *Öffnen*-Dialogfeld: In der Titelleiste enthält es den Text *Speichern unter* (statt *Öffnen*), und das Listenfeld *Dateityp* ist abgeblendet.

Um das Dialogfeld *Speichern unter* anzuzeigen, brauchen Sie nur den folgenden BASIC-Befehl zu geben:

```
CommonDialog1.ShowSave
```

Auch hier können Sie einen Filter verwenden, um nur bestimmte Dateien anzuzeigen. Beispiel:

```
Private Sub mnuFileSaveAs_Click()
  CommonDialog1.Filter = "Text-Dateien (*.TXT)|*.TXT|Alle Dateien (*.*)|*.*"
  CommonDialog1.FilterIndex = 1
  CommonDialog1.ShowSave
End Sub
```

Welche Datei hat der Benutzer im Speichern unter-Dialogfeld gewählt?

Wie beim *Öffnen*-Dialogfeld wird auch beim *Speichern unter*-Dialogfeld der Dateiname, den der Benutzer gewählt hat, in der *Filename*-Eigenschaft des Standard-Dialogfelds gespeichert. Wenn Sie den Dateinamen wissen wollen, müssen Sie eine Variable mit dem Wert dieser Eigenschaft füllen:

```
WelcheDatei = CommonDialog1.filename
```

Eine komplette Ereignisprozedur könnte etwa folgendermaßen aussehen:

```
Private Sub mnuFileSaveAs_Click()
Dim WelcheDatei As String
  CommonDialog1.Filter = "Text-Dateien (*.TXT)|*.TXT|Alle Dateien (*.*)|*.*"
  CommonDialog1.FilterIndex = 1
  CommonDialog1.ShowSave
  WelcheDatei = CommonDialog1.filename
End Sub
```

Das Dialogfeld Farbe anzeigen

Mit dem Dialogfeld *Farbe* kann der Benutzer Farben auswählen oder seine eigene Farbpalette zusammenstellen (siehe Abbildung 13.7).

Um das *Farbe*-Dialogfeld anzuzeigen, müssen Sie die beiden folgenden BASIC-Befehle eingeben:

```
CommonDialog1.Flags = cdlCCRGBInit
CommonDialog1.Action = ShowColor
```

Abbildung 13.7: Das Farbe-*Dialogfeld.*

 Die erste Zeile sagt Visual Basic, daß das Standard-Dialogfeld *CommonDialog1* benutzt wird, um eine Farbe aus dem *Farbe*-Dialogfeld abzufragen.

Die zweite Zeile weist Visual Basic an, das *Farbe*-Dialogfeld anzuzeigen.

Beispiel:

```
Private Sub Command1_Click()
  CommonDialog.Flags = cdlCCRGBInit
  CommonDialog1.ShowColor
End Sub
```

Welche Farbe hat der Benutzer im Farbe-Dialogfeld gewählt?

Das *Farbe*-Dialogfeld speichert die Farbe, die der Benutzer gewählt hat, in der *Color*-Eigenschaft des Standard-Dialogfelds. Wenn Sie den Dateinamen wissen wollen, müssen Sie eine Variable mit dem Wert dieser Eigenschaft füllen:

```
WelcheFarbe = CommonDialog1.Color
```

Eine komplette Ereignisprozedur könnte etwa folgendermaßen aussehen:

```
Private Sub Command1_Click()
Dim WelcheFarbe As Long
  CommonDialog.Flags = cdlCCRGBInit
  CommonDialog1.ShowColor
  WelcheFarbe = CommonDialog1.Color
End Sub
```

Das Schriftart-Dialogfeld anzeigen

Mit dem *Schriftart*-Dialogfeld (siehe Abbildung 13.8) kann der Benutzer die Schriftart, den Schriftschnitt, den Schriftgrad und andere Schriftattribute wählen. Die gewählten Optionen werden zur Kontrolle direkt in dem Anzeigefeld *Muster* angezeigt.

Abbildung 13.8: Das Schriftart*-Dialogfeld.*

Um das Dialogfeld *Schriftart* anzuzeigen, müssen Sie die beiden folgenden BASIC-Befehle eingeben:

```
CommonDialog.Flags = cdlCFEffects Or cdlCFBoth
CommonDialog1.ShowFont
```

Die erste Zeile sagt Visual Basic, daß das Standard-Dialogfeld *CommonDialog1* benutzt wird, um einen Schriftwert aus dem *Schriftart*-Dialogfeld abzufragen.

Die zweite Zeile weist Visual Basic an, das *Schriftart*-Dialogfeld anzuzeigen. Beispiel:

```
Private Sub Command1_Click()
   CommonDialog.Flags = cdlCFEffects Or cdlCFBoth
   CommonDialog1.ShowFont
End Sub
```

Welche Schriftoptionen hat der Benutzer im Schriftart-Dialogfeld gewählt?

Mit dem *Schriftart*-Dialogfeld kann der Benutzer eine Reihe von Optionen festlegen. Tabelle 13.4 zeigt eine Übersicht über diese Optionen.

Eigenschaft	Enthaltene Information
Color	Gewählte Farbe. Um diese Eigenschaft zu nutzen, müssen Sie zuerst die *Flags*-Eigenschaft auf *cdlCFEffects* setzen.
FontBold	Ob *fett* gewählt wurde.
FontItalic	Ob *kursiv* gewählt wurde.
FontStrikethru	Ob *durchgestrichen* gewählt wurde. Um diese Eigenschaft zu nutzen, müssen Sie zuerst die *Flags*-Eigenschaft auf *cdlCFEffects* setzen.
FontUnderline	Ob *unterstrichen* gewählt wurde. Um diese Eigenschaft zu nutzen, müssen Sie zuerst die *Flags*-Eigenschaft auf *cdlCFEffects* setzen.
FontName	Gewählte Schriftart.
FontSize	Gewählter Schriftgrad.

Tabelle 13.4: Eigenschaften, die Werte des Schriftart-Dialogfelds speichern.

Eine komplette Ereignisprozedur könnte etwa folgendermaßen aussehen:

```
Private Sub mnuFormatFont_Click()
Dim TextFarbe As Long
Dim Fett As Boolean
Dim Kursiv As Boolean
Dim Durchgestrichen As Boolean
Dim Unterstrichen As Boolean
Dim Schriftart As String
Dim Schriftgrad As Integer
   CommonDialog.Flags = cdlCFEffects Or cdlCFBoth
   CommonDialog1.ShowFont
   TextFarbe = CommonDialog1.Color
   Fett = CommonDialog1.FontBold
   Kursiv = CommonDialog1.FontItalic
   Durchgestrichen = CommonDialog1.FontStrikethru
   Unterstrichen = CommonDialog1.FontUnderline
   Schriftart = CommonDialog1.FontName
   Schriftgrad = CommonDialog1.FontSize
End Sub
```

Das Dialogfeld Drucken anzeigen

Mit dem Dialogfeld *Drucken* (siehe Abbildung 13.9) kann der Benutzer den Drucker, die zu druckenden Seiten und die Druckanzahl wählen.

Um das Dialogfeld *Drucken* anzuzeigen, müssen Sie folgenden BASIC-Befehl eingeben:

```
CommonDialog1.ShowPrinter
```

Abbildung 13.9: Das Drucken-*Dialogfeld.*

Beispiel:

```
Private Sub Command1_Click()
   CommonDialog1.ShowPrinter
End Sub
```

Um die Standardanzahl der Kopien festzulegen, die Sie drucken wollen, müssen Sie die folgenden BASIC-Befehle eingeben:

```
CommonDialog.Copies = 1
CommonDialog1.ShowPrinter
```

Beispiel:

```
Private Sub Command1_Click()
   CommonDialog.Copies = 1
   CommonDialog1.ShowPrinter
End Sub
```

Wie die anderen Standard-Dialogfelder *Öffnen, Speichern unter, Farbe* und *Schriftart* sieht das Dialogfeld *Drucken* fehlerlos aus. Aber solange Sie keinen passenden BASIC-Code schreiben, tritt es nicht in Aktion.

Dennoch – allein die Verwendung dieser Standard-Dialogfelder kann Ihren Programmen dieses bedeutungsvolle Flair von Professionalität verleihen, das Leute heute bei solider Software erwarten. Jeder professionelle Programmierer versichert Ihnen, daß die Leute um so eher glauben, daß ein Programm tatsächlich funktioniert, je mehr das Programm den Anschein erweckt, daß es funktioniert. Computerprogrammierer sind nicht unbedingt Ingenieure oder Mathematiker, sondern eher Magier oder Taschenspieler mit dem Ruf von Ingenieuren oder Mathematikern.

Teil IV

Code schreiben – die Grundlagen

»Ich komme gleich. Ich muß nur noch ein paar Befehle ausführen.«

In diesem Teil...

Hurra! Jetzt sind wir beim ersten Kapitel angelangt, in dem Sie tatsächlich BASIC-Code schreiben, mit dem Ihr Computer etwas Vernünftiges anfangen kann. Bis jetzt haben Sie nur die Teile eines Programmes erstellt, die zur Benutzeroberfläche gehören. (Na ja, zwischendurch haben Sie auch schon den einen oder anderen BASIC-Befehl kennengelernt.) Aber jeder weiß, daß Aussehen nicht alles ist (mit Ausnahme der steinreichen alten Männer, die Rendezvous mit blutjungen Playboy-Häschen haben). Es geht nicht nur darum, daß Ihre Benutzeroberfläche gut aussieht, sondern auch darum, daß sie auf den Benutzer reagiert.

Wenn Sie der Gedanke, BASIC-Code zu schreiben, unsicher werden läßt, entspannen Sie sich. BASIC-Code ist nichts als eine Folge von Schritt-für-Schritt-Anweisungen, die dem Computer genau sagen, was er tun soll. Der ganze BASIC-Code, den Sie in diesem Teil schreiben, ist einfach und leicht zu verstehen. Machen Sie sich innerlich bereit, mit dem Codieren anzufangen. Sie werden sehen, daß Programmieren wirklich Spaß machen kann, leicht ist und genauso süchtig machen kann wie das Entwerfen von Benutzeroberflächen.

Ereignisprozeduren

In diesem Kapitel

- Ereignisprozeduren entwerfen
- Verschiedene Ereignisprozeduren betrachten
- Editieren im Code-Fenster

Wenn der Benutzer eine bestimmte Aktion ausführt, also z.B. mit der Maus auf eine bestimmte Stelle klickt, auf eine Taste drückt, an der Tastatur ohnmächtig wird oder eine Kugel durch den Bildschirm jagt, spricht man von einem *Ereignis* (engl. *event*). In dem Augenblick, in dem ein Ereignis eintritt, sucht Visual Basic nach BASIC-Code, der Ihrem Programm mitteilt, was bei diesem Ereignis zu tun ist. Der BASIC-Code, der auf ein bestimmtes Ereignis reagiert, wird als *Ereignisprozedur* bezeichnet.

Visual Basic-Pogramme können tausende Ereignisprozeduren haben. Wenn Sie jedoch so viele Ereignisprozeduren benutzen, haben Sie entweder ein unglaublich kompliziertes Programm geschrieben, oder Sie sind ein unglaublich inkompetenter Programmierer.

Woher weiß Visual Basic bei so vielen möglichen Ereignissen und so vielen möglichen Ereignisprozeduren, welche Ereignisprozedur es benutzen soll?

Die Antwort ist einfach. Wenn ein Ereignis eintritt, bezieht es sich gewöhnlich auf eine bestimmte Komponente der Benutzeroberfläche Ihres Programmes. So klicken z.B. die meisten Benutzer nur dann auf eine Maustaste, wenn die Maus auf dem Bildschirm auf ein Objekt wie etwa eine Befehlsschaltfläche, ein Kontrollkästchen oder einen Menübefehl zeigt.

Jedes Objekt kann eine oder mehrere Ereignisprozeduren haben. Und jede Ereignisprozedur reagiert auf ein anderes Ereignis, wie z.B. auf das Klicken mit der Maus oder das Drücken einer Taste.

Art von Ereignissen

Die häufigsten Ereignisse können in drei Gruppen eingeteilt werden:

✔ Tastaturereignisse

✔ Mausereignisse

✔ Programmereignisse

Tastaturereignisse treten ein, wenn der Benutzer auf eine bestimmte Taste wie z.B. `Tab` oder Kombination von Tasten wie z.B. `Strg`+`C` drückt.

Mausereignisse treten ein, wenn der Benutzer die Maus verschiebt, auf eine Maustaste klickt oder doppelklickt oder die Maus über den Bildschirm zieht.

Programmereignisse treten ein, wenn ein Visual Basic-Programm ein Formular lädt, öffnet oder schließt. Während Tastatur- und Mausereignisse eintreten, wenn der Benutzer etwas tut, treten Programmereignisse ein, wenn BASIC-Code etwas tut.

Obwohl Visual Basic auf viele verschiedene Ereignisse reagieren kann, wollen Sie im allgemeinen die Reaktion Ihrer Benutzeroberfläche auf ein oder zwei Ereignisse wie z.B. das Klicken der Maus oder das Drücken einer bestimmten Taste einschränken. Sobald Visual Basic registriert, daß ein Ereignis eingetreten ist, sucht es sofort nach der Komponente der Benutzeroberfläche, die darauf reagieren sollte.

Wenn der Benutzer z.B. mit der Maus auf eine bestimmte Stelle klickt, identifiziert Visual Basic zunächst das Ereignis. (»OK, das war ein Klick mit der Maus.«) Dann stellt Visual Basic fest, an welcher Stelle dieser Klick mit der Maus stattgefunden hat. (»Der Klick mit der Maus fand statt, als der Mauszeiger auf der OK-Schaltfläche stand.«)

Dann sucht Visual Basic nach der Ereignisprozedur der betroffenen Komponente, in der die Anweisungen stehen, die Programm ausführen soll, wenn der Benutzer mit der Maus auf diese Komponente klickt.

Ereignisprozeduren erstellen

Ein Objekt kann auf ein oder mehrere Ereignisse reagieren. So kann z.B. eine Befehlsschaltfläche auf einen Klick mit der Maus und auf das Drücken der `Eingabe`-Taste reagieren.

Zwei oder mehr Objekte können auf dasselbe Ereignis reagieren. So kann z.B. sowohl eine Befehlsschaltfläche als auch ein Kontrollkästchen auf einen Klick mit der Maus reagieren; aber die beiden Steuerelemente können ganz unterschiedliche Anweisungen für den weiteren Programmablauf auslösen.

Um eine Ereignisprozedur zu schreiben, müssen Sie folgende Schritte ausführen:

- ✔ Identifizieren Sie die Komponente Ihrer Benutzeroberfläche, die auf das Ereignis reagieren soll.
- ✔ Öffnen Sie das Code-Fenster.
- ✔ Identifizieren Sie das Ereignis, auf das die Komponente reagieren soll.
- ✔ Schreiben Sie den BASIC-Code, um das Ereignis zu verarbeiten.

14 ➤ Ereignisprozeduren

 Achten Sie darauf, daß alle Objekte Ihrer Benutzeroberfläche einen passenden Namen haben, ehe Sie damit beginnen, Ereignisprozeduren zu schreiben. Wenn Sie eine Ereignisprozedur für ein Objekt schreiben und später den Namen des Objektes ändern, müssen Sie Ihre Ereignisprozedur neu schreiben.

Die folgenden drei Komponenten einer Benutzeroberfläche können auf Ereignisse reagieren:

- ✔ Formulare
- ✔ Objekte (Befehlsschaltflächen, Kontrollkästchen usw.)
- ✔ Pulldown-Menüs

Um eine Ereignisprozedur für ein Formular zu erstellen, gehen Sie folgendermaßen vor:

1. **Klicken Sie eine beliebige Stelle auf dem Formular an. (Achten Sie darauf, daß Sie nicht auf ein Objekt auf dem Formular klicken.)**
2. **Öffnen Sie das Code-Fenster, indem Sie auf F7 drücken oder den Menübefehl** *Ansicht/Code* **wählen.**

   Visual Basic zeigt das Code-Fenster und eine leere Ereignisprozedur an (siehe Abbildung 14.1).

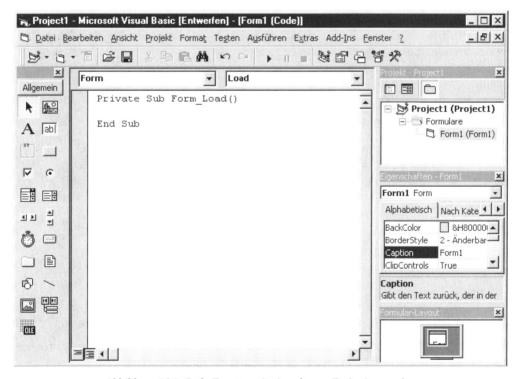

Abbildung 14.1: Code-Fenster mit einer leeren Ereignisprozedur.

Um eine Ereignisprozedur für ein Objekt (Befehlsschaltfläche, Kontrollkästchen usw.) zu erstellen, gehen Sie folgendermaßen vor:

1. **Klicken Sie auf das Objekt, so daß es durch kleine schwarze Rechtecke (*Ziehpunkte*) eingerahmt wird.**
2. **Öffnen Sie das Code-Fenster, indem Sie auf F7 drücken oder den Menübefehl *Ansicht/Code* wählen. Visual Basic zeigt das Code-Fenster und eine leere Ereignisprozedur an.**

Um eine Ereignisprozedur für ein Objekt zu erstellen, gehen Sie folgendermaßen vor:

1. **Klicken Sie auf das Objekt, so daß es durch kleine Rechtecke (Ziehpunkte) markiert ist.**
2. **Öffnen Sie das Code-Fenster, indem Sie auf F7 drücken oder den Menübefehl *Ansicht/Code* wählen.**

   Visual Basic zeigt das Code-Fenster und eine leere Ereignisprozedur an.

Um eine Ereignisprozedur für ein Pulldown-Menü zu erstellen, gehen Sie wie folgt vor:

1. **Klicken Sie auf den Menütitel des Pulldown-Menüs, das den gewünschten Menübefehl enthält.**
2. **Wählen Sie den Menübefehl.**
3. **Öffnen Sie das Code-Fenster, indem Sie auf F7 drücken oder den Menübefehl *Ansicht/Code* wählen.**

   Visual Basic zeigt das Code-Fenster und eine leere Ereignisprozedur an.

Die Komponenten von Ereignisprozeduren

Wenn Sie eine Ereignisprozedur erstellen, zeigt Visual Basic im Code-Fenster eine leere Ereignisprozedur an. Leere Ereignisprozeduren bestehen aus zwei Zeilen. Beispiel:

```
Private Sub cmdExit_Click()
End Sub
```

Die erste Zeile einer Ereignisprozedur hat fünf Bestandteile:

✔ Private Sub: *identifiziert die Prozedur als ein Unterprogramm*

✔ Name des Objekts: in diesem Beispiel *cmdExit*

✔ Unterstrich (_)

✔ Ereignisname: in diesem Beispiel ist das Ereignis ein Mausklick mit dem Namen *Click*

✔ Ein Paar runder Klammern, das entweder leer ist oder Daten enthält, die das Unterprogramm verarbeiten soll – in diesem Beispiel sind die Klammern leer.

Das vorhergehende Beispiel sagt dem Computer: »Führe die folgenden Anweisungen aus, wenn der Benutzer mit der Maus auf die Befehlsschaltfläche mit dem Namen cmdExit klickt.«

Weil dieses Beispiel keine Anweisungen enthält, macht diese Ereignisprozedur absolut nichts.

 Wenn Sie den Namen eines Objektes ändern, müssen Sie auch die Namen aller Ereignisprozeduren ändern, die ihm zugeordnet sind. Andernfalls weiß Visual Basic nicht, welche Ereignisprozeduren zu welchen Objekten Ihrer Benutzeroberfläche gehören.

Das Code-Fenster in zwei Unterfenster teilen

Wenn Sie viele Ereignisprozeduren geschrieben haben, reicht das Code-Fenster nicht mehr aus, um alle gleichzeitig anzuzeigen. Wenn Sie zwei Ereignisprozeduren gleichzeitig bearbeiten wollen, können Sie das Code-Fenster horizontal in zwei Unterfenster teilen (siehe Abbildung 14.2). Eine weitere Unterteilung in drei oder mehr Unterfenster ist nicht möglich.

Abbildung 14.2: Das Code-Fenster in zwei Unterfenster teilen.

Um das Code-Fenster in zwei Unterfenster zu teilen, gehen Sie folgendermaßen vor:

1. **Fahren Sie mit der Maus auf den Fensterteiler.**

   Der Fensterteiler befindet sich am oberen Ende der vertikalen Bildlaufleiste. Über dem Fensterteiler ändert der Mauszeiger seine Form in zwei parallele horizontale Linien mit zwei Pfeilen, die nach oben und nach unten zeigen.

2. **Drücken und halten Sie die linke Maustaste nieder, und ziehen Sie die Maus nach unten.**

   Der Fensterteiler teilt das Code-Fenster in zwei Unterfenster. Wenn die Unterfenster die gewünschte Größe haben, lassen Sie die linke Maustaste los.

Um das Code-Fenster wieder als ein einziges Fenster darzustellen, gehen Sie folgendermaßen vor:

1. **Fahren Sie mit der Maus auf den Balken, der das Code-Fenster in zwei Unterfenster teilt.**

   Auf dem Balken ändert der Mauszeiger seine Form in zwei parallele horizontale Linien mit zwei Pfeilen, die nach oben und nach unten zeigen.

2. **Drücken und halten Sie die linke Maustaste nieder, ziehen Sie die Maus an den oberen Rand des Code-Fensters, und lassen Sie dann die linke Maustaste los.**

Editieren im Code-Fenster

Das Code-Fenster funktioniert wie ein einfaches Textverarbeitungsprogramm. Tabelle 14.1 zeigt die verschiedenen Tastaturbefehle, die Sie beim Editieren Ihrer Ereignisprozeduren verwenden können.

Taste	Funktion
F1	Visual Basic-Hilfesystem anzeigen
Entf	Zeichen rechts vom Cursor löschen
Backspace	Zeichen links vom Cursor löschen
Strg+Entf	Bis zum Wortende löschen
Ctrl+Y	Zeile löschen, in welcher der Cursor steht
Pos1	Zum Zeilenanfang
Ende	Zum Zeilenende
Bild-Auf	Vorherige Seite im Code-Fenster
Bild-Ab	Nächste Seite im Code-Fenster
Strg+Pos1	An den Anfang des Code-Fensters
Strg+Ende	Zum Ende des Code-Fensters
Strg+Nach oben	Zur ersten Zeile der vorhergehenden Prozedur

Taste	Funktion
`Strg`+`Nach unten`	Zur ersten Zeile der nächsten Prozedur
`Strg`+`Nach Links`	Ein Wort nach links
`Strg`+`Nach Rechts`	Ein Wort nach rechts
`Strg`+`Bild-Auf`	Zur vorhergehenden Prozedur
`Strg`+`Bild-Ab`	Zur nächsten Prozedur
`Einfg`	Einfügemodus umschalten
`Ctrl`+`X`	Ausschneiden
`Ctrl`+`C`	Kopieren
`Ctrl`+`V`	Einfügen
`Ctrl`+`Z`	Rückgängig
`Tab`	Einzug vergrößern
`Umschalt`+`Tab`	Einzug verkleinern
`Strg`+`F`	Suchen
`Strg`+`H`	Ersetzen
`F3`	Weitersuchen
`Umschalt`+`F3`	Vorheriges suchen
`Strg`+`Umschalt`+`F2`	Zur letzten Position
`F6`	Bei gespaltenem Code-Fenster: zwischen den Fensterbereichen wechseln
`Umschalt`+`F2`	Im Prozedurnamen: Prozedurcode anzeigen
`Ctrl`+`P`	Drucken

Tabelle 14.1: Tastaturbefehle für das Editieren im Code-Fenster.

Wenn Sie Code schreiben, hebt Visual Basic im Code-Fenster automatisch die reservierten BASIC-Schlüsselwörter hervor. Dadurch können Sie die Schlüsselwörter leichter von Ihren eigenen Wörtern (Variablennamen usw.) unterscheiden.

Um eine komplette Ereignisprozedur zu löschen, markieren Sie die Prozedur mit der Maus oder den Pfeiltasten, und drücken Sie dann auf `Entf`.

Verschiedene Ereignisprozeduren anzeigen

Ein typisches Visual Basic-Programm besteht aus Ereignisprozeduren, die in FRM-Dateien gespeichert sind. Wenn Sie eine bestimmte Ereignisprozedur suchen, können Sie eine der beiden folgenden Methoden anwenden:

✔ Wählen Sie das Objekt im *Objekt*-Kombinationsfeld, und wählen Sie dann die gesuchte Prozedur im *Prozedur*-Kombinationsfeld.

✔ Benutzen Sie den Objektkatalog.

Eine Ereignisprozedur mit den *Objekt-* und *Prozedur-* Kombinationsfeldern suchen

Um die *Objekt-* und *Prozedur-*Kombinationsfelder zur Suche einer Ereignisprozedur verwenden zu können, müssen Sie wissen, in welcher FRM-Formulardatei die Ereignisprozedur gespeichert ist. Das *Objekt-*Kombinationsfeld enthält alle Objekte, die in einem Formular gespeichert sind. Sie können dort das Objekt wählen, dem die gesuchte Ereignisprozedur zugeordnet ist.

Das *Prozedur-*Kombinationsfeld enthält alle Ereignisse, auf die ein Objekt reagieren kann. Wenn Sie ein bestimmtes Ereignis wählen, zeigt Visual Basic die zugehörige Prozedur im Code-Fenster an.

Um eine Ereignisprozedur mit Hilfe der Objekt- und Prozedur-Kombinationsfelder anzuzeigen, gehen Sie folgendermaßen vor:

1. Wechseln Sie zum Fenster des Projekt-Explorers, indem Sie mit der Maus darauf klicken oder auf [Ctrl]+[R] drücken oder den Menübefehl *Ansicht/Projekt-Explorer* wählen.
2. Klicken Sie auf die Formulardatei, welche die gewünschte Prozedur enthält.
3. Klicken Sie im Fenster des Projekt-Explorers auf das *Code anzeigen-*Symbol, oder wählen Sie den Menübefehl *Ansicht/Code*.
4. Wählen Sie im *Objekt-*Kombinationsfeld das betreffende Objekt.
5. Wählen Sie im *Prozedur-*Kombinationsfeld die gewünschte Prozedur.

   Visual Basic zeigt die Prozedur im Code-Fenster an.

Wenn eine Prozedur BASIC-Code enthält, zeigt das Prozedur-Kombinationsfeld den Ereignisnamen fett an (siehe Abbildung 14.3). Wenn der Ereignisname in normaler Schrift angezeigt wird, ist die betreffende Prozedur leer.

14 ➤ Ereignisprozeduren

Abbildung 14.3: Objekt- und Prozedur-Kombinationsfeld.

Eine Ereignisprozedur mit dem Objektkatalog wählen

Der Objektkatalog ist besonders nützlich, wenn Sie Ereignisprozeduren suchen, die in verschiedenen Dateien gespeichert sind. Um eine Ereignisprozedur mit dem Objektkatalog anzuzeigen, gehen Sie folgendermaßen vor:

1. **Zeigen Sie den Objektkatalog an, indem Sie auf** `F2` **drücken oder den Menübefehl** *Ansicht/Objektkatalog* **wählen (siehe Abbildung 14.4).**

2. **Wählen Sie im** *Projekt/Bibliothek*-**Kombinationsfeld das Projekt, das die gesuchte Ereignisprozedur enthält.**

3. **Klicken Sie im *Klassen*-Listenfeld auf der linken Seite auf das Formular, das die gesuchte Prozedur enthält.**

   Alle Ereignisprozeduren in diesem Formular werden im *Elemente*-Listenfeld auf der rechten Seite fett dargestellt.

4. **Doppelklicken Sie im *Elemente*-Listenfeld auf der rechten Seite auf die gesuchte Prozedur.**

Abbildung 14.4: Der Objektkatalog.

Tabelle 14.2 zeigt die häufigsten Ereignisse an, auf die Objekte reagieren können.

14 ▶ Ereignisprozeduren

Ereignis	Tritt ein, wenn...
Activate	Ein Formular wird zum aktiven Fenster.
Change	Der Inhalt eines Kombinationsfeldes, eines Laufwerk-Listenfeldes, eines Verzeichnis-Listenfeldes, einer Bildlaufleiste, eines Anzeigefeldes oder eines Textfeldes hat sich geändert.
Click	Der Benutzer hat einmal mit der Maus auf ein Objekt geklickt.
DblClick	Der Benutzer hat zweimal schnell hintereinander auf ein Objekt geklickt.
Deactivate	Ein Formular hat seinen Zustand von aktiviert in deaktiviert geändert.
DragDrop	Der Benutzer hat eine Maustaste auf einem Objekt niedergedrückt, die Maus gezogen und dann die Maustaste wieder losgelassen.
DragOver	Der Benutzer hat eine Maustaste auf einem Objekt niedergedrückt und die Maus verschoben.
DropDown	Der Listenteil eines Kombinationsfelds ist angezeigt worden, um die Listenelemente anzuzeigen.
GotFocus	Ein Objekt ist markiert worden, weil der Benutzer auf die [Tab]-Taste gedrückt oder das Objekt angeklickt hat.
KeyDown	Der Benutzer hat auf eine Taste gedrückt.
KeyPress	Der Benutzer hat eine ANSI-Taste gedrückt und losgelassen. Als ANSI-Taste werden jeder Buchstabe, jede Ziffer, jede andere Einzeltaste (z.B. [Eingabe]) oder jede Tastenkombination (z.B. [Strg]+[A], [Alt]+[Umschalt]+[F2]) bezeichnet, die Sie auf der Tastatur drücken können.
KeyUp	Der Benutzer hat eine Taste losgelassen.
LostFocus	Das Objekt ist nicht mehr markiert, weil der Benutzer auf [Tab] gedrückt oder ein anderes Objekt angeklickt hat.
MouseDown	Der Benutzer hat auf eine Maustaste gedrückt.
MouseMove	Der Benutzer hat die Maus verschoben.
MouseUp	Der Benutzer hat eine Maustaste losgelassen.

Tabelle 14.2: Häufige Ereignisse.

Die Kombination des Objektnamens und des Ereignisnamens definiert den Namen einer Ereignisprozedur. Weil die Objektnamen eines Formulars eindeutig sein müssen, dürfen zwei Ereignisprozeduren in einem Formular nicht den gleichen Namen haben.

Obwohl zwei Ereignisprozeduren in ein und demselben Formular nicht den gleichen Namen haben dürfen, können Ereignisprozeduren in verschiedenen Formularen gleich benannt werden. So kann z.B. die folgende Ereignisprozedur in zwei verschiedenen Formularen vorkommen:

```
Private Sub cmdExit_Click()
End Sub
```

Zwei oder mehr Objekte können denselben Namen haben, wenn Sie sie zu einem sogenannten *Steuerelementfeld* (engl. *control array*) zusammenfassen. Sie brauchen sich diesen Begriff im Augenblick nicht zu merken. Sie wissen jetzt, daß es ihn gibt, und können fortfahren.

Testen Sie Ihr neu erworbenes Wissen

1. **Was ist ein Ereignis, und welche drei Ereignisarten gibt es?**

    a) Ein Ereignis ist etwas, für das man eine Eintrittskarte braucht, wie z.B. ein Konzert, ein Fußballspiel oder ein Zirkusbesuch.

    b) Ereignisse sind Schicksalsschläge, die Ihrem Computer zustoßen können: Sie verschütten Kaffee über die Tastatur. Alle Dateien werden aus Versehen gelöscht. Oder Ihr Hund zerfetzt Ihre Disketten.

    c) Ereignisse treten ein, wenn der Benutzer auf eine Taste auf der Tastatur oder eine Maustaste drückt oder wenn das Programm seinen Zustand ändert. Die drei Ereignisarten sind Tastaturereignisse, Mausereignisse und Programmereignisse.

    d) Ein Ereignis ist ein Feiertag, an dem Sie nicht zur Arbeit gehen müssen. Die drei Ereignisarten sind gesetzliche Feiertage, Begräbnisse und Hochzeiten.

2. **Welche Funktion haben die *Objekt*- und *Prozedur*-Kombinationsfelder?**

    a) Sie enthalten alle möglichen Gründe, warum Sie Ihre Programme in C++ oder Pascal statt in Visual Basic schreiben sollten.

    b) Das *Objekt*-Kombinationsfeld dient dazu, das Objekt auszuwählen, für das Sie eine Prozedur schreiben wollen. Das *Prozedur*-Kombinationsfeld dient dazu, das Ereignis auszuwählen, auf welches das Objekt reagieren soll.

    c) Das *Objekt*-Kombinationsfeld enthält alle stumpfen Objekte, mit denen Sie auf Ihren Computer einschlagen können. Das *Prozedur*-Kombinationsfeld enthält alle Ereignisse, die Sie besuchen sollten, statt auf den Bildschirm zu starren.

    d) Weder das *Objekt*-Kombinationsfeld noch das *Prozedur*-Kombinationsfeld haben irgendeine bemerkenswerte Funktion, so daß es besser ist, wenn wir diese Frage vergessen.

Die Ereignisprozedur, die jedes Programm benötigt

Die einfachste und wichtigste Ereignisprozedur, die in jedem Programm vorkommen muß, ist die Prozedur, die das Programm beendet. Die folgende Prozedur weist Visual Basic an, Ihr Programm in dem Moment zu beenden, wenn der Benutzer auf die Befehlsschaltfläche mit dem Namen *cmdExit* klickt:

```
Private Sub cmdExit_Click()
   Unload Me
End Sub
```

Wenn Ihr Programm keine Prozedur enthält, mit der das Programm beendet werden kann, können Sie das Programm nur dadurch beenden, daß Sie Ihren Computer neu booten oder ausschalten. Da das sicher nicht wünschenswert ist, achten Sie immer darauf, daß Ihr Programm wenigstens eine Methode enthält, mit der der Benutzer Ihr Programm zu einem beliebigen Zeitpunkt beenden kann.

Die alte Methode, ein Programm anzuhalten, war die Verwendung des Schlüsselworts End. Beispiel:

```
Private Sub cmdExit_Click()
   End
End Sub
```

Microsoft empfiehlt, anstelle des End-Befehls den Unload Me-Befehl zu benutzen. Der Unload Me-Befehl hält ein Visual Basic-Programm jedoch nur an, wenn alle Formulare in Ihrem Programm mit einem Unload-Befehl geschlossen wurden. Wenn noch ein Formular geöffnet ist, hält der Unload-Befehl das Visual Basic-Programm nicht an.

Mit Variablen arbeiten

In diesem Kapitel

- Variablen benutzen
- Variablen Zahlen und Zeichenketten zuweisen
- Datentypen deklarieren

*W*enn Sie wissen, was Ihr Programm tun soll, können Sie mit dem Schreiben des BASIC-Codes beginnen. Der erste Code, den Sie schreiben müssen, steht in Ihren Ereignisprozeduren.

Eine Ereignisprozedur sagt dem Computer, was er tun soll. So gibt z.B. eine Ereignisprozedur, mit der das Programm beendet wird, dem Computer einen einzigen End-Befehl:

```
Private Sub cmdExit_Click()
    Unload Me
End Sub
```

Die einzige Information, die diese Ereignisprozedur vom Benutzer benötigt, besteht in einer einzigen Aktion, nämlich einem Klick auf die Befehlsschaltfläche *cmdExit*.

Etwas aufwendiger wird es, wenn der Benutzer eine Adresse mit Namen, Straße, Postleitzahl, Ort und Telefonnummer eingibt. Denn dann muß das Programm diese Informationen aus der Benutzeroberfläche herauslesen, um sie dann weiter zu verarbeiten.

Daten lesen

Informationen, die ein Programm von einer Quelle außerhalb des Computers erhält, werden als *Daten* bezeichnet. Bis auf die einfachsten Programme erhalten fast alle Programme Daten, verarbeiten sie auf die eine oder andere Weise und geben sie dann wieder aus.

Ein Textverarbeitungsprogramm erhält Daten in Form von Wörtern, die es formatiert und dann in ansprechender Form auf Papier wieder ausdruckt. Eine Datenbank nimmt Daten in Form von Namen, Adressen oder Telefonnummern auf, speichert sie an irgendeiner Stelle und zeigt sie auf Abruf in passender Form wieder an. Ein Raketenleitsystem nimmt Daten in Form von Zielkoordinaten entgegen und benutzt sie, um Atomsprengköpfe ans Ziel zu lenken und damit im Namen des Friedens ganze Städte von der Erdoberfläche zu löschen.

Jedes nützliche Programm funktioniert nach den folgenden grundlegenden Schritten:

1. Daten entgegennehmen (Eingabe)
2. Daten verarbeiten (Verarbeitung)
3. Daten wieder ausgeben (Ausgabe)

Jedes nutzlose Programm hat folgende vier Eigenschaften:

✔ Es ist schwer zu erlernen und zu benutzen.

✔ Es kostet viel Geld.

✔ Es behauptet, benutzerfreundlich zu sein.

✔ Es funktioniert nicht.

Programme sind einzig und allein dazu da, aus Computern elektronische Fleischwölfe zu machen. Stecken Sie Informationen an dem einen Ende hinein, dann kommen Informationen an dem anderen Ende wieder heraus. Jede Art von Programm – ob nun Textverarbeitungsprogramm, Datenbank oder Spielprogramm – manipuliert folgendes:

✔ Zahlen

✔ Zeichenketten

Zahlen können positiv oder negativ, ganze Zahlen oder Brüche oder jeder andere vorstellbare Zahlentyp sein (einschließlich Telefonnummern für heiße Verabredungen, Codenummern für Geldschränke voll mit Geldbündeln und imaginäre Zahlen, unter denen sich nur Mathematiker wirklich etwas vorstellen können).

Zeichenketten sind Folgen von Zeichen, die als Ganzheit oder Einheit behandelt werden. Ein *Zeichen* ist alles, was Sie auf der Tastatur tippen können. Dazu zählen Buchstaben, Ziffern und Satzzeichen. Beachten Sie, daß Ziffern nicht dasselbe sind wie Zahlen!

 Ziffern können in einem Programm sowohl als Zahlen als auch als Zeichenketten behandelt werden. So wird z.B. die Hausnummer »*300*« in der Adresse *Neusser Str. 300* als Zeichenkette behandelt, aber Ihr Alter oder Gewicht als Zahl.

Jeder einzelne Buchstabe gilt als Zeichenkette. Ein ganzer Satz gilt auch als Zeichenkette. Sogar das erste Kapitel von *Krieg und Frieden* kann als Zeichenkette betrachtet werden. Zeichenketten sind beliebige Buchstaben, Leerzeichen, Ziffern und andere Zeichen, die zu einer Folge zusammengefaßt sind.

Werte und Variablen

Wie verwaltet der Computer die Zahlen und Zeichenketten, die Sie eingeben? Sie selbst mögen zwar wissen, daß »(0221) 978 1234« eine Telefonnummer repräsentiert, aber für den Computer handelt es sich nur um eine weitere Zahl oder Zeichenkette.

15 ➤ Mit Variablen arbeiten

Um Daten zu speichern, arbeiten Programme mit sogenannten *Variablen*. Variablen sind Ihnen vielleicht noch aus der Algebra in der Schule ein Begriff. Wenn Sie ein Programm schreiben, müssen Sie ihm mitteilen: »Wenn jemand Daten wie '(0221) 978 1234' eintippt, gib dieser Eingabe einen Namen wie z.B. TelefonNummer und lege sie an einer Stelle ab, an der sie wiederzufinden ist.«

Wenn Ihr Programm diese Daten wiederfinden oder verarbeiten muß, sagt es: »Mal sehen, wo habe ich diese Informationen abgelegt? Ach ja, sie sind an der Stelle (Variablen) mit dem Namen TelefonNummer abgelegt.« Der Computer eilt gehorsam zu der Variablen *TelefonNummer* und holt die Zahl oder Zeichenkette, die er vorher dort abgelegt hat.

Variablen können eine große Anzahl verschiedener Daten speichern (weshalb sie ja auch *Variablen* heißen; das klingt viel wissenschaftlicher als *Wischi-Waschi* oder *Schizo*.) Die Information, die in einer Variablen gespeichert ist, wird als ihr *Wert* bezeichnet. Der Wert repräsentiert entweder eine Zeichenkette oder eine Zahl.

Variablen benutzen

Es gibt zwei Arten von Variablen:

✔ Variablen, die Sie selbst definieren

✔ Variablen, die schon als Eigenschaften eines Objektes in einem Formular definiert sind

Wenn Sie ein Objekt in Ihre Benutzeroberfläche einfügen, erstellt Visual Basic automatisch eine ganze Reihe von Variablen, die als *Eigenschaften* (engl. *properties*) bezeichnet werden. Jede Eigenschaft hat einen Standardwert. Sie können die Eigenschaften eines Objektes und die Werte dieser Eigenschaften anzeigen, indem Sie das Eigenschaftenfenster mit der Taste F4 oder dem Menübefehl *Ansicht/Eigenschaften* öffnen.

Die Werte der Eigenschaften repräsentieren Zahlen (wie z.B. die Breite und Höhe eines Objektes), True oder False (um z.B. zu definieren, ob ein Objekt sichtbar ist oder nicht) oder Zeichenketten (wie z.B. die Caption eines Objektes). Die Eigenschaften definieren das Erscheinungsbild eines Objektes auf dem Bildschirm.

Merken Sie sich einfach, daß Variablen Namen sind, die irgendeinen Wert repräsentieren können, und daß Eigenschaften eine besondere Art von Variablen sind, mit denen das Erscheinungsbild eines Objektes auf dem Bildschirm festgelegt wird.

Wenn Sie selbst eine Variable definieren wollen, brauchen Sie ihr nur einen Namen zu geben. Wenn Sie den Namen einer Variablen eingeben, begründen Sie auf magische Weise ihre Existenz. Es gibt zwei Methoden, mit denen Sie eine Variable definieren können.

✔ Deklarieren Sie die Variable mit dem Befehl Dim.

✔ Geben Sie einfach den Namen der Variablen ein, und weisen Sie ihr einen Wert zu.

Es gibt nur eine Stelle, an der Sie einen Variablennamen eingeben und damit eine Variable definieren können: das Code-Fenster. Die einzige Stelle im Code-Fenster, an der Sie einen Variablennamen eingeben können, wird von der ersten und letzten Zeile einer Prozedur begrenzt.

Variablen deklarieren

Eine Variable zu definieren ist ganz einfach: Geben Sie ihren Namen ein, und weisen Sie ihr einen Wert zu. Beispiel:

```
Private Sub Form1_Load()
    HaustierName = "Kater Fritz"
    Alter = 2
End Sub
```

Die vorhergehenden Zeilen haben folgende Bedeutung:

1. Wenn das Formular mit dem Namen *Form1* geladen wird, führe folgende Anweisungen aus:

2. Definiere zuerst eine Variable mit dem Namen *HaustierName* und setze ihren Wert auf *»Kater Fritz«*.

3. Definiere dann eine Variable mit dem Namen *Alter* und setze ihren Wert auf die Zahl *2*.

Obwohl es in Visual Basic zulässig ist, eine Variable mitten in einer Prozedur zu definieren, gilt dies als schlechte Programmierpraxis. Warum? Ohne die ganze Ereignisprozedur Zeile für Zeile zu lesen, wissen Sie nicht, welche und wie viele Variablen die Prozedur enthält.

Deshalb ist es besser, wenn Sie Ihre Variablen am Anfang jeder Ereignisprozedur ausdrücklich mit dem Befehl Dim deklarieren. Beispiel:

```
Dim VariableName1, VariableName2
```

Dabei können Sie beliebig viele Variablennamen eingeben.

Wenn wir die Ereignisprozedur unseres letzten Beispiels so umschreiben, daß die Variablen deklariert werden, sieht sie folgendermaßen aus:

```
Private Sub Form1_Load()
    Dim HaustierName, Alter
    HaustierName = "Kater Fritz"
    Alter = 2
End Sub
```

Sie können die Variablen auch ausdrücklich folgendermaßen deklarieren:

```
Dim HaustierName As String, Alter As Integer
```

Diese Technik wird weiter unten im Abschnitt *Datentypen* erklärt.

Obwohl diese Technik, Variablen am Anfang einer Ereignisprozedur zu deklarieren, ein oder zwei Zeilen mehr erfordert, ist jetzt viel einfacher festzustellen, welche Variablen benutzt werden und wie sie heißen. Statt die Ereignisprozedur Zeile für Zeile zu lesen, brauchen Sie nur noch auf wenige Zeilen am Anfang der Prozedur zu schauen, um eine Liste aller benutzten Variablen zu sehen.

Der Befehl *Dim* unterstützt Sie als Programmierer einfach dabei, die Funktion einer Ereignisprozedur besser zu verstehen. Für den Computer spielt es keine Rolle, ob Sie den Befehl *Dim* benutzen oder nicht. Abbildung 15.1 zeigt die beiden Methoden, Variablen zu definieren.

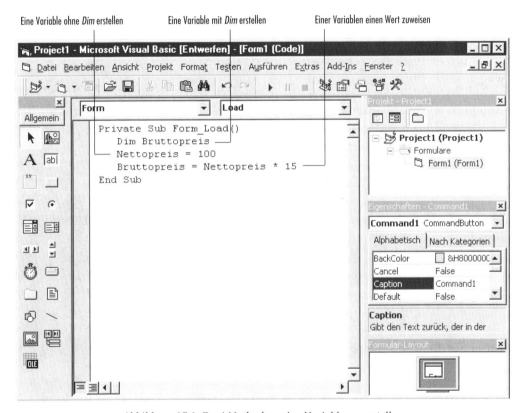

Abbildung 15.1: Zwei Methoden, eine Variable zu erstellen.

Variablen benennen

Sie können Variablen nennen, wie Sie wollen; und Sie können in ihnen speichern, was Sie wollen.

Doch wäre es ziemlich dumm, eine Variable *TelefonNummer* zu nennen und sie dann zum Speichern einer Postleitzahl zu verwenden.

Sie machen sich das Leben viel leichter, wenn Sie Ihren Variablen Namen geben, die etwas über die Art der Daten aussagen, die Sie in den Variablen speichern wollen. So ist es z.B. sinnvoll, einer Variablen den Namen *TelefonNummer* zu geben, wenn Sie in ihr tatsächlich Telefonnummern speichern wollen, oder eine Variable *FirmenName* zu nennen, wenn Sie in ihr den Namen einer Firma festhalten wollen.

In Visual Basic müssen Sie folgende Regeln für die Vergabe von Variablennamen beachten. Variablennamen:

✔ Müssen mit einem Buchstaben beginnen.

✔ Dürfen maximal 255 Zeichen lang sein (und müssen mindestens 1 Zeichen lang sein).

✔ Dürfen nur Buchstaben, Ziffern und Unterstriche (_) enthalten – Leerzeichen und Satzzeichen sind verboten

✔ Dürfen keine reservierten Visual Basic-Wörter (wie z.B. *End* oder *Sub*) verwenden.

Wenn Sie diese Regeln beachten, wird sich Visual Basic nicht bei Ihnen beschweren – was natürlich noch nicht heißt, daß Ihr Programm tatsächlich funktioniert. Das folgende Beispiel zeigt einige Variablennamen, die für Visual Basic akzeptabel sind:

```
Telefon
Hier_ist_Ihr_Name
BAB1
```

Das folgende Beispiel zeigt einige Zeichenketten, die Visual Basic nicht als Variablenname akzeptiert:

```
123Überraschung    (Die Zeichenkette beginnt mit einer Ziffer.)
PLZ Ort            (Die Zeichenkette enthält ein Leerzeichen.)
Sub                (Die Zeichenkette ist ein reserviertes Wort.)
```

Testen Sie Ihr neu erworbenes Wissen

1. Was machen die folgenden BASIC-Befehle?

```
txtMessage.Text = "Ihre Festplatte wird gerade gelöscht."
cmdChange.Caption = "Ha, ha, ha!"
HabDich = 1
```

a) Die Befehle weisen der Text-Eigenschaft eines Textfeldes mit dem Namen txtMessage die Zeichenkette »Ihre Festplatte wird gerade gelöscht.« und der Caption-Eigenschaft der Befehlsschaltfläche mit dem Namen cmdChange die Zeichenkette »Ha, ha, ha!« zu und setzen die Variable mit dem Namen HabDich auf den Wert 1.

b) Die Befehle löschen die Festplatte, zeigen die Meldung »Ha, ha, ha!« an und fügen dem Benutzer einen schweren psychologischen Schaden zu.

c) Die Befehle weisen der Variablen mit dem Namen *HabDich* die Zeichenkette »1« zu und löschen dann zur Vergeltung die Festplatte, weil Sie offensichtlich die falsche Antwort gewählt haben.

d) Diese BASIC-Befehle machen überhaupt nichts, solange Sie Ihren Computer nicht einschalten und Visual Basic laden. Was soll das?

2. **Welchen Sinn hat es, Variablen zu deklarieren?**

   a) Damit Programmierer aus Ostfriesland sich zu Hause fühlen, wenn sie mit ihrem Computer sprechen: »Aufgepaßt, alter Junge! Wenn das nicht die Deklaration einer kleinen, süßen ganzen Zahl ist!«

   b) Damit Sie die Tatsache verschleiern können, daß Sie nicht genau wissen, was Sie tun.

   c) Um eine Übersicht über alle Variablen einer Ereignisprozedur zu haben und ihnen bestimmte Datentypen zuzuweisen.

   d) Um sie aus ihren Verstecken auf das offene Feld zu treiben, so daß sie markiert, gestellt und zerstört werden können.

Variablen einen Zahlenwert zuweisen

Jetzt wissen Sie, wie man Variablen definiert, indem man ihnen einen Namen gibt. Jetzt muß noch geklärt werden, wie man einer Variablen einen bestimmten Wert zuweist und wie man den Wert einer Variablen benutzen kann. Für diesen Zweck wird in Visual Basic das Gleichheitszeichen (=) benutzt.

Um einer Variablen einen Wert zuzuweisen, müssen Sie einen BASIC-Befehl schreiben, der etwa wie in dem folgenden Beispiel aussieht:

```
VariableName = Value
```

Statt dem Computer zu sagen: »Nimm die Zahl 36 und weise sie der Variablen mit dem Namen Alter zu«, schreiben Sie einfach:

```
Alter = 36
```

Eine Variable kann zu einem gegebenen Zeitpunkt immer nur einen einzigen Wert enthalten. Wenn eine Variable bereits einen bestimmten Wert enthält und Sie ihr einen anderen Wert zuweisen, geht der alte Wert verloren. So können Sie einer Variablen wie in dem folgenden Beispiel zwei Werte zuweisen:

```
Alter = 36
Alter = 49
```

Beim ersten Befehl sagt Visual Basic: »OK, die Variable mit dem Namen Alter erhält den Wert 36.« Wenn Visual Basic jetzt den zweiten Befehl bearbeitet, sagt es: »OK, die Variable mit dem Namen Alter erhält den Wert 49. Welchen Wert auch immer sie vorher hatte, ist vergessen.«

Weil die Eigenschaften eines Objektes Variablen sind, können Sie diesen Eigenschaften auf die gleiche Weise bestimmte Werte zuweisen. So können Sie z.B. mit dem folgenden BASIC-Befehl die *Height*-Eigenschaft (Höhe) eines Textfeldes mit dem Namen *txtPassword* auf *1200* Einheiten setzen:

```
txtPassword.Height = 1200
```

Dieser Befehl weist Visual Basic an: »Suche das Objekt mit dem Namen *txtPassword* und weise seiner *Height*-Eigenschaft den Wert *1200* zu.«

Wenn Sie den Namen des Formulars nicht in dem Befehl angeben, geht Visual Basic davon aus, daß sich das betreffende Objekt in dem Formular befindet, das Ihren BASIC-Code enthält.

Variablen eine Zeichenkette zuweisen

Zeichenketten werden einer Variablen auf ähnliche Weise zugewiesen wie Zahlen. Der einzige Unterschied besteht darin, daß Sie Zeichenketten in doppelte Anführungszeichen einschließen müssen, so daß Visual Basic erkennen kann, wo Zeichenketten beginnen und wo sie enden.

Z.B. können Sie der Variablen mit dem Namen Name folgendermaßen eine Zeichenkette zuordnen, die aus einem einzigen Wort besteht:

```
Name = "Schmitz"
```

Oder Sie können der Variablen eine Zeichenkette zuweisen, die aus mehreren Wörtern besteht:

```
Name = "Hans Schmitz"
```

oder

```
Name = "Hans Schmitz, Hauptvertreter des kölschen Adels"
```

Nicht alle Zeichenketten bestehen aus Buchstaben. Manchmal können Sie einer Variablen auch eine Telefonnummer oder eine Versicherungsnummer zuweisen:

```
TelefonNummer = "0221-123456"
VersicherungsNummer = "987-123"
```

Was würde passieren, wenn Sie die Anführungszeichen wegließen und statt dessen schrieben:

```
TelefonNummer = 0221-123456
VersicherungsNummer = 987-123
```

Ohne die Anführungszeichen hält Visual Basic den Bindestrich für ein Minus-Zeichen und interpretiert den BASIC-Code als Subtraktionsbefehl, den das Programm für Sie ausführen soll. Statt also den Wert »*0221-123456*« in der Variablen *TelefonNummer* zu speichern, führt Visual Basic die Subtraktion aus und weist ihr statt dessen den Wert *-123235* zu. In der Variablen *VersicherungsNummer* speichert Visual Basic den Wert *864*.

Die goldene Regel für die Arbeit mit Variablen lautet: Wenn Sie einer Variablen einen Wert aus Buchstaben und/oder Ziffern zuweisen wollen, der als Zeichenkette behandelt werden soll, schließen Sie diesen Wert in Anführungszeichen ein.

Eigenschaften ändern

Wenn Sie Variablen Zahlen oder Zeichenketten zuweisen, handelt es sich nicht um eine lebensferne, akademische Übung, sondern um eine Handlung mit handfesten Folgen. Wenn Sie z.B. eine Meldung auf dem Bildschirm anzeigen wollen, müssen Sie die Eigenschaft eines Bezeichnungsfeldes oder Textfeldes ändern. Wenn Sie eine Animation erstellen wollen, müssen Sie laufend die Top- und Left-Eigenschaften ändern, welche die Position eines Objektes auf dem Bildschirm definieren. Weil es sich bei den Eigenschaften eines Objektes um Variablen handelt, können Sie das Objekt dadurch ändern, daß Sie seinen Eigenschaften neue Werte zuweisen.

Nehmen Sie z.B. an, daß das Textfeld und die beiden Befehlsschaltflächen, die Sie in den Abbildungen 15.2 und 15.3 sehen, die folgenden Eigenschaften haben:

Objekt	Eigenschaft	Wert
Textfeld	Name	txtMessage
	Text	(Leer)
Obere Befehlsschaltfläche	Name	cmdHello
	Caption	Hallo
Untere Befehlsschaltfläche	Name	cmdBye
	Caption	Auf Wiedersehen

Abbildung 15.2: Auf die Schaltfläche Hallo *klicken.*

Abbildung 15.3: Auf die Schaltfläche Auf Wiedersehen *klicken.*

Die erste Befehlsschaltfläche habe folgende Ereignisprozedur:

```
Private Sub cmdHello_Click()
    txtMessage.Text = "Hallo, Welt!"
End Sub
```

Die zweite Befehlsschaltfläche habe folgende Ereignisprozedur:

```
Private Sub cmdBye_Click()
    txtMessage.Text = "Ade, grausame Welt."
End Sub
```

Wenn Sie auf die Befehlsschaltfläche *Hallo* klicken, passiert folgendes:

1. Visual Basic stellt fest, daß ein *Click*-Ereignis eingetreten ist und daß sich der Mauszeiger zu diesem Zeitpunkt auf der Befehlsschaltfläche mit dem Namen *cmdHello* befand.

2. Visual Basic findet die Ereignisprozedur mit dem Namen *cmdHello_Click* und sucht dort nach weiteren Anweisungen.

3. Die Ereignisprozedur *cmdHello_Click* weist Visual Basic an: »Suche nach einem Textfeld mit dem Namen *txtMessage* und ersetze den Wert seiner *Text*-Eigenschaft durch die Zeichenkette »*Hallo, Welt!*«

4. Die Zeichenkette »*Hallo, Welt!*« wird in dem Textfeld mit dem Namen *txtMessage* angezeigt (siehe Abbildung 15.2).

Wenn Sie auf die Befehlsschaltfläche *Auf Wiedersehen* klicken, passiert folgendes:

1. Visual Basic stellt fest, daß ein *Click*-Ereignis eingetreten ist und daß sich der Mauszeiger zu diesem Zeitpunkt auf der Befehlsschaltfläche mit dem Namen *cmdBye* befand.

2. Visual Basic findet die Ereignisprozedur mit dem Namen *cmdBye_Click* und sucht dort nach weiteren Anweisungen.

3. Die Ereignisprozedur *cmdBye_Click* weist Visual Basic an: »Suche nach einem Textfeld mit dem Namen *txtMessage* und ersetze den Wert seiner *Text*-Eigenschaft durch die Zeichenkette »Ade, grausame Welt.«

4. Die Zeichenkette »*Ade, grausame Welt.*« wird in dem Textfeld mit dem Namen *txtMessage* angezeigt (siehe Abbildung 15.3).

Sie können mit BASIC-Code die Eigenschaften jedes Objektes ändern, das auf einem Formular angezeigt wird. Indem Sie die Eigenschaften von Objekten ändern, können Sie Meldungen und andere Informationen für den Benutzer auf dem Bildschirm anzeigen.

 Der Name eines Objektes ist die einzige Eigenschaft, die Sie mit BASIC-Code nicht ändern können. Der einzige Weg, um die *Name*-Eigenschaft eines Objektes zu ändern, führt über das Eigenschaftenfenster.

Variablen eine andere Variable zuweisen

Sie können einer Variablen nicht nur Zahlen oder Zeichenketten, sondern auch die Werte anderer Variablen zuweisen. Zu diesem Zweck müssen Sie BASIC-Code wie in dem folgenden Beispiel schreiben:

```
ErsteVariable = ZweiteVariable
```

Nehmen Sie an, daß Sie in das Formular des letzten Beispiels ein zweites Textfeld mit den folgenden Eigenschaften einfügen:

Objekt	Eigenschaft	Wert
Zweites Textfeld	Name	txtCopyCat
	Text	(Leer)

Abbildung 15.4: Ein zweites Textfeld hinzufügen.

Die Ereignisprozedur *cmdHello_Click* soll folgendermaßen geändert werden:

```
Private Sub cmdHello_Click()
    txtMessage.Text = "Hallo, Welt!"
    txtCopyCat.Text = txtMessage.Text
End Sub
```

Und die Ereignisprozedur *cmdBye_Click* soll folgendermaßen geändert werden:

```
Private Sub cmdBye_Click()
    txtMessage.Text = "Ade, grausame Welt."
    txtCopyCat.Text = txtMessage.Text
End Sub
```

Wenn Sie jetzt auf die Befehlsschaltfläche *Hallo* klicken, passiert folgendes:

1. Visual Basic stellt fest, daß ein *Click*-Ereignis eingetreten ist und daß sich der Mauszeiger zu diesem Zeitpunkt auf der Befehlsschaltfläche mit dem Namen *cmdHello* befand.

2. Visual Basic findet die Ereignisprozedur mit dem Namen *cmdHello_Click* und sucht dort nach weiteren Anweisungen.

3. Die Ereignisprozedur *cmdHello_Click* weist Visual Basic an: »Suche nach einem Textfeld mit dem Namen *txtMessage* und ersetze den Wert seiner *Text*-Eigenschaft durch die Zeichenkette »*Hallo, Welt!*«

4. Visual Basic sieht den zweiten Befehl, der sagt: »Suche nach einem Textfeld mit dem Namen *txtCopyCat* und ersetze den Wert seiner *Text*-Eigenschaft durch den Wert, der in der *Text*-Eigenschaft des Textfeldes mit dem Namen *txtMessage* gespeichert ist.«

5. Die Zeichenkette »*Hallo, Welt!*« wird in dem Textfeld mit dem Namen *txtMessage* und in dem Textfeld mit dem Namen *txtCopyCat* angezeigt.

Wenn Sie auf die Befehlsschaltfläche *Auf Wiedersehen* klicken, passiert folgendes:

1. Visual Basic stellt fest, daß ein *Click*-Ereignis eingetreten ist und daß sich der Mauszeiger zu diesem Zeitpunkt auf der Befehlsschaltfläche mit dem Namen *cmdBye* befand.

2. Visual Basic findet die Ereignisprozedur mit dem Namen *cmdBye_Click* und sucht dort nach weiteren Anweisungen.

3. Die Ereignisprozedur *cmdBye_Click* weist Visual Basic an: »Suche nach einem Textfeld mit dem Namen *txtMessage* und ersetze den Wert seiner *Text*-Eigenschaft durch die Zeichenkette »*Ade, grausame Welt.*«

4. Visual Basic sieht den zweiten Befehl, der sagt: »Suche nach einem Textfeld mit dem Namen *txtCopyCat* und ersetze den Wert seiner *Text*-Eigenschaft

durch den Wert, der in der *Text*-Eigenschaft des Textfeldes mit dem Namen *txtMessage* gespeichert ist.«

5. Die Zeichenkette »*Ade, grausame Welt.*« wird in dem Textfeld mit dem Namen *txtMessage* und in dem Textfeld mit dem Namen *txtCopyCat* angezeigt.

Objekten in einem anderen Formular einen Wert zuweisen

Um der Eigenschaft eines Objektes einen Wert zuzuweisen, benutzen Sie einen Befehl des Form:

```
ObjektName.EigenschaftName = Wert
```

Der *ObjektName* ist der Name des Objektes. Der *EigenschaftName* ist der Name der Eigenschaft, die Sie ändern wollen. Der *Wert* ist die Zahl oder die Zeichenkette, die Sie der Eigenschaft des Objektes zuweisen wollen.

Wenn Sie z.B. die *Text*-Eigenschaft des Textfeldes mit dem Namen *txtMessage* ändern wollen, müssen Sie folgenden Befehl eingeben:

```
txtMessage.Text = "Hallo, Welt!"
```

Wie können Sie die Eigenschaft eines Objektes ändern, das in einem anderen Formular gespeichert ist? Die Antwort ist einfach: Sie müssen zusätzlich den Namen des Formulars angeben, in dem das Objekt gespeichert ist.

Wenn Sie Eigenschaften in einem Formular ändern wollen, das noch nicht geladen wurde, müssen Sie den Namen des Formulars in dem Befehl folgendermaßen angeben:

```
FormularName!ObjektName.EigenschaftName = Wert
```

Betrachten Sie z.B. die beiden Formulare in der Abbildung 15.5. Formular #1 enthält zwei Textfelder mit den Namen *txtMessage* und *txtCopyCat* und zwei Befehlsschaltflächen mit den Namen *cmdHello* und *cmdBye*. Formular #2 enthält ein Textfeld mit den folgenden Eigenschaften:

Objekt	Eigenschaft	Wert
Formular	Name	Formular #2
Textfeld	Name	txtNewBox
	Text	(Leer)

Abbildung 15.5: Wenn Sie auf die Schaltfläche Hallo *klicken, wird* Hallo, Welt! *in allen drei Textfeldern angezeigt.*

Wie kann die Ereignisprozedur in dem Formular #1 die *Text*-Eigenschaft eines Objektes ändern, das in einem anderen Formular gespeichert ist? Dazu brauchen Sie einfach nur den folgenden Befehl einzugeben:

```
FormularName!ObjektName.EigenschaftName = Wert
```

Der *FormularName* gibt den Namen des Formulars an, welches das Objekt enthält, das Sie ändern wollen. Der *ObjektName* ist der Name des Objekts. Der *EigenschaftName* ist der Name der Eigenschaft, die Sie ändern wollen. Der *Wert* ist die Zahl oder die Zeichenkette, die Sie der Eigenschaft des Objekts zuweisen wollen.

Wenn Sie in dem Textfeld mit dem Namen *txtNewBox* denselben Text anzeigen wollen wie in den Textfeldern *txtMessage* und *txtCopyCat*, müssen Sie den folgenden Befehl in die Ereignisprozeduren *cmdHello_Click* und *cmdBye_Click* einfügen:

```
Form2!txtNewBox.Text = txtMessage.Text
```

Die Ereignisprozedur *cmdHello_Click* sieht dann folgendermaßen aus:

```
Private Sub cmdHello_Click()
   txtMessage.Text = "Hallo, Welt!"
   txtCopyCat.Text = txtMessage.Text
   Form2.Show
   Form2!txtNewBox.Text = txtMessage.Text
End Sub
```

Und die Ereignisprozedur *cmdBye_Click* sieht dann folgendermaßen aus:

```
Private Sub cmdBye_Click()
   txtMessage.Text = "Ade, grausame Welt."
   txtCopyCat.Text = txtMessage.Text
   Form2.Show
   Form2!txtNewBox.Text = txtMessage.Text
End Sub
```

Wenn Sie jetzt auf die Befehlsschaltfläche *Hallo* klicken, passiert folgendes:

1. Visual Basic stellt fest, daß ein *Click*-Ereignis eingetreten ist und daß sich der Mauszeiger zu diesem Zeipunkt auf der Befehlsschaltfläche mit dem Namen *cmdHello* befand.

2. Visual Basic findet die Ereignisprozedur mit dem Namen *cmdHello_Click* und sucht dort nach weiteren Anweisungen.

3. Die Ereignisprozedur *cmdHello_Click* weist Visual Basic an: »Suche nach einem Textfeld mit dem Namen *txtMessage* und ersetze den Wert seiner *Text*-Eigenschaft durch die Zeichenkette »*Hallo, Welt!*«

4. Visual Basic sieht den zweiten Befehl, der sagt: »Suche nach einem Textfeld mit dem Namen *txtCopyCat* und ersetze den Wert seiner *Text*-Eigenschaft durch den Wert, der in der *Text*-Eigenschaft des Textfeldes mit dem Namen *txtMessage* gespeichert ist.«

5. Der Befehl Form2.Show weist Visual Basic an: »Suche ein Formular mit dem Namen *Form2* und zeige es auf dem Bildschirm an.«

6. Der Befehl Form2!txtNewBox.Text = txtMessage.Text weist Visual Basic an: »Suche in dem Formular mit dem Namen *Form2* nach einem Objekt mit dem Namen *txtNewBox* und ersetze den Wert seiner *Text*-Eigenschaft durch den Wert, der in der *Text*-Eigenschaft des Textfeldes mit dem Namen *txtMessage* gespeichert ist.«

7. Die Zeichenkette »*Hallo, Welt!*« wird in allen drei Textfeldern mit den Namen *txtMessage*, *txtCopyCat* und *txtNewBox* angezeigt.

Wenn Sie jetzt auf die Befehlsschaltfläche *Auf Wiedersehen* klicken, passiert folgendes:

1. Visual Basic stellt fest, daß ein *Click*-Ereignis eingetreten ist und daß sich der Mauszeiger zu diesem Zeitpunkt auf der Befehlsschaltfläche mit dem Namen *cmdBye* befand.

2. Visual Basic findet die Ereignisprozedur mit dem Namen *cmdBye_Click* und sucht dort nach weiteren Anweisungen.

3. Die Ereignisprozedur *cmdBye_Click* weist Visual Basic an: »Suche nach einem Textfeld mit dem Namen *txtMessage* und ersetze den Wert seiner *Text*-Eigenschaft durch die Zeichenkette »*Ade, grausame Welt.*«.

4. Visual Basic sieht den zweiten Befehl, der sagt: »Suche nach einem Textfeld mit dem Namen *txtCopyCat* und ersetze den Wert seiner *Text*-Eigenschaft durch den Wert, der in der *Text*-Eigenschaft des Textfeldes mit dem Namen *txtMessage* gespeichert ist.«

5. Der Befehl Form2.Show weist Visual Basic an: »Suche ein Formular mit dem Namen *Form2* und zeige es auf dem Bildschirm an.«

6. Der Befehl Form2!txtNewBox.Text = txtMessage.Text weist Visual Basic an: »Suche in dem Formular mit dem Namen *Form2* nach einem Objekt mit dem Namen *txtNewBox* und ersetze den Wert seiner *Text*-Eigenschaft durch den Wert, der in der *Text*-Eigenschaft des Textfeldes mit dem Namen *txtMessage* gespeichert ist.«

7. Die Zeichenkette »*Ade, grausame Welt.*« wird in allen drei Textfeldern mit den Namen *txtMessage*, *txtCopyCat* und *txtNewBox* angezeigt.

Datentypen

Variablen können Zahlen oder Zeichenketten speichern. Manchmal ist es jedoch wünschenswert, daß eine Variable wie z.B. *Vorname* ausschließlich Zeichenketten speichern kann und jeder Versuch, ihr eine Zahl zuzuweisen, eine Fehlermeldung auslöst. Um die Art der Informationen einzuschränken, die in einer Variablen gespeichert werden können, können Sie der Variablen einen sogenannten *Datentyp* zuweisen. Ein Datentyp ist eine Art von Befehl, der Visual Basic folgende Anweisung gibt: »Siehst du diese Variable? Sie darf nur Zeichenketten oder nur Zahlen speichern. Also paß auf!«

Wenn Sie mit einem BASIC-Befehl versuchen, einer Variablen mit einem Datentyp, der nur Zahlen zuläßt, eine Zeichenkette zuzuweisen, zeigt Visual Basic eine Fehlermeldung an. Auf diese Weise können Sie mögliche Fehler in Ihrem Programm schon lange vor seiner Beendigung oder Auslieferung an andere Benutzer entdecken.

In Visual Basic gibt es die folgenden Datentypen (siehe Tabelle 15.1).

Datentyp	Wertebereich
Integer	-32.768 bis 32.767.
Long	-2.147.483.648 bis 2.147.483.647.
Single	-3,402823E38 bis -1,401298E-45 für negative Werte. 1,401298E-45 bis 3,402823E38 für positive Werte.
Double	-1,79769313486232E308 bis -4,94065645841247E-324 für negative Werte. 4,94065645841247E-324 bis 1,79769313486232E308 für positive Werte.

Datentyp	Wertebereich
Currency	-922.337.203.685.477,5808 bis 922.337.203.685.477,5807.
String	0 bis 65.500 Zeichen.
Variant	Daten zwischen dem 1. Januar 0000 bis 31. Dezember 9999.
Numbers	Derselbe Bereich wie bei *Double*.
Strings	Derselbe Bereich wie bei *String*.

Tabelle 15.1: Die Datentypen von Visual Basic.

Objekte mit Datentypen deklarieren

Benutzen Sie zum Speichern von ganzen Zahlen den *Integer*-Datentyp. Wenn Sie sehr große oder sehr kleine ganze Zahlen speichern wollen, benutzen Sie den *Long*-Datentyp.

Benutzen Sie zum Speichern von Dezimalzahlen den *Single*-Datentyp. Wenn Sie sehr große oder sehr kleine Dezimalzahlen speichern wollen, benutzen Sie den *Double*-Datentyp.

Benutzen Sie zum Speichern von Geldbeträgen den *Currency*-Datentyp.

Benutzen Sie zum Speichern von Wörtern und Buchstaben den *String*-Datentyp.

Benutzen Sie zum Speichern von Datumsangaben den *Variant*-Datentyp. Sie können mit dem Variant-Datentyp auch Zahlen und Zeichenketten speichern.

Standardmäßig weist Visual Basic allen Variablen den *Variant*-Datentyp zu. Der einzige Grund, eine Variable ausdrücklich als Variable vom Datentyp *Variant* zu deklarieren, liegt darin, Ihren Code lesbarer zu machen. Für Visual Basic ist die Deklaration des *Variant*-Datentyps einer Variablen redundant.

Der Datentyp einer Variablen wird folgendermaßen deklariert:

```
Dim VariableName As DataType
```

Um z.B. eine Variable mit dem Namen MeinName als *String*-Datentyp zu deklarieren, geben Sie folgenden Befehl ein:

```
Dim MeinName As String
```

Wenn Visual Basic diesen Befehl sieht, denkt es: »Aha, diese Variable heißt *MeinName*, und der Programmierer hat sie dem *String*-Datentyp zugeordnet, damit sie nur Zeichenketten speichern kann.«

Wenn Visual Basic den folgenden Befehl sieht:

```
Dim MeinName As Variant
```

denkt es: »Aha, diese Variable heißt *MeinName*, und der Programmierer hat sie dem *Variant*-Datentyp zugeordnet, damit sie Zahlen oder Zeichenketten speichern kann.«

Und wenn Visual Basic den folgenden Befehl sieht:

```
Dim MeinName
```

denkt es: »Aha, diese Variable heißt *MeinName*; und weil der Programmierer zu faul war, sie einem Datentyp zuzuordnen, nehme ich automatisch an, daß sie den *Variant*-Datentyp hat.«

Wenn Sie mehrere Variablen auf einer einzigen Zeile deklarieren wollen, müssen Sie jede Variable ausdrücklich deklarieren. Beispiel:

```
Dim MeinName As String, MeineKatze As String
```

Wenn Sie deklarieren

```
Dim MeinName, MeineKatze As String
```

nimmt Visual Basic an, daß die Variable *MeinName* vom *Variant*-Datentyp und *MeineKatze* vom *String*-Datentyp ist.

Eine Wald-und-Wiesen-Prozedur

Um die Verwendung von Deklarationen in einer Ereignisprozedur zu studieren, wollen wir auf ein früheres Beispiel zurückgreifen:

```
Private Sub Form1_Load()
    Dim HaustierName As String, Alter As Integer
    HaustierName = "Kater Fritz"
    Alter = 2
End Sub
```

Der Befehl Dim HaustierName As String, Alter As Integer zur Deklaration der Variablen weist Visual Basic an: »Erstelle eine Variable mit dem Namen *HaustierName* und stelle sicher, daß sie nur Zeichenketten speichern kann. Erstelle dann eine Variable mit dem Namen *Alter* und stelle sicher, daß sie nur ganze Zahlen im Wertbereich von -32.768 bis 32.767 speichern kann.«

Der nächste Befehl weist Visual Basic an: »Weise der Variablen *HaustierName* die Zeichenkette *Kater Fritz* zu.« Visual Basic prüft, ob die Variable *HaustierName* tatsächlich Werte vom *String*-Datentyp speichern kann. Da Sie mit dem Befehl Dim HaustierName As String der Variablen *HaustierName* den Datentyp *String* zugewiesen haben, ist alles in Ordnung.

Schließlich weist der Befehl Age = 2 Visual Basic an: »Weise der Variablen mit dem Namen *Alter* die Zahl *2* zu. Visual Basic prüft, ob die Variable *Alter* tatsächlich Zahlenwerte speichern kann. Da dieser Wert im zulässigen Wertebereich von -32.768 bis 32.767 liegt, ist alles in Ordnung.

Benutzen Sie immer den kleinstmöglichen Datentyp. Wenn Sie z.B. wissen, daß die Variable *Alter* nie einen Wert speichern soll, der größer als 32.767 ist, deklarieren Sie *Alter* als *Integer*. Wenn Sie größere oder kleinere Zahlen benötigen, wählen Sie den *Long*-Datentyp.

Hier sind die beiden Hauptgründe für die Verwendung von Datentypen:

✔ Sie können den Datentyp leicht erkennen, den eine Variable aufnehmen kann.

✔ Sie verhindern, daß eine Variable aus Versehen Daten vom falschen Typ speichert und so einen Fehler verursacht.

Datentypen für Zeichenketten

Wenn Sie die Länge der Zeichenketten beschränken wollen, die eine String-Variable speichern kann, können Sie die maximale Länge der Zeichenkette folgendermaßen definieren:

```
Dim VariableName As String * Size
```

Der Wert von *Size* (dt. *Größe*) definiert die maximale Länge der Zeichenkette. Die zulässigen Werte für *Size* liegen zwischen 1 und 65.500. Wenn Sie z.B. die Länge der Zeichenkette, die eine Variable speichern kann, auf zehn Zeichen begrenzen wollen, müssen Sie folgenden Befehl eingeben:

```
Dim VariableName As String * 10
```

Betrachten Sie als Beispiel die folgende Deklaration:

```
Dim Vorname As String * 5
```

Sie können der Variablen Vorname problemlos folgende Zeichenketten zuweisen:

"12345"

"Hans"

"Marta"

"Willi"

Wenn Sie allerdings versuchen, der Variablen Vorname Zeichenketten zuzuweisen, die länger als fünf Zeichen sind, passiert folgendes:

Zugewiesene Zeichenkette	Gespeicherte Zeichenkette
Vorname = "Johanna"	Vorname = "Johan"
Vorname = "Martina"	Vorname = "Marti"
Vorname = "König Otto"	Vorname = "König"

Wenn die Zeichenkette länger als die definierte maximal zulässige Länge ist, schneidet Visual Basic die überzähligen Zeichen rücksichtslos ab. Wenn Sie keine maximale Länge definieren oder der Variablen den Variant-Datentyp zuweisen, kann die Variable bis zu 65.500 Zeichen speichern.

Der Gültigkeitsbereich von Variablen

Als *Gültigkeitsbereich* (engl. *scope*) einer Variablen bezeichnet man den Bereich eines Visual Basic-Programmes, in dem die Variable zugänglich ist. In Visual Basic werden drei Gültigkeitsbereiche unterschieden:

✔ Lokal (engl. *local*)

✔ Modul (engl. *modul*)

✔ Öffentlich (engl. *public*)

Eine *lokale* Variable existiert nur in der Prozedur, in der sie definiert wurde; und sie kann auch nur in dieser Prozedur benutzt werden. Lokale Variablen dienen dazu, den Wirkungsbereich einer Variablen auf eine einzige Prozedur zu beschränken und vom Rest des Programmes zu isolieren. Wenn Sie einer lokalen Variablen einen falschen Wert zuweisen, ist es auf diese Weise einfacher, das Problem zu isolieren und zu lösen.

Lokale Variablen werden in einer Ereignisprozedur folgendermaßen deklariert:

```
Private Sub Command1_Click()
    Dim NameVorname As String
End Sub
```

Eine lokale Variable kann nur in der Prozedur benutzt werden, in der sie deklariert wurde. In manchen Situationen ist es jedoch sinnvoll, Variablen zu definieren, die in zwei oder mehr Prozeduren benutzt werden können. In solchen Fällen müssen Sie eine Modul-Variable definieren.

Modul-Variablen können nur von den Prozeduren benutzt werden, die in derselben Datei gespeichert sind.

Um eine Modul-Variable zu deklarieren, gehen Sie folgendermaßen vor:

1. **Öffnen Sie das Code-Fenster, indem Sie auf [F7] drücken oder den Menübefehl *Ansicht/Code* wählen oder auf das *Code anzeigen*-Symbol im Fenster des Projekt-Explorers klicken.**

2. **Wählen Sie im *Objekt*-Kombinationsfeld das Listenelement *(Allgemein)*.**

   Visual Basic zeigt *(Deklarationen)* im *Prozedur*-Kombinationsfeld an.

15 ➤ Mit Variablen arbeiten

3. Wählen Sie im *Prozedur*-Kombinationsfeld das Listenelement *(Deklarationen)*.
4. Geben Sie die Deklarationen Ihrer Variablen mit dem Befehl Dim ein (siehe Abbildung 15.6).

Abbildung 15.6: Modul-Variablen werden immer in dem Objekt-*Kombinationsfeld (Allgemein) und dem* Prozedur-*Kombinationsfeld (Deklarationen) deklariert.*

Modul-Variablen dienen zum Speichern von Werten, die von mehreren Prozeduren derselben Datei benutzt werden. Wenn Sie eine Variable benutzen wollen, die von allen Ereignisprozeduren in allen Dateien gemeinsam benutzt werden kann, müssen Sie eine öffentliche Variable erstellen.

 Öffentliche Variablen können beim Programmieren sehr bequem sein, weil jede Ereignisprozedur in Ihrem Visual Basic-Programm Zugriff darauf hat. Doch Vorsicht! Die meisten Programmierer verwenden keine öffentlichen Variablen. Denn wenn in der Variablen ein falscher Wert gespeichert ist, müssen Sie das ganze Programm durchsuchen, um die Prozedur zu finden, die den Fehler verursacht hat.

Wenn Ihr Programm dagegen eine Modul-Variable mit falschen Werten füttert, können Sie das Problem auf die Datei eingrenzen, in der Sie die Modul-Variable deklariert haben. Noch einfacher ist es bei lokalen Variablen: Der einzig mögliche Ort, an dem ein Problem verursacht werden kann, ist die Prozedur, in der die Variable deklariert wurde.

Um eine öffentliche Variable zu deklarieren, gehen Sie folgendermaßen vor:

1. **Wählen Sie den Menübefehl *Projekt/Modul hinzufügen*, um eine BAS-Moduldatei zu erstellen.**

    Visual Basic zeigt das *Modul hinzufügen*-Dialogfeld an.

2. **Klicken Sie auf *Modul* und dann auf *Öffnen*.**

    Visual Basic zeigt das Code-Fenster an. Im *Objekt*-Kombinationsfeld wird *(Allgemein)* angezeigt. Im *Prozedur*-Kombinationsfeld wird *(Deklarationen)* angezeigt.

Deklarieren Sie Ihre Variablen mit dem Schlüsselwort *Public*. Beispiel:

```
Public Nachname As String * 30
```

Abbildung 15.7 zeigt, wo Sie öffentliche Variablen deklarieren können.

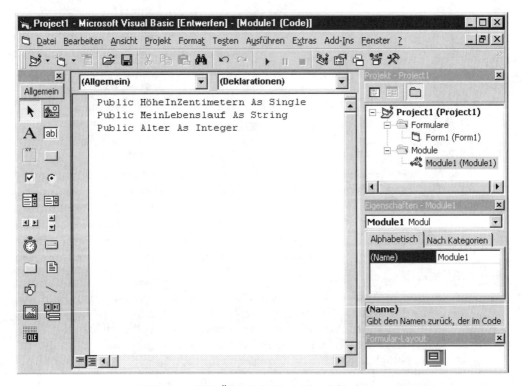

Abbildung 15.7: Öffentliche Variablen deklarieren.

15 ➤ Mit Variablen arbeiten

Bei manchen Programmiersprachen wie z.B. C++ oder Pascal ist es notwendig, Variablen vor ihrem Gebrauch als lokal, modulweit oder öffentlich zu deklarieren, damit die Programme leichter zu verstehen und zu warten sind. In Visual Basic gibt es diesen Zwang nicht: Sie können wählen, ob ie Ihre Variablen vorab als lokal, modulweit oder öffentlich deklarieren wollen, oder ob Sie jede Vorsicht außer acht lassen und Ihre Variablen ad hoc in der Mitte Ihrer Programme erstellen wollen.

Wenn Sie große Programme schreiben wollen, sollten Sie Ihre Variablen immer vorher deklarieren. Der Mehraufwand am Anfang zahlt sich später vielfach aus, wenn Sie weniger Zeit benötigen, um Ihre Programme zu testen und Fehler zu beseitigen.

Um die Deklaration von Variablen zu erzwingen, können Sie den folgenden Befehl in Ihre Programme einfügen:

```
Option Explicit
```

Auf den Benutzer reagieren

In diesem Kapitel

▸ Daten aus Textfeldern lesen

▸ Feststellen, welches Optionsfeld und Kombinationsfeld der Benutzer gewählt hat

▸ Daten aus Listenfeldern und Bildlaufleisten lesen

Die Benutzeroberfläche gibt Ihrem Programm ein ansprechendes Aussehen. Leider kann eine nett aussehende Benutzeroberfläche genauso hohlköpfig sein, wie die Person, mit der sich unglücklicherweise wohl jeder einmal verabredet. Wenn Ihr Programm mehr als nur eine gut aussehende Fassade sein soll, müssen Sie es dazu bringen, mit dem Benutzer zu kommunizieren.

Um Ihre Benutzeroberfläche interaktiv zu gestalten, müssen Sie folgende Aktionen programmieren:

✔ Daten aus der Benutzeroberfläche in das Programm holen

✔ Die Daten zu einem Ergebnis verarbeiten

✔ Das Ergebnis wieder auf der Benutzeroberfläche ausgeben

Wenn der Benutzer z.B. in einem Listenfeld ein Element wählt, weiß Ihr Programm von sich aus nicht, welches Element der Benutzer gewählt hat. Wenn Sie es auf dem Bildschirm sehen, sind Sie vielleicht versucht zu sagen: »He, du dummer Computer. Wenn ich sehen kann, was der Benutzer gewählt hat, warum bist du dann nicht dazu in der Lage?«

Aber was Sie auf dem Bildschirm sehen, ist nicht das, was der Computer sieht. Von seinem Standpunkt aus kann er das, was der Benutzer in dem Listenfeld gewählt hat, nicht sehen.

Um dem Computer mitzuteilen, was der Benutzer gewählt hat, müssen Sie BASIC-Code schreiben. Dieser BASIC-Code holt die Information aus der Benutzeroberfläche heraus und gibt sie zur Verarbeitung an das Programm weiter.

Daten aus der Benutzeroberfläche holen

Eine Benutzeroberfläche ist für den Benutzer ein einfaches Mittel, um Informationen an Ihr Programm zu übergeben. Z.B. kann die Benutzeroberfläche ein Dateilistenfeld auf dem Bildschirm anzeigen, so daß der Benutzer die gewünschte Datei aus einer Liste auswählen kann.

Wenn der Benutzer auf eine bestimmte Taste drückt, auf eine Befehlsschaltfläche klickt, ein Element in einem Listenfeld auswählt usw., speichert Visual Basic diese Information in einer Eigenschaft des betreffenden Objektes. Von diesem Moment steht diese Information für Ihr Programm bereit.

Abbildung 16.1 zeigt verschiedene Wege, auf denen der Benutzer Informationen für Ihr Programm bereitstellt, indem er entweder auf ein Objekt klickt oder Informationen eintippt.

Abbildung 16.1: Verschiedene Wege, auf denen der Benutzer Daten in Ihr Programm eingeben kann.

Die folgende Liste zeigt die neun grundlegenden Objekttypen, die Informationen speichern können, welche der Benutzer mit der Benutzeroberfläche eingibt:

- ✔ Kontrollkästchen
- ✔ Optionsfelder
- ✔ Kombinationsfelder
- ✔ Listenfelder
- ✔ Laufwerklistenfelder
- ✔ Verzeichnislistenfelder
- ✔ Dateilistenfelder
- ✔ Horizontale und vertikale Bildlaufleisten
- ✔ Textfelder

Informationen von einem Objekt erfragen

Um die Informationen zu finden, die in einem Objekt gespeichert sind, müssen Sie folgende Daten kennen:

- ✔ Den Namen des Objektes
- ✔ Den Namen der Eigenschaft des Objektes, welche die Information enthält
- ✔ Den Namen des Formulars, auf dem das Objekt steht

Visual Basic speichert die gesuchte Information in einer bestimmten *Eigenschaft* des Objektes. Welche Eigenschaft die Information enthält, ist von Objekt zu Objekt verschieden. So speichert z.B. ein Textfeld die Information in seiner *Text*-Eigenschaft, während ein Kontrollkästchen die Information in seiner *Value*-Eigenschaft speichert.

Den Namen der gewünschten Eigenschaft zu kennen reicht nicht aus. Sie müssen auch den Namen des Objektes kennen, das diese Eigenschaft hat. Und weil Objekte auf verschiedenen Formularen denselben Namen haben können, müssen Sie auch den Namen des Formulars kennen, auf dem sich das Objekt befindet.

Die Kombination aus dem Formular-Namen, dem Objekt-Namen und dem Eigenschaft-Namen definiert die spezifische Stelle, an der sich die gesuchte Information befindet. Wenn Sie diese Stelle als eine Adresse betrachten, dann müssen Sie das Land (Formular-Name), die Stadt (Objekt-Name) und die Straße (Eigenschaft-Name) kennen, um ein Paket (die Information) abzuholen.

Wenn Sie also die Information wiedergewinnen wollen, die in einem Objekt gespeichert ist, müssen Sie die folgende Kombination verwenden:

```
FormularName!ObjektName.Eigenschaft
```

Wenn Sie z.B. den Inhalt eines Textfeldes mit dem Namen *txtWarning* erfahren wollen, das auf einem Formular mit dem Namen *frmAttack* steht, dann müssen Sie die Information folgendermaßen abfragen:

```
frmAttack!txtWarning.Text
```

Dieser Code weist Visual Basic an: »Suche das Formular mit dem Namen *frmAttack*. Lokalisiere auf diesem Formular das Textfeld mit dem Namen *txtWarning* und gehe zu dem Wert, der in der Eigenschaft *Text* gespeichert ist.«

Wenn Sie den Namen des Formulars auslassen, sucht Visual Basic nur nach den Objekten auf dem aktuellen Formular. Wenn Sie das Objekt nur auf dem aktuellen Formular suchen wollen, können Sie den Befehl folgendermaßen abkürzen:

```
ObjektName.Eigenschaft
```

Daten aus Textfeldern lesen

Wenn der Benutzer Text in ein Textfeld eingibt, speichert Visual Basic die Information in der *Text*-Eigenschaft des Textfeldes. Das Eintippen eines Textes in einem Textfeld führt zu demselben Ergebnis wie das Zuweisen einer Zeichenkette zur *Text*-Eigenschaft des Textfeldes (siehe Abbildung 16.2).

Wenn der Benutzer »Liebe Grüße vom Mars!« in ein Textfeld mit dem Namen *txtSecret* eintippt, dann führt das zu demselben Ergebnis wie der folgende BASIC-Befehl:

```
txtSecret.Text = "Liebe Grüße vom Mars!"
```

Abbildung 16.2: Textspeicherung bei einem Textfeld.

Feststellen, welches Optionsfeld der Benutzer gewählt hat

Die *Value*-Eigenschaft eines Optionsfeldes kann nur einen der folgenden zwei möglichen Werte speichern:

✔ True (gewählt)

✔ False (nicht gewählt)

Bei einem nicht gewählten Optionsfeld hat die *Value*-Eigenschaft den Wert *False*. Wenn Sie auf ein nicht gewähltes Optionsfeld klicken, ändert sich der Wert der *Value*-Eigenschaft in *True*.

Bei einem gewählten Optionsfeld hat die *Value*-Eigenschaft den Wert *True*. Wenn Sie auf ein gewähltes Optionsfeld klicken, ändert sich der Wert der *Value*-Eigenschaft in *False*.

Um festzustellen, welches Optionsfeld der Benutzer gewählt hat, müssen Sie die *Value*-Eigenschaft aller Optionsfelder prüfen.

Wenn z.B. der Benutzer das nicht gewählte Optionsfeld mit dem Namen *optStation* anklickt, dann entspricht dies dem folgenden BASIC-Code:

```
optStation.Value = True
```

Wenn der Benutzer das gewählte Optionsfeld mit dem Namen *optStation* abwählt, dann entspricht dies dem folgenden BASIC-Code:

```
optStation.Value = False
```

Feststellen, welches Kontrollkästchen der Benutzer gewählt hat

Die *Value*-Eigenschaft eines Kontrollkästchens kann einen der folgenden drei möglichen Werte speichern:

- ✔ 0 (nicht markiert, engl. unchecked)
- ✔ 1 (markiert, engl. checked)
- ✔ 2 (abgeblendet, engl. grayed)

Abbildung 16.3 zeigt die möglichen Werte von Kontrollkästchen.

Abbildung 16.3: Die drei möglichen Werte eines Kontrollkästchens.

Die *Value*-Eigenschaft eines nicht markierten Kontrollkästchens hat den Wert *0*. Wenn Sie auf ein nicht markiertes Kontrollkästchen klicken, ändert sich der Wert seiner *Value*-Eigenschaft in *1*.

Die *Value*-Eigenschaft eines markierten Kontrollkästchens hat den Wert *1*. Wenn Sie auf ein markiertes Kontrollkästchen klicken, ändert sich der Wert seiner *Value*-Eigenschaft in *0*.

Die *Value*-Eigenschaft eines abgeblendeten Kontrollkästchens hat den Wert *2*. Wenn Sie auf ein abgeblendetes Kontrollkästchen klicken, ändert sich der Wert seiner *Value*-Eigenschaft in *0*. Beachten Sie, daß ein abgeblendetes Kontrollkästchen im Gegensatz zu einem deaktivierten Kontrollkästchen, das ebenfalls grau dargestellt wird, immer noch angeklickt werden kann.

Ein markiertes Kontrollkästchen bedeutet, daß der Benutzer den zugehörigen Wert oder Befehl gewählt hat. Entsprechend bedeutet ein nicht markiertes Kontrollkästchen, daß der Benutzer den zugehörigen Wert oder Befehl nicht gewählt hat. Ein abgeblendetes Kontrollkästchen kann dazu benutzt werden, dem Benutzer zu zeigen, daß der zugehörige Wert oder Befehl gegenwärtig nicht verfügbar oder nicht anwendbar ist.

Es gibt nur zwei Methoden, um die *Value*-Eigenschaft eines Kontrollkästchens auf den Wert *2* zu setzen: Die erste Methode besteht darin, die *Value*-Eigenschaft zur Entwurfszeit im Eigenschaftenfenster auf den Wert *2* zu setzen. Die zweite Methode besteht darin, die *Value*-Eigenschaft zur Laufzeit mit BASIC-Code auf den Wert *2* zu setzen. Der folgende BASIC-Code setzt die *Value*-Eigenschaft eines Kontrollkästchens mit dem Namen *chkBold* auf den Wert *2*:

```
chkBold.Value = 2
```

Um festzustellen, welche(s) Kontrollkästchen der Benutzer markiert hat, müssen Sie die *Value*-Eigenschaft aller Kontrollkästchen abfragen. Wenn z.B. das Kontrollkästchen mit dem Namen *chkBold* nicht markiert (leer) ist, entspricht dies dem folgenden BASIC-Code:

```
chkBold.Value = 0
```

Wenn das Kontrollkästchen markiert ist, entspricht dies dem BASIC-Code:

```
chkBold.Value = 1
```

Wenn das Kontrollkästchen abgeblendet ist, entspricht dies dem BASIC-Code:

```
chkBold.Value = 2
```

Daten aus Laufwerk-, Verzeichnis- und Dateilistenfeldern lesen

Wenn der Benutzer ein Element in einem Laufwerklistenfeld wählt, speichert Visual Basic das gewählte Element als Zeichenkette in der Drive-Eigenschaft des Laufwerklistenfeldes. Wenn der Benutzer z.B. das Element *c:* in einem Laufwerklistenfeld mit dem Namen *drvLaufwerk* wählt, entspricht dies dem folgenden BASIC-Code:

```
drvLaufwerk.Drive = "c:"
```

Wenn der Benutzer ein Element in einem Verzeichnislistenfeld wählt, speichert Visual Basic das gewählte Element als Zeichenkette in der *Path*-Eigenschaft des Verzeichnislistenfeldes.

Wenn der Benutzer z.B. das Element *c:\dos* in einem Verzeichnislistenfeld mit dem Namen *dirOrdner* wählt, entspricht dies dem folgenden BASIC-Code:

```
dirOrdner.Path = "c:\dos"
```

Wenn der Benutzer ein Element in einem Dateilistenfeld wählt, speichert Visual Basic das gewählte Element als Zeichenkette in der *FileName*-Eigenschaft des Dateilistenfeldes.

Wenn der Benutzer z.B. das Element *autoexec.bat* in einem Dateilistenfeld mit dem Namen *filDateiName* wählt, entspricht dies dem folgenden BASIC-Code:

```
filDateiName = "autoexec.bat"
```

Die *Drive*-Eigenschaft eines Laufwerklistenfeldes, die *Path*-Eigenschaft eines Verzeichnislistenfeldes und die *FileName*-Eigenschaft eines Dateilistenfeldes können nur mit BASIC-Code geändert werden.

Testen Sie Ihr neu erworbenes Wissen

1. **Was macht der folgende BASIC-Code?**

   ```
   WhatIsIt = chkBold.Value
   ```

   a) Der Code versucht, ein UFO mit dem Name *chkBold.value* zu identifizieren.

   b) Er bezweifelt, ob das Objekt mit dem Namen *chkBold* einen Wert hat.

   c) Das Programm veranlaßt den Computer zu fragen:»Was willst du von mir? Sag' es mir und troll dich! Mir geht es heute nicht so gut.«

   d) Der Befehl fragt den Wert der *Value*-Eigenschaft eines Kontrollkästchens mit dem Namen *chkBold* ab und weist ihn einer Variablen mit dem Namen *WhatIsIt* zu. Wenn das Kontrollkästchen mit dem Namen *chkBold* markiert ist, beträgt der abgefragte Wert *1*.

2. **Betrachten Sie den folgenden Befehl, und erklären Sie, was er bewirkt.**

   ```
   frmDataSheet!txtMessage.Text = "Warnung!"
   ```

   a) Der Befehl sagt Visual Basic:»Suche nach einem Formular mit dem Namen *frmDataSheet*. Suche dann auf diesem Formular nach einem Textfeld mit dem

Namen *txtMessage* und weise seiner *Text*-Eigenschaft die Zeichenkette *Warnung!* zu.«

b) Der Befehl sagt Visual Basic:»Warnung! Der Benutzer hat langsam die Nase voll von diesem Programm. Wenn Microsoft es nicht bedienungsfreundlicher macht, wird der Benutzer alle Disketten löschen und als Untersetzer benutzen.«

c) Der Befehl weist jeden darauf hin, daß die Person, die diesen Befehl geschrieben hat, wahrscheinlich gute Gründe dafür hat, nicht anwesend zu sein, um den Befehl nicht interpretieren zu müssen.

d) Der Befehl warnt Sie davor, daß der Computer jeden Moment explodieren kann und Sie gut daran täten, Schutz zu suchen.

Daten eines Kombinationsfeldes abfragen

Wenn der Benutzer ein Element in einem Kombinationsfeld wählt oder einen Wert in das Kombinationsfeld eintippt, speichert Visual Basic diese Information in der *Text*-Eigenschaft des Kombinationsfeldes (siehe Abbildung 16.4).

Abbildung 16.4: Die Text*-Eigenschaft dieses Kombinationsfelds enthält den Wert* Höchste Priorität.

Wenn der Benutzer z.B. das Element *Höchste Priorität* in einem Kombinationsfeld mit dem Namen *cboPriorities* wählt oder eintippt, entspricht dies dem folgenden BASIC-Code:

```
cboPriorities.Text = "Höchste Priorität"
```

Werte aus horizontalen und vertikalen Bildlaufleisten herauslesen

Bildlaufleisten, die nicht Bestandteil eines Textfeldes, eines Listenfeldes oder eines Kombinationsfeldes sind, repräsentieren eine Zahl. Diese Zahl wird in der *Value*-Eigenschaft der Bildlaufleiste gespeichert.

Der Wert, den eine Bildlaufleiste repräsentieren kann, hängt von den Min- und Max-Eigenschaften der Bildlaufleiste ab. Der kleinste mögliche Wert ist -32.768. Der größte mögliche Wert ist 32.767.

Bildlaufleisten ermöglichen es dem Benutzer, einen Zahlenwert visuell auszuwählen, statt eine Nummer über die Tastatur einzutippen. Idealerweise sollten Sie zusätzlich zu der Bildlaufleiste ein Bezeichnungsfeld anzeigen, das den tatsächlichen Wert der Bildlaufleiste wiedergibt. Auf diese Weise kann der Benutzer das Bildlauffeld in der Bildlaufleiste verschieben und gleichzeitig den sich ändernden Wert der Bildlaufleiste ablesen (siehe Abbildung 16.5).

Abbildung 16.5: Aktuellen Wert einer Bildlaufleiste anzeigen.

Obwohl Bildlaufleisten einen Wertebereich repräsentieren, muß Ihr Programm irgendwann den aktuellen Wert einer Bildlaufleiste abfragen. Wenn Sie z.B. den Wert einer horizontalen Bildlaufleiste mit dem Namen *hsbSensitivity* abfragen wollen, können Sie folgenden BASIC-Befehl verwenden:

```
MouseSensitivity = hsbSensitivity.Value
```

Daten eines Listenfeldes abfragen

Der Benutzer kann in einem Listenfeld in Abhängigkeit von der Einstellung der *MultiSelect*-Eigenschaft des Listenfeldes ein oder mehrere Elemente wählen. Wenn die *MultiSelect*-Eigenschaft den Wert *0* hat (= Standardwert) und der Benutzer ein Listenelement wählt, speichert Visual Basic das gewählte Element in der *Text*-Eigenschaft des Listenfeldes (siehe Abbildung 16.6).

Abbildung 16.6: Die Text*-Eigenschaft dieses Listenfelds enthält den Wert* Katzenfutter.

Wenn der Benutzer z.B. das Element *Katzenfutter* in einem Listenfeld mit dem Namen *lstEinkaufsliste* wählt, entspricht dies dem folgenden BASIC-Code:

```
lstEinkaufsliste.Text = "Katzenfutter"
```

Wenn die *MultiSelect*-Eigenschaft des Listenfeldes auf den Wert *1* oder *2* gesetzt ist, kann der Benutzer zwei oder mehr Listenelemente in dem Listenfeld wählen, indem er die Umschalt-Taste niederdrückt und mit der Maus auf die gewünschten Listenelemente klickt. Weil die *Text*-Eigenschaft eines Listenfeldes nur jeweils eine Zeichenkette speichern kann, ist es unmöglich, alle Listenelemente, die der Benutzer gewählt hat, in der Text-Eigenschaft des Listenfeldes zu speichern.

Um die Daten eines Listenfeldes mit Mehrfachauswahl abzufragen, gehen Sie folgendermaßen vor:

1. **Erstellen Sie ein zweites Listenfeld, um die ausgewählten Listenelemente des ersten Listenfeldes temporär zwischenzuspeichern.**

2. **Setzen Sie die *Visible*-Eigenschaft des zweiten Listenfeldes auf den Wert *False*, so daß das Listenfeld unsichtbar ist.**

3. **Kopieren Sie jedes Element, das der Benutzer in dem ersten Listenfeld wählt, in das zweite, unsichtbare Listenfeld (siehe Abbildung 16.7).**

Das unsichtbare Listenfeld enthält also nur die Elemente, die der Benutzer in dem ersten Listenfeld gewählt hat. Es speichert diese Elemente in seiner List-Eigenschaft. Alle Listenelemente in einem Listenfeld haben eine Indexnummer. Das erste Element hat die Indexnummer *0*, das zweite Element die Indexnummer *1* usw. Damit Sie dieses Konzept besser verstehen, sollten Sie ein leeres Formular mit zwei Listenfeldern und einer Befehlsschaltfläche mit folgenden Eigenschaften erstellen:

16 ➤ Auf den Benutzer reagieren

Objekt	Eigenschaft	Wert
Erstes Listenfeld	Name	lstChoose
	MultiSelect	1 – Simple
Zweites Listenfeld	Name	lstTemp
	Visible	True
Befehlsschaltfläche	Name	cmdStore
	Caption	Speichern

Abbildung 16.7: Mehrere Elemente mit einem zweiten (unsichtbaren) Listenfeld aus einem Listenfeld herauslesen.

Weil die *Visible*-Eigenschaft des zweiten Listenfeldes normalerweise den Wert *False* hat, ist sie natürlich unsichtbar; und Sie können nicht sehen, was passiert. Um die Prozedur zu testen, sollten Sie deshalb die *Visible*-Eigenschaft des zweiten Listenfeldes auf den Wert *True* setzen, so daß sie sichtbar ist und Sie sehen können, was passiert. Wenn Sie gelernt haben, wie die Technik funktioniert, ändern Sie die *Visible*-Eigenschaft auf ihren normalen Wert *False*.

Die folgende Prozedur füllt das Listenfeld lstChoose mit Daten:

```
Private Sub Formular_Load()
   lstChoose.AddItem "Butter"
   lstChoose.AddItem "Katzenfutter"
   lstChoose.AddItem "Milch"
   lstChoose.AddItem "Munition"
   lstChoose.AddItem "Eier"
   lstChoose.AddItem "Apfelsinen"
   lstChoose.AddItem "Eiskrem"
   lstChoose.AddItem "Bananen"
End Sub
```

Diese Daten werden dem Benutzer in dem Listenfeld *lstChoose* zur Auswahl präsentiert.

Eine Ereignisprozedur, welche die markierten Elemente im Listenfeld *lstChoose* abfragt und im Listenfeld *lstTemp* speichert, könnte etwa folgendermaßen aussehen:

```
Private Sub cmdStore_Click()
   Dim I
   lstTemp.Clear
   For I = 0 To lstChoose.ListCount - 1
      If lstChoose.Selected(I) Then
         lstTemp.AddItem lstChoose.List(I)
      End If
   Next I
End Sub
```

Und so verarbeitet Visual Basic diesen Code:

1. Die erste Zeile weist Visual Basic an: »Wenn der Benutzer auf die Befehlsschaltfläche mit dem Namen *cmdStore* klickt, führe die folgenden Befehle aus.«

2. Die zweite Zeile sagt: »Deklariere eine Variable mit dem Namen *I* und nimm an, daß sie den Datentyp *Variant* hat.«

3. Die dritte Zeile sagt: »Suche ein Listenfeld mit dem Namen *lstTemp* und lösche seinen Inhalt.«

4. Die vierte Zeile sagt: »Setze den Wert von *I* auf *0*. Erhöhe den Wert fortlaufend um *1*, bis der Wert von *I* der Anzahl der Listenelemente entspricht, die in dem Listenfeld *lstChoose* gespeichert sind.«

5. Die fünfte Zeile sagt: »Wenn der Benutzer ein Element in dem Listenfeld *lstChoose* gewählt hat, führe die Anweisungen in der sechsten Zeile aus.«

6. Die sechste Zeile sagt: »Kopiere das gewählte Listenelement des Listenfeldes *lstChoose* in das Listenfeld mit dem Namen *lstTemp*.«

7. Die siebte Zeile sagt: »Dies ist das Ende der aktuellen Anweisungen.«

8. Die achte Zeile sagt: »Erhöhe den Wert von *I* um *1* und fange wieder bei Zeile fünf an.«

9. Die neunte Zeile sagt: »Dies ist das Ende der Anweisungen, die auszuführen sind, wenn der Benutzer auf die Befehlsschaltfläche *cmdStore* klickt.«

Diese Befehle kopieren alle gewählten Elemente aus dem einen Listenfeld in das zweite Listenfeld, das (normalerweise) unsichtbar ist.

Jedes Listenelement in einem Listenfeld wird durch eine Indexnummer identifiziert. Das obere Listenelement hat die Indexnummer *0*, das zweite Listenelement hat die Indexnummer *1* usw.

Um die Listenelemente im Listenfeld mit dem Namen *lstTemp* abzufragen, müssen Sie Indexnummern benutzen. Der folgende Befehl fragt das obere oder erste Listenelement des Listenfeldes *lstTemp* ab:

```
lstTemp.List(0)
```

Der folgende Befehl fragt das zweite Listenelement des Listenfeldes *lstTemp* ab:

```
lstTemp.List(1)
```

Jede Erhöhung der Indexnummer um eins fragt das jeweils folgende Listenelement ab.

Höhere Mathematik: arithmetische, logische und Vergleichsoperatoren

In diesem Kapitel

▸ Zahlen addieren, subtrahieren, multiplizieren und dividieren

▸ Mit den Operatoren *Not*, *And*, *Or* und *Xor* arbeiten

▸ Zahlen und Zeichenketten vergleichen

▸ Operatoren und der Vergleich von Zeichenketten

Nachdem ein Programm Daten in Form von Zahlen oder Zeichenketten vom Benutzer erhalten hat, muß es die Daten verarbeiten. Wenn Ihr Programm die Arbeitsweise eines vielbeschäftigten Beamten nachahmt, könnte es die Daten ganz einfach unter den Tisch fallen lassen und die Schuld daran von sich weisen. Aber die meisten Programme benutzen die Daten, die sie vom Benutzer erhalten haben, um irgendein Ergebnis zu berechnen.

Um aus den Daten ein Ergebnis zu berechnen, muß Ihr Programm die Daten in irgendeiner Form ändern oder umwandeln. Diese Änderung oder Operation erfordert eine besondere Art von Befehlen, die als *Operatoren* bezeichnet werden.

In Visual Basic gibt es die folgenden drei Arten von Operatoren:

✔ Arithmetische Operatoren

✔ Logische Operatoren

✔ Vergleichsoperatoren

Arithmetische Operatoren

Arithmetische Operatoren machen aus Ihrem 3000-DM-Computer im Grunde einen 10-DM-Taschenrechner. Mit diesen Operatoren können Sie Zahlen oder Variablen, die Zahlen repräsentieren, addieren, subtrahieren, multiplizieren oder dividieren. Tabelle 17.1 zeigt die arithmetischen Operatoren:

Operator	Funktion
+	Addiert zwei Zahlen
-	Subtrahiert zwei Zahlen
*	Multipliziert zwei Zahlen
/	Dividiert zwei Zahlen und gibt das Ergebnis als Dezimalzahl (Floating-Point-Zahl) zurück, z.B. 3,14 oder 16,2 oder 392,2398
\	Dividiert zwei Zahlen und gibt das Ergebnis als Ganzzahl zurück, z.B. 8 oder 16012 oder 25
Mod (oder modulo)	Dividiert zwei Zahlen und gibt den Rest der Division zurück
^	Potenziert eine Zahl
&	Addiert (verkettet) zwei Zeichenketten

Tabelle 17.1: Arithmetische Operatoren.

Zwei Zahlen mit dem *Plus*-Operator (+) addieren

Um zwei Zahlen zu addieren, benutzen Sie den *Plus*-Operator (+) folgendermaßen:

```
X = 10
Y = 15.4
SUMME = X + Y
```

Diese drei BASIC-Befehle funktionieren folgendermaßen:

1. Der erste Befehl sagt: »Erstelle eine Variable mit dem Namen *X* und weise ihr den Wert *10* zu.«

2. Der zweite Befehl sagt: »Erstelle eine Variable mit dem Namen *Y* und weise ihr den Wert *15.4* zu.«

3. Der dritte Befehl sagt: »Erstelle eine Variable mit dem Namen *SUMME* und weise ihr den Wert der Summe der Werte von *X* und *Y* zu.« In diesem Beispiel beträgt der Wert der Variablen *SUMME*: 10 + 15.4 oder 25.4.

Zwei Zahlen mit dem *Minus*-Operator (-) subtrahieren

Um zwei Zahlen zu subtrahieren, benutzen Sie den *Minus*-Operator (-) folgendermaßen:

```
Einkommen = 2000
Steuern = 1500
Realeinkommen = Einkommen - Steuern
```

Diese drei BASIC-Befehle funktionieren folgendermaßen:

1. Der erste Befehl sagt: »Erstelle eine Variable mit dem Namen *Einkommen* und weise ihr den Wert *2000* zu.«

2. Der zweite Befehl sagt: »Erstelle eine Variable mit dem Namen *Steuern* und weise ihr den Wert *1500* zu.«

3. Der dritte Befehl sagt: »Erstelle eine Variable mit dem Namen *Realeinkommen* und weise ihr den Wert der Differenz der Werte von *Einkommen* und *Steuern* zu.« In diesem Beispiel beträgt der Wert der Variablen *Realeinkommen*: 2000 – 1500 oder 500.

Eine Zahl mit dem Minus-Operator (-) umkehren

Für sich allein eingesetzt, kehrt der *Minus*-Operator (-) den Wert einer Zahl um, d.h., er macht aus einer positiven Zahl eine negative und umgekehrt. Um den Wert einer Zahl oder Variablen umzukehren, setzen Sie den *Minus*-Operator (-) vor die Zahl oder Variable folgendermaßen:

```
Betrag = 250
Saldo = - Betrag
```

Diese zwei BASIC-Befehle funktionieren folgendermaßen:

1. Der erste Befehl sagt: »Erstelle eine Variable mit dem Namen *Betrag* und weise ihr den Wert *250* zu.«

2. Der zweite Befehl sagt: »Erstelle eine Variable mit dem Namen *Saldo* und weise ihr den negativen Wert der Variablen *Betrag* zu.« In diesem Beispiel beträgt der Wert der Variablen *Saldo*: -250.

Zwei Zahlen multiplizieren

Um zwei Zahlen zu multiplizieren, benutzen Sie den *-Operator folgendermaßen:

```
Stunden = 25
Stundenlohn = 12.75
Gehalt = Stunden * Stundenlohn
```

Diese drei BASIC-Befehle funktionieren folgendermaßen:

1. Der erste Befehl sagt: »Erstelle eine Variable mit dem Namen *Stunden* und weise ihr den Wert *25* zu.«

2. Der zweite Befehl sagt: »Erstelle eine Variable mit dem Namen *Stundenlohn* und weise ihr den Wert *12.75* zu.«

3. Der dritte Befehl sagt: »Erstelle eine Variable mit dem Namen *Gehalt* und weise ihr den Wert des Produktes der Werte von *Stunden* und *Stundenlohn* zu.« In diesem Beispiel beträgt der Wert der Variablen *Gehalt*: 25 * 12.75 oder 318.75.

Zwei Zahlen mit dem /-Operator teilen

Um zwei Zahlen zu dividieren und das Ergebnis als Dezimalzahl (Floating-Point-Zahl) darzustellen, benutzen Sie den /-Operator (nach vorne geneigter Schrägstrich) folgendermaßen:

```
GewonneneSpiele = 104
GesamteSpiele = 162
GewinnAnteil = GewonneneSpiele / GesamteSpiele
```

Diese drei BASIC-Befehle funktionieren folgendermaßen:

1. Der erste Befehl sagt: »Erstelle eine Variable mit dem Namen *GewonneneSpiele* und weise ihr den Wert *104* zu.«

2. Der zweite Befehl sagt: »Erstelle eine Variable mit dem Namen *GesamteSpiele* und weise ihr den Wert *162* zu.«

3. Der dritte Befehl sagt: »Erstelle eine Variable mit dem Namen *GewinnAnteil* und weise ihr den Wert der Division der Werte von *GewonneneSpiele* und *GesamteSpiele* zu.« In diesem Beispiel beträgt der Wert der Variablen *GewinnAnteil*: 104 / 162 oder 0.6419753.

Zwei Zahlen mit dem \-Operator teilen

Um zwei Zahlen zu dividieren und das Ergebnis als Ganzzahl (Integer) darzustellen, benutzen Sie den \-Operator (nach hinten geneigter Schrägstrich) folgendermaßen:

```
KistenKapazität = 72
Flaschen_in_Kisten = 1900
GefüllteKisten = Flaschen_in_Kisten \ KistenKapazität
```

Diese drei BASIC-Befehle funktionieren folgendermaßen:

1. Der erste Befehl sagt: »Erstelle eine Variable mit dem Namen *KistenKapazität* und weise ihr den Wert *72* zu.«

2. Der zweite Befehl sagt: »Erstelle eine Variable mit dem Namen *Flaschen_in_Kisten* und weise ihr den Wert *1900* zu.«

3. Der dritte Befehl sagt: »Erstelle eine Variable mit dem Namen *GefüllteKisten* und weise ihr den ganzzahligen Wert der Division der Werte von *Flaschen_in_Kisten* und *KistenKapazität* zu.« In diesem Beispiel beträgt der Wert der Variablen *GefüllteKisten*: 1900 \ 72 oder 26.

Die Division zweier Zahlen ergibt oft eine Dezimalzahl (Floating-Point-Zahl). Wie rundet Visual Basic die Zahlen auf oder ab, um ein ganzzahliges Ergebnis zu erzeugen? Betrachten Sie folgendes Beispiel:

```
Operand1 = 2.5
Operand2 = 1.5
Ergebnis = Operand1 \ Operand2
```

Ehe Visual Basic die Division mit dem \-Operator ausführt, rundet es die Operanden auf ganze Zahlen auf oder ab. In diesem Beispiel wird der *Operand1* auf *3* und der *Operand2* auf *2* aufgerundet. Deshalb ergibt die Division *3 \ 2* die Dezimalzahl *1.5*. Weil der \-Operator den ganzzahligen Anteil der Division zurückgibt, lautet das *Ergebnis 1*.

Mit mod (modulo) teilen

Um zwei Zahlen zu dividieren und den Rest der Division darzustellen, benutzen Sie den *Mod*-Operator folgendermaßen:

```
KistenKapazität = 72
Flaschen_in_Kisten = 1900
ÜberzähligeFlaschen = Flaschen_in_Kisten \ KistenKapazität
```

Diese drei BASIC-Befehle funktionieren folgendermaßen:

1. Der erste Befehl sagt: »Erstelle eine Variable mit dem Namen *KistenKapazität* und weise ihr den Wert *72* zu.«

2. Der zweite Befehl sagt: »Erstelle eine Variable mit dem Namen *Flaschen_in_Kisten* und weise ihr den Wert *1900* zu.«

3. Der dritte Befehl sagt: »Erstelle eine Variable mit dem Namen *ÜberzähligeFlaschen* und weise ihr den Rest der Division der Werte von *Flaschen_in_Kisten* und *KistenKapazität* zu.« In diesem Beispiel beträgt der Wert der Variablen *ÜberzähligeFlaschen*: 1900 Mod 72 oder 28.

Eine Potenz mit dem ^-Operator berechnen

Potenz ist ein mathematischer Fachausdruck, mit dem die Anweisung gegeben wird, eine Zahl eine bestimmte Anzahl von Malen mit sich selbst zu multiplizieren. Z.B. wird die Anweisung, die Zahl 2 viermal mit sich selbst zu multiplizieren, mathematisch folgendermaßen ausgedrückt: 2^4 oder 2 * 2 * 2 * 2.

Weil Sie in Visual Basic den Ausdruck 2^4 nicht eingeben können und der Ausdruck 2 * 2 * 2 * 2 etwas umständlich ist, gibt es in Visual Basic den ^-Operator, um Potenzen darzustellen. Der ^-Operator wird folgendermaßen verwendet:

```
2 ^ 4
```

Zwei Zeichenketten addieren (verketten)

Beim Addieren oder Verketten zweier Zeichenketten werden diese zu einer Zeichenkette verbunden. Um zwei Zeichenketten zu verketten, benutzen Sie den &-Operator folgendermaßen:

```
Vorname = "Hans "
Nachname = "Schmitz"
VollerName = Vorname & Nachname
```

Diese drei BASIC-Befehle funktionieren folgendermaßen:

1. Der erste Befehl sagt: »Erstelle eine Variable mit dem Namen *Vorname* und weise ihr den Wert *'Hans '* zu.« (Achten Sie auf das Leerzeichen am Ende.)

2. Der zweite Befehl sagt: »Erstelle eine Variable mit dem Namen *Nachname* und weise ihr den Wert *'Schmitz'* zu.«

3. Der dritte Befehl sagt: »Erstelle eine Variable mit dem Namen *VollerName* und weise ihr die verketteten Werte von *Vorname* und *Nachname* zu.« In diesem Beispiel beträgt der Wert der Variablen *VollerName*: »Hans « & »Schmitz« oder »Hans Schmitz«.

Logische Operatoren

Logische Operatoren manipulieren Werte, die *True* (= *Wahr*) oder *False* (= *Falsch*) sein können. Visual Basic repräsentiert den Wert *True* (= *Wahr*) durch *-1* und den Wert *False* (= *Falsch*) durch *0*. Tabelle 17.2 zeigt die logischen Operatoren:

Operator	Anwendung
And	Variable1 And Variable2
Or	Variable1 Or Variable2
Xor	Variable1 Xor Variable2
Not	Not Variable

Tabelle 17.2: Logische Operatoren.

Den Not-Operator benutzen

Der Operator *Not* ändert den Wert einer Variablen mit dem Wert *True* auf *False* und den Wert einer Variablen mit dem Wert *False* auf *True*. Beispiel:

Variable	Wert
Noch_ein_Computerbuch	True
Not Noch_ein_Computerbuch	False

Um ihren Code leichter lesbar zu machen, arbeiten viele Programmierer mit Klammern. Mit Klammern sieht das vorhergehende Beispiel folgendermaßen aus:

```
Not (Noch_ein_Computerbuch)
```

Den And-Operator benutzen

Der Operator *And* berechnet aus den Wahrheitswerten (= *True* oder *False*) zweier einzelner Variablen einen neuen Wahrheitswert (= *True* oder *False*). Damit kann Ihr Programm Entscheidungen treffen. Beispiel:

```
KatzeStreicheln = KatzeIstAnwesend And KatzeIstBrav
```

Wann ist die Variable *KatzeStreicheln True* oder *False*? Die Antwort hängt von den Wahrheitswerten (= *True* oder *False*) der Variablen *KatzeIstAnwesend* und *KatzeIstBrav* ab:

KatzeStreicheln	KatzeIstAnwesend	KatzeIstBrav
True	True	True
False	True	False
False	False	True
False	False	False

Der Operator *And* gibt den Wert *True* nur zurück, wenn beide Variablen *KatzeIstAnwesend* und *KatzeIstBrav* den Wert *True* haben.

Den Or-Operator benutzen

Der Operator *Or* berechnet aus den Wahrheitswerten (= *True* oder *False*) zweier einzelner Variablen einen neuen Wahrheitswert (= *True* oder *False*). Damit kann Ihr Programm Entscheidungen treffen. Beispiel:

```
ZuHauseBleiben = TVFußballSpiel Or SchlechtesWetter
```

Wann ist die Variable *ZuHauseBleiben True* oder *False*? Die Antwort hängt von den Wahrheitswerten (= *True* oder *False*) der Variablen *TVFussballSpiel* und *SchlechtesWetter* ab:

ZuHauseBleiben	TVFußballSpiel	SchlechtesWetter
True	True	True
True	True	False
True	False	True
False	False	False

Der Operator *Or* gibt den Wert *True* zurück, wenn eine der beiden Variablen *TVFussballSpiel* und *SchlechtesWetter* den Wert *True* hat.

Den Xor-Operator benutzen

Der Operator *Xor* berechnet aus den Wahrheitswerten (= *True* oder *False*) zweier einzelner Variablen einen neuen Wahrheitswert (= *True* oder *False*). Damit kann Ihr Programm Entscheidungen treffen. Beispiel:

`ÜberChefSchimpfen = ChefIstAnwesend Xor AmArbeitsplatz`

Wann ist die Variable *ÜberChefSchimpfen True* oder *False*? Die Antwort hängt von den Wahrheitswerten (= *True* oder *False*) der Variablen *ChefIstAnwesend* und *AmArbeitsplatz* ab:

ÜberChefSchimpfen	ChefIstAnwesend	AmArbeitsplatz
False	True	True
True	True	False
True	False	True
False	False	False

Der Operator *Xor* gibt den Wert *True* zurück, wenn die beiden Variablen *ChefIstAnwesend* und *AmArbeitsplatz* unterschiedliche Werte haben. Er gibt den Wert *False* zurück, wenn beide Variablen den gleichen Wert haben.

Vergleichsoperatoren

Vergleichsoperatoren vergleichen zwei Zahlen oder Zeichenketten miteinander, um festzustellen, ob die eine gleich, ungleich, größer oder kleiner als die andere ist. Tabelle 17.3 zeigt die arithmetischen Vergleichsoperatoren:

Operator	Anwendung
<	Kleiner als
<=	Kleiner als oder gleich
>	Größer als
>=	Größer als oder gleich
=	Gleich
<>	Ungleich

Tabelle 17.3: Arithmetische Vergleichsoperatoren.

Zahlen und Zeichenketten vergleichen

Das folgende Beispiel zeigt, wie ein Vergleichsoperator die Werte zweier numerischer Variablen vergleicht, um den Wert *True* oder *False* zurückzugeben:

```
Alter = 18
MindestAlter = 21
Zugelassen = (Alter >= MindestAlter)
```

Diese drei BASIC-Befehle funktionieren folgendermaßen:

1. Der erste Befehl sagt: »Erstelle eine Variable mit dem Namen *Alter* und weise ihr den Wert *18* zu.«

2. Der zweite Befehl sagt: »Erstelle eine Variable mit dem Namen *MindestAlter* und weise ihr den Wert *21* zu.«

3. Der dritte Befehl sagt: »Vergleiche die Variablen *Alter* und *MindestAlter*. Wenn der Wert der Variablen *Alter* größer als der oder gleich dem Wert der Variablen *MindestAlter* ist, weise der Variablen *Zugelassen* den Wert -1 (= *True* = *Wahr*) zu, sonst weise ihr den Wert 0 (= *False* = *Falsch*) zu.« Da in diesem Beispiel der Wert der Variablen *Alter* kleiner als der Wert der Variablen *MindestAlter* ist, erhält die Variable *Zugelassen* den Wert *False*.

Der Vergleich von Zahlenwerten ist recht einfach. Der Vergleich von Zeichenketten ist etwas komplizierter. Wenn Visual Basic Zeichenketten vergleicht, berechnet es die sogenannten ANSI-Werte der Zeichen, aus denen die Zeichenketten bestehen, und vergleicht diese ANSI-Werte.

Der ANSI-Zeichensatz

Auf der untersten Ebene verstehen Computer nur zwei Zahlen: Null und Eins. Man kann alle Zahlen als eine Folge von Nullen und Einsen darstellen. Zahlen, die in dieser Form dargestellt werden, heißen *Binärzahlen*.

Leider verstehen Computer keine Buchstaben oder Satzzeichen (Kommas, Punkte, Ausrufezeichen usw.). Sie repräsentieren deshalb solche Zeichen als Zahlen. So repräsentiert z.B. die Zahl *97* im Computer den Buchstaben *a*, die Zahl *65* repräsentiert den Buchstaben *A*, und die Zahl *33* repräsentiert ein Ausrufezeichen *!*.

Damit alle Computer dieselben Zahlen zum Repräsentieren derselben Buchstaben und Satzzeichen benutzen, hat das American National Standards Institut (ANSI) die Zuordnung standardisiert und den sogenannten ANSI-Zeichensatz definiert, der festlegt, welche Zahl für welchen Buchstaben oder welches Satzzeichen steht.

Zeichenketten mit den =- und <>-Operatoren vergleichen

Zwei Zeichenketten sind nur dann gleich, wenn sie absolut identisch sind. Wie Sie in dem folgenden Beispiel sehen können, berechnet der =-Operator den Wert *False*, wenn die verglichenen Zeichenketten nicht wie »a« = »a« identisch sind :

Operation	Ergebnis der Operation
»a« = »a«	*True*
»a« = »A«	*False*
»a« = »aa«	*False*

Im folgenden Beispiel können Sie dagegen sehen, daß der <>-Operator immer den Wert *True* berechnet, wenn die verglichenen Zeichenketten nicht identisch sind:

Operation	Ergebnis der Operation
»a« <> »A«	*True*
»Abott« <> »Abott«	*False*

Zeichenketten mit den >-, >=-, <- und <=-Operatoren vergleichen

Wenn Visual Basic zwei Zeichenketten vergleicht, berechnet es den ANSI-Zeichencode jedes Zeichens in den beiden Zeichenketten. Dann vergleicht es die Zeichenketten – beginnend mit dem ersten Zeichen – Zeichen für Zeichen. Die Zeichenkette mit dem höheren ANSI-Zeichencode gilt als größer.

So hat z.B. der Buchstabe *A* den ANSI-Zeichencode *65* und der Buchstabe *a* den ANSI-Zeichencode *97*. Betrachten Sie folgenden Vergleich:

```
Flag = ("Air" < "aardvark")
```

Weil der erste Buchstabe in »Air« eine kleinere Codenummer als der erste Buchstabe in »aardvark« hat, ist für Visual Basic der Wert von »Air« kleiner als der Wert von »aardvark«; und deshalb erhält die Variable *Flag* den Wert *True*.

Betrachten Sie jetzt folgenden Vergleich:

```
Flag = ("air" < "aardvark")
```

Hier erhält die Variable *Flag* den Wert *False*. Wie entscheidet Visual Basic, ob »air« kleiner ist als »aardvark«? Zunächst ermittelt Visual Basic den ANSI-Zeichencode des ersten Buchstabens in den beiden Zeichenketten. Weil die beiden Buchstaben gleich sind, vergleicht Visual Basic den zweiten Buchstaben. Weil »i« einen größeren ANSI-Zeichencode hat als »a«, ist »air« größer als »aardvark«; und deshalb hat die Variable *Flag* den Wert *False*.

17 ➤ Höhere Mathematik

Betrachten Sie schließlich folgenden Vergleich:

```
Flag = ("air" < "airplane")
```

In diesem Beispiel erhält die Variable *Flag* den Wert *True*. Die ersten drei Buchstaben der beiden Zeichenketten sind identisch, aber der vierte Buchstabe ist es nicht. Weil »air« im Gegensatz zu »airplane« keinen vierten Buchstaben hat, ist »airplane« größer als »air«; und deshalb hat die Variable *Flag* den Wert *True*.

Testen Sie Ihr neu erworbenes Wissen

1. **Was ist der Unterschied zwischen dem /-Operator und dem \-Operator?**

    a) Der eine Operator ist schräg nach vorne gerichtet, der andere schräg nach hinten. Sonst sehen beide wie Tippfehler aus.

    b) Der /-Operator teilt zwei Zahlen und der \-Operator fügt sie wieder zusammen.

    c) Der /-Operator berechnet eine Dezimalzahl (Floating-Point-Zahl) wie z.B. 3,54; und der \-Operator berechnet eine Ganzzahl wie z.B. 5 oder 34.

    d) Der /-Operator funktioniert überhaupt nicht, so daß man statt dessen den \-Operator benutzen muß.

2. **Ist der folgende Befehl *True* oder *False*?**

    ```
    "aeroplane" < "airplane"
    ```

    a) *False*, weil ich nicht weiß, was richtig ist, aber die Antwort »a« lange nicht mehr vorgekommen ist.

    b) *True*, weil der zweite Buchstabe in *aeroplane* kleiner ist als der zweite Buchstabe in *airplane*.

    c) *True* und *False*, weil ich meine Einsätze absichern will.

    d) Die Bezeichnung *aeroplane* ist eine altmodische Form der Bezeichnung *airplane*. Deshalb sind beide genau gleich.

Vorrang

Bei den vielen Operatoren in Visual Basic fragen Sie sich vielleicht, was passiert, wenn mehrere Operatoren wie in dem folgenden Beispiel zusammen auftreten:

```
Chaos = 4 / 7 + 9 * 2
```

Wie Sie sicher richtig geraten haben, beträgt der Wert der Variablen *Chaos* 18,57143 – meinen Glückwunsch! Aber wie geht Visual Basic damit um? Visual Basic berechnet zuerst die Operatoren, die eine höhere Priorität oder den *Vorrang* haben.

Nicht alle Operatoren sind gleich. Einige haben Vorrang vor den anderen und werden deshalb zuerst abgefertigt. Tabelle 17.4 zeigt die Reihenfolge, in der Visual Basic die verschiedenen Operatoren abarbeitet. Je weiter oben ein Operator in der Tabelle 17.4 steht, desto höher ist sein Vorrang. So hat z.B. der *Gleichheits*-Operator (=) Vorrang vor dem *Kleiner-Als*-Operator (<).

Operator	Art des Operators
Potenz (^)	Arithmetisch
Negation (-)	Arithmetisch
Multiplikation und Division (* und /)	Arithmetisch
Ganzzahlige Division (\)	Arithmetisch
Modulo (mod)	Arithmetisch
Addition und Subtraktion (+ und -)	Arithmetisch
Zeichenketten-Verkettung (&)	Arithmetisch
Gleichheit (=)	Vergleich
Ungleichheit (<>)	Vergleich
Kleiner als (<)	Vergleich
Größer als (>)	Vergleich
Kleiner als oder gleich (<=)	Arithmetisch
Größer als oder gleich (>=)	Vergleich
Like	Vergleich
Is	Vergleich
Not	Logisch
And	Logisch
Or	Logisch
Xor	Logisch
Eqv	Logisch
Imp	Logisch

Denken Sie zurück an das vorgenannte Beispiel. Wie berechnet Visual Basic den Wert der Variablen *Chaos* in der folgenden Gleichung?

```
Chaos = 4 / 7 + 9 * 2
```

Damit Sie besser verstehen, wie Visual Basic das Ergebnis berechnet, hier die Schritte im einzelnen:

1. Multiplikation und Division haben Vorrang vor der Addition. Deshalb bearbeitet Visual Basic erst die Operatoren zur Multiplikation und Division.

2. Weil Multiplikation und Division gleichrangig sind, beginnt Visual Basic mit dem Operator, der am weitesten links steht. Deshalb berechnet Visual Basic den Wert von *4 / 7* und erhält als Ergebnis *0.57143*. Das vereinfacht die Gleichung folgendermaßen:

   ```
   Chaos = 0.57143 + 9 * 2
   ```

3. Visual Basic sieht jetzt, daß der *Multiplikations*-Operator Vorrang vor dem *Additions*-Operator hat. Deshalb berechnet Visual Basic den Wert *9 * 2* und erhält als Ergebnis *18*. Das vereinfacht die Gleichung weiter:

   ```
   Chaos = 0.57143 + 18
   ```

4. Die Addition ergibt den endgültigen Wert von Chaos, nämlich *18.57143*.

Was können Sie tun, wenn Sie erst die beiden Zahlen addieren und dann erst eine Multiplikation oder Division ausführen wollen? Die Antwort lautet: Sie müssen die Teiloperation, die Sie zuerst ausführen wollen, in Klammern setzen. Sie können Klammern auch dazu benutzen, Ihren Code leichter lesbar und verständlicher zu machen. Unser Beispiel sieht mit Klammern folgendermaßen aus:

```
Chaos = 4 / (7 + 9) * 2
```

Visual Basic berechnet diesen Ausdruck in folgenden Schritten:

1. Die Klammern weisen Visual Basic an, die Addition zuerst auszuführen. Dies vereinfacht die Gleichung folgendermaßen:

   ```
   Chaos = 4 / 16 * 2
   ```

2. Weil Multiplikation und Division gleichrangig sind, beginnt Visual Basic mit dem Operator, der am weitesten links steht. Deshalb berechnet Visual Basic den Wert von *4 / 16* und erhält als Ergebnis *0.25*. Das vereinfacht die Gleichung folgendermaßen:

   ```
   Chaos = 0.25 * 2
   ```

3. Die Multiplikation ergibt den endgültigen Wert von *Chaos*, nämlich *0.5*.

Wenn Sie zwei oder mehr Operatoren verwenden, benutzen Sie Klammern, um die korrekte Reihenfolge der Berechnung sicherzustellen. Verwenden Sie Klammern auch dann, wenn Sie dadurch den Code leichter lesbar und verständlicher machen können.

Zeichenketten manipulieren

In diesem Kapitel

- Die Buchstabengröße in einer Zeichenkette ändern
- Teile von Zeichenketten suchen und ersetzen
- Zahlen in Zeichenketten und Zeichenketten in Zahlen umwandeln
- Zeichenketten in ASCII-Werte umwandeln

Außer Zahlen können Sie mit einem Programm auch Zeichenketten manipulieren. Als Zeichenkette wird jede Folge von Buchstaben, Ziffern und anderen Zeichen bezeichnet, die ein Programm wörtlich behandeln soll.

So interpretieren Computer z.B. Telefonnummern oder Versicherungsnummern blind als mathematische Ausdrücke. Ein typischer Computer würde die Telefonnummer 221-4567 als Ausdruck folgendermaßen interpretieren: »Subtrahiere 4567 von der Zahl 221.«

Um einem Programm mitzuteilen, daß es Zeichenketten wörtlich interpretieren soll, müssen Sie die Zeichenketten in Anführungszeichen setzen, »so wie diese Wörter«. Wenn Sie z.B. die Zeichenkette 221-4567 einer Variablen zuweisen wollen, müssen Sie die Zeichenkette folgendermaßen in Anführungszeichen setzen:

```
Private Sub Count()
    Telefon = "221-4567"
End Sub
```

 Wenn Sie die Anführungszeichen vergessen, behandelt Visual Basic die Zeichenkette als Subtraktionsbefehl.

Visual Basic stellt eine Reihe verschiedener Befehle zur Verfügung, um Zeichenketten zu manipulieren.

Zeichenketten manipulieren

Sie können Zeichenketten nicht nur in ihrer ursprünglichen Form verwenden, sondern können sie auf viele verschiedene Arten ändern. Sie können die Buchstabengröße einer Zeichenkette ändern, Teile einer Zeichenkette suchen und durch eine andere Zeichenkette ersetzen oder eine Zeichenkette verkürzen, indem Sie Leerzeichen am Ende der Zeichenkette entfernen.

Die Länge einer Zeichenkette berechnen

Die Länge einer Zeichenkette ist definiert als die Anzahl der Zeichen, aus der sie besteht. Dabei werden Leerzeichen mitgezählt. Die Länge einer Zeichenkette wird mit dem folgenden BASIC-Befehl ermittelt:

```
VariableName = Len("Zeichenkette")
```

Beispiel:

```
Private Sub Formular_Click()
   Dim Name As String
   Dim NamensLänge As Integer
   Name = "Kater Fritz"
   NamensLänge = Len(Name)
End Sub
```

In diesem Fall ist die Zeichenkette »*Kater Fritz*« elf Zeichen lang. Deshalb wird dieser Wert der Variablen *NamensLänge* zugewiesen.

Großbuchstaben in Kleinbuchstaben umwandeln

Mit dem folgenden BASIC-Befehl können Sie alle Buchstaben in einer Zeichenkette in Kleinbuchstaben umwandeln:

```
LCase("Zeichenkette")
```

Beispiel:

```
Private Sub Formular_Click()
   Dim Name, KleinBuchstaben As String
   Name = "SIEHT DAS NICHT AUFDRINGLICH AUS?"
   KleinBuchstaben = LCase(Name)
End Sub
```

In diesem Fall erhält die Variable *KleinBuchstaben* den Wert:

```
sieht das nicht aufdringlich aus?
```

Beachten Sie, daß der Befehl *LCase* nur Buchstaben betrifft. (Übrigens, wie stellen *Sie* ein Fragezeichen in Kleinbuchstaben dar?)

Mit dem folgenden BASIC-Befehl können Sie alle Buchstaben in einer Zeichenkette in Großbuchstaben umwandeln:

```
UCase("Zeichenkette")
```

Beispiel:

```
Private Sub Formular_Click()
   Dim Name, GroßBuchstaben As String
   Name = "flüstere, wenn du sprichst"
   GroßBuchstaben = UCase(Name)
End Sub
```

In diesem Fall erhält die Variable *GroßBuchstaben* den Wert:

FLÜSTERE, WENN DU SPRICHST

Zeichen aus einer Zeichenkette ausschneiden

Manchmal enthält eine Zeichenkette mehr Informationen, als Sie brauchen. So könnte z.B. der ganze Name einer Person in einer Variablen mit dem Namen *GanzerName* gespeichert sein. Beispiel:

```
GanzerName = "Hans Schmitz"
```

Mit dem folgenden BASIC-Befehl können Sie die ersten N Zeichen vom Anfang (= von links) der Zeichenkette an aus der Zeichenkette herausschneiden:

```
Left(GanzerName, N)
```

Dieser Befehl weist Visual Basic an: »Nimm die Variable *GanzerName* und schneide von links beginnend N Zeichen heraus.«

Beispiel:

```
Private Sub Formular_Click()
   Dim GanzerName, Vorname As String
   GanzerName = "Hans Schmitz"
   Vorname = Left(GanzerName, 4)
End Sub
```

In diesem Fall erhält die Variable *Vorname* den Wert *Hans*.

Mit dem folgenden BASIC-Befehl können Sie die ersten N Zeichen vom Ende (= von rechts) der Zeichenkette an aus der Zeichenkette herausschneiden:

```
Right(GanzerName, N)
```

Dieser Befehl weist Visual Basic an: »Nimm die Variable *GanzerName* und schneide von rechts beginnend N Zeichen heraus.«

Beispiel:

```
Private Sub Formular_Click()
   Dim GanzerName, Nachname As String
   GanzerName = "Hans Schmitz"
   Nachname = Right(GanzerName, 7)
End Sub
```

In diesem Fall erhält die Variable *Nachname* den Wert *Schmitz*.

Einen Teil einer Zeichenkette mit einer anderen Zeichenkette suchen

Wenn eine Zeichenkette in eine andere Zeichenkette eingebettet ist, können Sie ihre Position mit dem folgenden BASIC-Befehl ermitteln:

```
InStr("ZielZeichenkette", "GesuchteZeichenkette")
```

Der Befehl gibt eine Zahl zurück, die von links gezählt die genaue Position angibt, an der die *GesuchteZeichenkette* in der *ZielZeichenkette* beginnt. Beispiel:

```
Private Sub Formular_Click()
   Dim GanzerName As String
   Dim Position As Integer
   GanzerName = "Hans Rolf Schmitz"
   Position = InStr(GanzerName, "Rolf")
End Sub
```

In diesem Fall erhält die Variable *Position* den Wert *6*.

Wenn die Zeichenkette, die Sie suchen, nicht in der *ZielZeichenkette* vorkommt, gibt der Befehl *InStr* den Wert 0 zurück.

Wenn Sie eine Zeichenkette in einer anderen Zeichenkette suchen, müssen Sie die Groß- und Kleinschreibung genau beachten. So gibt z.B. der folgende Befehl den Wert *0* zurück:

```
InStr("Hans Rolf Schmitz", "ROLF")
```

In diesem Fall ist »Rolf« nicht dieselbe Zeichenkette wie »ROLF«; deshalb gibt der Befehl *InStr* den Wert *0* zurück. Die Rückgabe einer Null ist Visual Basics Art und Weise zu sagen: »Es tut mir leid, aber ich kann Ihre Zeichenkette nirgends finden.«

Einen Teil einer Zeichenkette durch eine andere Zeichenkette ersetzen

Falls Sie den kreativen Drang verspüren, WordPerfect herauszufordern und Ihr eigenes Textverarbeitungsprogramm in Visual Basic zu schreiben (mit kompletter Suchen-und-Ersetzen-Funktion), können Sie dafür den folgenden BASIC-Befehl verwenden:

```
Mid("ZielZeichenkette", Position) = "NeueZeichenkette"
```

Der Befehl weist Visual Basic an: »Gehe in der Zeichenkette mit dem Namen *ZielZeichenkette* an die Position von links, die durch den Wert des Parameters *Position* angegeben wird, und füge dort die Zeichenkette mit dem Namen *NeueZeichenkette* ein.«

Natürlich müssen Sie aufpassen, wenn Sie eine neue Zeichenkette in eine vorhandene Zeichenkette einfügen. Betrachten Sie z.B. den folgenden Code:

```
GanzerName = "Hans Rolf Schmitz"
Mid(GanzerName, 6) = "Vanille"
```

Visual Basic interpretiert diesen Code folgendermaßen:

Zunächst weist Visual Basic die Zeichenkette »*Hans Rolf Schmitz*« einer Variablen mit dem Namen *GanzerName* zu.

Dann betrachtet Visual Basic die Zeichenkette »*Hans Rolf Schmitz*«, geht zum sechsten Buchstaben von links und fügt dort die Zeichenkette »*Vanille*« ein. Und das sieht dann so aus:

```
Hans Rolf Schmitz    (Ursprüngliche Zeichenkette)
     ^               (Sechstes Zeichen von links)
Hans Vanillehmitz    (Neue Zeichenkette)
```

Wenn Sie Visual Basic anweisen, einen Teil einer Zeichenkette durch eine andere Zeichenkette zu ersetzen, macht es das gründlich und löscht alles aus, was der neuen Zeichenkette im Wege steht.

Testen Sie Ihr neu erworbenes Wissen

1. **Wie sagen Sie Ihrem Programm, daß es Zeichenketten wörtlich behandeln soll?**

    a) Sagen Sie einfach: »Das ist kein Spaß, mein Schatz!«

    b) Fügen Sie das Wort *WörtlichBehandeln* in die Befehlszeile ein, in der die Zeichenkette steht.

    c) Schließen Sie die Zeichenkette in Anführungszeichen ein.

    d) Sprechen Sie klar und deutlich, so daß es keine Mißverständnisse gibt.

2. **Was bewirkt die folgende Code-Zeile?**

    ```
    Gefunden = InStr("ZielString", "GesuchterString")
    ```

    a) Sie zeigt eine Liste der zehn meistgesuchten Kriminellen an, die auch im Postamt ausgehängt ist.

    b) Diese Code-Zeile zeigt das Zielscheibensymbol, um Ihnen zu zeigen, wohin Sie schießen müssen, wenn Sie frustriert sind.

    c) Sie gibt eine Zahl zurück, die in der Variablen mit dem Namen Gefunden gespeichert wird und die genaue Position der Zeichenkette »*GesuchterString*« in der Zeichenkette »*ZielString*« angibt.

    d) Alle obenstehenden Antworten.

Leerzeichen am Anfang und Ende einer Zeichenkette abschneiden

Zeichenketten sind nicht immer hübsch und nett. Manchmal enthalten Sie am Anfang oder am Ende Leerzeichen wie das folgende Beispiel:

```
"         Dies ist ein Beispiel für Leerzeichen am Anfang."
"Dies ist ein Beispiel für Leerzeichen am Ende.         "
```

Mit dem folgenden BASIC-Befehl können Sie die Leerzeichen am Anfang entfernen:

```
LTrim("Zeichenkette")
```

Beispiel:

```
Private Sub Formular_Click()
    Dim GanzerName As String
    GanzerName = "         Hans Schmitz"
    GanzerName = LTrim(GanzerName)
End Sub
```

Der Wert der Variablen *GanzerName* beträgt nach Ausführen des Codes »*Hans Schmitz*«.

Mit dem folgenden BASIC-Befehl können Sie die Leerzeichen am Ende entfernen:

```
RTrim("Zeichenkette")
```

Beispiel:

```
Private Sub Formular_Click()
   Dim GanzerName As String
   GanzerName = "Hans           "
   GanzerName = RTrim(GanzerName)
   GanzerName = GanzerName & " " & "Schmitz"
End Sub
```

Der Code entfernt zunächst die Leerzeichen am Ende der Variablen *GanzerName*, so daß diese den Wert »*Hans*« hat. Dann hängt der letzte Befehl an diese Variable wieder ein Leerzeichen und die Zeichenkette »*Schmitz*« an, so daß die Variable *GanzerName* nach Ausführen des Codes den Wert »*Hans Schmitz*« hat.

Wenn Sie die Leerzeichen am Anfang und am Ende entfernen wollen, können Sie die beiden Befehle folgendermaßen kombinieren:

```
LTrim(RTrim("Zeichenkette"))
```

Dieser Befehl sagt: »Entferne erst alle Leerzeichen am Ende und dann alle Leerzeichen am Anfang.« Noch einfacher geht es mit dem folgenden BASIC-Befehl:

```
Trim("Zeichenkette")
```

Beispiel:

```
Private Sub Formular_Click()
   Dim GanzerName As String
   GanzerName = "    Hans Rolf       "
   GanzerName = Trim(GanzerName)
   GanzerName = GanzerName & " " & "Schmitz"
End Sub
```

Der Befehl *Trim* entfernt die Leerzeichen am Anfang und Ende der Variablen *GanzerName* in einem Schritt, so daß diese den Wert »*Hans Rolf*« hat. Dann hängt der letzte Befehl an diese Variable wieder ein Leerzeichen und die Zeichenkette »*Schmitz*« an, so daß die Variable *GanzerName* danach den Wert »*Hans Rolf Schmitz*« hat.

Zeichenketten und Werte umwandeln

Visual Basic verarbeitet Zeichenketten und Zahlen auf verschiedene Weise. Manchmal ist es notwendig, eine Zeichenkette in eine Zahl umzuwandeln, um damit rechnen zu können, oder eine Zahl in eine Zeichenkette umzuwandeln, um sie in besonderer Weise manipulieren zu können. Und manchmal ist es auch notwendig, eine Zeichenkette in ihren ASCII- oder ANSI-Wert umzuwandeln.

Eine Zeichenkette in eine Zahl umwandeln

Nehmen Sie einmal an, Sie haben ein Textfeld erstellt, in das der Benutzer seinen Stundenlohn eintippen kann. Nun speichert die Text-Eigenschaft eines Textfeldes die eingegebenen Daten als Zeichenkette und nicht als Zahl, so daß Sie nicht damit rechnen können. Mit den folgenden beiden BASIC-Befehlen können Sie diese Zeichenkette in eine Zahl umwandeln:

```
CDbl("Zeichenkette")
CSng("Zeichenkette")
```

Der erste Befehl sagt: »Nimm die Zeichenkette mit dem Namen *Zeichenkette* und wandele sie in eine Zahl vom Datentyp *Double* um.«

Der zweite Befehl sagt: »Nimm die Zeichenkette mit dem Namen *Zeichenkette* und wandele sie in eine Zahl vom Datentyp *Single* um.«

Beispiel:

```
Private Sub Formular_Click()
   Dim Zahl As Double
   Zahl = CDbl(txtStundenLohn.Text)
End Sub
```

Visual Basic interpretiert diesen Code folgendermaßen:

1. Der erste Befehl sagt: »Deklariere eine Variable mit dem Namen *Zahl* und dem Datentyp *Double*.«

2. Der zweite Befehl sagt: »Nimm die Zeichenkette, die in der *Text*-Eigenschaft eines Textfeldes mit dem Namen *txtStundenLohn* gespeichert ist, wandele sie in eine Zahl vom Datentyp *Double* um und weise sie der Variablen mit dem Namen *Zahl* zu.«

Wenn der Benutzer in dem Textfeld *txtStundenlohn* die Zeichenkette »6.25« eintippt, wird der Variablen *Zahl* der Wert *6.25* zugewiesen.

Wenn der Benutzer in dem Textfeld *txtStundenlohn* die Zeichenkette »6.25 pro Stunde« oder »Pro Stunde 6.25« eintippt, protestiert Visual Basic mit der Meldung: *Datentypen unverträglich*, weil die Befehle CDbl und CSng keine Buchstaben verarbeiten können.

Eine Zahl in eine Zeichenkette umwandeln

Mit dem folgenden BASIC-Befehl können Sie eine Zahl in eine Zeichenkette umwandeln:

```
CStr(Zahl)
```

Dieser Befehl sagt: »Nimm die Variable mit dem Namen *Zahl* und wandele ihren Wert in eine Zeichenkette um.«

Für Visual Basic sind die folgenden Ausdrücke vollkommen verschieden:

```
10      ' Dies ist eine Zahl.
"10"    ' Dies ist eine Zeichenkette.
```

Die folgenden Beispiele zeigen die Umwandlung von Zahlen in Zeichenketten:

```
CStr(10)     'Ergebnis: Die Zeichenkette " 10"
CStr(10.5)   'Ergebnis: Die Zeichenkette " 10.5"
CStr(-10)    'Ergebnis: Die Zeichenkette "-10"
```

Wenn Visual Basic eine Zahl in eine Zeichenkette umwandelt, hat die Zeichenkette bei positiven Zahlen am Anfang ein Leerzeichen und bei negativen Zahlen ein Minuszeichen (-).

Eine Zeichenkette in ihren ASCII-Wert umwandeln

Als Programmierer haben Sie immer wieder mit den ASCII-Zahlenwerten zu tun. Deshalb machen Sie sich das Leben leichter, wenn Sie an Ihrem Computer-Arbeitsplatz eine sogenannte ASCII-Tabelle immer in Reichweite haben.

Eine ASCII-Tabelle zeigt die ASCII-Zahlenwerte oder kürzer: ASCII-Werte, durch welche die Zeichen im Computer repräsentiert werden. Z.B. hat der Buchstabe *A* den ASCII-Wert *65*; und der Buchstabe *a* hat den ASCII-Wert *97*.

Mit dem folgenden BASIC-Befehl können Sie den ASCII-Wert einer Zeichenkette, die ein Zeichen lang ist, ermitteln:

```
Asc("Zeichen")
```

Die beiden folgenden Beispiele zeigen die Umwandlung von Zeichen in ihre zugehörigen ASCII-Werte:

```
X = Asc("A")    ' X = 65
X = Asc("a")    ' X = 97
```

Einen ANSI-Wert in eine Zeichenkette umwandeln

Microsoft Windows arbeitet nicht mit der ASCII-Tabelle, sondern mit der sogenannten ANSI-Tabelle, die bei einigen Zeichen (bei Zahlenwerten über 127) von der ASCII-Tabelle abweicht. (Sie haben die ANSI-Tabelle bereits in Kapitel 17 kennengelernt.)

Mit dem folgenden BASIC-Befehl können Sie einen ANSI-Wert in ein Zeichen umwandeln:

```
Chr(Wert)
```

Sie benötigen den ANSI-Wert eigentlich nur für bestimmte Kontrollzeichen wie z.B. Seitenvorschübe, Zeilenvorschübe oder Wagenrückläufe.

Die folgenden Beispiele zeigen diese ANSI-Werte:

```
LineFeed = Chr(10)  ' Zeilenvorschub
FormFeed = Chr(12)  ' Seitenvorschub
Carriage = Chr(13)  ' Wagenrücklauf
```

Mit den vielen Befehlen zur Manipulation von Zeichenketten können Sie Ihre Zeichenketten vor der Anzeige in einem Textfeld oder Bezeichnungsfeld genau in die gewünschte Form bringen.

Konstanten definieren und Code kommentieren

In diesem Kapitel

- Konstanten benennen und berechnen
- Die Reichweite von Konstanten deklarieren
- Die drei Arten von Kommentaren erstellen und benutzen

Eine *Konstante* ist ein festgelegter Wert, der sich in einem Programm nie ändert. Zahlen, Zeichenketten und Datumsangaben können als Konstanten definiert werden.

Aber warum sollten Sie mit Konstanten arbeiten? Dafür gibt es viele gute Gründe, die Sie allerdings erst dann verstehen, wenn Sie selbst anfangen zu programmieren.

Nehmen Sie z.B. an, daß Sie ein Programm schreiben sollen, in dem der Lohn von Arbeitern unter Verwendung des aktuellen Mindeststundenlohns berechnet werden soll. Bei einem angenommenen Mindeststundenlohn von 15,50 DM müßten Sie die Zahl 15,50 überall in Ihrem Programm verwenden.

Leider sagt die Zahl 15,50 für sich betrachtet nicht viel aus. Und es kommt noch schlimmer: Wenn der Mindeststundenlohn von 15,50 DM auf 16,50 DM angehoben wird, müßten Sie die Zahl 15,50 an jeder Stelle Ihres Programms auf 16,50 abändern.

Konstanten dienen dazu, diese Art von Problemen zu vermeiden. Eine Konstante ist einfach ein Wort, das einen bestimmten Wert repräsentiert. Eine Konstante beschreibt die Bedeutung des Wertes in klarem Deutsch und ermöglicht es Ihnen darüber hinaus, den Wert schnell und einfach zu ändern.

Konstanten benennen

Konstanten haben einen Namen, der folgende Kriterien erfüllen muß:

- ✔ Er muß mit einem Buchstaben beginnen.
- ✔ Er darf maximal 40 Zeichen lang sein.
- ✔ Er darf nur Buchstaben, Zahlen und Unterstriche (_) enthalten. Satzzeichen und Leerzeichen sind nicht erlaubt.
- ✔ Er darf nicht wie ein reserviertes Schlüsselwort von Visual Basic lauten.

Um Konstanten klar hervorzuheben, benutzen Programmierer in der Regel nur Großbuchstaben für die Namen von Konstanten:

ALTER
MEIN_GEBURTSTAG
MINDEST_STUNDENLOHN
RETTUNGSBOOT_KAPAZITÄT

Konstanten deklarieren

Konstanten müssen vor ihrer Verwendung deklariert werden. Sie werden deklariert, indem man ihnen einen Namen gibt und einen bestimmten Wert zuweist. Konstanten können folgende Arten von Werten haben:

```
Zahlen (numerisch)
Zeichenketten (alphanumerisch)
Datumsangaben
```

Der folgende Code deklariert eine numerische, eine alphanumerische und eine Datum-Konstante:

```
Private Sub Command1_Click()
   Const ALTER = 21
   Const FIRMA = "MARKETING-SOFTWARE"
   Const WEIHNACHTEN = #24.12.1996#
End Sub
```

Setzen Sie alle Konstanten-Deklarationen an den Anfang einer Ereignisprozedur. Statt jede Deklaration in eine separate Zeile zu schreiben, können Sie die Deklarationen wie in dem folgenden Beispiel auch in eine Zeile schreiben und durch Kommas trennen:

```
Private Sub Command1_Click()
   Const ALTER = 21, FIRMA = "MARKETING-SOFTWARE"
End Sub
```

Numerische Konstanten bestehen nur aus Zahlen. Alphanumerische Konstanten bestehen aus einer beliebigen Folge von Zeichen, die in Anführungszeichen eingeschlossen sind. Datum-Konstanten bestehen aus einem Datum, das in Pfund-Zeichen (#) eingeschlossen ist.

Hier sind einige Beispiele, wie eine Datum-Konstante angegeben werden kann:

```
#12.12.96#
#Dezember 12, 1996#
#Dez-12-96#
#12 Dezember 1996#
```

Konstanten berechnen

Konstanten repräsentieren normalerweise einen festgelegten Wert. Sie können aber auch einen mathematischen Ausdruck repräsentieren, der aus anderen Konstanten zusammengesetzt ist. Beispiel:

```
Const RENTEN_ALTER = 65
Const HALBZEIT = RENTEN_ALTER / 2
```

In diesem Beispiel hat die Konstante RENTEN_ALTER den Wert 65 und die Konstante *HALBZEIT* den Wert *65 / 2* oder *35,5*.

Konstanten benutzen

Nach der Deklaration können Sie Konstanten wie jeden anderen Wert benutzen. Beispiel:

```
Const MINDEST_LOHN = 15.50
Lohn = MINDEST_LOHN * 20
```

Visual Basic verarbeitet diesen Code folgendermaßen:

1. Der erste Befehl sagt: »Erstelle eine Konstante mit dem Namen *MINDEST_LOHN* und weise ihr den Wert *15.50* zu.«

2. Der zweite Befehl sagt: »Multipliziere den Wert von *MINDEST_LOHN* mit *20* und weise das Ergebnis der Variablen mit dem Namen *Lohn* zu.« In diesem Fall hat die Konstante *MINDEST_LOHN* den Wert *15.50*, so daß die Multiplikation mit *20* den Wert *115* ergibt. Visual Basic weist diesen Wert der Variablen *Lohn* zu.

Gültigkeitsbereich von Konstanten

Als *Gültigkeitsbereich* (engl. *scope*) einer Konstanten bezeichnet man den Bereich eines Visual Basic-Programmes, in dem die Konstante zugänglich ist. In Visual Basic werden drei Gültigkeitsbereiche unterschieden:

- ✔ Lokal (engl. *local*)
- ✔ Modul (engl. *modul*)
- ✔ Öffentlich (engl. *public*)

Lokale Konstanten

Eine *lokale* Konstante existiert nur in der Prozedur, in der sie definiert wurde; und sie kann auch nur in dieser Prozedur benutzt werden. Lokale Konstanten dienen dazu, den Wirkungsbereich einer Konstanten auf eine einzige Prozedur zu beschränken und vom Rest des Programmes zu isolieren.

Lokale Konstanten werden in einer Ereignisprozedur folgendermaßen deklariert:

```
Private Sub Command1_Click()
   Const HÖCHSTGESCHWINDIGKEIT = 130
End Sub
```

Eine lokale Konstante kann nur in der Prozedur benutzt werden, in der sie deklariert wurde. In manchen Situationen ist es jedoch sinnvoll, Konstanten zu definieren, die in zwei oder mehr Prozeduren benutzt werden können. In solchen Fällen müssen Sie eine Modul-Konstante definieren.

Modulweite Konstanten

Modulweite Konstanten können nur von den Ereignisprozeduren benutzt werden, die in derselben Datei gespeichert sind.

Um eine Modul-Konstante zu deklarieren, gehen Sie folgendermaßen vor:

1. Öffnen Sie das Code-Fenster, indem Sie auf F7 drücken oder den Menübefehl *Ansicht/Code* wählen oder im Fenster des Projekt-Explorers auf das *Code anzeigen*-Symbol klicken.
2. Wählen Sie im *Objekt*-Kombinationsfeld das Listenelement *(Allgemein)*.
3. Wählen Sie im *Prozedur*-Kombinationsfeld das Listenelement *(Deklarationen)*.
4. Geben Sie die Deklarationen Ihrer Konstanten mit dem Befehl Const folgendermaßen ein:

   ```
   Const VOLLJÄHRIGKEIT = 18
   ```

Modul-Konstanten dienen zum Speichern von konstanten Werten, die von mehreren Prozeduren derselben Datei benutzt werden. Wenn Sie eine Konstante definieren wollen, die von allen Ereignisprozeduren in allen Dateien gemeinsam benutzt werden kann, müssen Sie eine öffentliche Konstante erstellen.

Öffentliche Konstanten

Öffentliche Konstanten können beim Programmieren sehr bequem sein, weil jede Ereignisprozedur in Ihrem Visual Basic-Programm Zugriff darauf hat. Doch die meisten Programmierer verwenden öffentliche Konstanten nur, wenn es sich absolut nicht vermeiden läßt. Es gilt als schlechter Programmierstil, ein Programm mit öffentlichen Konstanten zu verstopfen, die nur von einigen wenigen Prozeduren benutzt werden.

Die Benutzung öffentlicher Konstanten führt niemals dazu, daß Ihr Programm nicht funktioniert. Es gilt nur als schlechter Stil, sie zu verwenden, wenn es nicht notwendig ist. Erfahrene Programmierer werden sich für Sie schämen, wenn sie in Ihren Programmen Konstanten ent-

19 ▸ Konstanten definieren und Code kommentieren

decken, die unnötigerweise als öffentlich deklariert wurden. Und Sie werden wahrscheinlich niemals auf die Parties der wirklich bedeutenden Programmierer eingeladen.

Öffentliche Konstanten müssen in einer BAS-Moduldatei deklariert werden. Um eine öffentliche Konstante zu deklarieren, gehen Sie folgendermaßen vor:

1. **Öffnen Sie das Projektfenster, indem Sie auf** `Strg`+`R` **drücken, und klicken Sie auf die BAS-Moduldatei, in der Sie die öffentliche Konstante deklarieren wollen. (Wenn Sie die BAS-Datei erst anlegen müssen, wählen Sie den Menübefehl** *Einfügen/Modul*, **oder klicken Sie auf das Modul-Symbol.)**

2. **Öffnen Sie das Code-Fenster, indem Sie auf** `F7` **drücken oder den Menübefehl** *Ansicht/Code* **wählen oder im Fenster des Projekt-Explorers auf das** *Code anzeigen*-**Symbol klicken.**

   Visual Basic zeigt das Code-Fenster für eine BAS-Moduldatei an.

3. **Wählen Sie im** *Objekt*-**Kombinationsfeld das Listenelement** *(Allgemein)*.

4. **Wählen Sie im** *Prozedur*-**Kombinationsfeld das Listenelement** *(Deklarationen)*.

5. **Geben Sie die Deklarationen Ihrer öffentlichen Konstanten mit dem Befehl Public ein. Beispiel:**

```
Public Const HÖCHST_GESCHWINDIGKEIT = 130
```

Wenn Sie einen Überblick über alle Konstanten haben wollen, die in Visual Basic vordefiniert sind, gehen Sie folgendermaßen vor:

1. **Wählen Sie im** *Hilfe*-**Menü den** *Microsoft Visual Basic-Hilfethemen*-**Befehl.**

   Das *Hilfethemen*-Dialogfeld wird angezeigt.

2. **Klicken Sie auf das** *Index*-**Register.**

3. **Geben Sie** *Konstanten, Visual Basic* **ein.**

4. **Klicken Sie auf** *Anzeigen*.

   Visual Basic zeigt das *Visual Basic-Konstanten*-Hilfethema an (siehe Abbildung 19.1).

Abbildung 19.1: Das Visual Basic-Konstanten-*Hilfethema zeigt die vordefinierten Konstanten in Visual Basic an.*

Kommentare einsetzen

Zu dem Zeitpunkt, zu dem Sie Ihr Programm codieren (merken Sie, wie cool hier das Wort *codieren* wirkt?), mag Ihnen vielleicht klar sein, wie Ihr Programm funktioniert. Wenn Sie Ihr Programm beiseite legen und fünf Jahre später versuchen, es zu ändern, wartet eine Überraschung auf Sie: Wahrscheinlich haben Sie dann nämlich vergessen, warum Sie bestimmte Befehle benutzt haben. Vielleicht haben Sie sogar vergessen, wie bestimmte Befehle überhaupt funktionieren.

Aus diesem Grund sollten Sie es sich zur Gewohnheit machen, Ihre Programme ausreichend zu kommentieren. *Kommentare* sind kurze Beschreibungen, die Programmierer in ihre Programme einfügen, um zu erklären, was bestimmte Befehle bedeuten und was an bestimmten Stellen im Programm passieren soll.

Für den Computer sind Kommentare absolut bedeutungslos. Sie haben keinen Einfluß darauf, wie Ihr Programm funktioniert. Kommentare sind nur für den Programmierer da. Sie sollen ihm (und anderen Lesern des Programmes) helfen zu verstehen, wie und warum ein Programm funktioniert.

19 ➤ Konstanten definieren und Code kommentieren

Kommentare erstellen

In Visual Basic werden Kommentare in einer Zeile durch ein Apostroph (') eingeleitet. Dahinter können Sie schreiben, was Sie wollen. Das folgende Beispiel zeigt einen gültigen Kommentar:

```
Private Sub Command1_Click()
    ' Diese Ereignisprozedur macht absolut gar nichts.
End Sub
```

Visual Basic ignoriert bis zum Ende einer Zeile alles, was rechts von einem Apostroph (') steht.

Kommentare können in einer separaten Zeile stehen oder Teil einer anderen Zeile sein. Beispiel:

```
Private Sub Command1_Click()
    ' Anzahl der Angestellten verdoppeln
    X = Y * 2    ' Y repräsentiert die Anzahl der Angestellten.
End Sub
```

Sie können auch mehrere Kommentare hintereinander in mehrere Zeilen schreiben:

```
Private Sub Command1_Click()
    Y = 200      ' Y repräsentiert die Anzahl der Angestellten.
    X = Y * 2
    ' X repräsentiert die Anzahl der Angestellten, die
    ' gerne die Autoreifen Ihres Chefs aufschlitzen würden.
End Sub
```

Merken Sie sich nur, daß der Computer alles als Kommentar betrachtet und ignoriert, was rechts von einem Apostroph (') steht.

Testen Sie Ihr neu erworbenes Wissen

1. **Warum sollten Sie Kommentare in Ihre Programme einfügen?**

    a) Um zusammenzufassen und zu erklären, wie der BASIC-Code funktioniert.

    b) Um Ihre Schreibfähigkeit zu üben und zu zeigen, daß Programmierer auch schreiben können.

    c) Um zu zeigen, daß Sie neben BASIC-Code auch sonst noch etwas zu sagen haben.

    d) Um verschlüsselte Botschaften für andere Programmierer zu hinterlassen.

2. **Kommentieren Sie die Einfachheit und Kürze dieser Lektion.**

    a) In Ordnung! Jetzt kann ich nach Hause gehen.

    b) Warum sind nicht alle Lektionen in diesem Buch so einfach und kurz?

c) Ich kann zwar immer noch kein Programm schreiben, aber dafür kann ich Kommentare benutzen. Vielleicht sollte ich mir eine Stelle als Kommentator suchen.

d) Kommentare sind cool. Wenn wir Kommentare in unsere Programme einfügen können, können wir dann die Programme mit unseren Textverarbeitungsprogrammen schreiben?

Lesbarkeit mit Kommentaren verbessern

Kommentare dienen hauptsächlich dazu, ein Programm leichter verstehbar zu machen. Deshalb beginnen die meisten erfolgreichen Programmierer jede Prozedur mit einem Kommentar.

Diese Kommentare erklären, welche Funktion die Prozeduren ausführen und welche Daten gegebenenfalls an die Prozeduren übergeben werden. Allein durch das Lesen des Kommentars kann so jeder schnell sehen, was eine Prozedur macht, ohne dazu mehrere Zeilen kryptischen BASIC-Codes entziffern zu müssen. Können Sie z.B. sagen, was die folgende Ereignisprozedur macht?

```
Private Sub Command1_Click()
    A = SQR((B ^ 2 + C ^ 2))
End Sub
```

Indem Sie einige Kommentarzeilen am Anfang der Ereignisprozedur einfügen, können Sie die Funktion der Prozedur viel klarer machen:

```
Private Sub Command1_Click()
    ' Die folgende Gleichung benutzt den Satz des Pythagoras,
    ' um die Länge der Hypothenuse A in einem rechtwinkligen
    ' Dreieck zu berechnen, wenn die Längen der beiden
    ' Katheten B und C bekannt sind.
    A = SQR((B ^ 2 + C ^ 2))
End Sub
```

Wenn mehrere Leute an einer Prozedur arbeiten, können Sie mit Kommentaren den Namen des Programmierers und das Datum seines Beitrages/seiner Änderung in die Prozedur einfügen. (Auf diese Weise wissen Sie immer, wer die Schuld trägt, wenn die Prozedur nicht funktioniert.) Beispiel:

```
Private Sub Command1_Click()
    ' Programmierer: Hans Schmitz
    ' Geändert: 1.1.80 (Unsere Computeruhr ist defekt.)
    A = SQR((B ^ 2 + C ^ 2))
End Sub
```

Natürlich können Kommentare auch nachteilig sein: Wenn Sie zu geschwätzig sind, wirken Kommentare nicht hilfreich, sondern aufdringlich – wie Werbetafeln an der Autobahn. Halten Sie einen goldenen Mittelweg ein: Geben Sie gerade so viele Informationen, wie zur Klärung notwendig sind, aber nicht so viele, daß die Leute beim Lesen Ihrer Kommentare einschlafen. Schließlich schreiben Sie hier nicht den großen deutschen Gegenwartsroman, sondern eine kurze technische Dokumentation.

Verständlichkeit mit Kommentaren verbessern

Wenn Ihr Programm viel BASIC-Code enthält, können Sie das Programm mit Kommentaren und Leerzeilen lesbarer machen. Wenn Sie z.B. einzelne Code-Blöcke durch Leerzeilen voneinander absetzen, ist es viel leichter zu verstehen, was die einzelnen Code-Blöcke bewirken:

```
Private Sub Command1_Click()
    Const ZINS_SATZ = 0.055     ' 5,5% Zinssatz
    Const MB_ICONCRITICAL = 16  ' Icon-Critical-Meldung
                                ' anzeigen
    Dim Msg As String           ' Msg als Zeichenketten-
                                ' Variable deklarieren

    BankSaldo = 500
    BankSaldo = BankSaldo * ZINS_SATZ

    ' Bankgebühren abziehen
    BankGebühren = BankSaldo * 2
    BankSaldo = BankSaldo - BankGebühren

    ' Dem Benutzer mit einer Dialogfeld-Meldung sagen,
    ' daß er der Bank einen bestimmten Geldbetrag schuldet.
    Msg = "Bitte zahlen Sie diesen Betrag: " & -BankSaldo
    MsgBox Msg, Menübefehl_ICONCRITICAL, "Ihre Schulden."
End Sub
```

Dieses Beispiel zeigt Ihnen, wie Sie Leerzeilen zwischen den einzelnen Code-Blöcken einfügen und diese dadurch lesbarer machen können.

Wenn man alle Kommentare und Leerzeilen entfernt, erhält man folgenden kompakteren, aber schwerer zu lesenden Code:

```
Private Sub Command1_Click()
    Const ZINS_SATZ = 0.055     ' 5,5% Zinssatz
    Const MB_ICONCRITICAL = 16  ' Icon-Critical-Meldung
                                ' anzeigen
    Dim Msg As String           ' Msg als Zeichenketten-
                                ' Variable deklarieren
```

```
        BankSaldo = 500
        BankSaldo = BankSaldo * ZINS_SATZ
        BankGebühren = BankSaldo * 2
        BankSaldo = BankSaldo - BankGebühren
        Msg = "Bitte zahlen Sie diesen Betrag: " & -BankSaldo
        MsgBox Msg, Menübefehl_ICONCRITICAL, "Ihre Schulden"
End Sub
```

Diese neue Version sieht eingeengt und unübersichtlich aus, ungefähr so wie das Abstellbord in Ihrem Badezimmer oder wie Ihre Garage.

Befehle mit Kommentaren unterdrücken

Mit Kommentaren können Sie nicht nur erklärenden Text in Ihren Code einfügen und den Code optisch auflockern, sondern auch einen oder mehrere BASIC-Befehle zeitweilig unterdrücken.

Wenn Sie z.B. beim Schreiben eines Programmes feststellen, daß ein Befehl nicht wie gewünscht funktioniert, können Sie Ihr Programm zunächst ohne diesen Befehl testen. Um den Befehl zu unterdrücken, haben Sie folgende zwei Möglichkeiten:

✔ Löschen Sie den Befehl.

✔ Kommentieren Sie den Befehl aus.

Wenn Sie den Befehl löschen und später wieder verwenden wollen, müssen Sie ihn komplett neu eintippen. Wenn Sie ihn jedoch *auskommentieren*, brauchen Sie nur den Apostroph zu löschen, um den Befehl wieder in das Programm einzufügen.

Das folgende Beispiel enthält eine ziemlich lange Zeile mit Zahlen:

```
Private Sub Command1_Click()
    X = 3.14 * 650 - (909 / 34.56) + 89.323
End Sub
```

Die zweite Zeile zu löschen und später wieder einzutippen wäre mühsam und fehleranfällig. Sie können sie aber auch einfach folgendermaßen auskommentieren:

```
Private Sub Command1_Click()
    ' X = 3.14 * 650 - (909 / 34.56) + 89.323
End Sub
```

Der Computer betrachtet alles, was rechts von einem Apostroph (') steht, als Kommentar und ignoriert es. Für den Computer sieht die Prozedur deshalb jetzt folgendermaßen aus:

```
Private Sub Command1_Click()
End Sub
```

Der Apostroph vor dem Befehl macht aus dem Befehl einen Kommentar und unterdrückt ihn demzufolge als BASIC-Befehl. Indem Sie den Apostroph entfernen, können Sie aus dem Kommentar schnell wieder einen funktionsfähigen BASIC-Befehl machen.

Durch intelligenten Einsatz von Kommentaren können Sie Ihre Programme für andere Programmierer leichter lesbar machen und für sich selbst eine dauerhafte Erinnerungshilfe schaffen. Wenn Sie andererseits ein Programmierprojekt ernsthaft sabotieren wollen, fügen Sie sinnlose Kommentare ein, oder lassen Sie Kommentare ganz weg, und beobachten Sie, was dann passiert.

Fehler ausmerzen

In diesem Kapitel

▸ Verschiedene Arten von Fehlern

▸ Auf großer Jagd nach Fehlern

▸ Gefundene Fehler beseitigen

Selbst wenn Sie schon Millionen von Programmen geschrieben haben, machen Sie wahrscheinlich ab und zu einen Fehler. Möglicherweise buchstabieren Sie ein Wort falsch, oder Sie vergessen einfach, einen Befehl einzutippen. Deshalb kommt es trotz aller Sorgfalt beim Schreiben Ihres Programmes immer wieder vor, daß es nicht wie gewünscht funktioniert. Diese Probleme, die bewirken, daß ein Programm nicht oder nur fehlerhaft funktioniert, werden im Englischen als *bugs* (dt. wörtlich: Wanzen, Läuse, Flöhe oder Ungeziefer aller Art) und im Deutschen etwas weniger bildhaft als *Fehler* bezeichnet.

Jedes Programm in der Welt enthält Bugs oder Fehler, einschließlich *Netsacpe Navigator*, *WordPerfect*, *Lotus 1-2-3*, *Quicken* und *Microsoft Windows 95*. Der einzige Unterschied zu den Fehlern in Ihrem Programm und den Fehlern in den kommerziellen Programmen besteht darin, daß Sie nicht dafür bezahlt werden, die Fehler in Ihren Programmen zu beheben. Durch vernünftige Planung, intelligentes Design und gesunden Menschenverstand können Sie eine Reihe von möglichen Fehlern von vornherein vermeiden.

Und keine Bange! Viele Fehler sind ziemlich harmlos. Diese kleineren Fehler beeinträchtigen das korrekte Funktionieren Ihres Programmes nicht, sondern führen höchstens dazu, daß Ihr Computer langsamer läuft oder zu unmöglichen Zeitpunkten seltsame Farben auf dem Bildschirm anzeigt.

Größere Fehler haben ernsthaftere Folgen. So könnte z.B. ein größerer Fehler Dateien löschen, wenn der Benutzer einen Befehl zum Speichern gibt. In der Weltraumfahrt haben größere Fehler schon zum Verlust von Satelliten geführt, die mehere hundert Millionen Dollar gekostet haben.

Niemand ist perfekt. Deshalb kann auch niemand garantieren, daß ein Programm hundertprozentig fehlerfrei ist. Sogar ein erfahrener Diplom-Informatiker macht regelmäßig Fehler beim Programmieren.

Fehler gehören zum Leben wie Küchenschaben. Sie können sie nicht alle ausrotten, aber Sie können so viele wie möglich ausmerzen.

Warum werden Computerprobleme als Bugs bezeichnet?

Der erste Computer der Welt arbeitete mit mechanischen Relais statt mit elektronischen Bauteilen. Eines Tages blieb der Computer ohne ersichtlichen Grund stehen. Die Wissenschaftler prüften ihre Programme und stellten fest, daß sie eigentlich funktionieren sollten. Der Netzstecker war auch eingesteckt. Und die Drähte im Computer waren alle ordnungsgemäß verbunden.

Dann entdeckte jemand, daß eine Motte (engl. *bug*) in einem der Relais zerquetscht worden war, was dazu geführt hatte, daß sich das Relais nicht mehr vollständig schließen konnte. Weil diese zerquetschte Motte den Computer lahmgelegt hatte, werden Computerprobleme seitdem als *Bugs* bezeichnet. (Das ist einfacher, als von *Chihuahuas* zu sprechen. Seien wir deshalb froh, daß es nicht ein Hund war, der in dem ersten Computer zerquetscht wurde.)

Arten von Fehlern

Die Kunst, Fehler oder Bugs auszumerzen, wird als *Testen* (engl. *Debugging*) bezeichnet. Ehe Sie einen Bug ausmerzen können, müssen Sie ihn finden. Bei kleinen Programmen, die nur eine Meldung wie *Hallo, Welt!* auf dem Bildschirm anzeigen, gibt es nur eine geringe Anzahl von Stellen, an denen sich Bugs verstecken können. Bei großen Programmen dagegen können Bugs sich überall verbergen. Und die Suche nach ihnen kann genauso frustrierend sein wie der Versuch, eine einzelne Fliege in einem Hochhaus zu finden.

Um die Jagd nach Bugs zu vereinfachen, haben Computerwissenschaftler die Bugs in drei Klassen eingeteilt:

✔ Syntaxfehler

✔ Laufzeitfehler

✔ Logikfehler

Syntaxfehler

Ein *Syntaxfehler* tritt auf, wenn Sie einen Befehl falsch buchstabieren. Wenn Sie z.B. *INTTEGER* statt *INTEGER* getippt haben, weiß Visual Basic nicht, was *INTTEGER* bedeuten soll, und bricht deshalb das Programm ab.

Wenn Visual Basic auf einen Syntaxfehler stößt, hebt es das falsch geschriebene Wort auf dem Bildschirm hervor, um Ihnen genau zu zeigen, wo das Problem liegt. Tippen Sie einfach die korrekte Schreibweise ein, und führen Sie Ihr Programm erneut aus.

Wenn auch nur ein Syntaxfehler in Ihrem Programm vorhanden ist, wird das Programm nicht ausgeführt. Wenn Ihr Programm schließlich das erste Mal ausgeführt wird, dann wissen Sie, daß es keine Syntaxfehler (mehr) enthält. Dann müssen Sie sich um die Laufzeitfehler und die Logikfehler kümmern.

Laufzeitfehler

Ein *Laufzeitfehler* tritt auf, wenn Ihr Programm Daten erhält, mit denen es nichts Rechtes anzufangen weiß. Laufzeitfehler sind subtiler als Syntaxfehler. Ihr Programm kann voller Laufzeitfehler sein, von denen Sie erst etwas merken, wenn Sie Ihr Programm tatsächlich ausführen.

Sie können Laufzeitfehler auch in Ihrem normalen Leben simulieren. Gehen Sie einfach in ein Burger-King-Schnellrestaurant. Wenn die Bedienung Sie nach Ihrer Bestellung fragt, verlangen Sie einen Big Mac. Weil die Bedienung eine Bestellung aus Burger Kings Angebot erwartet, weiß sie nicht, was sie mit Ihrer Bestellung machen soll, und erleidet einen Laufzeitfehler.

Ein Beispiel für einen Laufzeitfehler in einem Programm finden Sie in folgender Formel:

```
SteuerSatz = GeschuldeteSteuern / JahresEinkommen
```

Die Gleichung funktioniert normalerweise nur bei einem *JahresEinkommen*, das größer als null ist. Bei einem *JahresEinkommen* von 0 gibt es ein Problem. Weil die Division durch Null verboten ist, bleibt das Programm bei einem *JahresEinkommen* von 0 stehen.

Um Laufzeitfehler zu entdecken, müssen Sie Ihr Programm mit jeder möglichen Eingabe testen: Angefangen vom Drücken einer falschen Taste bis hin zu einer negativen Zahl, die irgendein Trottel als sein Alter eingibt.

Weil die Anzahl der Dinge, die schiefgehen können, ins Unendliche geht (Murphy's Gesetz), verstehen Sie jetzt auch, warum jedes große Programm in der Welt Bugs hat. (Ist dieser Gedanke nicht beruhigend, wenn Sie beim nächsten Mal ein computerkontrolliertes Flugzeug besteigen?)

Logikfehler

Die vertrackteste Fehlerart ist der Logikfehler. Ein *Logikfehler* tritt auf, wenn ein Programm deshalb nicht korrekt funktioniert, weil Sie ihm die falschen Befehle oder Befehle in der falschen Reihenfolge gegeben haben. Wie das? Wie können Sie einem Programm die falschen Befehle geben, wenn Sie doch selbst das Programm schreiben? Glauben Sie es, es ist so einfach...

Jeder, der Teenager aufzieht, weiß, daß sie manchmal den Rasen mähen oder ihr Zimmer aufräumen, wenn sie dazu aufgefordert werden – aber nicht immer so, wie Sie es gerne hätten. Statt den Rasen in sauberen Bahnen zu mähen, macht ein Teenager Kreise oder Schlangenlinien und hört mittendrin auf. Oder statt beim Aufräumen die schmutzige Wäsche in den Wäschekorb und das Papier in den Papierkorb zu werfen, schiebt ein Teenager oft den ganzen Haufen einfach unters Bett oder in den Flur.

In beiden Fällen hat der Teenager Ihre Anweisungen befolgt; aber Ihre Anweisungen waren nicht spezifisch genug. Ein Teenager findet instinktiv jedes Schlupfloch in Ihren Anweisungen. Und ein Computer ist nicht viel anders.

Da Sie davon ausgehen, daß Sie dem Computer die richtigen Befehle gegeben haben, haben Sie zunächst keine Ahnung, warum Ihr Programm nicht funktioniert. Jetzt müssen Sie exakt die eine Stelle finden, an der Ihre Befehle nicht deutlich genug waren. Wenn Ihr Programm groß ist, kann das bedeuten, daß Sie das ganze Programm Zeile für Zeile durchgehen müssen. (Ha! Ist Programmieren nicht das reinste Vergnügen?)

Auf Fehlerjagd

Im wesentlichen hat die Fehlersuche und Fehlerbeseitigung vier Phasen:

1. Erkennen Sie, daß Ihr Programm einen Fehler hat.
2. Suchen und finden Sie den Fehler.
3. Stellen Sie fest, was den Fehler verursacht.
4. Beseitigen Sie den Fehler.

Erkennen, daß Ihr Programm einen Fehler hat

Der beste Weg, Fehler in Ihrem Programm zu entdecken, besteht darin, unvoreingenommene Personen mit dem Programm arbeiten zu lassen. (In der Welt der kommerziellen Software werden diese unvoreingenommenen Personen als *zahlende Kunden* bezeichnet.)

Je mehr Leute Sie zu Testzwecken mit Ihrem Programm arbeiten lassen, desto wahrscheinlicher werden Sie auf Fehler stoßen, von deren Existenz Sie nicht die geringste Ahnung hatten. Bugs können sehr auffällig daherkommen und z.B. Ihren Computer abstürzen lassen. Sie können aber auch ganz heimlich umherschleichen und z.B. Dezimalzahlen an der falschen Nachkommastelle aufrunden.

Wenn Sie festgestellt haben, daß Ihr Programm einen Bug hat, müssen Sie den Bug stellen. (Den Leichtgläubigen unter Ihren Kunden können Sie die Bugs als *undokumentierte Eigenschaften* Ihres Programmes verkaufen.)

Den Fehler finden

Herausfinden, wo der Fehler steckt, ist der schwierigste Teil. Die einfachste (und mühsamste) Methode, das Versteck des Bugs zu finden, besteht darin, Ihr Programm auszuführen und Zeile für Zeile zu untersuchen. In dem Moment, in dem der Fehler auftritt, wissen Sie genau, welche Programmzeile ihn verursacht.

Bei kleinen Programmen ist diese Methode akzeptabel. Bei großen Programmen ist sie hirnrissig.

Als schnellere Alternative untersuchen Sie nur die Teile des Programmes, in denen Sie den Fehler vermuten. Wenn Ihr Programm z.B. nicht richtig druckt, steckt der Fehler wahrscheinlich in Ihrem BASIC-Code mit den Druckbefehlen für den Computer.

Herausfinden, was den Fehler verursacht

Wenn Sie den vermutlichen Aufenthaltsort des Bugs isoliert haben, müssen Sie herausfinden, was den Fehler ursprünglich verursacht.

Nehmen Sie an, Ihr Programm soll Ihren Namen auf dem Bildschirm anzeigen, zeigt aber statt dessen Ihre Rentenversicherungsnummer. Das Programm mag zwar alles richtig *anzeigen*, aber es erhält einfach nicht die richtigen Informationen zur Anzeige.

Da Sie unglaublich gut logisch denken können, schließen Sie, daß der Bug (wahrscheinlich) an der Stelle sitzt, an der Ihr Programm den Namen ermittelt.

Den Fehler beseitigen

Wenn Sie die Ursache Ihres Fehlers gefunden haben, können Sie die Ursache und damit den Fehler beseitigen. Aber seien Sie vorsichtig! Manchmal verursacht die Korrektur eines Fehlers – natürlich unabsichtlich – zwei oder drei neue Fehler. Was? Wie kann denn so etwas passieren?

Vergleichen Sie die Situation mit dem Problem, die Wasserleitungen in Ihrem Haus zu reparieren. Die einfachste Lösung wäre natürlich, die Wände aufzureißen und neue Rohre zu verlegen. Dies löst möglicherweise das Problem mit Ihren Wasserleitungen. Aber mit dem Aufreißen der Wände können auch elektrische Leitungen aus den Wänden gerissen werden. Sie haben jetzt zwar das Problem mit den Wasserleitungen gelöst, dafür aber ein neues Problem mit den elektrischen Leitungen geschaffen. Wenn Sie jetzt eine neue Mauer mit neuen elektrischen Leitungen hochziehen, können Sie aus Versehen den Abzug der Zentralheizung zumauern. Wenn Sie die Mauer um einen halben Meter zurücksetzen, könnte jetzt das Dach zu wenig Unterstützung haben usw. Wie Sie sehen, hat sich der kleine Wasserleitungs-Bug wie nichts multipliziert.

Deshalb gehen Sie sorgfältig vor, wenn Sie einen Fehler beseitigen. Manchmal ist es einfacher, einen großen Code-Block neu zu schreiben, als zu versuchen, einen Bug in diesem Code-Block zu korrigieren.

Fehler an der Quelle ausmerzen

Der beste Weg, Fehler zu vermeiden, besteht darin, sie gar nicht erst zu erzeugen. Natürlich hört sich das genauso an wie der Ratschlag, um Geldprobleme zu vermeiden, solle man sicherstellen, daß man immer genug Geld hat.

Weil Bugs auch in den besten Programmen vorkommen, können Sie bestenfalls darauf hinarbeiten, die Anzahl der Fehler in Ihrem Programm von vornherein zu verringern. Die folgenden Tips können Ihnen dabei helfen:

- ✔ Um Fehler zu vermeiden, schreiben Sie erst viele kleine Programme, die Sie dann zu einem großen Programm zusammensetzen. Je kleiner Ihre Programme sind, desto leichter können Sie Fehler isolieren. Militärisch ausgedrückt heißt diese Methode: *Teile und herrsche.*

- ✔ Testen Sie Ihr Programm nach jeder Änderung. Wenn Ihr Programm korrekt funktionierte, bevor Sie drei Zeilen geändert haben, dann können Sie das Problem auf diese drei Zeilen eingrenzen.

- ✔ Suchen Sie jemanden, dem Sie die Schuld zuschieben können. Wenn Ihr Programm nicht funktioniert, geben Sie Ihrem Freund oder Ihrer Freundin, Ihrem Hund oder Ihrer bevorzugten Gottheit die Schuld. Das beseitigt zwar den Fehler in Ihrem Programm nicht, hilft Ihnen aber, sich für ein oder zwei Augenblicke besser zu fühlen.

Wie Visual Basic Fehler verfolgt und ausmerzt

In Visual Basic gibt es zwei grundlegende Methoden zur Fehlersuche und Fehlerbeseitigung: die schrittweise Programmverfolgung und die Anzeige der aktuellen Werte.

- ✔ Bei der *schrittweisen Programmverfolgung* gehen Sie Zeile für Zeile durch Ihr Programm und beobachten dabei jeden Befehl. Nach der Ausführung einer Zeile sehen Sie, was das Programm getan hat. Wenn Ihr Programm wie gewünscht funktioniert hat, ist die Zeile in Ordnung, wenn nicht, haben Sie einen Bug gefunden.

- ✔ Mit der *Anzeige der aktuellen Werte* können Sie verfolgen, welche Daten Ihr Programm zu einem beliebigen Zeitpunkt verwendet. Indem Sie bestimmte Daten wie z.B. einen Namen oder eine Telefonnummer beobachten, können Sie feststellen, ob Ihr Programm diese Daten korrekt speichert, druckt oder ändert.

Mit der schrittweisen Programmverfolgung und der Anzeige der aktuellen Werte können Sie alle Bugs in Ihrem Programm finden.

Zeile für Zeile durch ein Programm gehen

Wenn Sie absolut keine Ahnung haben, wo sich Ihr Bug befinden könnte, müssen Sie das gesamte Programm Zeile für Zeile untersuchen. Visual Basic stellt drei Befehle zur schrittweisen Prüfung zur Verfügung:

✔ Einzelschritt (drücken Sie auf F8)

✔ Prozedurschritt (drücken Sie auf Umschalt + F8)

✔ Herausspringen (drücken Sie auf Strg + Umschalt + F8)

Der *Einzelschritt*-Befehl geht zeilenweise durch das gesamte Programm und arbeitet dabei jede Zeile in jeder Prozedur Ihres Programmes ab.

Falls Sie nicht jede Zeile in jeder Prozedur untersuchen wollen, können Sie mit dem *Prozedurschritt*-Befehl eine ganze Prozedur auf einmal durchgehen. Dieser Befehl geht einfach davon aus, daß eine Prozedur korrekt funktioniert und deshalb nicht Schritt für Schritt untersucht zu werden braucht.

Der *Herausspringen*-Befehl wird zusammen mit dem Einzelschritt-Befehl benutzt. Dieser zeigt Ihnen Zeile für Zeile, wie eine Prozedur funktioniert. Wenn Sie sich jedoch plötzlich dafür entscheiden, daß Sie den Rest der Prozedur nicht mehr zeilenweise untersuchen wollen, geben Sie den *Herausspringen*-Befehl.

Sie können diese Befehle jederzeit miteinander kombinieren. Benutzen Sie erst den *Einzelschritt*-Befehl, um eine Prozedur Zeile für Zeile zu untersuchen, springen Sie mit dem *Herausspringen*-Befehl wieder aus der Prozedur heraus, und springen Sie dann mit dem *Prozedurschritt*-Befehl über die Prozeduren, von denen Sie bereits wissen, daß sie korrekt funktionieren.

Um den Einzelschritt-Befehl oder den Prozedurschritt-Befehl zu benutzen, gehen Sie folgendermaßen vor:

1. **Drücken Sie auf F8 oder Umschalt + F8. Oder wählen Sie den Menübefehl *Testen/Einzelschritt* oder *Testen/Prozedurschritt*.**

    Visual Basic zeigt Ihr Programm an und hebt dabei die aktuelle Programmzeile hervor (siehe Abbildung 20.1).

2. **Wählen Sie den Menübefehl *Ausführen/Beenden*, um aufzuhören.**

Abbildung 20.1: Programm im Einzelschritt-Verfahren ausführen.

Testen Sie Ihr neu erworbenes Wissen

1. **Was ist ein Bug (Fehler)?**

    a) Ein Fehler, der verhindert, daß ein Programm korrekt funktioniert.

    b) Eine kleine, häßliche Kreatur mit sechs oder mehr Beinen und einem harten Panzer, der knirscht, wenn man drauftritt.

    c) Eine Motte, die sich selbst umbringt, indem sie gegen Ihren Computer fliegt.

    d) Etwas, das kleine Jungen essen, um kleine Mädchen zu erschrecken.

2. **Wie unterstützt Sie Visual Basic, um Bugs zu finden?**

    a) Indem es selbst viele eigene an den Tag legt.

    b) Mit Leim und einem Bug-Köder.

    c) Indem es das Programmieren so schwierig macht, daß man keinen Bug schreiben kann, selbst wenn man wollte.

    d) Indem es das schrittweise Abarbeiten eines Programmes und die Anzeige der aktuellen Werte der Variablen ermöglicht, so daß man kontrollieren kann, ob die Daten korrekt verarbeitet werden.

Variablen beobachten

Ein Programm schrittweise Zeile für Zeile zu untersuchen ist nutzlos, wenn man nicht gleichzeitig verfolgen kann, wie das Programm dabei die Daten verarbeitet. Damit Sie verfolgen können, welche Werte Ihre Variablen zu einem gegebenen Zeitpunkt enthalten, stellt Visual Basic Ihnen ein sogenanntes *Überwachungsfenster* zur Verfügung.

Das Überwachungsfenster teilt Visual Basic mit: »Dies sind die Variablen, die ich untersuchen möchte. Zeige mir ihren Inhalt, während ich Zeile für Zeile durch das Programm gehe!«

Um das Überwachungsfenster zur Überwachung Ihrer Variablen zu nutzen, gehen Sie folgendermaßen vor:

1. Öffnen Sie das Code-Fenster, indem Sie auf [F7] drücken oder im Fenster des Projekt-Explorers auf das *Code anzeigen*-Symbol klicken.
2. Markieren Sie die Variable, die Sie untersuchen möchten, und wählen Sie den Menübefehl *Testen/Überwachung hinzufügen*.

   Das *Überwachung hinzufügen*-Dialogfeld wird angezeigt (siehe Abbildung 20.2).
3. Klicken Sie auf *OK*.
4. Geben Sie mit [F8] oder [Umschalt]+[F8] einen Einzelschritt- oder Prozedurschritt-Befehl.

   Das Überwachungsfenster zeigt den Wert der zu überwachenden Variablen bei jedem Schritt-Befehl an.
5. Wählen Sie den Menübefehl *Ausführen/Beenden*, wenn Sie aufhören wollen.

Abbildung 20.2: Das Überwachung hinzufügen-*Dialogfeld.*

Haltepunkte setzen

Die Einzelschritt- und Prozedurschritt-Befehle beginnen am Anfang Ihres Programmes und arbeiten so lange weiter, bis sie das Ende des Programmes erreicht haben. Bei kleinen Programmen ist ein solches Verhalten akzeptabel, aber bei großen Programmen kann es sehr mühselig werden.

Wenn Sie wissen (oder hoffen), daß bestimmte größere Teile Ihres Programmes schon funktionieren, können Sie einen sogenannten *Haltepunkt* setzen, um beim Testen über diesen Teil zu springen. Ein Haltepunkt weist Visual Basic an: »Führe das Programm aus, bis du den Haltepunkt erreichst. Warte dort, bis ich dir einen Einzelschritt-Befehl, einen Prozedurschritt-Befehl oder Fortsetzen-Befehl gebe.«

Um einen Haltepunkt zu setzen, gehen Sie folgendermaßen vor:

1. **Öffnen Sie das Code-Fenster, indem Sie auf F7 drücken oder im Fenster des Projekt-Explorers auf das *Code anzeigen*-Symbol klicken.**
2. **Klicken Sie auf die Zeile, in der Sie den Haltepunkt setzen wollen.**
3. **Drücken Sie auf F9, oder wählen Sie den Menübefehl *Testen/Haltepunkt ein/aus*.**

Wenn Sie einen Haltepunkt gesetzt haben, können Sie Ihr Programm mit F5 starten. Das Programm wird bis zum Haltepunkt ausgeführt (siehe Abbildung 20.3). An dieser Stelle können Sie dann einen Einzelschritt-Befehl oder einen Prozedurschritt-Befehl geben und den Inhalt Ihrer Variablen überwachen.

Abbildung 20.3: Haltepunkte im Code-Fenster.

Um einen Haltepunkt zu löschen, gehen Sie folgendermaßen vor:

1. **Öffnen Sie das Code-Fenster, indem Sie auf** `F7` **drücken oder im Fenster des Projekt-Explorers auf das** *Code anzeigen*-**Symbol klicken.**
2. **Klicken Sie auf die Zeile, aus der Sie den Haltepunkt löschen wollen.**
3. **Drücken Sie auf** `F9`, **oder wählen Sie den Menübefehl** *Testen/Haltepunkt ein/aus.*

 Um alle Haltepunkte in Ihrem Programm zu löschen, drücken Sie `Strg`+`Umschalt`+`F9`, oder wählen Sie den Menübefehl *Testen/Alle Haltepunkte löschen.*

Teil V

Entscheidungen treffen (etwas, mit dem Sie aufhören, sobald Sie geheiratet haben)

In diesem Teil...

Programme sind eigentlich nur Anweisungen, die dem Computer sagen, was er als nächstes tun soll. Die einfachsten Programme sind einfach nur lange Listen, die der Computer von oben nach unten zeilenweise abarbeitet.

Aber das schematische Ausführen von Befehlen ergibt selten ein nützliches Programm. Programme nehmen Daten entgegen und müssen darauf sinnvoll – d.h. in Abhängigkeit von den Daten unterschiedlich – reagieren.

Durch diese Fähigkeit, Entscheidungen zu treffen, vermitteln Programme den Eindruck, auf den Benutzer einzugehen und lebendig und intelligent (na ja, zumindest lebendig) zu sein. Ein entscheidungsfähiges Programm kann sich nützlich machen.

Die *If-Then-* und *If-Then-Else-Befehle*

In diesem Kapitel

- Eine Bedingung spezifizieren
- Mit den Befehlen If-Then und If-Then-End If arbeiten
- Mit den Befehlen If-Then-Else und If-Then-ElseIf arbeiten

Wir alle treffen unsere Entscheidungen, indem wir von bestimmten Bedingungen wie etwa in dem folgenden Beispiel ausgehen: »Mach dir keine Sorgen, Schatz, wenn das Fußballspiel früh aufhört, werde ich den Rasen mähen.« Oder: »Wenn du die Katze nicht mehr füttern würdest, dann würde sie vielleicht nicht immer fetter werden.« Wenn es darum geht, Entscheidungen zu treffen, funktioniert Visual Basic ganz genauso. Es prüft bestimmte Bedingungen und macht sein Verhalten vom Ergebnis der Prüfung abhängig.

Bedingungen

Eine *Bedingung* muß einen Wert repräsentieren, der entweder *True* (= *Wahr*) oder *False* (= *Falsch*) ist. Bedingungen können folgende Form haben:

- Eine einzelne Variable
- Ein Ausdruck

Wenn eine Bedingung aus einer einzelnen Variablen besteht, muß diese Variable entweder den Wert *True* oder den Wert *False* haben. Sie können den Wert einer Variablen auf zwei Arten prüfen. Bei der ersten Methode prüfen Sie ausdrücklich, ob die Variable den Wert *True* hat. Beispiel:

```
If ZuHeiß = True Then
```

 Bei der zweiten (kürzeren) Methode verzichten Sie auf das = *True* und schreiben einfach:

```
If ZuHeiß Then
```

Sie brauchen nicht anzugeben, ob diese Variable den Wert *True* hat, weil Visual Basic auf jeden Fall prüft, ob die Variable den Wert *True* oder *False* hat.

Wenn Sie prüfen wollen, ob eine Variable den Wert *False* hat, können Sie schreiben:

```
If ZuKalt = False Then
```

Sie können den Befehl auch abkürzen, indem Sie auf das = *False* verzichten und schreiben:

```
If Not ZuKalt Then
```

Wenn eine Bedingung aus einem Ausdruck besteht, muß dieser gesamte Ausdruck einen Wert repräsentieren, der entweder *True* (= *Wahr*) oder *False* (= *Falsch*) ist. Beispiel:

```
If Alter >= 21 Then
```

In dieser Bedingung hat der Ausdruck *Alter >= 21* den Wert *True*, wenn der Wert der Variable *Alter* größer als oder gleich *21* ist. Andernfalls hat er den Wert *False*.

Im folgenden Beispiel hat die Bedingung den Wert *True*, wenn die Zeichenkette, die in der Text-Eigenschaft des Textfeldes mit dem Namen *txtName* gespeichert ist, den Wert »*Hans Schmitz*« hat. Andernfalls hat sie den Wert *False*.

```
If (txtName.Text = "Hans Schmitz") Then
```

Im folgenden Beispiel hat der Ausdruck *KatzeAnwesend And KatzeBrav* den Wert *False*:

```
KatzeAnwesend = False
KatzeBrav = True
If KatzeAnwesend And KatzeBrav Then
```

 Um die Bedingung in einem If-Befehl leichter lesbar zu machen, können Sie die Bedingung wahlweise auch in Klammern setzen:

```
If (KatzeAnwesend And KatzeBrav) Then
```

Die Klammern haben keinen Einfluß auf Ihren wertvollen Code. Sie machen es nur einfacher, die Bedingung zu identifizieren.

Jetzt wissen Sie, was Bedingungen sind und wie sie funktionieren, und Sie können sie in einem *If-Then*-Befehl benutzen.

Der Befehl If-Then

Um Entscheidungen zu treffen, prüft Visual Basic in dem Befehl *If-Then*, ob eine Bedingung *True* oder *False* ist.

Wenn die Bedingung den Wert *True* hat, führt Visual Basic eine bestimmte Anweisung aus. Wenn die Bedingung den Wert *False* hat, ignoriert Visual Basic diese Anweisung.

Da diese Beschreibung sehr wortreich ist, hier noch einmal die Kurzform:

```
If Bedingung Then Anweisung
```

Dieser Code weist Visual Basic an: »Wenn die Bedingung den Wert *True* hat, führe die dahinter stehende Anweisung aus.«

Wie auch immer die Bedingung lauten mag, sie muß auf jeden Fall den Wert *True* oder *False* haben.

Hier sind einige Beispiele aus dem Leben:

```
If Zahl > 25 Then txtNotiz.Text = "Voll"
```

<Schlag auf Schlag>

Visual Basic interpretiert diesen Code folgendermaßen:

1. Der Befehl sagt: »Prüfe, ob die Variable mit dem Namen *Zahl* größer als *25* ist. Wenn dies der Fall ist, weise der *Text*-Eigenschaft eines Textfeldes mit dem Namen *txtNotiz* den Wert *Voll* zu.«

2. »Andernfalls tue gar nichts und gehe weiter zum nächsten Befehl.«

    ```
    If Hungrig Or Gelangweilt Then Meldung = "Komm, wir essen."
    ```

Visual Basic interpretiert diesen Code folgendermaßen:

1. Der Befehl sagt: »Prüfe den Wert der Variablen mit dem Namen *Hungrig* und den Wert der Variablen mit dem Namen *Gelangweilt*. Wenn eine der beiden Variablen den Wert *True* hat, erstelle die Variable *Meldung* und weise Ihr die Zeichenkette *Komm, wir essen.* zu.«

2. »Andernfalls tue gar nichts und gehe weiter zum nächsten Befehl.«

Ein typischer *If-Then*-Befehl prüft, ob eine bestimmte Bedingung *True* oder *False* ist, und führt dann einen einzelnen Befehl aus. Was passiert jetzt, wenn das Programm eine Bedingung testen und dann zwei oder mehr Anweisungen ausführen soll? In diesem Fall müssen Sie eine andere Variante des *If-Then*-Befehls benutzen, nämlich den Befehl *If-Then-End If*.

Der Befehl If-Then-End If

Mit dem Befehl *If-Then-End If* können Sie eine Bedingung testen und mehrere Anweisungen ausführen, wenn die Bedingung den Wert *True* hat. Der Befehl *If-Then-End If* hat folgende Syntax:

```
If Bedingung Then
   Anweisung1
   Anweisung2
End If
```

Dieser Code weist Visual Basic an: »Wenn die Bedingung den Wert *True* hat, führe alle folgenden Anweisungen bis zum Befehl *End If* aus.«

Hier ist ein Beispiel aus dem Leben:

```
If Strom_ist_ausgefallen = True Then
   Kerzen_anzünden = True
   txtWarnung.Text = "Sie haben Ihre ganze Arbeit verloren."
End If
```

Visual Basic interpretiert diesen Code folgendermaßen:

1. Die erste Zeile sagt: »Prüfe den Wert der Variablen *Strom_ist_ausgefallen*. Wenn sie den Wert *True* hat, führe die folgenden beiden Anweisungen aus. Falls sie den Wert *False* hat, tue gar nichts.«

2. Die zweite Zeile sagt: »Weise der Variablen mit dem Namen *Kerzen_anzünden* den Wert *True* zu.«

3. Die dritte Zeile sagt: »Weise der Text-Eigenschaft des Textfeldes mit dem Namen *txtWarnung* die Zeichenkette *Sie haben Ihre ganze Arbeit verloren.* zu.«

Testen Sie Ihr neu erworbenes Wissen

1. **Was ist eine Bedingung?**

    a) Etwas, das Sie veranlaßt, sich am Kopf zu kratzen.

    b) Ein Zustand, den Sie als Ausrede benutzen können, um unangenehme Angelegenheiten zu vermeiden.

    c) Etwas, mit dem Eltern ihren Kindern drohen: »Wenn du nicht gleich ruhig bist, verschwindest du sofort ins Bett.«

    d) Eine Variable oder ein Ausdruck, die/der den Wert *True* oder den Wert *False* annehmen kann.

2. **Wie lautet die alternative Form des folgenden Befehls?**

    `If GeldAlle = False Then`

    a) If GeldAlle Then »Schimpfe auf die Konkurrenz in Übersee.«

    b) If GeldAlle Then »Wähle einen anderen Bundeskanzler.«

    c) If Not GeldAlle Then

    d) If GeldAlle = True Or False Then

Der Befehl If-Then-Else

Mit dem Befehl *If-Then* geben Sie Ihrem Programm die Fähigkeit, bestimmte Anweisungen auszuführen, wenn eine Bedingung den Wert *True* hat. Wenn Sie noch nicht den Zenit Ihrer Programmierkarriere erreicht haben, machen Sie sich jetzt auf die Mächtigkeit des Befehls *If-Then-Else* gefaßt.

Wenn Sie nur die Befehle *If-Then* und *If-Then-End If* benutzen, um zu testen, ob eine Bedingung den Wert *True* oder den Wert *False* hat, kommen Sie sehr schnell auf eine sehr große Anzahl von Befehlen. Gibt es da nichts Besseres? Die Antwort lautet natürlich *Ja*! Für solche Zwecke gibt es in Visual Basic den Befehl *If-Then-Else*.

Die einfachste Form des Befehls *If-Then-Else* sieht folgendermaßen aus:

```
If Bedingung Then
    Anweisungen1
Else
    Anweisungen2
End If
```

Dieser Code weist Visual Basic an: »Wenn die Bedingung den Wert *True* hat, führe den ersten Block mit Anweisungen aus. Wenn die Bedingung den Wert *False* hat, führe den zweiten Block mit Anweisungen aus.«

Wie würden Sie die folgenden beiden Befehle ändern?

```
If Tag > 15 Then txtMeldung.Text = "Die Rechnungen sind überfällig."
If Tag <= 14 Then txtMeldung = "Bezahlen Sie Ihre Rechnungen!"
```

Abhängig von der Bedingung, die Sie testen wollen, können Sie diese Befehle auf zwei verschiedene Arten umschreiben. Wenn Sie die Bedingung *Tag > 15* benutzen, erhalten Sie:

```
If Tag > 15 Then
    txtMeldung.Text = "Die Rechnungen sind überfällig."
Else
    txtMeldung = "Bezahlen Sie Ihre Rechnungen!"
End If
```

Wenn Sie dagegen die Bedingung *Tag <= 14* benutzen, erhalten Sie:

```
If Tag <= 14 Then
    txtMeldung = "Bezahlen Sie Ihre Rechnungen!"
Else
    txtMeldung.Text = "Die Rechnungen sind überfällig."
End If
```

Beide Varianten des Befehls *If-Then-Else* sind absolut korrekt. Welche Variante Sie wählen, ist eine Frage der persönlichen Präferenzen.

Die Anweisungsblöcke zwischen den Zeilen *If Then* und *Else* bzw. zwischen den Zeilen *Else* und *End If* können beliebig viele Anweisungen enthalten.

Der Befehl *If-Then-Else* hat einen möglichen Nachteil: Wenn die Bedingung in der ersten Zeile den Wert *False* hat, arbeitet Visual Basic blind die Anweisungen in dem zweiten Anweisungsblock ab. Wenn Sie dies verhindern wollen, müssen Sie auch für den zweiten Anweisungsblock eine Bedingung spezifizieren. Zu diesem Zweck müssen Sie den Befehl *If-Then-ElseIf* benutzen.

Der Befehl If-Then-ElseIf

Der Befehl *If-Then-ElseIf* hat die folgende Form:

```
If Bedingung1 Then
    Anweisungen1
ElseIf Bedingung2 Then
    Anweisungen2
End If
```

Dieser Code weist Visual Basic an: »Wenn die erste Bedingung den Wert *True* hat, führe den ersten Block mit Anweisungen aus. Wenn die erste Bedingung *Falsch* ist, prüfe die zweite Bedingung. Wenn die zweite Bedingung den Wert *True* hat, führe den zweiten Block mit Anweisungen aus. Wenn die zweite Bedingung den Wert *False* hat, tue gar nichts.«

Bei dem Befehl *If-Then-Else* führt der Computer auf jeden Fall einen der beiden Anweisungsblöcke aus. Aber bei dem Befehl *If-Then-ElseIf* ist es möglich, daß der Computer gar keine Anweisungen ausführt.

Beispiel:

```
If Tag > 15 Then
    txtMeldung.Text = "Die Rechnungen sind überfällig."
ElseIf Tag > 10
    txtMeldung = "Bezahlen Sie Ihre Rechnungen!"
End If
```

 Was passiert, wenn die Variable *Tag* den Wert 12 hat?

1. Visual Basic prüft die erste Bedingung und stellt fest, daß der Ausdruck *Tag > 15* den Wert *False* hat, weil die Variable *Tag* den Wert 12 hat, und ignoriert deshalb die erste Anweisung.

2. Dann prüft Visual Basic die zweite Bedingung und stellt fest, daß der Ausdruck *12 > 10* den Wert *True* hat. Deshalb weist es der *Text*-Eigenschaft des Textfeldes mit dem Namen *txtMeldung* die Zeichenkette »Bezahlen Sie Ihre Rechnungen!« zu.

Jetzt kommt der vertrackte Teil. Was passiert, wenn die Variable *Tag* den Wert 6 hat?

1. Visual Basic prüft die erste Bedingung und stellt fest, daß der Ausdruck *Tag > 15* den Wert *False* hat, weil *Tag* den Wert 6 hat, und ignoriert deshalb die erste Anweisung.

2. Dann prüft Visual Basic die zweite Bedingung und stellt fest, daß der Ausdruck *6 > 10* den Wert *False* hat, und ignoriert deshalb auch die zweite Anweisung.

3. Schließlich erreicht Visual Basic die Zeile *End If* des Befehls If-Then-ElseIf. Da keine der beiden Bedingungen den Wert *True* hatte, wurde auch keine der beiden Anweisungen ausgeführt.

Um Mehrweg-Entscheidungen zu treffen, müssen Sie mit mehreren *ElseIf*-Bedingungen arbeiten.

Mehrweg-Entscheidungen mit dem Befehl If-Then-ElseIf

Um mehrere Bedingungen zu prüfen, können Sie mehrere *ElseIf*-Befehle folgendermaßen kombinieren:

```
If Bedingung1 Then
    Anweisungen1
ElseIf Bedingung2 Then
    Anweisungen2
ElseIf Bedingung3 Then
    Anweisungen3
End If
```

Dieser Code weist Visual Basic an: »Wenn die erste Bedingung den Wert *True* hat, führe den ersten Block mit Anweisungen aus. Wenn die erste Bedingung *Falsch* ist, prüfe die zweite Bedingung. Wenn die zweite Bedingung den Wert *True* hat, führe den zweiten Block mit Anweisungen aus. Wenn die zweite Bedingung *Falsch* ist, prüfe die dritte Bedingung. Wenn die dritte Bedingung den Wert *True* hat, führe den dritten Block mit Anweisungen aus. Wenn die dritte Bedingung den Wert *False* hat, tue gar nichts.«

Noch einmal: Auch hier ist es möglich, daß alle Bedingungen den Wert *False* haben, so daß der Computer keinen der Anweisungsblöcke ausführt.

Sie können so viele *ElseIf*-Zeilen benutzen, wie Sie wollen. Je mehr Sie allerdings benutzen, desto verwirrender wird Ihr ganzer Befehl *If-Then-ElseIf*. (»Wenn jetzt die dritte Bedingung den Wert *False* hat, aber die vierte Bedingung den Wert *True* hat – warten Sie mal, was soll dann passieren?«)

Sicherstellen, daß der Computer wenigstens einen Anweisungsblock ausführt

Selbst wenn Sie einen riesigen Befehl *If-Then-ElseIf* schreiben, kann es passieren, daß der Computer keine einzige Anweisung ausführt. Um sicherzustellen, daß der Computer wenigstens einen Anweisungsblock ausführt, fügen Sie am Ende des Befehls einen *Else*-Befehl ein:

```
If Bedingung1 Then
    Anweisungen1
ElseIf Bedingung2 Then
    Anweisungen2
Else
    StandardAnweisungen
End If
```

Dieser Code weist Visual Basic an: »Wenn die erste Bedingung den Wert *True* hat, führe den ersten Block mit Anweisungen aus. Wenn die erste Bedingung *Falsch* ist, prüfe die zweite Bedingung. Wenn die zweite Bedingung den Wert *True* hat, führe den zweiten Block mit Anweisungen aus. Wenn alle Bedingungen *Falsch* sind, führe den Block mit den Standardanweisungen aus.«

If-Then-Befehle verschachteln

Die Anweisungsblöcke in Ihren *If-Then*-Befehlen können selbst weitere *If-Then*-Befehle enthalten. Sie können deshalb schreiben:

```
If Alter > 21 Then
    If Bewertung = 10 Then
        txtAktion.Text = "Um Verabredung bitten."
    End If
Else
    txtAktion.Text = "Tut mir leid, du bist zu jung."
End If
```

Wenn die Variable *Alter* den Wert *23* und die Variable *Bewertung* den Wert *10* hat, interpretiert Visual Basic den Code folgendermaßen:

1. Visual Basic prüft die erste Bedingung und stellt fest, daß der Ausdruck *Alter > 21* den Wert *True* hat, weil *Alter* den Wert *23* hat.

2. Dann prüft Visual Basic die zweite Bedingung und stellt fest, daß der Ausdruck *Bewertung = 10* den Wert *True* hat. Deshalb weist es der *Text*-Eigenschaft des Textfeldes mit dem Namen *txtAktion* die Zeichenkette »Um Verabredung bitten.« zu.

Wenn die Variable *Alter* den Wert *23* und die Variable *Bewertung* den Wert *9* hat, interpretiert Visual Basic den Code folgendermaßen:

1. Visual Basic prüft die erste Bedingung und stellt fest, daß der Ausdruck *Alter > 21* den Wert *True* hat, weil *Alter* den Wert *23* hat.

2. Dann prüft Visual Basic die zweite Bedingung und stellt fest, daß der Ausdruck *Bewertung = 10* den Wert *False* hat, und macht deshalb gar nichts.

Wenn schließlich die Variable *Alter* den Wert *13* und die Variable *Bewertung* den Wert *10* hat, interpretiert Visual Basic den Code folgendermaßen:

1. Visual Basic prüft die erste Bedingung und stellt fest, daß der Ausdruck *Alter > 21* den Wert *False* hat, weil *Alter* den Wert *13* hat.

2. Visual Basic springt zum *Else*-Teil des *If-Then-Else*-Befehls und weist der *Text*-Eigenschaft des Textfeldes mit dem Namen *txtAktion* die Zeichenkette »*Tut mir leid, du bist zu jung.*« zu. Beachten Sie, daß in diesem Fall der Wert von *Bewertung* keine Rolle spielt.

Passen Sie auf, wenn Sie *If-Then*-Befehle verschachteln. Denn dabei kann es leicht passieren, daß der Code nicht so funktioniert, wie Sie es sich vorgestellt haben. Wenn z.B. im vorhergehenden Code die Variable *Alter* den Wert *23* hat und die Varibale *Bewertung* nur den Wert *9* hat, könnten Sie zu Ihrer Überraschung feststellen, daß dieser Code der *Text*-Eigenschaft des Textfeldes *txtAktion* keine Zeichenkette zuweist.

Select Case und verschachtelte Kontrollstrukturen

In diesem Kapitel

- Der Befehl *Select Case*
- Sicherstellen, daß der Computer wenigstens einen Anweisungsblock ausführt
- Arbeiten mit verschachtelten Kontrollstrukturen

Umfangreiche *If-Then-ElseIf*-Befehle mit vielen *ElseIf*-Zweigen sehen häßlich aus, sind schwer zu lesen und zu verstehen und umständlich zu schreiben. Betrachten Sie folgendes Beispiel:

```
If Anrufer = "Frank" Then
    txtAntwort.Text = "Ja!"
ElseIf Anrufer = "Paul" Then
    txtAntwort.Text = "OK, aber nur wenn du kaufst."
ElseIf Anrufer = "Paula" Then
    txtAntwort.Text = "Ich werde mir heute abend die Haare waschen."
ElseIf Anrufer = "Markus" Then
    txtAntwort.Text = "Dies ist eine Aufzeichnung."
End If
```

Welche Alternative gibt es zu diesen vielen *ElseIfs*?

Eine Alternative besteht darin, Ihre Kopie von Visual Basic aus dem Fenster zu werfen und jemanden zu suchen, der Ihre Programme für Sie schreibt. Die praktischere Alternative besteht darin, mit dem Befehl *Select Case* zu arbeiten.

Der *Select Case*-Befehl

Der Befehl *Select Case* hat folgende Form:

```
Select Case VariablenName
    Case X
        Anweisungen1
    Case Y
        Anweisungen2
    Case Z
        Anweisungen3
End Select
```

Dieser Code weist Visual Basic an: »Prüfe die Variable mit dem Namen *VariablenName*. Wenn sie den Wert *X* hat, führe den Anweisungsblock *Anweisungen1* aus. Wenn sie den Wert *Y* hat, führe den Anweisungsblock *Anweisungen2* aus. Wenn sie den Wert *Z* hat, führe den Anweisungsblock *Anweisungen3* aus.«

Wenn wir den *If-Then-ElseIf*-Befehl mit den Mehrfachverzweigungen vom Anfang dieses Kapitels durch den Befehl *Select Case* ersetzen, erhalten wir:

```
Select Case Anrufer
    Case "Frank"
        txtAntwort.Text = "Ja!"
    Case "Paul"
        txtAntwort.Text = "OK, aber nur wenn du kaufst."
    Case "Paula"
        txtAntwort.Text = "Ich wasche mir die Haare."
    Case "Markus"
        txtAntwort.Text = "Dies ist eine Aufzeichnung."
End Select
```

Dieser Befehl sieht übersichtlicher aus und enthält weniger Wiederholungen (wie *ElseIf* oder *Then*).

Die Anzahl der *Case*-Zeilen in dem Befehl *Select Case* ist nicht beschränkt.

Den Befehl *Select Case* mit Vergleichsoperatoren einsetzen

 Normalerweise geben Sie bei einem *Case*-Befehl den genauen Wert an, den Sie prüfen wollen. Daneben hat dieser Befehl eine Variante, mit der Sie prüfen können, ob eine Variable in einen bestimmten Wertebereich fällt. Zu diesem Zweck verwenden Sie die bekannten Vergleichsoperatoren <, <=, =>, >, <> oder =.

Wenn Sie in einer *Case*-Zeile einen Vergleichsoperator verwenden wollen, müssen Sie hinter das reservierte Schlüsselwort *Case* das Wort *is* einfügen. Der Befehl sieht dann folgendermaßen aus:

```
Select Case Tag
    Case is > 15 Then
        txtMeldung.Text = "Die Rechnungen sind überfällig."
    Case is > 10
        txtMeldung = "Bezahlen Sie Ihre Rechnungen!"
End Select
```

Dieser Befehl entspricht dem folgenden *If-Then*-Befehl:

```
If Tag > 15 Then
    txtMeldung.Text = "Die Rechnungen sind überfällig."
ElseIf Tag > 10
    txtMeldung = "Bezahlen Sie Ihre Rechnungen!"
End If
```

Sicherstellen, daß der Computer wenigstens einen Anweisungsblock ausführt

Wie bei dem *If-Then-ElseIf*-Befehl kann es auch bei dem Befehl *Select Case* vorkommen, daß kein Anweisungsblock ausgeführt wird, weil keine *Case*-Zeile den Wert *True* ergibt. Um sicherzustellen, daß der Computer einen Anweisungsblock ausführt, müssen Sie auch hier mit dem magischen *Else*-Befehl arbeiten.

Der folgende Code weist Visual Basic an: »Wenn die Variable *Tag* den Wert *1* hat, führe den Anweisungsblock *Anweisungen1* aus. Wenn die Variable *Tag* den Wert *2* hat, führe den Anweisungsblock *Anweisungen2* aus. Wenn die Variable *Tag* den Wert *3* hat, führe den Anweisungsblock *Anweisungen3* aus. Andernfalls führe den Anweisungsblock *StandardAnweisungen* aus.«

```
Select Case Tag
    Case 1
        Anweisungen1
    Case 2
        Anweisungen2
    Case 3
        Anweisungen3
    Case Else
        StandardAnweisungen
End Select
```

Verschachtelte Kontrollstrukturen

Eins der einfachsten Spielzeuge, mit denen sich Kinder endlos beschäftigen können, sind die ineinander geschachtelten russischen Puppen. Jedesmal, wenn man eine Puppe öffnet, kommt in ihrem Inneren eine weitere, kleinere Puppe zum Vorschein. Natürlich kommt man irgendwann an ein Ende, an dem sich die Puppe nicht mehr öffnen läßt.

Auf ähnliche Weise kann man auch die Befehle *If-Then* und *Select Case* verschachteln. Normalerweise enthält ein *If-Then*-Befehl einen oder mehrere Anweisungsblöcke. Beispiel:

```
If Kosten > 45
   txtDunkleSeite.Text = "Stiehl es."
Else
   txtGuteSeite.Text = "Bezahl es."
End If
```

Und auch ein gewöhnlicher *Select-Case*-Befehl enthält einen oder mehrere Anweisungsblöcke. Beispiel:

```
Select Case ID
   Case 123
      chkFrank.Value = True
   Case 124
      chkPaul.Value = True
   Case 125
      chkMarta.Value = True
End Select
```

Die Anweisungsblöcke in einem *If-Then-* oder *Select-Case*-Befehl können selbst weitere *If-Then-* oder *Select-Case*-Befehle enthalten. Beispiel:

```
If IQ > 90 Then
   If Alter < 10 Then
      txtAnalyse.Text = "Ganz gut für jemand unter 10."
   End If
End If
```

Visual Basic interpretiert diesen Code folgendermaßen:

1. Die erste Zeile sagt: »Prüfe den Wert der Variablen mit dem Namen *IQ*. Wenn der Wert größer als *90* ist, fahre mit der folgenden Zeile fort. Andernfalls springe zum *End-If*-Befehl in der fünften Zeile.«

2. Die zweite Zeile sagt: »Prüfe den Wert der Variablen mit dem Namen *Alter*. Wenn sie kleiner als *10* ist, fahre mit der folgenden Zeile fort. Andernfalls springe zum *End-If*-Befehl in der vierten Zeile.«

3. Die dritte Zeile sagt: »Weise der *Text*-Eigenschaft des Textfeldes mit dem Namen *txtAnalyse* die Zeichenkette *Ganz gut für jemand unter 10.* zu.«

4. Die vierte Zeile sagt: »Hier endet der *If-Then*-Befehl aus der zweiten Zeile. Fahre mit der folgenden Zeile fort.«

5. Die fünfte Zeile sagt: »Hier endet der *If-Then*-Befehl aus der ersten Zeile.«

In diesem Beispiel wird die Zeichenkette *Ganz gut für jemand unter 10.* der *Text*-Eigenschaft des Textfeldes mit dem Namen *txtAnalyse* nur zugeordnet, wenn die Bedingungen beider *If-Then*-Befehle den Wert *True* haben. Wenn eine der beiden Bedingungen den Wert *False* hat, passiert nichts.

Auf ähnliche Weise können Sie auch einen *Select-Case*-Befehl in einen anderen *Select-Case*-Befehl einschachteln. Beispiel:

```
Select Case IQ
    Case 120
        Select Case Alter
            Case 9
                txtAnaylse.Text = "Du bist ein kluges Kind."
        End Select
End Select
```

Visual Basic interpretiert diesen Code folgendermaßen:

1. Die erste Zeile sagt: »Prüfe den Wert der Variablen mit dem Namen *IQ*. Fahre dann mit der zweiten Zeile fort.«

2. Die zweite Zeile sagt: »Wenn die Variable *IQ* den Wert *120* hat, fahre mit der dritten Zeile fort. Andernfalls springe zum *End-Select*-Befehl in der siebten Zeile.«

3. Die dritte Zeile sagt: »Prüfe den Wert der Variablen mit dem Namen *Alter*. Fahre dann mit der vierten Zeile fort.«

4. Die vierte Zeile sagt: »Wenn die Variable *Alter* den Wert *9* hat, fahre mit der fünften Zeile fort. Andernfalls springe zum *End-Select*-Befehl in der sechsten Zeile.«

5. Die fünfte Zeile sagt: »Weise der *Text*-Eigenschaft des Textfeldes mit dem Namen *txtAnalyse* die Zeichenkette *Du bist ein kluges Kind.* zu.«

6. Die sechste Zeile sagt: »Hier endet der *Select-Case*-Befehl aus der dritten Zeile. Fahre mit der folgenden Zeile fort.«

7. Die siebte Zeile sagt: »Hier endet der *Select-Case*-Befehl aus der ersten Zeile.«

Aus lauter Spaß an der Freud können Sie die beiden Befehle auch kombinieren und *If-Then*-Befehle in den Anweisungsblöcken von *Select-Case*-Befehlen und umgekehrt verwenden.

Verschachtelung

Die Verwendung eines *If-Then*- oder *Select-Case*-Befehls in einem anderen *If-Then*- oder *Select-Case*-Befehl wird als *Schachtelung* bezeichnet. Theoretisch gibt es keine Obergrenze für die Anzahl der *If-Then*- oder *Select-Case*-Befehle, die Sie ineinander schachteln können. Aber je weniger Schachtelungsstufen Sie verwenden, desto leichter ist Ihr Code zu verstehen. Die Faustregel besagt, daß Sie nicht mehr als drei Schachtelungsebenen benutzen sollten, weil Sie sonst den Überblick verlieren.

Beim Schachteln von *If-Then-* oder *Select-Case*-Befehlen sollten Sie die Befehle einrücken, damit besser zu erkennen ist, wo sie beginnen und enden. Betrachten Sie zum Beispiel, wie verwirrend der folgende Code ohne Einrückungen aussieht:

```
Select Case Gehalt
Case 2400
If Name = "Hans" Then"
txtBeurteilung.Text = "In diesem Jahr keine Erhöhung!"
ElseIf Name = "Karin" Then
txtBeurteilung.Text = "Fünf Prozent Erhöhung empfohlen."
End If
End Select
```

Und hier ist der gleiche Code mit Einrückungen:

```
Select Case Gehalt
   Case 2400
      If Name = "Hans" Then"
         txtBeurteilung.Text = "Heuer keine Erhöhung!"
      ElseIf Name = "Karin" Then
         txtBeurteilung.Text = "Fünf Prozent Erhöhung."
      End If
End Select
```

Für den Computer sind die beiden Varianten absolut gleichwertig. Aber für den Programmierer ist der Code mit den Einrückungen viel leichter zu verstehen als der Code ohne Einrückungen.

Testen Sie Ihr neu erworbenes Wissen

1. **Welche Obergrenze hat die Anzahl der Kontrollstrukturen (*If-Then-* oder *Select-Case*-Befehle), die Sie ineinander verschachteln können?**

   a) Die Obergrenze hängt von der Bereitschaft des Programmierers ab, immer wieder dieselben Befehle einzutippen.

   b) Die Obergrenze wird durch die Anwendung von Einsteins Relativitätstheorie auf das Programmieren bestimmt.

   c) Die Obergrenze ist 55. Wenn Sie diese Grenze überschreiten, werden Sie von der Polizei angehalten.

   d) Es gibt keine Obergrenze. Doch je tiefer die Kontrollstrukturen verschachtelt sind, desto schwieriger ist ein Programm zu verstehen.

22 ▸ Select Case und verschachtelte Kontrollstrukturen

2. **Was können Sie tun, um verschachtelte Kontrollstrukturen lesbar und verstehbar zu machen?**

   a) Keine verschachtelten Kontrollstrukturen benutzen.

   b) Gar nicht erst programmieren.

   c) Die Anzahl der verschachtelten Kontrollstrukturen begrenzen und die Kontrollstrukturen einrücken, damit jeder If-Then- oder Select-Case-Befehl leichter zu finden ist.

   d) Die verschachtelten Kontrollstrukturen in großen, fetten Druckbuchstaben schreiben und kurze Sätze benutzen: »Da rennt Hans. Hans rennt schnell.«

Teil VI

Schleifen über Schleifen

»Ich kann Ihnen aber nicht bei jedem Besuch einen Ritt versprechen, wenn Sie uns zu Ihrem strategischen Vertriebspartner machen sollten.«

In diesem Teil...

Jedes Programm enthält Anweisungen, die dem Computer sagen, was er tun soll. Manchmal werden diese Anweisungen nur einmal ausgeführt, z.B. wenn das Programm geladen wird.

Aber in den meisten Programmen gibt es Anweisungen, die immer wieder benutzt werden. Statt diese Anweisungen mehrfach zu schreiben, haben Programmierer die sogenannten *Schleifen* erfunden.

Schleifen sind Anweisungen, die dem Computer sagen: »Führe die folgenden Anweisungen eine bestimmte Anzahl von Malen aus und höre dann auf.« Wenn ein Programmierer mit Schleifen arbeitet, braucht er dieselben Anweisungen nur einmal zu schreiben.

Die *Do-While-* und *Do-Loop-While-*Schleifen

In diesem Kapitel

- Mit der *Do-While*-Schleife arbeiten
- Die Funktionsweise der *Do-Loop-While*-Schleife untersuchen
- Mit der *Do-Loop-While*-Schleife arbeiten

Do-While-Schleifen sind wie ängstliche Katzen. Ehe diese Schleifen eine Anweisung aus führen, sagen sie Visual Basic: »Prüfe, ob eine bestimmte Bedingung den Wert *True* hat. Wenn sie den Wert *True* hat, mache weiter. Andernfalls halte still und mache gar nichts.«

Do-While-Schleifen kommen auch im Alltag vor. Etwa wenn Eltern ihren Kindern sagen: »Schaue nach rechts und links, bevor du über die Straße gehst. Wenn kein Auto kommt, kannst du gehen.«

Eine *Do-While*-Schleife hat folgende Form:

```
Do While Bedingung
    Anweisungen
Loop
```

Die Bedingung muß aus einer Variablen oder einem Ausdruck bestehen, die/der den Wert True oder False repräsentiert. Eine *Do-While*-Schleife kann mehrere Anweisungen, also einen Anweisungsblock, enthalten.

Wie die *Do-While-*Schleife funktioniert

Der Code einer *Do-While*-Schleife sagt Visual Basic: »Prüfe, ob der Wert der Bedingung *True* oder *False* ist. Wenn die Bedingung den Wert *False* hat, ignoriere alle Anweisungen in der *Do-While*-Schleife. Wenn die Bedingung den Wert *True* hat, führe alle Anweisungen in der *Do-While*-Schleife aus.«

Das folgende Beispiel enthält eine *Do-While*-Schleife:

```
AlleinZuHause = True
Do While AlleinZuHause
    txtMeldung.Text = "Sind deine Eltern schon zu Hause?"
    If txtAntwort = "Ja" Then AlleinZuHause = False
Loop
```

Visual Basic interpretiert diesen Code folgendermaßen:

1. Die erste Zeile sagt: »Erstelle eine Variable mit dem Namen *AlleinZuHause* und weise ihr den Wert *True* zu.«

2. Die zweite Zeile sagt: »Solange die Variable *AlleinZuHause* den Wert *True* hat, wiederhole alle Anweisungen zwischen der *Do-While*-Zeile und der *Loop*-Zeile.«

3. Die dritte Zeile sagt: »Weise der *Text*-Eigenschaft des Textfeldes mit dem Namen *txtMeldung* die Zeichenkette *Sind deine Eltern schon zu Hause?* zu.«

4. Die vierte Zeile sagt: »Wenn die *Text*-Eigenschaft des Textfeldes mit dem Namen *txtAntwort* den Wert *Ja* hat, dann setze den Wert der Variablen *AlleinZuHause* auf den Wert *False*.«

5. Die fünfte Zeile sagt: »Hier hört die *Do-While*-Schleife auf. Gehe an den Anfang der *Do-While*-Schleife in der zweiten Zeile zurück.« (Dort wird der Wert der Variablen *AlleinZuHause* erneut geprüft.)

Wie oft wird eine Do-While-Schleife durchlaufen?

Wenn die Bedingung einer *Do-While*-Schleife am Anfang den Wert *False* hat, werden die Anweisungen im Inneren der Schleife nicht ausgeführt. In diesem Fall wird die Schleife also nullmal durchlaufen.

Wenn die Bedingung einer *Do-While*-Schleife am Anfang den Wert *True* hat, wird die Schleife wenigstens einmal durchlaufen.

Wenn die Bedingung einer *Do-While*-Schleife immer den Wert *True* hat, wird die Schleife unendlich oft durchlaufen, bis Sie den Computer abschalten oder das Universum in einem weiteren Big Bang explodiert.

Eine Schleife, die endlos durchlaufen wird, heißt *Endlosschleife*.

Endlosschleifen schicken Ihr Programm ins Nirvana und führen dazu, daß es nicht korrekt funktioniert (weil die Schleife niemals endet). Um Endlosschleifen zu vermeiden, achten Sie immer darauf, daß wenigstens ein Befehl im Inneren der Schleife den Wahrheitswert der Anfangsbedingung der Schleife ändert.

Das folgende Beispiel zeigt eine typische *Do-While*-Schleife mit einem Zähler:

```
Zähler = 0
Do While Zähler < 5
   Zähler = Zähler + 1
Loop
```

Visual Basic interpretiert diesen Code folgendermaßen:

1. Die erste Zeile sagt: »Erstelle eine Variable mit dem Namen *Zähler* und weise ihr den Wert *0* zu.«
2. Die zweite Zeile sagt: »Solange die Variable *Zähler* kleiner als *5* ist, führe alle Anweisungen im Inneren der Schleife aus.«
3. Die dritte Zeile sagt: »Nimm den Wert der Variablen *Zähler*, addiere *1* zu diesem Wert und speichere den neuen Wert wieder in der Variablen *Zähler*.«
4. Die vierte Zeile sagt: »Hier hört die *Do-While*-Schleife auf. Gehe zurück an den Anfang der *Do-While*-Schleife in der zweiten Zeile.« (Dort wird der Wert der Variablen *Zähler* erneut geprüft. Wenn er größer oder gleich *5* ist, wird der Anweisungsblock übersprungen und die Schleife beendet.)

Mit jedem Durchlauf der Schleife wird der Wert der Variablen *Zähler* um eins erhöht. Wenn die Variable den Wert *5* erreicht, hat die Bedingung *Zähler < 5* den Wert *False* und die *Do-While*-Schleife wird beendet.

Wann sollten Sie eine Do-While-Schleife verwenden?

Benutzen Sie eine *Do-While*-Schleife in folgenden Situationen:

- ✔ Wenn Sie eine Schleife null oder mehrere Male durchlaufen wollen
- ✔ Wenn Sie eine Schleife durchlaufen wollen, solange eine bestimmte Bedingung den Wert *True* hat

Wie die Do-Loop-While-Schleife funktioniert

Die *Do-Loop-While*-Schleife funktioniert nach dem Prinzip der Faulheit. Sie weist Visual Basic an: »Mach einfach weiter, bis eine bestimmte Bedingung dir sagt, daß es Zeit ist aufzuhören.«

Do-Loop-While-Schleifen kommen auch im Alltag vor. Etwa wenn ein Vater seinen Kindern sagt: »Macht was ihr wollt, solange ihr mich nicht stört.«

Eine *Do-Loop-While*-Schleife hat folgende Form:

```
Do
    Anweisungen
Loop While Bedingung
```

Die Bedingung muß aus einer Variablen oder einem Ausdruck bestehen, die/der den Wert *True* oder *False* repräsentiert. Eine *Do-Loop-While*-Schleife kann mehrere Anweisungen, also einen Anweisungsblock, enthalten.

Der Code einer *Do-Loop-While*-Schleife sagt Visual Basic: »Führe alle Anweisungen im Inneren der Schleife aus. Prüfe dann, ob der Wert der Bedingung *True* oder *False* ist. Wenn die Bedingung den Wert *False* hat, verlasse die Schleife. Wenn die Bedingung den Wert *True* hat, führe alle Anweisungen in der *Do-Loop-While*-Schleife noch einmal aus.«

Das folgende Beispiel enthält eine *Do-Loop-While*-Schleife:

```
AlleinZuHause = True
Do
    txtMeldung.Text = "Sind deine Eltern schon zu Hause?"
    If txtAntwort = "Ja" Then AlleinZuHause = False
Loop While AlleinZuHause
```

Visual Basic interpretiert diesen Code folgendermaßen:

1. Die erste Zeile sagt: »Erstelle eine Variable mit dem Namen *AlleinZuHause* und weise ihr den Wert *True* zu.«

2. Die zweite Zeile sagt: »Hier beginnt die *Do-Loop-While*-Schleife.«

3. Die dritte Zeile sagt: »Weise der *Text*-Eigenschaft des Textfeldes mit dem Namen *txtMeldung* die Zeichenkette *Sind deine Eltern schon zu Hause?* zu.«

4. Die vierte Zeile sagt: »Wenn die *Text*-Eigenschaft des Textfeldes mit dem Namen *txtAntwort* den Wert *Ja* hat, dann setze den Wert der Variablen *AlleinZuHause* auf den Wert *False*.«

5. Die fünfte Zeile sagt: »Hier hört die *Do-Loop-While*-Schleife auf. Prüfe, ob die Variable *AlleinZuHause* den Wert *True* oder *False* hat. Wenn sie den Wert *False* hat, gehe zur folgenden Zeile. Wenn sie den Wert *True* hat, gehe an den Anfang der *Do-Loop-While*-Schleife in der zweiten Zeile zurück und fange von vorne an.«

Wie oft wird eine Do-Loop-While-Schleife durchlaufen?

Unabhängig vom Wert der Bedingung wird eine *Do-Loop-While*-Schleife wenigstens einmal durchlaufen. Solange die Bedingung den Wert *True* hat, wird die Schleife endlos durchlaufen.

Um *Do-Loop-While*-Endlosschleifen zu vermeiden, achten Sie immer darauf, daß wenigstens ein Befehl im Inneren der Schleife den Wahrheitswert der Endbedingung der Schleife ändert.

Das folgende Beispiel zeigt eine typische *Do-Loop-While*-Schleife mit einem Zähler:

```
Zähler = 0
Do
    Zähler = Zähler + 1
Loop While Zähler < 5
```

23 ► Die Do-While- und Do-Loop-While-Schleifen

Visual Basic interpretiert diesen Code folgendermaßen:

1. Die erste Zeile sagt: »Erstelle eine Variable mit dem Namen *Zähler* und weise ihr den Wert *0* zu.«

2. Die zweite Zeile sagt: »Hier beginnt die *Do-Loop-While*-Schleife.«

3. Die dritte Zeile sagt: »Nimm den Wert der Variablen *Zähler*, addiere *1* zu diesem Wert und speichere den neuen Wert wieder in der Variablen *Zähler*.«

4. Die vierte Zeile sagt: »Hier hört die *Do-Loop-While*-Schleife auf. Prüfe, ob die Variable *Zähler* kleiner als *5* ist. Wenn die Variable gleich oder größer als *5* ist, beende die Schleife. Wenn sie kleiner als *5* ist, gehe an den Anfang der *Do-Loop-While*-Schleife in der zweiten Zeile zurück und fange von vorne an.«

Mit jedem Durchlauf der Schleife wird der Wert der Variablen *Zähler* um eins erhöht. Wenn die Variable den Wert *5* erreicht, hat die Bedingung *Zähler < 5* den Wert *False* und die *Do-Loop-While*-Schleife wird beendet.

Wann sollten Sie eine Do-Loop-While-Schleife verwenden?

Benutzen Sie eine *Do-Loop-While*-Schleife in folgenden Situationen:

✔ Wenn Sie eine Schleife wenigstens einmal durchlaufen wollen

✔ Wenn Sie eine Schleife durchlaufen wollen, solange eine bestimmte Bedingung den Wert *True* hat

Wählen Sie Ihre Schleifen sorgfältig aus! Die Schleifen sehen ähnlich aus, aber funktionieren unterschiedlich. Um Verwirrung zu vermeiden, versuchen Sie, in Ihrem gesamten Programm nur eine Art von Schleifen zu verwenden. Sie können dann leichter herausfinden, wie alle Schleifen in Ihrem Programm funktionieren.

Testen Sie Ihr neu erworbenes Wissen

1. **Was sind die beiden Hauptunterschiede zwischen einer *Do-While*-Schleife und einer *Do-Loop-While*-Schleife?**

    a) Die Wörter haben eine andere Reihenfolge und enthalten eine unterschiedliche Anzahl von Konsonanten.

    b) Die *Do-While*-Schleife wird null oder mehrere Male durchlaufen. Sie wird nur durchlaufen, wenn ihre Anfangsbedingung den Wert *True* hat. Dagegen wird die *Do-Loop-While*-Schleife unabhängig vom Wert ihrer Bedingung wenigstens einmal durchlaufen. Solange die Bedingung den Wert *True* behält, wird sie endlos durchlaufen.

- c) Beide Schleifenarten laufen endlos, schneller und schneller, bis der Computer an die Wand geschleudert wird, weil sie so schnell laufen.
- d) Vier von fünf Zahnärzten empfehlen die *Do-While*-Schleife, zuckerfreien Kaugummi und die Super-Strahler-Zahncreme.

2. **Warum kann eine *Do-While*-Schleife null oder mehrere Male durchlaufen werden?**

   - b) Weil sie die Schleife Nummer Eins ist, die zwei von drei Programmierern bei Microsoft, Borland und Symantec bevorzugt benutzen.
   - c) Das weiß niemand, aber ich erinnere mich an eine Folge von »XY – Ungelöst«, in der die Zuschauer gebeten wurden, zur Aufklärung des Rätsels beizutragen.
   - d) Weil sie die Bedingung prüft, bevor sie das erste Mal durchlaufen wird.
   - e) Weil sie Stereoide nimmt: Sie läuft deshalb nicht nur einmal, sondern auch schneller als die anderen Schleifen, die nicht gedopt sind.

Die Do-Until- und Do-Loop-Until-Schleifen

In diesem Kapitel

- Mit der *Do-Until*-Schleife arbeiten
- Die Anzahl der Wiederholungen einer *Do-Until*-Schleife festlegen
- Mit der *Do-Loop-Until*-Schleife arbeiten

Do-Until-Schleifen werden ausgeführt, bis eine bestimmte Bedingung den Wert *True* hat. Ein Beispiel aus dem Leben: »Stiehl aus der Ladenkasse, bis jemand zuschaut.«

Eine *Do-Until*-Schleife hat folgende Form:

```
Do Until Bedingung
   Anweisungen
Loop
```

Die Bedingung muß aus einer Variablen oder einem Ausdruck bestehen, die/der den Wert *True* oder *False* repräsentiert. Eine *Do-Until*-Schleife kann mehrere Anweisungen, also einen Anweisungsblock, enthalten.

Wie die Do-Until-Schleife funktioniert

Der Code einer *Do-Until*-Schleife sagt Visual Basic: »Prüfe, ob der Wert der Bedingung *True* oder *False* ist. Wenn die Bedingung den Wert *False* hat, ignoriere alle Anweisungen in der *Do-Until*-Schleife. Wenn die Bedingung den Wert *True* hat, führe alle Anweisungen in der *Do-Until*-Schleife aus.«

Das folgende Beispiel enthält eine *Do-Until*-Schleife:

```
LottoGewinn = False
Do Until LottoGewinn = True
   txtMeldung.Text = "Hast du schon im Lotto gewonnen?"
   If txtAntwort = "Ja" Then LottoGewinn = True
Loop
```

Visual Basic interpretiert diesen Code folgendermaßen:

1. Die erste Zeile sagt: »Erstelle eine Variable mit dem Namen *LottoGewinn* und weise ihr den Wert *False* zu.«

2. Die zweite Zeile sagt: »Hier beginnt die *Do-Until*-Schleife. Prüfe, ob die Variable *LottoGewinn* den Wert *True* oder *False* hat. Wenn sie den Wert *False* hat, fahre mit der folgenden Zeile fort. Wenn sie den Wert *True* hat, ignoriere alle Zeilen in der Schleife und fahre mit der Zeile unmittelbar nach der Schleife fort.«

3. Die dritte Zeile sagt: »Weise der *Text*-Eigenschaft des Textfeldes mit dem Namen *txtMeldung* die Zeichenkette *Hast du schon im Lotto gewonnen?* zu.«

4. Die vierte Zeile sagt: »Wenn die *Text*-Eigenschaft des Textfeldes mit dem Namen *txtAntwort* den Wert *Ja* hat, dann setze den Wert der Variablen *LottoGewinn* auf den Wert *True*.«

5. Die fünfte Zeile sagt: »Hier hört die *Do-Until*-Schleife auf. Gehe an den Anfang der *Do-Until*-Schleife in der zweiten Zeile zurück.« (Dort wird der Wert der Variablen *LottoGewinn* erneut geprüft.)

In diesem Beispiel wird die *Do-Until*-Schleife so lange durchlaufen, bis die Variable *LottoGewinn* den Wert *True* hat. (Bei den meisten Leuten läuft diese Schleife immer noch...)

Wie oft wird eine Do-Until-Schleife durchlaufen?

Eine *Do-Until*-Schleife kann null oder mehrere Male durchlaufen werden. Die Schleife wird so lange durchlaufen, bis ihre Bedingung den Wert *True* hat.

Die *Do-Until*-Schleife verhält sich in dieser Beziehung genau entgegengesetzt wie die *Do-While*-Schleife und die *Do-Loop-While*-Schleife: Während diese beiden Schleifen durchlaufen werden, solange ihre Bedingungen *True sind*, wird eine *Do-Until*-Schleife so lange durchlaufen, bis ihre Bedingung *True wird*. (Oder anders ausgedrückt: Eine *Do-Until*-Schleife wird so lange durchlaufen, wie ihre Bedingung den Wert *False* hat.)

Um eine *Do-Until*-Endlosschleife zu vermeiden, achten Sie immer darauf, daß wenigstens ein Befehl im Inneren der Schleife den Wahrheitswert der Anfangsbedingung der Schleife ändert.

Das folgende Beispiel zeigt eine typische *Do-Until*-Schleife mit einem Zähler:

```
Zähler = 0
Do Until Zähler > 4
   Zähler = Zähler + 1
Loop
```

Visual Basic interpretiert diesen Code folgendermaßen:

1. Die erste Zeile sagt: »Erstelle eine Variable mit dem Namen *Zähler* und weise ihr den Wert *0* zu.«
2. Die zweite Zeile sagt: »Hier beginnt die *Do-Until*-Schleife. Solange die Bedingung *Zähler > 4* den Wert *False* hat, führe alle Anweisungen im Inneren der Schleife aus. Falls die Bedingung *Zähler > 4* den Wert *True* hat, beende die Schleife.«
3. Die dritte Zeile sagt: »Nimm den Wert der Variablen *Zähler*, addiere *1* zu diesem Wert und speichere den neuen Wert wieder in der Variablen *Zähler*.«
4. Die vierte Zeile sagt: »Hier hört die *Do-Until*-Schleife auf.«

Mit jedem Durchlauf der Schleife wird der Wert der Variablen *Zähler* um Eins erhöht. Wenn die Variable den Wert *5* erreicht, hat die Bedingung *Zähler > 4* den Wert *True*, und die *Do-Until*-Schleife wird beendet.

Wann sollten Sie eine Do-Until-Schleife verwenden?

Benutzen Sie eine *Do-Until*-Schleife in folgenden Situationen:

- ✔ Wenn Sie eine Schleife null oder mehrere Male durchlaufen wollen
- ✔ Wenn Sie eine Schleife durchlaufen wollen, bis eine bestimmte Bedingung den Wert *True* annimmt

Die *Do-Until*-Schleife funktioniert wie die beiden folgenden *Do-While*-Schleifen:

```
Do While Not Bedingung          Do While Bedingung = False
    Anweisungen                     Anweisungen
Loop                            Loop
```

Wie die Do-Loop-Until-Schleife funktioniert

Eine *Do-Loop-Until*-Schleife wird so lange durchlaufen, bis eine bestimmte Bedingung den Wert *True* annimmt.

Eine *Do-Loop-Until*-Schleife hat folgende Form:

```
Do
    Anweisungen
Loop Until Bedingung
```

Die Bedingung muß aus einer Variablen oder einem Ausdruck bestehen, die/der den Wert *True* oder *False* repräsentiert. Eine *Do-Loop-Until*-Schleife kann mehrere Anweisungen, also einen Anweisungsblock, enthalten.

Der Code einer *Do-Loop-Until*-Schleife sagt Visual Basic: »Führe alle Anweisungen im Inneren der Schleife einmal aus. Prüfe dann, ob der Wert der Bedingung *True* oder *False* ist. Wenn die Bedingung den Wert *True* hat, verlasse die Schleife. Wenn die Bedingung den Wert *False* hat, führe alle Anweisungen in der *Do-Loop-Until*-Schleife noch einmal aus.«

Das folgende Beispiel enthält eine *Do-Loop-Until*-Schleife:

```
AlleinZuHause = False
Do
   txtMeldung.Text = "Sind deine Eltern schon gegangen? "
   If txtAntwort = "Ja" Then AlleinZuHause = True
Loop Until AlleinZuHause
```

Visual Basic interpretiert diesen Code folgendermaßen:

1. Die erste Zeile sagt: »Erstelle eine Variable mit dem Namen *AlleinZuHause* und weise ihr den Wert *False* zu.«

2. Die zweite Zeile sagt: »Hier beginnt die *Do-Loop-Until*-Schleife.«

3. Die dritte Zeile sagt: »Weise der *Text*-Eigenschaft des Textfeldes mit dem Namen *txtMeldung* die Zeichenkette *Sind deine Eltern schon gegangen?* zu.«

4. Die vierte Zeile sagt: »Wenn die *Text*-Eigenschaft des Textfeldes mit dem Namen *txtAntwort* den Wert *Ja* hat, dann setze den Wert der Variablen *AlleinZuHause* auf den Wert *True*.«

5. Die fünfte Zeile sagt: »Hier hört die *Do-Loop-Until*-Schleife auf. Prüfe, ob die Variable *AlleinZuHause* den Wert *True* oder *False* hat. Wenn sie den Wert *True* hat, gehe zur folgenden Zeile. Wenn sie den Wert *False* hat, gehe an den Anfang der *Do-Loop-Until*-Schleife in der zweiten Zeile zurück und fange von vorne an.«

Testen Sie Ihr neu erworbenes Wissen

1. **Wenn Sie eine Schleife durchlaufen müssen, bis eine bestimmte Bedingung den Wert *True* annimmt, welche Art von Schleife würden Sie wählen?**

    a) Entweder eine *Do-Until*-Schleife oder eine *Do-While-Not*-Schleife.

    b) Eine Schleife in der Form einer Brezel.

    c) Ein Hula-Hopp.

    d) Ist Ihnen schon aufgefallen, daß das Wort *loop* anfängt, komisch auszusehen, wenn man es lange anstarrt?

2. Wann verwenden Sie eine *Do-Until*-Schleife und wann eine *Do-Loop-Until*-Schleife?

   a) Wenn ich mein tägliches Maß an Verwirrung noch nicht erreicht habe.

   b) Wenn ich durcheinander komme und die Schleifen aus Versehen verwechsle.

   c) Ich benutze die *Do-Until*-Schleife, wenn die Schleife null oder mehrere Male durchlaufen wird. Ich benutze die *Do-Loop-Until*-Schleife, wenn die Schleife wenigstens einmal durchlaufen werden soll.

   d) Wenn ich nicht mehr weiß, wie man eine *Do-While*-Schleife benutzt. Können Sie mir das bitte noch einmal erklären?

Wie oft wird eine Do-Loop-Until-Schleife durchlaufen?

Unabhängig vom Wert der Bedingung wird eine *Do-Loop-Until*-Schleife wenigstens einmal durchlaufen. Solange die Bedingung den Wert *False* hat, wird sie endlos durchlaufen.

Die *Do-Loop-Until*-Schleife verhält sich in dieser Beziehung genau entgegengesetzt wie die *Do-While*-Schleife und die *Do-Loop-While*-Schleife: Während diese beiden Schleifen durchlaufen werden, solange ihre Bedingung *True* ist, wird eine *Do-Loop-Until*-Schleife durchlaufen, solange ihre Bedingung *False* ist.

Um *Do-Loop-Until*-Endlosschleifen zu vermeiden, achten Sie immer darauf, daß wenigstens ein Befehl im Inneren der Schleife den Wahrheitswert der Endbedingung der Schleife ändert.

Das folgende Beispiel zeigt eine typische *Do-Loop-Until*-Schleife mit einem Zähler:

```
Zähler = 0
Do
   Zähler = Zähler + 1
Loop Until Zähler > 4
```

Visual Basic interpretiert diesen Code folgendermaßen:

1. Die erste Zeile sagt: »Erstelle eine Variable mit dem Namen *Zähler* und weise ihr den Wert 0 zu.«

2. Die zweite Zeile sagt: »Hier beginnt die *Do-Loop-Until*-Schleife.«

3. Die dritte Zeile sagt: »Nimm den Wert der Variablen *Zähler*, addiere *1* zu diesem Wert und speichere den neuen Wert wieder in der Variablen *Zähler*.«

4. Die vierte Zeile sagt: »Hier hört die *Do-Loop-Until*-Schleife auf. Prüfe, ob die Variable *Zähler* größer als *4* ist. Wenn die Variable gleich oder kleiner als *4* ist, gehe an den Anfang der *Do-Loop-Until*-Schleife in der zweiten Zeile zurück und fange von vorne an. Andernfalls beende die Schleife.«

Mit jedem Durchlauf der Schleife wird der Wert der Variablen *Zähler* um Eins erhöht. Wenn die Variable den Wert *5* erreicht, hat die Bedingung *Zähler > 4* den Wert *True*, und die *Do-Loop-Until*-Schleife wird beendet.

Wann sollten Sie eine Do-Loop-Until-Schleife verwenden?

Benutzen Sie eine *Do-Loop-Until*-Schleife in folgenden Situationen:

- ✔ Wenn Sie eine Schleife wenigstens einmal durchlaufen wollen.
- ✔ Wenn Sie eine Schleife durchlaufen wollen, bis eine bestimmte Bedingung den Wert *True* annimmt.

Die *Do-Loop-Until*-Schleife funktioniert wie die beiden folgenden *Do-Loop-While*-Schleifen:

```
Do                              Do
    Anweisungen                     Anweisungen
Loop While Not Bedingung        Loop While Bedingung = False
```

Wenn Sie Schleifen programmieren, achten Sie immer darauf, daß die Schleifen irgendwann beendet werden und daß sie genau das bewirken, was Sie erreichen wollen. Wenn Ihr Programm aus irgendeinem Grunde nicht funktioniert, prüfen Sie zunächst, ob der Fehler in Ihren Schleifen liegen könnte.

For Next-Schleifen: Schleifen, die zählen können

In diesem Kapitel

- Arbeiten mit *For-Next*-Schleifen
- Vorwärts und rückwärts zählen
- Die Schrittweite ändern

Wenn Sie eine Schleife durchlaufen wollen, bis eine bestimmte Bedingung eintritt, können Sie eine der bisher verwendeten Schleifenarten verwenden:

	Solange Bedingung = True	Solange Bedingung = False
Schleife wenigstens einmal durchlaufen	Do Loop While *Bedingung*	Do Loop Until *Bedingung*
Schleife null oder mehrere Male durchlaufen	Do While *Bedingung* Loop	Do Until *Bedingung* Loop

Alle vier Schleifenarten werden durchlaufen, bis eine bestimmte Bedingung *True* oder *False* wird. Wenn Sie allerdings vorher schon wissen, wie oft die Schleife durchlaufen werden soll, benutzen Sie einen anderen Schleifentyp, nämlich die *For-Next*-Schleife.

Die *For-Next*-Schleife hat folgende Form:

```
For Zähler = Startwert To Endwert Step Schrittweite
    Anweisungen
Next Zähler
```

Der *Zähler* ist eine ganzzahlige Variable. *Startwert* repräsentiert die erste Zahl, die dem Wert der Variablen *Zähler* zugewiesen wird. *Endwert* repräsentiert die letzte Zahl, die dem Wert der Variablen *Zähler* zugewiesen wird. *Schrittweite* ist ein Intervall, um das der Startwert schrittweise erhöht oder vermindert wird. Wenn die *Schrittweite* ausgelassen wird, hat dieses Intervall den Standardwert *1*.

Wie die For-Next-Schleife funktioniert

Wenn Sie eine Schleife genau dreimal durchlaufen wollen, können Sie folgenden Code verwenden:

```
For X = 1 To 3
    Anweisungen
Next X
```

Visual Basic interpretiert diesen Code folgendermaßen:

1. Die erste Zeile sagt: »Erstelle eine Variable mit dem Namen X und weise ihr den Wert *1* zu. Durchlaufe die Schleife für die X-Werte 1, 2 und 3. Wenn X nicht mehr einen dieser Werte hat, beende die Schleife.«

2. Die zweite Zeile sagt: »Führe den Anweisungsblock aus, der zwischen der ersten und letzten Zeile der Schleife steht. Der Anweisungsblock kann selbst auch weitere *For-Next*-Schleifen enthalten.«

3. Die dritte Zeile sagt: »Erhöhe den Wert der Variablen X um *1* und gehe zum Anfang der Schleife in Zeile 1 zurück.« (Nach dem ersten Durchlauf hat X an dieser Stelle den Wert *2*.)

Die folgende Zeile weist Visual Basic an, die Schleife dreimal zu durchlaufen:

```
For X = 1 To 3
```

Standardmäßig erhöht Visual Basic den Zähler bei jedem Durchlauf um *1*. Sie können an dieser Stelle beliebige Zahlenwerte für den Zähler benutzen, z.B.:

```
For X = 1209 To 1211
    Anweisungen
Next X
```

Die Schleife wird ebenfalls dreimal durchlaufen, obwohl dies auf den ersten Blick nicht so einfach zu erkennen ist:

```
Beim ersten Durchlauf: X = 1209.
Beim zweiten Durchlauf: X = 1210.
Beim dritten und letzten Durchlauf: X = 1211.
```

Wenn es für Ihr Programm einen Sinn ergibt, können Sie auch solche bizarren Zahlenwerte für Ihren Zähler benutzen. Z.B. könnten Sie auf diese Weise eine Schleife mit Personalnummern durchlaufen:

```
For PersonalNummer = 11250 To 11290
        ' Benutzen Sie hier die PersonalNummer,
        ' um eine Datenbank mit Personaldaten zu durchsuchen
        ' und Informationen über die Mitarbeiter anzuzeigen.
    Next PersonalNummer
```

In diesem Fall verwenden die Anweisungen im Inneren Ihrer *For-Next*-Schleife den Wert der Variablen *PersonalNummer*, um einen bestimmten Mitarbeiter zu suchen.

Wenn Sie eine Schleife nur eine bestimmte Anzahl von Malen, z.B. fünfmal, durchlaufen wollen, benutzen Sie am besten die einfachste Zählweise:

```
For X = 1 To 5
    Anweisungen
Next X
```

Nur wenn Ihre Zahlen im Inneren Ihrer *For-Next*-Schleife verwendet werden, sollten Sie bizarre und schwer zu lesende Zählweisen verwenden:

```
For Zähler = 3492 To 12909
    Anweisungen
Next Zähler
```

Rückwärts und vorwärts zählen

Normalerweise zählen *For-Next*-Schleifen in Einser-Schritten vorwärts. Sie können auf Wunsch die Schrittweite ändern und in Sprüngen von 5, 10 oder 29 zählen. Wenn Sie nicht in Einser-Schritten zählen wollen, müssen Sie eine Schrittweite angeben. Beispiel:

```
For Zähler = Startwert To Endwert Step Schrittweite
    Anweisungen
Next Zähler
```

Die zusätzliche Angabe einer Schrittweite sagt Visual Basic: »Statt den Zähler jeweils um Eins zu erhöhen, erhöhe ihn um den Wert, der in der *Schrittweite* angegeben ist.« Wenn Sie z.B. in 16er-Schritten zählen wollen, können Sie folgenden Code verwenden:

```
For X = 0 To 32 Step 16
    Anweisungen
Next X
```

Die *For-Next*-Schleife wird dreimal durchlaufen:

```
Erster Durchlauf: X = 0.
Zweiter Durchlauf: X = 16.
Dritter und letzter Durchlauf: X = 32.
```

Wenn Sie wollen, können Sie sogar rückwärts zählen. Um dreimal rückwärts zu zählen, können Sie folgenden Code verwenden:

```
For X = 3 To 1 Step -1
    Anweisungen
Next X
```

Visual Basic interpretiert diesen Code folgendermaßen:

1. Die erste Zeile sagt: »Erstelle eine Variable mit dem Namen *X* und weise ihr den Wert *3* zu. Zähle dann jeweils um *-1* rückwärts.«

2. Die zweite Zeile sagt: »Führe den Anweisungsblock aus, der zwischen der ersten und letzten Zeile der Schleife steht.«

3. Die dritte Zeile sagt: »Berechne den nächsten Wert der Variablen *X* und gehe zum Anfang der Schleife in Zeile 1 zurück.« (Weil wir rückwärts zählen, wird *X* um *1* vermindert und hat nach dem ersten Durchlauf an dieser Stelle den Wert *2*.)

Obwohl es für Visual Basic keine Rolle spielt, welche Zählweise Sie benutzen, sollten Sie nach Möglichkeit immer die einfachste Zählweise verwenden. Auf diese Weise können Sie und andere Programmierer schnell sehen, wie oft eine *For-Next*-Schleife durchlaufen wird.

 Zählen Sie nur dann rückwärts, oder benutzen Sie nur dann ungewöhnliche Werte zum Zählen (Schrittweiten von 3, 5, 16 usw.), wenn diese Werte von den Anweisungen im Inneren der *For-Next*-Schleife verwendet werden. Andernfalls vermindern Sie unnötigerweise die Lesbarkeit Ihres Programmes.

Was passiert, wenn Sie eine *For-Next*-Schleife der folgenden Art schreiben?

```
For J = 1 To 7 Step 5
   Anweisungen
Next J
```

 Dieser Code funktioniert folgendermaßen:

1. Die *For-Next*-Schleife wird zweimal durchlaufen. Beim ersten Mal hat die Variable *J* den Wert *1*.

2. Beim zweiten Mal hat die Variable *J* den Wert *1+5* oder *6*; denn die Schrittweite beträgt *5*.

3. Ein drittes Mal gibt es nicht. Denn nach dem zweiten Mal hat die Variable *J* den Wert *6+5* oder *11*. Weil dieser Wert größer ist als die Obergrenze *7* des für *J* angegebenen Wertebereiches (*1 bis 7*), wird die *For-Next*-Schleife beendet.

Wann sollten Sie eine For Next-Schleife verwenden?

Benutzen Sie eine *For-Next*-Schleife, wenn Sie eine Schleife eine bestimmte Anzahl von Malen durchlaufen wollen.

Sie können natürlich auch andere Schleifenarten benutzen, um eine Schleife eine bestimmte Anzahl von Malen zu durchlaufen. Nur um Ihnen zu zeigen, wie das möglich ist, sind im folgenden Beispiel zwei Schleifen einander gegenübergestellt, die beide genau fünfmal durchlaufen werden:

```
X = 0                    For X = 1 To 5
Do While X < 6              Anweisungen
   X = X + 1             Next X
   Anweisungen
Loop
```

Beachten Sie, wie einfach und übersichtlich die *For-Next*-Schleife im Vergleich zur *Do-While*-Schleife aussieht. Sie werden die Erfahrung machen, daß es eine unendlich große Anzahl von Methoden gibt, um ein funktionierendes Programm zu schreiben (und eine noch weit größere Anzahl, um Programme zu schreiben, die nicht funktionieren). Normalerweise ist aber der einfachste Weg auch der beste.

Testen Sie Ihr neu erworbenes Wissen

1. **Wie oft wird die folgende *For-Next*-Schleife durchlaufen?**

   ```
   For ID = 15 to 1 Step - 1
       Anweisungen
   Next ID
   ```

   a) Fünfzehnmal.

   b) Einmal, aber fünfzehnmal so schnell.

   c) Null oder mehrere Male, irgend etwas in der Richtung. Moment mal, ich glaube, ich bin in der falschen Lektion.

   d) Keinmal; denn nur die Geschichte kann sich selbst wiederholen.

2. **Welchen Hauptvorteil hat eine *For-Next*-Schleife im Vergleich zu einer *Do-While*-Schleife?**

   a) Eine *Do-While*-Schleife ist komplizierter; und eine *For-Next*-Schleife funktioniert überhaupt nicht.

   b) Es hängt alles von deinem Standpunkt ab, Mann. Alle Dinge sind gut, wenn wir uns lieben und in Frieden und Harmonie leben.

   c) Sie können angeben, wie oft die *For-Next*-Schleife durchlaufen werden soll.

   d) Visual Basic zu lernen bringt nichts. Sie sollten lieber C++ lernen.

Vorsicht bei einer For-Next-Schleife mit Schrittweite

Eine *For-Next*-Schleife muß zum Zählen ihre eigenen Variablen anlegen. So legt z.B. der folgende Code die Variable *XYZ* an, die schrittweise um 10 erhöht wird.

```
For XYZ = 1 To 50 Step 10
    Anweisungen
Next XYZ
```

Und der folgende Code legt eine Variable mit dem Namen *TUV* an, die schrittweise um *1.5* erhöht wird:

```
For TUV = 1 to 7 Step 1.5
    Anweisungen
Next TUV
```

For-Next-Schleifen zählen normalerweise mit Ganzzahlen wie *1, 2, 5* oder *58*. Deshalb ist es nicht schwierig, die Anzahl der Schleifendurchläufe zu ermitteln. Das erste Code-Beispiel zählt in 10er-Schritten, so daß die Anzahl der Schleifendurchläufe leicht zu berechnen ist: Die Schleife wird fünfmal durchlaufen.

Das zweite Beispiel dagegen arbeitet mit einer Schrittweite von *1.5*. Weil dies eine Dezimalzahl ist, ist die Berechnung nicht ganz so einfach: Die Schleife wird viermal (ganzzahlige Division: 7 \ 1.5 = 4) durchlaufen. Wenn Sie mit Schrittweiten arbeiten, sollten Sie möglichst ganze Zahlen benutzen, damit Sie die Anzahl der Durchläufe leichter berechnen können.

Wenn Sie mit einer *For-Next*-Schleife arbeiten, ändern Sie niemals (und ich meine *niemals*) den Wert der Zählervariablen im Inneren der Schleife. Das folgende Beispiel zeigt, wie eine *For-Next*-Schleife durch Nichtbeachtung dieser Warnung zu Code-Schrott wird:

```
For X = 1 To 5
    X = 3
Next X
```

Visual Basic interpretiert diesen Code folgendermaßen:

1. Die erste Zeile sagt: »Erstelle eine Variable mit dem Namen *X* und weise ihr den Wert 1 zu.«

2. Die zweite Zeile sagt: »Weise der Variablen mit dem Namen *X* den Wert *3* zu.«

3. Die dritte Zeile sagt: »Erhöhe den Wert der Variablen *X* um *1*. Weil *X* den Wert *3* hat, setze *X* jetzt auf den Wert *4*.«

Weil die Variable *X* jetzt den Wert 4 hat, wird aus der *For-Next*-Schleife eine Endlosschleife. Wenn Sie also mit *For-Next*-Schleifen arbeiten, achten Sie peinlichst darauf, daß die Anweisungen im Inneren der Schleife den Wert der Zählervariablen nicht verändern. Andernfalls tut es Ihnen bestimmt einmal leid ...

Probieren Sie es selbst

Das folgende Beispielprogramm durchläuft eine *For-Next*-Schleife und zeigt den Wert von *X* bei jedem Schleifendurchlauf auf dem Bildschirm an. Benutzen Sie die Objekte und Eigenschaften in der folgenden Tabelle, wenn Sie dieses Programm erstellen:

Objekt	Eigenschaft	Wert
Formular	Caption	Beispiel für eine For-Next-Schleife
Command1	Caption	Next X
	Name	cmdNext

Geben Sie im Code-Fenster folgenden Code ein:

```
Private Sub cmdNext_Click()
   For X = 1 To 10 Step 2
      Print X
   Next X
End Sub
```

Dieses Programm ist nicht besonders aufregend. Es durchläuft die *For-Next*-Schleife fünfmal und zeigt bei jedem Durchlauf den Wert von *X* auf dem Formular an.

Verschachtelte Schleifen und schnelle Ausgänge

In diesem Kapitel

- Mit verschachtelten Schleifen arbeiten
- Verschachtelte Schleifen schreiben, die funktionieren
- Schleifen schnell verlassen

Um die größtmögliche Flexibilität und Komplexität zu erzeugen, können Sie Schleifen in einander verschachteln und endlose Ketten von Schleifen bilden. Eine Schleife, die in eine andere Schleife eingebettet ist, wird als *verschachtelte Schleife* bezeichnet. Welche Schleife wird zuerst ausgeführt und beendet? Die Antwort ist einfach.

Arbeiten mit verschachtelten Schleifen

Statt Sie mit einer schwer verstehbaren Erklärung zu verwirren, auf die ein Beispiel folgt, das dann erklärt wird, zeige ich Ihnen zunächst ein Beispiel einer verschachtelten Schleife und erkläre dann, wie dieses Beispiel funktioniert.

```
Do While Angestellter = "Meister"
   For J = 1 to 5
      Anweisungen
   Next J
Loop
```

Visual Basic interpretiert diesen Code folgendermaßen:

1. Die erste Zeile sagt: »Erstelle eine Variable mit dem Namen *Angestellter* und prüfe, ob sie den Wert *Meister* hat. Wenn dies der Fall ist, fahre mit der zweiten Zeile fort. Falls dies nicht der Fall ist, kümmere dich nicht um die *For-Next*-Schleife, sondern springe einfach zur fünften Zeile.«

2. Die zweite Zeile sagt: »Erstelle eine Variable mit dem Namen *J* und weise ihr den Wert *1* zu.«

3. Die dritte Zeile sagt: »Führe diesen Anweisungsblock aus.«

4. Die vierte Zeile sagt: »Erhöhe den Wert von *J* um *1*. Mache dies, bis der Wert von *J* größer als *5* ist.«

5. Die fünfte Zeile sagt: »Hier hört die *Do-While*-Schleife auf. Gehe zurück an den Anfang zur Zeile 1, solange die Variable *Angesteller* den Wert *Meister* hat.«

Um es einfach auszudrücken: Die inneren Schleifen werden vor den äußeren Schleifen durchlaufen.

Verschachtelte Schleifen, die funktionieren

In Visual Basic können Sie so viele Schleifen ineinander schachteln, wie Sie wollen. Wenn Sie Schleifen verschachteln, rücken Sie die innere Schleife ein, um den Anfang und das Ende jeder Schleife deutlich erkennbar zu machen. Sehen Sie z.B., wie verwirrend das folgende Beispiel mit verschachtelten Schleifen ohne Einrückung aussieht:

```
Do While Name = "Hans"
Do
For K = 20 to 50 Step 10
Do
Do Until Geschlecht = "Männlich"
' Einige Anweisungen
Loop
Loop While Alter > 21
Next K
Loop Until NachName = "Schmitz"
Loop
```

Und so sieht derselbe Code mit Einrückungen aus:

```
Do While Name = "Hans"
   Do
      For K = 20 to 50 Step 10
         Do
            Do Until Geschlecht = "Männlich"
               ' Einige Anweisungen
            Loop
         Loop While Alter > 21
      Next K
   Loop Until NachName = "Schmitz"
Loop
```

Für den Computer sind beide verschachtelten Schleifen absolut gleichwertig. Aber für den Programmierer sind die verschachtelten Schleifen mit Einrückung viel einfacher zu lesen und zu verstehen.

Achten Sie darauf, daß bei verschachtelten Schleifen die inneren Schleifen nicht aus Versehen die Zählvariablen oder Bedingungen der äußeren Schleifen verändern. Sonst kann es passieren, daß Sie eine Endlosschleife erzeugen und alle Schleifen überprüfen müssen, um das Problem zu finden.

Ein anderes Problem, das bei Schleifen auftreten kann, ist die Verzahnung von Schleifen:

```
For K = 1 To 4
   For J = 2 To 20 Step 2
Next K
   Next J
```

In diesem Beispiel sind die beiden Schleifen miteinander verzahnt, weil die erste *For-Next*-Schleife vor der zweiten *For-Next*-Schleife beendet wird.

Glücklicherweise ist Visual Basic in der Lage, Verzahnungen von Schleifen zu entdecken, so daß es leicht ist, diese Art von Fehler zu korrigieren.

Schnelle Ausgänge aus Schleifen

Eine *Do*-Schleife wird so lange durchlaufen, bis eine bestimmte Bedingung eintritt. Eine *For-Next*-Schleife wird durchlaufen, bis ihr Zähler die Obergrenze erreicht hat. Was passiert, wenn Sie eine Schleife vorzeitig verlassen wollen oder müssen? In diesem Fall können Sie eine Schleife mit dem magischen *Exit*-Befehl abbrechen.

Um eine *Do*-Schleife abzubrechen, benutzen Sie den Befehl *Exit Do*. Beispiel:

```
X = 0
Do While X < 6
  X = X + 1
  If X = 4 Then Exit Do
Loop
```

Diese *Do-While*-Schleife wird durchlaufen, solange die Variable mit dem Namen *X* kleiner als 6 ist. Wenn *X* den Wert *4* annimmt, führt Visual Basic den *Exit Do*-Befehl aus.

Der *Exit Do*-Befehl bricht die Schleife ab, obwohl die Variable *X* noch kleiner als *6* ist.

Um eine *For-Next*-Schleife abzubrechen, benutzen Sie den Befehl:

```
Exit For
```

Beispiel:

```
For Y = 1 To 100
   If Y = 50 Then Exit For
Next Y
```

Diese *For-Next*-Schleife wird normalerweise 100mal durchlaufen, aber die zweite Zeile weist Visual Basic an, die Schleife zu verlassen, wenn *Y* den Wert *50* annimmt, auch wenn der Wert von *Y* noch kleiner als *100* ist.

Es ist *normalerweise* (achten Sie auf die Betonung von *normalerweise*) sinnvoll, dem Benutzer die Möglichkeit zu geben, eine Schleife vorzeitig abzubrechen. Achten Sie jedoch darauf, daß dies nicht passiert, bevor der Zweck der Schleife erfüllt ist. Andernfalls müssen Sie einen weiteren Fehler suchen und beseitigen.

 Wenn Sie den Befehl *Exit Do/For* in der inneren von zwei verschachtelten Schleifen benutzen, dann bricht der Befehl nur die innere Schleife ab und übergibt die Kontrolle an die äußere Schleife.

Testen Sie Ihr neu erworbenes Wissen

1. **Wie viele Schleifen können Sie ineinander verschachteln?**

    a) Theoretisch ist die Anzahl der Schleifen nicht begrenzt. Praktisch hängt die Obergrenze von Ihrer Bereitschaft ab, die Schleifen einzutippen. Dabei sollten Sie beachten, daß die Schleifen umso schwerer zu verstehen sind, je tiefer sie ineinander verschachtelt sind.

    b) Die Anzahl der Schleifen ist durch eine jährliche Zuteilung begrenzt, die Sie von Microsoft erhalten, wenn Sie Ihre Registrierkarte einsenden.

    c) Fünf

    d) Wie Einstein entdeckt hat, ist die Obergrenze für die Anzahl verschachtelter Schleifen gleich der Lichtgeschwindigkeit.

2. **Wie können Sie verschachtelte Schleifen leichter lesbar und verstehbar machen?**

    a) Vermeiden Sie Schleifen, Kontrollstrukturen, Variablen und alles andere, bei dem Sie denken müssen.

    b) Gar nicht. Wenn die Leute meine verschachtelten Schleifen nicht verstehen, dann ist das ihr Problem.

    c) Vermeiden Sie die Einrückung. Nur Amateure brauchen solche Editiertricks, um Programme zu schreiben.

    d) Benutzen Sie Einrückungen, um den Anfang und das Ende jeder Schleife deutlich sichtbar zu machen.

Teil VII

Unterprogramme schreiben (damit Sie nicht auf einen Schlag verrückt werden)

In diesem Teil...

Jetzt ist es an der Zeit zu lernen, wie Sie Ereignisprozeduren (oder Unterprogramme) in noch kleinere Einheiten zerlegen können, die leichter zu schreiben und einfacher zu verstehen und zu ändern sind. Ein großes Programm zu erstellen besteht im Grunde darin, viele kleine Programme zu schreiben und zu testen und dann diese kleinen Programme wie Bausteine zu einem großen, funktionierenden Programm zusammenzusetzen.

Wenn Sie diesen Grundgedanken des *Teile und herrsche* verstanden haben, nämlich ein Problem in viele kleine Teilprobleme zu zerlegen und Teilproblem für Teilproblem zu lösen, sind Sie bereit, Unterprogramme zu schreiben.

Allgemeine Prozeduren (Unterprogramme, die jeder benutzen kann)

In diesem Kapitel

- Allgemeine Prozeduren erstellen
- Allgemeine Prozeduren benennen
- Mit allgemeinen Prozeduren arbeiten

Prozeduren sind kleine Programme, die zusammen ein einziges, größeres Programm ergeben, ähnlich wie Ziegelsteine zu einer Mauer zusammengefügt werden. Visual Basic unterscheidet zwei Arten von Prozeduren: Ereignisprozeduren und allgemeine Prozeduren.

Eine *Ereignisprozedur* ist Bestandteil eines Objektes der Benutzeroberfläche, also z.B. einer Befehlsschaltfläche, eines Kontrollkästchens oder einer Bildlaufleiste. Eine Ereignisprozedur wird nur ausgeführt, wenn ein bestimmtes Objekt von einem bestimmten Ereignis betroffen ist, also wenn z.B. der Benutzer das Objekt mit der Maus anklickt oder auf eine Taste drückt.

Eine *allgemeine Prozedur* ist nicht an ein bestimmtes Objekt der Benutzeroberfläche gebunden. Sie wird nur ausgeführt, wenn sie ausdrücklich von einer Ereignisprozedur (oder einer anderen allgemeinen Prozedur) aufgerufen wird.

Braucht man Ereignisprozeduren? Ja! Ereignisprozeduren geben der Benutzeroberfläche die Fähigkeit, auf den Benutzer zu reagieren. Braucht man allgemeine Prozeduren? Nein! Allgemeine Prozeduren existieren nur, um dem Programmierer das Leben leichter zu machen.

Wenn zwei oder mehr Ereignisprozeduren fast identische Anweisungen enthalten, wäre es unnötige Doppelarbeit, dieselben Anweisungen mehrfach einzutippen. Und noch schlimmer: Bei Änderungen müßten die Anweisungen in jeder einzelnen Ereignisprozedur geändert werden.

Allgemeine Prozeduren bieten eine Lösung dieses Problems. Ihr ganzer Zweck besteht darin, gleichartige Anweisungen, die in mehreren Prozeduren vorkommen, an einer einzigen Stelle zu speichern und bei Änderungen den Code nur an einer einzigen Stelle zu ändern.

Wie man eine allgemeine Prozedur erstellt

Visual Basic erstellt für jedes Objekt Ihrer Benutzeroberfläche automatisch eine leere Ereignisprozedur.

Leider erstellt Visual Basic nicht eine einzige allgemeine Prozedur automatisch. Sie müssen solche Prozeduren selbst erstellen. Allgemeine Prozeduren können in den folgenden Dateitypen erstellt und gespeichert werden:

✔ FRM-Dateien (Formular-Dateien)

✔ BAS-Dateien (Modul-Dateien)

Wenn Sie eine allgemeine Prozedur in einer FRM-Datei (Formular-Datei) speichern, kann diese allgemeine Prozedur nur von den Ereignisprozeduren und anderen allgemeinen Prozeduren in derselben FRM-Datei aufgerufen werden. (Die einzige Ausnahme davon ist eine allgemeine Prozedur, die in einer FRM-Datei gespeichert ist. Dies setzt aber voraus, daß die FRM-Datei in den Speicher geladen wurde.) Wenn Sie dagegen eine allgemeine Prozedur in einer BAS-Datei (Modul-Datei) speichern, kann diese allgemeine Prozedur von jeder Ereignisprozedur und anderen allgemeinen Prozeduren in Ihrem Visual Basic-Programm aufgerufen werden.

Wenn Sie Ihre allgemeine Prozedur in einer BAS-Datei speichern, können Sie eine Bibliothek mit allgemein verwendbaren Prozeduren erstellen, die Sie auch in Ihren anderen Visual Basic-Programmen wiederverwenden können. Wenn Ihre allgemeine Prozedur nur für ein spezifisches Programm von Nutzen ist, sollten Sie die Prozedur in einer FRM-Datei speichern.

Um eine allgemeine Prozedur in einer FRM-Datei (Formular-Datei) zu erstellen und zu speichern, gehen Sie folgendermaßen vor:

1. **Öffnen Sie das Code-Fenster, indem Sie auf** `F7` **drücken oder den Menübefehl** *Ansicht/Code* **wählen oder im Fenster des Projekt-Explorers auf das** *Symbol anzeigen-* **Symbol klicken.**

2. **Klicken Sie im Fenster des Projekt-Explorers auf die FRM-Datei.**

3. **Wählen Sie im** *Objekt-***Kombinationsfeld das Listenelement** *(Allgemein).*

4. **Wählen Sie den Menübefehl** *Extras/Prozedur hinzufügen.*

   Visual Basic zeigt das *Prozedur hinzufügen-*Dialogfeld an (siehe Abbildung 27.1).

5. **Markieren Sie das Optionsfeld** *Sub* **in der Gruppe** *Typ,* **und geben Sie in das Textfeld** *Name* **den Namen Ihrer Prozedur ein. Drücken Sie dann auf** `Eingabe`**, oder klicken Sie auf** *OK.*

   Visual Basic zeigt eine leere allgemeine Prozedur an.

27 ➤ Allgemeine Prozeduren

Abbildung 27.1: Das Prozedur hinzufügen-*Dialogfeld.*

Um eine allgemeine Prozedur in einer neuen BAS-Datei (Modul-Datei) zu erstellen und zu speichern, gehen Sie folgendermaßen vor:

1. **Wählen Sie den Menübefehl *Projekt/Modul hinzufügen*, oder klicken Sie auf das Modul-Symbol.**

   Visual Basic zeigt das *Modul hinzufügen*-Dialogfeld an.

2. **Klicken Sie auf das *Modul*-Symbol und dann auf *Öffnen*.**

3. **Wählen Sie den Menübefehl *Extras/Prozedur hinzufügen*.**

   Visual Basic zeigt das *Prozedur hinzufügen*-Dialogfeld an (siehe Abbildung 27.1).

4. **Markieren Sie das Optionsfeld *Sub* in der Gruppe *Typ*, und geben Sie in das Textfeld *Name* den Namen Ihrer Prozedur ein. Drücken Sie dann auf `Eingabe`, oder klicken Sie auf *OK*.**

   Visual Basic zeigt eine leere allgemeine Prozedur an.

Um eine allgemeine Prozedur in einer vorhandenen BAS-Datei (Modul-Datei) zu erstellen und zu speichern, gehen Sie folgendermaßen vor:

1. **Öffnen Sie das Fenster des Projekt-Explorers, indem Sie den Menübefehl *Ansicht/Projekt-Explorer* wählen oder auf `Ctrl`+`R` drücken oder auf das *Projekt-Explorer*-Symbol in der Symbolleiste klicken.**

2. **Markieren Sie den BAS-Modul, in dem Sie Ihre allgemeine Prozedur erstellen und speichern wollen. Klicken Sie dann auf das *Code anzeigen*-Symbol.**

   Visual Basic zeigt das Code-Fenster für die gewählte BAS-Datei (Modul-Datei) an.

3. **Wählen Sie den Menübefehl *Einfügen/Prozedur hinzufügen*.**

   Visual Basic zeigt das *Prozedur hinzufügen*-Dialogfeld an (siehe Abbildung 27.1).

4. **Markieren Sie das Optionsfeld *Sub* in der Gruppe *Typ*, und geben Sie in das Textfeld *Name* den Namen Ihrer Prozedur ein. Drücken Sie dann auf `Eingabe`, oder klicken Sie auf *OK*.**

   Visual Basic zeigt eine leere allgemeine Prozedur an.

Benennung allgemeiner Prozeduren

Im Gegensatz zu den Namen von Ereignisprozeduren, die den Namen des Objektes und des Ereignisses enthalten, können allgemeine Prozeduren einen beliebigen Namen haben, der allerdings den folgenden Regeln folgen muß:

- Der Name darf maximal 40 Zeichen lang sein.
- Der Name muß mit einem Buchstaben beginnen und darf nur Buchstaben, Ziffern und Unterstriche (_) enthalten.
- Der Name darf kein reserviertes Schlüsselwort von Visual Basic sein.

Idealerweise sollte der Name die Funktion der allgemeinen Prozedur widerspiegeln:

```
KubikWurzel
KennwortAbfragen
FensterAnzeigen
```

Im Code-Fenster werden diese Prozedurnamen folgendermaßen angezeigt:

```
Public Sub KubikWurzel()
End Sub
```

Und:

```
Public Sub KennwortAbfragen()
End Sub
```

Und:

```
Public Sub FensterAnzeigen()
End Sub
```

Der vollständige Name einer allgemeinen Prozedur besteht aus vier Komponenten:

- Public *(oder* Private*)*
- Sub
- Ihr Name für die allgemeine Prozedur
- Ein Paar runder Klammern: ()

Das Wort *Public* teilt Visual Basic mit, daß diese Prozedur öffentlich ist. Falls diese Prozedur in einer BAS-Datei gespeichert ist, bedeutet dies, daß jede Ereignisprozedur oder jede andere allgemeine Prozedur in anderen FRM- oder BAS-Dateien auf die Prozedur zugreifen kann.

Das Wort *Sub* identifiziert die Prozedur als Unterprozedur. Der Name Ihrer Prozedur wird von Ereignisprozeduren und anderen allgemeinen Prozeduren benutzt, um Ihre allgemeine Prozedur aufzurufen. Eine Prozedur *aufrufen* bedeutet, der Prozedur zu sagen: »Jetzt bist du an der Reihe, deine Anweisungen auszuführen.«

Die runden Klammern schließen die sogenannte *Argumentliste* ein. (Mehr darüber erfahren Sie in Kapitel 28.) Bei einfachen allgemeinen Prozeduren ist die Argumentliste leer. Eine leere Argumentliste wird durch ein Paar leerer runder Klammern repräsentiert.

Wie man eine allgemeine Prozedur verwendet

Eine allgemeine Prozedur enthält eine oder mehrere Anweisungen. Wenn eine andere Prozedur die Anweisungen ausführen möchte, die in einer allgemeinen Prozedur gespeichert sind, ruft sie die allgemeine Prozedur mit ihrem Namen auf.

Es gibt zwei Methoden, eine Prozedur aufzurufen. Bei der ersten Methode geben Sie einfach den Namen der Prozedur an:

```
ProzedurName
```

Bei der zweiten Methode setzen Sie das reservierte Schlüsselwort *Call* vor den Namen der Prozedur:

```
Call ProzedurName
```

Wenn Sie eine allgemeine Prozedur aufrufen wollen, die in einer anderen FRM-Datei gespeichert ist, müssen Sie den Namen des Formulars vor dem Prozedurnamen angeben:

```
FormularName.ProzedurName
```

Sie können auch hier zusätzlich das reservierte Schlüsselwort *Call* verwenden:

```
Call FormularName.ProzedurName
```

Für den Computer sind beide Methoden gleichwertig. Sie sollten eine der beiden Methoden wählen und konsistent verwenden, um Ihre Programme leichter lesbar zu machen.

Nur den Prozedurnamen anzugeben ist einfacher, als das Wort *Call* zu verwenden. Aber das Wort *Call* hilft Ihnen später, alle Prozeduraufrufe in Ihrem Programm zu identifizieren. Betrachten Sie z.B. die folgende allgemeine Prozedur:

```
Public Sub Warnung()
    txtAnzeige.Text = "Warnung!"
End Sub
```

Diese allgemeine Prozedur weist der Text-Eigenschaft des Textfeldes mit dem Namen *txtWarnung* die Zeichenkette »Warnung!« zu.

Wenn eine Ereignisprozedur diese allgemeine Prozedur benutzen oder aufrufen wollte, sähe der Code folgendermaßen aus:

```
Public Sub cmdAchtung_Click()
    Warnung
End Sub
```

Wenn die Ereignisprozedur diese allgemeine Prozedur mit der *Call*-Methode benutzen oder aufrufen wollte, sähe der Code folgendermaßen aus:

```
Public Sub cmdAchtung_Click()
    Call Warnung
End Sub
```

Beide Ereignisprozeduren sowie der folgende Code sind gleichwertig:

```
Public Sub cmdAchtung_Click()
    txtAnzeige.Text = "Warnung!"
End Sub
```

Testen Sie Ihr neu erworbenes Wissen

1. **Warum verwendet man allgemeine Prozeduren?**

    a) Weil eine spezifische Prozedur die Funktion nicht erfüllen würde.

    b) Um gemeinsam verwendete Anweisungen an einer Stelle zu speichern und so leichter ändern zu können.

    c) Um zu verhindern, daß Ihre Ereignisprozeduren sich einsam fühlen.

    d) Dafür gibt es keinen Grund. Coole Programmierer brauchen solche Krücken nicht.

2. **Welche beiden Methoden gibt es, allgemeine Prozeduren zu benutzen oder aufzurufen?**

    a) Nehmen Sie das Telefon, und rufen Sie MCI, die Telekom oder CompuServe an.

    b) Geben Sie den Namen der Prozedur an, oder verwenden Sie den Namen der Prozedur mit dem vorangestellten Schlüsselwort *Call*.

    c) Besuchen Sie Ihr Lieblingsmedium, und nehmen Sie an einer Séance teil.

    d) Lassen Sie die beiden besten Marktschreier um die Wette schreien.

Argumente übergeben

In diesem Kapitel

- Argumente an eine Prozedur übergeben
- Argumente als Werte übergeben
- Eine Prozedur vorzeitig verlassen

Eine Prozedur ruft eine allgemeine Prozedur auf, indem sie ihren Namen als Anweisung in den eigenen Code einfügt. Der Aufruf fordert die allgemeine Prozedur auf: »Jetzt bist du an der Reihe, deine Anweisungen auszuführen.«

Oft benötigt die aufgerufene Prozedur keine weiteren Informationen, um ihre Anweisungen auszuführen. Manchmal jedoch ist sie auf zusätzliche Informationen angewiesen, ehe sie mit ihrer Arbeit anfangen kann.

Eine Prozedur kann eine allgemeine Prozedur aufrufen und ihr dabei zusätzlich Daten übergeben. Diese Daten werden als *Argumente* bezeichnet. Ein solcher Aufruf mit Übergabe von Argumenten fordert die allgemeine Prozedur auf: »Jetzt bist du an der Reihe, deine Anweisungen auszuführen. Benutze dabei die Daten, die ich dir übergeben habe.«

Warum mit Argumenten arbeiten?

Argumente sind Daten in Form von Zahlen, Zeichenketten oder Variablen, die Zahlen oder Zeichenketten repräsentieren, welche die allgemeine Prozedur benötigt, um ihre Anweisungen ausführen zu können. Wenn Sie mit Argumenten arbeiten, können Sie eine einzige nichtspezifische Prozedur schreiben, die mehrere andere, spezifischere Prozeduren ersetzt.

So könnten Sie z.B. die folgenden zwei allgemeinen Prozeduren schreiben:

```
Private Sub WarnungAnzeigen()
    txtLiesMich.Text = "Warnung! Kern ist geschmolzen!"
End Sub
```

Und:

```
Private Sub HinweisAnzeigen()
    txtLiesMich.Text = "Achtung! Reaktor abschalten!"
End Sub
```

Sie können beide Prozeduren mit den folgenden zwei Methoden aufrufen:

✔ *WarnungAnzeigen* oder *Call WarnungAnzeigen*

✔ *HinweisAnzeigen* oder *Call HinweisAnzeigen*

Zwei Prozeduren mit ähnlichen Funktionen zu schreiben ist mühsam und verschwendet Ressourcen.

Statt dessen können Sie die beiden Prozeduren z.B. folgendermaßen durch eine einzige ersetzen:

```
Public Sub MeldungAnzeigen(Meldung As String)
    txtLiesMich.Text = Meldung
End Sub
```

Diese neue Prozedur sagt: »Erstelle eine Variable mit dem Namen *Meldung*, die jede Information speichern kann, die eine andere Prozedur an mich übergibt. Welcher Wert auch immer dies sein mag, speichere ihn in der Text-Eigenschaft des Textfeldes mit dem Namen *txtLiesMich*.«

Argumente an eine Prozedur übergeben

Um eine Prozedur aufzurufen und dabei ein Argument zu übergeben, können Sie eine der folgenden drei Methoden verwenden:

✔ `ProzedurName Argument`

✔ `ProzedurName (Argument)`

✔ `Call ProzedurName (Argument)`

Betrachten Sie als Beispiel folgende allgemeine Prozedur:

```
Public Sub Anzeigen(Meldung)
    txtLiesMich.Text = Meldung
End Sub
```

Um diese Prozedur aufzurufen und die Meldung »*Warnung! Kernschmelze steht bevor!*« anzuzeigen, können Sie die folgenden drei Methoden verwenden:

✔ `Anzeigen "Warnung! Kernschmelze steht bevor!"`

✔ `Anzeigen ("Warnung! Kernschmelze steht bevor!")`

✔ `Call Anzeigen ("Warnung! Kernschmelze steht bevor!")`

Alle drei Methoden sind gleichwertig (siehe Abbildung 28.1).

Abbildung 28.1: Diese drei Methoden zur Übergabe eines Argumentes haben dasselbe Ergebnis.

Das oben genannte Beispiel funktioniert folgendermaßen:

1. Zuerst erhält Visual Basic die Anweisung: »Suche eine Prozedur mit dem Namen *Anzeigen* und übergib ihr ein Argument.« In diesem Fall ist das Argument die Zeichenkette »*Warnung! Kernschmelze steht bevor!*«

2. Visual Basic lokalisiert die allgemeine Prozedur mit dem Namen *Anzeigen*. Diese Prozedur weist das Argument der Variablen *Meldung* zu.

3. Dann sagt die Prozedur *Anzeigen*: »Weise der *Text*-Eigenschaft des Textfeldes mit dem Namen *txtLiesMich* den Wert der Variablen *Meldung* zu.« Weil die Variable Meldung den Wert »*Warnung! Kernschmelze steht bevor!*« hat, wird der *Text*-Eigenschaft des Textfeldes *txtLiesMich* dieser Wert zugewiesen.

Wenn Sie die Prozedur folgendermaßen aufrufen:

```
Anzeigen ("Achtung! Schalten Sie den Reaktor sofort ab!")
```

wird der *Text*-Eigenschaft des Textfeldes *txtLiesMich* der Wert »*Achtung! Schalten Sie den Reaktor sofort ab!*« zugewiesen.

Indem Sie dieselbe Prozedur mit unterschiedlichen Argumenten füttern, haben Sie zwei spezialisierte allgemeine Prozeduren durch eine einzige allgemeine Prozedur ersetzt.

Argumente annehmen

Ehe eine allgemeine Prozedur Argumente annehmen kann, müssen Sie die Argumentliste der Prozedur definieren. Im wesentlichen definiert diese Liste die Anzahl der Argumente, welche die Prozedur übernehmen kann.

Wenn Sie z.B. eine allgemeine Prozedur definieren wollen, die keine Argumente übernehmen kann, benutzen Sie leere Klammern folgendermaßen:

```
Public Sub OhneArgumente()
End Sub
```

Sie können diese Prozedur mit den beiden folgenden Methoden aufrufen:

- ✔ OhneArgumente

- ✔ Call OhneArgumente

Wenn Sie eine allgemeine Prozedur definieren wollen, deren Argumentliste ein Element enthält und die deshalb ein Argument übernehmen kann, definieren Sie die Prozedur folgendermaßen:

```
Public Sub MitArgument(Irgendetwas)
End Sub
```

In diesem Falle hat die Variable *Irgendetwas* standardmäßig den Datentyp *Variant*, der sowohl eine Zahl als auch eine Zeichenkette repräsentieren kann. Um diese Prozedur aufzurufen und ihr das Argument *4* zu übergeben, können Sie eine der drei folgenden Methoden verwenden:

- ✔ MitArgument 4

- ✔ MitArgument(4)

- ✔ Call MitArgument(4)

Wenn Sie eine allgemeine Prozedur definieren wollen, deren Argumentliste zwei oder mehr Elemente enthält, müssen Sie für jedes Argument eine Variable definieren und die Variablen durch Kommas trennen. Im folgenden Beispiel werden drei Argumente definiert:

```
Public Sub Wortreich(Meldung, Antwort, Geschwätz)
End Sub
```

Die Argumentliste definiert drei Argumente, die jeweils eine Zahl oder eine Zeichenkette repräsentieren können. Um diese Prozedur aufzurufen und ihr die Argumente *20*, *»Hallo«* und *12.9* zu übergeben, können Sie eine der beiden folgenden Methoden verwenden:

- ✔ Wortreich 30, "Hallo", 12.9

- ✔ Call Wortreich(30, "Hallo", 12.9)

Es gibt praktisch keine Obergrenze für die Anzahl der Argumente, die Sie an eine Prozedur übergeben können. Jedoch je länger Ihre Argumentliste ist, desto komplizierter muß Ihre Prozedur sein und desto schwieriger ist die genaue Funktionsweise der Prozedur zu verstehen.

Argumenttypen definieren

Neben der Anzahl der Argumente in einer Argumentliste können Sie wahlweise auch den Datentyp jedes Arguments definieren.

Sie können den Datentyp eines Arguments auf folgende Typen beschränken:

✔ Integer

✔ Long

✔ Single

✔ Double

✔ Currency

✔ String

Der Argumenttyp muß in der Argumentliste wie in folgendem Beispiel angegeben werden:

```
Public Sub Umwandeln(Fahrenheit As Integer, Celsius As
                    Integer)
```

Dadurch werden zwei Argumente definiert, die beide eine Ganzzahl repräsentieren. Der folgende Code zeigt den einzigen Prozeduraufruf, der funktioniert:

```
Private Sub cmdTest_Click()
    Dim X, Y As Integer
    Dim A, B As String
    Dim M, N As Single
    Call Umwandeln(X, Y)        ' Das funktioniert.
    Call Umwandeln(A, B)        ' Nein. A und B sind
                                ' keine Ganzzahlen.
    Call Umwandeln(M, N)        ' Nein. M und N sind
                                ' keine Ganzzahlen.
    Call Umwandeln("Hallo", X)) ' Nein. "Hallo" ist
                                ' keine Ganzzahl.
End Sub
```

Der Hauptgrund dafür, den Datentyp von Argumenten zu definieren, ist es zu verhindern, daß Ihre Prozedur mit falschen Daten arbeitet. Wenn Ihre Prozedur z.B. eine Zahl erwartet, aber eine Zeichenkette erhält, kann das Programm abstürzen. Oder noch schlimmer: Die Prozedur könnte zwar korrekt funktionieren, aber mit den falschen Daten arbeiten. In diesem Fall läge dann ein Logikfehler vor. (Den kennen Sie doch noch?)

Obwohl Sie den Datentyp eines Arguments nicht deklarieren müssen, ist es immer besser, seinen Datentyp anzugeben, um von vornherein zu verhindern, daß im Inneren Ihres wertvollen Codes irgendwelche Bugs ausgebrütet werden.

Probleme bei der Übergabe von Argumenten

Beim Aufrufen von Prozeduren können zwei Probleme auftreten. Beim ersten Problem stimmt die Anzahl der übergebenen Argumente nicht mit der Anzahl der Argumente überein, die in der Prozedur definiert sind. Beim zweiten Problem stimmen die Datentypen der übergebenen Argumente nicht mit den Datentypen der Argumente überein, die in der Prozedur definiert sind.

Die falsche Anzahl von Argumenten übergeben

Wenn Sie eine Prozedur mit einer Argumentliste definieren, dann definiert die Argumentliste zugleich die Anzahl der Argumente, die an die Prozedur übergeben werden müssen. Wenn Sie die Prozedur aufrufen und die Anzahl der übergebenen Argumente nicht mit der Anzahl der definierten Argumente übereinstimmt, funktioniert die Prozedur nicht. Beispiel:

```
Public Sub Streiten(Angriff)
End Sub
```

Diese Prozedur erwartet ein Argument, das aus einer Zahl oder einer Zeichenkette bestehen kann. Keiner der folgenden Prozeduraufrufe funktioniert, weil die Anzahl der Argumente in keinem Aufruf eins beträgt:

- Streiten
- Streiten 9, "Halt's Maul."
- Call Streiten("Warum", "Verschwinde!", 4500, "OK.")

Die falschen Argumenttypen übergeben

Wenn Sie eine Prozedur aufrufen und die Datentypen der übergebenen Argumente nicht mit den definierten Datentypen der Argumente übereinstimmen, funktioniert die Prozedur auch nicht. Beispiel:

```
Public Sub Streiten(Angriff As String)
End Sub
```

Diese Prozedur erwartet ein Argument, das aus einer Zeichenkette bestehen muß. Keiner der folgenden Prozeduraufrufe funktioniert, weil die Argumente nicht den Datentyp Zeichenkette haben:

- Streiten(78.909)
- Streiten(9)
- Call Streiten(34)

Argumente als Werte übergeben

Um Prozeduren noch stärker voneinander abzuschotten und um zu verhindern, daß sie gegenseitig die Werte ihrer Variablen ändern, können Sie die Argumente auch als Werte übergeben. Normalerweise kann eine Prozedur, an die Sie eine Variable als Argument übergeben, den Wert der Variablen ändern. Das ist so, wie wenn Sie jemandem ein Buch leihen, sehen, wie er das Buch mit Randbemerkungen vollschmiert, und es dann verunstaltet zurückerhalten.

Wenn eine Prozedur bestimmte Daten benötigt, Sie aber verhindern wollen, daß die Prozedur die Daten in anderen Teilen Ihres Programms verändert, können Sie das Argument als Wert übergeben. Dabei übergeben Sie der Prozedur ein Argument, das die Prozedur beliebig verändern kann. Jedoch bleiben alle Veränderungen an den Daten auf die Reichweite dieser einen Prozedur beschränkt. Das ist so, wie wenn Sie die Kopie eines Buches zu erstellen und jemandem diese Kopie geben. Wenn er das Buch mit Randbemerkungen vollschmiert, berührt das Ihr Originalexemplar nicht.

Ein Argument wird als Wert übergeben, wenn Sie das Argument in der Argumentliste folgendermaßen mit dem Schlüsselwort *ByVal* versehen:

```
Public Sub Schalter(ByVal Name As String)
```

 Sie brauchen das Schlüsselwort *ByVal* nicht beim Aufruf der Prozedur anzugeben.

Nehmen Sie z.B. an, daß Sie mit folgender Ereignisprozedur arbeiten:

```
Private Command1_Click()
  Dim MeinString As String
  MeinString = "Hans Schmitz"
  ZeigMir MeinString
  txtMeldung.Text = MeinString
End Sub
```

Dazu soll folgende allgemeine Prozedur gehören:

```
Public ZeigMir(ByVal Name As String)
  Dim NeuerString As String
  NeuerString = Ucase(Name)
  txtNeueMeldung.Text = NeuerString
End Sub
```

Visual Basic würde die Anweisungen in der *Command1_Click()*-Ereignisprozedur folgendermaßen verarbeiten:

1. Wenn der Benutzer auf die *Command1*-Schaltfläche klickt, führt Visual Basic die Anweisungen in der *Command1_Click()*-Ereignisprozedur aus.

2. Die zweite Zeile in dieser Prozedur weist Visual Basic an, die *MeinString*-Variable zu deklarieren, die nur Strings speichern kann.

3. Die dritte Zeile weist der Variablen den String »Hans Schmitz« zu.

4. Die vierte Zeile ruft die allgemeine Prozedur *ZeigMir* auf und übergibt dabei die *MeinString*-Variable als Argument.

5. Visual Basic springt sofort zu der *ZeigMir*-Prozedur. Das *ByVal*-Schlüsselwort weist Visual Basic an, alle Änderungen an dem Argument auf die *ZeigMir*-Prozedur zu beschränken.

6. Die erste Zeile der allgemeinen Prozedur *ZeigMir* deklariert eine *String*-Variable mit dem Namen *Name*.

7. Die zweite Zeile wandelt mit der Ucase-Funktion den Inhalt der *Name*-Variablen in Großbuchstaben um und weist das Ergebnis wieder der *Name*-Variablen zu. In diesem Fall enthält die *Name*-Variable danach den Wert »HANS SCHMITZ«.

8. Die dritte Zeile weist den Inhalt der *Name*-Variablen der *Text*-Eigenschaft eines Textfelds mit dem Namen *txtNeueMeldung* zu. In diesem Fall zeigt das Textfeld »HANS SCHMITZ« an.

9. Die vierte Zeile markiert das Ende der allgemeinen Prozedur. Visual Basic springt zurück zur fünften Zeile der *Command1_Click()*-Ereignisprozedur.

10. Die fünfte Zeile der *Command1_Click()*-Ereignisprozedur weist den Inhalt der *MeinString*-Variablen der *Text*-Eigenschaft eines Textfelds mit dem Namen *txtMeldung* zu. In diesem Fall zeigt das Textfeld »Hans Schmitz« an.

11. Die sechste Zeile der *Command1_Click()*-Ereignisprozedur markiert das Ende dieser Prozedur. Visual Basic ist fertig.

Wenn Sie das *ByVal*-Schlüsselwort aus der *ZeigMir*-Prozedur entfernen, zeigt das *txtMeldung*-Textfeld in Schritt 10 »HANS SCHMITZ« an. Das *ByVal*-Schlüsselwort verhindert, daß die Änderungen der Variablen in der *ZeigMir*-Prozedur Auswirkungen auf den Rest des Programms haben.

Um ein Argument als Wert zu übergeben, müssen Sie das Schlüsselwort *ByVal* vor das betreffende Argument setzen:

```
Public Sub BlackBox(ByVal X As Integer, Y As Integer)
```

28 ➤ Argumente übergeben

In dem vorhergehenden Beispiel wird das Argument *X* als Wert übergeben, das Argument *Y* nicht. Wenn Sie auch das Argument *Y* als Wert übergeben wollen, müssen Sie sagen:

```
Public Sub BlackBox(ByVal X As Integer, ByVal Y As Integer)
```

Testen Sie Ihr neu erworbenes Wissen

1. **Erklären Sie, warum die Übergabe von Argumenten beim Schreiben eines Programms nützlich ist.**

   a) Argumente übergeben ist dasselbe wie den Schwarzen Peter weiterschieben. Programmierer machen es gewohnheitsmäßig, um die Verantwortung abzuwälzen, wenn ihr Projekt hinter dem Zeitplan zurückliegt.

   b) Mit der Übergabe von Argumenten ist es möglich, eine einzige, generalisierte Prozedur zu schreiben, die mehrere andere, spezialisierte Prozeduren ersetzt.

   c) Mit Argumenten können Sie falsche Informationen an Ihre Prozeduren übergeben, so daß Sie viel mehr Möglichkeiten haben, Ihr ganzes Projekt zum Scheitern zu bringen.

   d) Das Übergeben von Argumenten ist wie eine Schreitherapie. Jede Seite vertritt so lange lautstark ihren Standpunkt, bis beide Seiten erschöpft sind. Das hindert die Leute daran, sich am Arbeitsplatz gegenseitig zu erschießen.

2. **Erklären Sie, was die folgende Argumentliste bedeutet:**

   ```
   Public Sub Verwirrung(ByVal Haken As String, X As Integer, Z)
   ```

   a) Ich habe die Lektion nicht kapiert und muß noch mal von vorne anfangen.

   b) Jetzt verstehe ich endlich, warum Programmierer so aussehen und handeln, wie sie es tun. Kein Wunder, wenn sie acht Stunden täglich kryptische Befehle wie diesen entziffern müssen.

   c) Jemand hat diesen Code nicht korrekt kommentiert, um seine Argumente verstehbar zu machen.

   d) Die Prozedur erwartet genau drei Argumente. Das erste Argument mit dem Namen *Haken* wird als Wert übergeben und muß den Datentyp *String* haben. Das zweite Argument heißt *X* und muß den Datentyp *Integer* haben. Das dritte Argument heißt *Z* und kann jeden Datentyp haben.

Eine Prozedur vorzeitig verlassen

Normalerweise läuft eine Prozedur, bis alle ihre Anweisungen ausgeführt worden sind. In manchen Situationen kann es notwendig sein, eine Prozedur schon vorzeitig abzubrechen.

Um eine Prozedur vorzeitig zu verlassen, müssen Sie den folgenden Code benutzen:

```
Exit Sub
```

Beispiel:

```
Public Sub EndlosSchleife()
   X = 0
   Do
      X = X + 1
      If (X = 13) And (txtMeldung.Text = "Pech gehabt") Then
         End Sub
      End If
   Loop Until chkBeenden.Value = 0
End Sub
```

Wenn *chkQuit.Value* nie den Wert *0* annimmt, läuft diese Prozedur so lange, bis *X* den Wert *13* und die *Text*-Eigenschaft eines Textfeldes mit dem Namen *txtMeldung* den Wert »*Pech gehabt*« hat.

Probieren Sie es selbst

In dem folgenden Beispielprogramm können Sie auf zwei Befehlsschaltflächen klicken. Wenn Sie auf die Befehlsschaltfläche *Hallo* klicken, wird die Meldung »*Hallo, Welt!*« auf dem Bildschirm angezeigt. Wenn Sie auf die Befehlsschaltfläche *Auf Wiedersehen* klicken, wird die Meldung »*Ade, grausame Welt.*« angezeigt.

Falls Sie alles selbst ausprobieren müssen, bevor Sie überzeugt sind, müssen Sie die Daten der folgenden Tabelle eingeben, um ein einfaches Programm zu erstellen, mit dem Sie herumspielen können.

Objekt	Eigenschaft	Wert
Formular	Caption	Argumente übergeben
Command1	Caption	Hallo
	Height	495
	Left	1920
	Name	cmdHello
	Top	3000
	Width	1335

Objekt	Eigenschaft	Wert
Command2	Caption	Aufwiedersehen
	Height	495
	Left	3720
	Name	cmdBye
	Top	3000
	Width	1335
Label1	Caption	(Leer)
	Height	495
	Left	2280
	Name	LblMessage
	Top	2040
	Width	2535

Geben Sie den folgenden Code im Code-Fenster ein:

```
Public Display(Message As String)
   lblMessage.Caption = Message
End Sub

Public cmdHello_Click()
   Display("Hallo, Welt!")
End Sub

Public cmdBye_Click()
   Display("Ade, grausame Welt.")
End Sub
```

Funktionen: eine eigene Art von Unterprogramm

In diesem Kapitel

- Funktionen aufrufen
- Argumenttypen definieren
- Funktionen vorzeitig verlassen

Funktionen geben einen einzelnen Wert zurück. Prozeduren dagegen geben null oder mehrere Werte zurück. Betrachten Sie eine Funktion als eine einfachere Form der Prozedur. Wenn Sie nur einen einzelnen Wert berechnen müssen, benutzen Sie eine Funktion statt einer Prozedur.

Eine typische Funktion sieht folgendermaßen aus:

```
Public Function FunktionsName(ArgumentListe)
   FunktionsName = IrgendeinWert
End Function
```

Das Wort *Public* teilt Visual Basic mit, daß diese Funktion öffentlich ist. Falls diese Funktion in einer BAS-Datei gespeichert ist, kann jede Ereignisprozedur oder jede andere allgemeine Prozedur in anderen FRM- oder BAS-Dateien darauf zugreifen. (Falls die Funktion in einer FRM-Datei gespeichert ist, kann sie nur von Ereignisprozeduren oder allgemeinen Prozeduren in derselben FRM-Datei benutzt werden.)

Das Wort *Function* definiert das Unterprogramm als Funktion. Der *FunktionsName* darf ein beliebiger Name sein, der nach den Namensregeln von Visual Basic gebildet ist. Idealerweise beschreibt er die Aufgabe, die mit der Funktion gelöst wird. Die Argumentliste darf null oder mehr Argumente enthalten.

Einen Wert mit einer Funktion verknüpfen

Irgendwo im Inneren einer Funktion müssen Sie dem Funktionsnamen einen Wert zuweisen. Beispiel:

```
Public Function YardsInMeter(Yards)
   Const Umrechnung = 0.9
   YardsInMeter = Yards * Umrechnung
End Function
```

Wenn Sie dem Funktionsnamen keinen Wert zuweisen, gibt die Funktion keinen Wert zurück – und läuft damit dem Hauptzweck einer Funktion, nämlich einen einzigen Wert zurückzugeben, zuwider.

Sie können den Datentyp (z.B. *Integer*, *String* oder *Currency*) des Wertes definieren, den eine Funktion zurückgeben soll.

Die drei Hauptunterschiede zwischen einer Funktion und einer Prozedur lauten folgendermaßen:

- ✔ Eine Funktion kann nur einen Wert zurückgeben. Eine Prozedur kann null oder mehr Werte zurückgeben.

- ✔ Irgendwo im Inneren einer Funktion müssen Sie dem Funktionsnamen einen Wert zuweisen. In einer Prozedur ist das nicht notwendig.

- ✔ Sie können den Datentyp definieren, der durch die Funktion zurückgegeben wird. Bei einer Prozedur können Sie keinen solchen Datentyp definieren. (Bei einer Prozedur können Sie Datentypen nur in der Argumentliste der Prozedur definieren.)

Funktionen aufrufen

Funktionen werden anders aufgerufen als Prozeduren. Weil Funktionen einen einzelnen Wert repräsentieren, rufen Sie eine Funktion auf, indem Sie einer Variablen den Namen der Funktion zuweisen:

```
Public Function YardsInMeter(Yards As Double)
   Const Umrechnung = 0.9
   YardsInMeter = Yards * Umrechnung
End Function

Private Sub cmdUmwandeln_Click()
   Dim Meter As Double
   Meter = YardsInMeter(CDbl(txtYards.Text))
   txtMetric.Text = CStr(Meter)
End Sub
```

Diese Ereignisprozedur sagt: »Wenn der Benutzer auf eine Befehlsschaltfläche mit dem Namen *cmdUmwandeln* klickt, führe folgende Aktionen aus:«

1. Erstelle eine Variable mit dem Namen *Meter* und dem Datentyp *Double*.

2. Nimm den Wert, der in der *Text*-Eigenschaft eines Textfeldes mit dem Namen *txtYards* gespeichert ist, und übergib ihn als Argument an die Funktion *YardsInMeter*.

3. Die Funktion *YardsInMeter* multipliziert das Argument mit *0.9* und weist das Ergebnis dem Funktionsnamen *YardsInMeter* zu.

4. Weise das Ergebnis, das im Funktionsnamen *YardsInMeter* gespeichert ist, der Variablen mit dem Namen *Meter* zu.

5. Wandle den Wert der Variablen *Meter* in eine Zeichenkette um und weise das Ergebnis der Text-Eigenschaft des Textfeldes mit dem Namen *txtMetric* zu.

Beachten Sie die Unterschiede zwischen dem Aufruf einer Prozedur und dem Aufruf einer Funktion. Wenn Sie eine Prozedur aufrufen, können Sie eine der folgenden drei Methoden verwenden:

- ```
  ProzedurName ArgumentListe
  ```
- ```
  ProzedurName (ArgumentListe)
  ```
- ```
  Call ProzedurName (ArgumentListe)
  ```

Dagegen gibt es nur eine Methode, um eine Funktion aufzurufen:

```
Variable = FunktionsName(ArgumentListe)
```

Weil ein Funktionsname einen einzelnen Wert repräsentiert, können Sie einen Funktionsnamen in jedem mathematischen Ausdruck verwenden. Beispiel:

```
Variable = FunktionsName(ArgumentListe) + Variable
```

Deshalb kann eine Prozedur, die eine Funktion aufruft, auch folgendermaßen aussehen:

```
Private Sub cmdUmwandeln_Click()
   Dim Meter As Single
   NeuerWert = (YardsInMeter(txtMetric.Text) + Meter) * 4
End Sub
```

Funktionen mit einem bestimmten Datentyp definieren

Weil Funktionen einen einzelnen Wert zurückgeben, können Sie den Datentyp dieses Wertes definieren. Beispiel:

```
Public Function YardsInMeter(Yards As Single) As Double
   Const Umrechnung = 0.9
   YardsInMeter = Yards * Umrechnung
End Function
```

Dadurch wird der Wert der Funktion *YardsInMeter* als Single-Datentyp definiert. Das bedeutet, daß die einzig möglichen Werte, welche die Funktion *YardsInMeter* repräsentieren kann, Dezimalzahlen sind. Eine Funktion kann folgende Datentypen repräsentieren:
```

- Integer
- Long
- Single
- Double
- Currency
- String

Die Variable, welcher der Wert einer Funktion zugewiesen wird, muß den Datentyp haben, der durch die Funktion repräsentiert wird. Beispiel:

```
Public Function YardsInMeter(Yards As Single) As Double
    Const Umrechnung = 0.9
    YardsInMeter = Yards * Umrechnung
End Function

Private Sub cmdUmwandeln_Click()
    Dim Meter As Double
    Meter = YardsInMeter(CDbl(txtYards.Text))
    txtMetric.Text = CStr(Meter)
End Sub
```

In diesem Beispiel hat die Variable *Meter* den Datentyp *Double*, und die Funktion *YardsInMeter* hat ebenfalls den Datentyp *Double*.

Wenn die Variable *Meter* folgendermaßen definiert wäre:

```
Dim Meter As String
```

würde die Zeile

```
Meter = YardsInMeter(CDbl(txtYards.Text))
```

nicht funktionieren, weil die Variable *Meter* den Datentyp *String* hat und die Funktion *YardsInMeter* den Datentyp *Double* zurückgibt.

(Wenn Sie immer noch im unklaren sind, stellen Sie sich vor, daß Sie zu Burger King gehen und nach einem Big Mac fragen. In diesem Fall wüßte die Burger-King-Bedienung nicht, was sie mit Ihrer Bestellung anfangen sollte. Im vorhergehenden Beispiel erwartet die Variable *Meter* eine Zeichenkette, aber die Funktion *YardsInMeter* gibt eine Zahl zurück, so daß das Programm nicht funktioniert.)

Argumenttypen definieren

Argumente sind Daten in Form von Zahlen, Zeichenketten oder Variablen, die Zahlen oder Zeichenketten repräsentieren, welche die Funktion benötigt, um ihre Anweisungen ausführen zu können.

29 ➤ Funktionen: eine eigene Art von Unterprogramm

Neben der Anzahl der Argumente in einer Argumentliste können Sie wahlweise auch den Datentyp jedes Arguments definieren.

Sie können den Datentyp eines Arguments auf folgende Typen beschränken:

- Integer
- Long
- Single
- Double
- Currency
- String

Der Argumenttyp muß in der Argumentliste wie in folgendem Beispiel angegeben werden:

```
Public Sub Umwandeln(Fahrenheit As Integer, Celsius As
                    Integer)
```

Dadurch werden zwei Argumente definiert, die beide eine Ganzzahl repräsentieren müssen. Der folgende Code zeigt den einzigen Funktionsaufruf, der funktioniert:

```
Private Sub cmdTest_Click()
    Dim X, Y As Integer
    Dim A, B As String
    Dim M, N As Single
    Z = Umwandeln(X, Y)        ' Das funktioniert.
    C = Umwandeln(A, B)        ' Nein. A und B sind
                               ' keine Ganzzahlen.
    L = Umwandeln(M, N)        ' Nein. M und N sind
                               ' keine Ganzzahlen.
    Z = Umwandeln("Hallo", X)) ' Nein. "Hallo" ist
                               ' keine Ganzzahl.
End Sub
```

Der Hauptgrund, warum Sie den Datentyp von Argumenten definieren sollten, ist es zu verhindern, daß Ihre Funktion mit falschen Daten arbeitet. Wenn Ihre Funktion z.B. eine Zahl erwartet, aber eine Zeichenkette erhält, kann das Programm abstürzen. Oder noch schlimmer: Der Fehler bleibt als Logikfehler zunächst unentdeckt.

Obwohl Sie die Datentypen der Argumente nicht deklarieren müssen, sollten Sie dies immer tun, um mögliche Fehler von vornherein zu vermeiden.

Testen Sie Ihr neu erworbenes Wissen

1. **Wann würden Sie eine Funktion und wann eine Prozedur verwenden?**

   a) In Kapitel 28 haben wir etwas über Prozeduren gelernt, so daß dort Prozeduren verwendet werden. In diesem Kapitel geht es um Funktionen, so daß wir hier nur Funktionen verwenden.

   b) Benutzen Sie eine Funktion, wenn Sie einen einzelnen Wert berechnen wollen. Benutzen Sie eine Prozedur, wenn Sie null oder mehr Werte berechnen wollen.

   c) Funktionen und Prozeduren sind identisch, bis auf die Tatsachen, daß sie andere Namen und Aufgaben haben und unterschiedlich aussehen.

   d) Benutzen Sie eine Funktion, wenn Sie zu ängstlich sind, eine Prozedur zu benutzen, wie es ein richtiger Programmierer machen würde.

2. **Welche Zeile enthält einen Funktionsaufruf, und welche Zeile enthält einen Prozeduraufruf?**

   ```
   Private Sub cmdDisplay()
       Dim Alex, Pete, George As Double
       Pete = 3
       George = 0
       Alex = ClockWorkOrange(Pete, George) ' Zeile 5
       ConditionedBehavior(Alex) ' Zeile 6
   End Sub
   ```

   a) Zeile fünf enthält einen Funktionsaufruf, weil der Variablen *Alex* der Wert einer Funktion zugewiesen wird. Zeile sechs ist ein Prozeduraufruf, weil der Name nicht einer Variablen zugewiesen wird.

   b) Die beiden Zeilen fünf und sechs enthalten Prozeduraufrufe, weil ich glaube, daß dies eine Fangfrage ist, und weil ich auch nach zu 99Prozent falsch geratenen Antworten immer noch nicht davon überzeugt bin, daß die offensichtliche Antwort immer auch die richtige Antwort ist.

   c) Zeile sechs ist eine Funktion, weil sie anders aussieht als Zeile fünf, die ebenfalls ein Funktionsaufruf ist.

   d) Ich weiß die Antwort nicht, aber die Frage sieht so seltsam aus wie Clockwork Orange von Stanley Kubrick. Haben Sie übrigens diesen Film gesehen?

Probleme bei der Übergabe von Argumenten

Beim Aufrufen von Funktionen können zwei Probleme auftreten. Beim ersten Problem stimmt die Anzahl der übergebenen Argumente nicht mit der Anzahl der Argumente überein, die in der Funktion definiert sind.

Beim zweiten Problem stimmen die Datentypen der übergebenen Argumente nicht mit den Datentypen der Argumente überein, die in der Funktion definiert sind.

Die falsche Anzahl von Argumenten übergeben

Wenn Sie eine Funktion mit einer Argumentliste definieren, dann definiert die Argumentliste zugleich die Anzahl der Argumente, die an die Funktion übergeben werden müssen. Wenn Sie die Funktion aufrufen und die Anzahl der übergebenen Argumente nicht mit der Anzahl der definierten Argumente übereinstimmt, funktioniert die Funktion nicht. Beispiel:

```
Public Function Streiten(Angriff)
End Sub
```

Diese Funktion erwartet ein Argument, das aus einer Zahl oder einer Zeichenkette bestehen kann. Keiner der folgenden Funktionsaufrufe funktioniert, weil die Anzahl der Argumente in keinem Aufruf eins beträgt:

- ✔ `Streiten`
- ✔ `Streiten 9, "Halt's Maul."`
- ✔ `Call Streiten("Warum«, "Verschwinde!", 4500, "OK.")`

Die falschen Argumenttypen übergeben

Wenn Sie eine Funktion aufrufen und die Datentypen der übergebenen Argumente nicht mit den definierten Datentypen der Argumente übereinstimmen, funktioniert die Funktion ebenfalls nicht. Beispiel:

```
Public Function Streiten(Angriff As String)
End Sub
```

Diese Funktion erwartet ein Argument, das aus einer Zeichenkette bestehen muß. Keiner der folgenden Funktionsaufrufe funktioniert, weil die Argumente nicht den Datentyp *String* haben:

- ✔ `Streiten(78.909)`
- ✔ `Streiten(9)`
- ✔ `Call Streiten(34)`

Eine Funktion vorzeitig verlassen

Normalerweise läuft eine Funktion, bis alle ihre Anweisungen ausgeführt worden sind. In manchen Situationen kann es notwendig sein, eine Funktion schon vorzeitig abzubrechen.

Um eine Funktion vorzeitig zu verlassen, müssen Sie den folgenden Code benutzen:

```
Exit Function
```

Achten Sie vor dem Verlassen einer Funktion darauf, daß Sie dem Funktionsnamen einen Wert zugewiesen haben. Andernfalls kann es passieren, daß Ihr Programm nicht korrekt funktioniert.

Klassen und objektorientierte Programmierung

In diesem Kapitel

- Was ist objektorientierte Programmierung?
- Objekte in Visual Basic erstellen
- Visual Basic-Objekte benutzen

Die Programmiertechnik der objektorientierten Programmierung hat jetzt auch Visual Basic eingeholt. Wenn Sie nicht wissen, was diese Technik leisten kann, hat sie für Sie allerdings keinen großen Nutzen.

Deshalb wollen wir uns zunächst damit befassen, was objektorientierte Programmierung überhaupt ist.

Was ist objektorientierte Programmierung?

Trotz der vielen Informatik-Curricula an den Hochschulen ist das Programmieren immer noch mehr Kunst als Wissenschaft, d.h., daß ein Abschluß in Informatik noch keine Garantie dafür ist, daß Sie bessere Programme schreiben können als jemand, der vom Gymnasium abgegangen ist.

Um das Programmieren zu einer Wissenschaft zu machen, hat die Computerindustrie versucht, Richtlinien zu entwickeln, um Leuten zu helfen, so schnell und so leicht wie möglich fehlerfreie Programme zu schreiben. Der erste Versuch, diesen »Heiligen Gral« der Programmierung zu finden, wurde als *Strukturierte Programmierung* bezeichnet. Diese Technik empfahl, Programme in Unterprogramme zu zerlegen, die nur eine einzige Funktion ausführen.

Die strukturierte Programmierung half den Programmierern zwar, Programme zu entwickeln, die leichter zu schreiben und zu ändern waren, aber ein Problem bestand nach wie vor. Oft greifen verschiedene Teile eines Programms auf dieselben Daten, z.B. eine Datei auf einer Festplatte, zurück. D.h., wenn Sie den Zugriffsmechanismus auf bestimmte Daten ändern wollten, mußten Sie das gesamte Programm nach allen Befehlen durchsuchen, welche auf die Daten zugreifen. Wenn Sie dabei einen Befehl übersahen, fügten Sie damit einen Fehler in Ihr Programm ein. Falls Sie Grafiken besser als Text verstehen, zeigt Ihnen Abbildung 30.1 den Unterschied zwischen der Arbeitsweise eines objektorientierten Programms und eines nicht objektorientierten Programms.

Nicht objektorientiertes Programm	Objektorientiertes Programm
Befehle zum Öffnen einer Datei	(Datei-Objekt)
Befehle zum Anzeigen des Fensters	Befehle zum Öffnen einer Datei
Befehle zum Verschieben des Fensters	Befehle zum Umbenennen einer Datei
Befehle zum Umbenennen einer Datei	Befehle zum Speichern einer Datei
Befehle zum Schließen des Fensters	(Fenster-Objekt)
Befehle zum Speichern einer Datei	Befehle zum Anzeigen des Fensters
	Befehle zum Verschieben des Fensters
	Befehle zum Schließen des Fensters
BASIC-Befehle können überall im Programm gespeichert sein, so daß man nicht weiß, wo man zuerst nachschauen soll.	BASIC-Befehle sind in Objekten isoliert, die leicht zu finden und zu ändern sind.

Abbildung 30.1: Objektorientierte Programmierung und nicht objektorientierte Programmierung.

Deshalb liegt der Schwerpunkt in der Computerwissenschaft seit einiger Zeit auf der objektorientierten Programmierung, abgekürzt *OOP*.

Die Grundidee der objektorientierten Programmierung besteht darin, ein Programm in isolierte Komponenten zu zerlegen, die als *Objekte* (was sonst?) bezeichnet werden. Jedes Objekt besteht aus zwei Gruppen von Komponenten:

- ✔ Daten
- ✔ Methoden (Prozeduren, Funktionen)

Wenn Ihr Programm auf Daten zugreifen möchte, gibt es dem Objekt, welches die betreffenden Daten enthält, einen entsprechenden Befehl. Das Objekt liefert dann die Daten zurück. Wie das geht, weiß Ihr Programm nicht. Ihr Programm greift niemals direkt auf die Daten zu, sondern gibt immer nur dem Objekt den entsprechenden Befehl.

Auf diese Weise brauchen Sie, falls Sie jemals die Zugriffsmethode auf die Daten ändern müssen, nur die Befehle innerhalb des Objekts zu modifizieren, statt die betreffenden Befehle in Ihrem ganzen Programm ändern zu müssen. Die objektorientierte Programmierung sorgt in diesem Fall dafür, daß die Befehle, die bestimmte Daten betreffen, an einer Stelle zusammengefaßt und isoliert sind, und reduziert damit die Gefahr, bei Änderungen neue Fehler in Ihr Programm einzufügen.

Theoretisches über Klassenmodule

Jetzt haben Sie eine allgemeine Vorstellung davon, wie Objekte funktionieren. Doch wie arbeiten sie in Visual Basic? Um ein Objekt in Visual Basic zu erstellen, müssen Sie ein sogenanntes *Klassenmodul* erzeugen, das die Dateierweiterung *.CLS* hat, wie z.B. NOCLASS.CLS.

Ein Klassenmodul definiert:

✔ Den Typ der Daten, die ein Objekt speichern kann (aber nicht die Daten selbst)

✔ Die BASIC-Befehle zur Manipulation der Daten in dem Objekt

Die Daten werden auch als *Eigenschaften* des Objekts bezeichnet. Die BASIC-Befehle zur Manipulation der Daten heißen auch *Methoden* des Objekts. Falls die Ausdrücke *Eigenschaften* und *Methoden* die Sache nicht klarer werden lassen, machen Sie sich keine Sorgen – Sie sind damit nicht allein!

Ein Klassenmodul ist mit einem Backförmchen vergleichbar. Es legt fest, wie das Objekt beschaffen ist, enthält selbst aber kein Objekt, so wie ein Backförmchen die Form eines Plätzchens bestimmt, aber keinen Teig enthält.

Ein typisches Klassenmodul besteht aus drei Komponenten (siehe unten):

✔ Variablen-Deklarationen

✔ Eigenschaft-Deklarationen

✔ Methoden, bei denen es sich um BASIC-Befehle in Prozeduren handelt, welche die Variablen und Eigenschaften manipulieren

In dem Beispielcode des folgenden Klassenmoduls besteht die Variablen-Deklaration aus der Zeile *Private mvarMessage As String*.

Die erste Eigenschaft-Deklaration beginnt mit der *Zeile Public Property Let Message (ByVal vData As String)*, und die zweite Eigenschaft-Deklaration beginnt mit der Zeile *Public Property Get Message() As String*.

Die Methode beginnt mit der Zeile *Public Sub CorporateSpeak()*.

```
Private mvarMessage As String 'lokale Kopie
Public Property Let Message(ByVal vData As String)
   mvarMessage = vData
End Property
Public Property Get Message() As String
   Message = mvarMessage
End Property
Public Sub CorporateSpeak()
   Dim NewString As String, FrontString As String, TailString As String
   Dim Location As Integer, PickOne As Integer
```

```
NewString = ""
  TailString = ""
  PickOne = CInt((4 * Rnd) + 1)
  Select Case PickOne
    Case 1
      NewString = "produzieren hochklassige, kundengerechte "
    Case 2
      NewString = "liefern und betreuen wettbewerbsfähige "
    Case 3
      NewString = "erzeugen materialtreue, erfolgssichere "
    Case Else
      NewString = "adaptieren funktionale, kreative "
  End Select
  Location = InStr(mvarMessage, "machen")
  If Location = 0 Then
    mvarMessage = "Sie müssen eine Missionsformulierung eingeben, die das
Wort 'machen' enthält."
  Else
    FrontString = Left(mvarMessage, Location - 1)
    TailString = Right(mvarMessage, Len(mvarMessage) - (Location + 4))
    mvarMessage = FrontString & NewString & TailString
  End If
End Sub
```

Ihre Variablen deklarieren

Es ist sinnvoll, die Variablen, die in der Klasse benutzt werden, am Anfang der Klasse zu deklarieren, damit Sie wissen, welche Art von Informationen in den Variablen gespeichert wird. Wenn Sie eine Variable deklarieren wollen, die von jedem Teil Ihres Programms benutzt werden kann, können Sie die Variable als *Public* deklarieren. Beispiel:

```
Public GestohlenesGeld As Currency
```

 Wenn Sie eine Variable als Public deklarieren, kann jeder Teil Ihres Programms (einschließlich anderer Objekte) der Variablen einen Wert zuweisen. Dadurch wird das Testen Ihres Programms sehr erschwert. Im allgemeinen sollten Sie eine Variable nur dann als *Public* deklarieren, wenn es dafür einen triftigen Grund gibt.

Wenn Sie eine Variable deklarieren wollen, die nur innerhalb der Klasse benutzt werden kann, können Sie die Variable als *Private* deklarieren. Beispiel:

```
Private Counter As Integer
```

Die Eigenschaften eines Objekts definieren

Für den Rest Ihres Visual Basic-Programms existieren nur zwei Arten von Eigenschaften:

✔ Eigenschaften, denen das Programm einen Wert zuweisen kann

✔ Eigenschaften, aus denen das Programm einen Wert entnehmen kann

Nehmen Sie z.B. an, daß Sie mit einer Eigenschaft mit dem Namen *Direction* arbeiten und ihr einen Wert zuweisen wollen. Dann müssen Sie in der Klasse die die Direction-Eigenschaft folgendenmaßen deklarieren:

```
Private mWay As Integer
Property Let Direction(ByVal WhichWay As Integer)
  mWay = WhichWay
End Property
```

Visual Basic interpretiert diesen Code folgendermaßen:

1. Die erste Zeile definiert eine private Variable mit dem Namen *mWay* vom Typ *Integer*.

2. Die zweite Zeile sagt Visual Basic: »Laß einen anderen Teil des Programms der privaten Variablen *mWay* einen ganzzzahligen Wert zuweisen.« Um einer Eigenschaft eines Objekts einen Wert zuzuweisen, benutzen Sie Code in der Weise:

   ```
   Set m_Object = New cObject
   m_Object.Direction = 5
   ```

   Diese beiden Codezeilen weisen Visual Basic an, mit den Schlüsselwörtern *Set* und *New* ein Objekt zu erstellen (mehr über diese Schlüsselwörter erfahren Sie später in diesem Kapitel im Abschnitt *Ein Objekt erstellen*) und dann der *Direction*-Eigenschaft des Objekts einen Wert zuzuweisen, genau wie Sie der *Text*-Eigenschaft eines Textfelds auf einem Formular einen Wert zuweisen.

3. Die dritte Zeile weist Visual Basic an, den Wert, welcher der *Direction*-Eigenschaft zugewiesen wird, in der privaten Variablen *mWay* zu speichern.

4. Die vierte Zeile beendet die Eigenschaft-Deklaration.

Um die Information in der Eigenschaft des Objekts abzufragen, müssen Sie die *Direction*-Eigenschaft in der Klasse folgendermaßen deklarieren:

```
Property Get Direction() As Integer
   Direction = mWay
End Property
```

Visual Basic interpretiert diesen Code folgendermaßen:

1. Die erste Zeile sagt Visual Basic, daß die Direction-Eigenschaft nur Ganzzahlen speichern kann.
2. Die zweite Zeile weist Visual Basic an, den Wert, der in der privaten Variablen *myWay* gespeichert ist, der *Direction*-Eigenschaft zuzuweisen.
3. Die dritte Zeile beendet die Deklaration.

Um die Information in der Eigenschaft des Objekts abzufragen, können Sie folgenden BASIC-Code benutzen:

```
txtDirection.Text = CStr (mObject.Direction)
```

Beachten Sie die feinen Unterschiede zwischen den beiden Eigenschaft-Definitionen. Damit ein anderer Teil Ihres Programms der Eigenschaft einen Wert zuweisen kann, müssen Sie

✓ Das Schlüsselwort *Let* benutzen

✓ Eine Variable und ihren Datentyp in Klammern definieren, wie z.B. *(WhichWay As Integer)*

✓ Einer privaten Variablen, die vorher in dem Klassenmodul deklariert wurde, den Wert zuweisen, der in den Klammern spezifiziert wurde, wie z.B. *mWay = WhichWay*.

Damit ein anderer Teil Ihres Programms den Wert einer Eigenschaft des Objekts abfragen kann, müssen Sie

✓ Das Schlüsselwort *Get* benutzen und der Eigenschaft einen Datentyp (z.B. *Integer*) zuweisen.

✓ Die Klammern leer lassen, z.B. *()*.

✓ Der Eigenschaft den Wert einer privaten Variablen zuweisen, z.B. *Direction = mWay*.

Sie benötigen Sie Befehle *Property Let* und *Property Get* für jede Eigenschaft des Objekts.

Die Methoden eines Objekts schreiben

Nachdem Sie die benötigten Variablen deklariert und die Eigenschaften des Objekts definiert haben, schreiben Sie die Methoden (Prozeduren oder Funktionen) des Objekts, welche die Daten des Objekts manipulieren.

Eine Prozedur zu schreiben ist unkompliziert (siehe Kapitel 27, 28 und 29). Der Hauptunterschied besteht darin, daß Sie vor die Deklarationen der Prozeduren und Funktionen das Schlüsselwort *Public* statt *Private* setzen:

```
Public Sub Move ()
  ' nützlicher BASIC-Code
End Sub
```

oder

```
Public Function XLocation () As Integer
  ' nützlicher BASIC-Code
End Function
```

Wenn Sie die Methoden eines Objekts aufrufen wollen, geben Sie einfach den Namen des Objekts und den Namen der Methode an:

`m_Object.Move`

Dieser Befehl weist Visual Basic an: »Suche das Objekt mit dem Namen *m_Object* und rufe die Prozedur mit dem Namen *Move* auf.« Das aufrufende Programm hat keine Ahnung davon, wie die *Move*-Prozedur funktioniert.

Eine Klasse auf Papier entwerfen

Obwohl Sie gleich damit anfangen könnten, den BASIC-Code des Klassenmoduls zu schreiben, sollten Sie sich etwas Zeit dafür nehmen, Ihr Klassenmodul vorher zu entwerfen. Welche Methode ist dafür am besten geeignet? Keine. (Sind Sie nicht froh darüber, daß Sie ein Buch gekauft haben, daß Ihnen diese Antwort gibt?)

Tatsächlich hängt das beste Design eines Klassenmoduls von dem Zweck ab, für den es eingesetzt werden soll. Was für ein Programm gut ist, kann für ein anderes schrecklich sein. Hier nur einige Hinweise:

Um die Eigenschaften eines Klassenmoduls zu ermitteln, überlegen Sie, welche grundlegenden Daten Ihr Programm manipulieren muß. Wenn Sie ein Programm zur Verwaltung von Mitarbeitern schreiben, muß Ihr Klassenmodul Eigenschaften enthalten, die Namen, Adressen, Telefonnummern usw. speichern. Wenn Sie ein Video-Ballerspiel schreiben, müssen Sie die X- und Y-Koordinaten der Ziele auf dem Bildschirm festhalten.

Um die Methoden eines Klassenmoduls zu ermitteln, müssen Sie feststellen, was Ihr Visual Basic-Programm mit den Informationen in dem Klassenmodul machen soll. Wenn das Klassenmodul z.B. Mitarbeiterdaten enthält, soll das Hauptprogramm diese wahrscheinlich durchsuchen, sortieren oder drucken. Ein Klassenmodul mit den X- und Y-Koordinaten feindlicher Raumschiffe braucht Methoden, um die Raumschiffe zu bewegen, anzuzeigen oder explodieren zu lassen.

Nachdem Sie die Eigenschaften und Methoden Ihres Klassenmoduls skizziert haben, können Sie das Klassenmodul erstellen.

Ein Klassenmodul mit dem VB-Klassenerstellungs-Assistenten erstellen

Weil das Erstellen von Klassen recht chaotisch sein kann, wenn Sie nicht genau wissen, was Sie tun, stellt Visual Basic ein praktisches Programm, den *VB-Klassenerstellungs-Assistenten*, bereit, mit dem Sie Ihre Klassen, Eigenschaften und Methoden definieren können. Der VB-Klassenerstellungs-Assistent erstellt dann den zugehörigen Code für Sie.

Natürlich können Sie die Klassen auch manuell von Grund auf erstellen, aber mit dem VB-Klassenerstellungs-Assistenten brauchen Sie Ihre Zeit nicht damit zu verschwenden.

 Statt gleich damit zu beginnen, das Klassenmodul zu definieren, sollten Sie sich etwas Zeit dafür nehmen, die Eigenschaften und Methoden Ihres Klassenmoduls vorher auf Papier zu entwerfen. Erst wenn Sie davon überzeut sind, daß Ihr Entwurf korrekt ist, sollten Sie das Klassenmodul am Computer definieren.

Eine neue Klasse erstellen

Sie müssen für jedes Objekt, das Sie in Ihrem Programm verwenden wollen, eine separate Klasse erstellen. Um ein Klassenmodul zu erstellen (oder ein vorhandenes zu ändern), führen Sie folgende Schritte aus:

1. **Wählen Sie *Projekt/Klassenmodul hinzufügen*.**

   Das *Klassenmodul hinzufügen*-Dialogfeld wird angezeigt (siehe Abbildung 30.2).

Abbildung 30.2: Das Klassenmodul hinzufügen-*Dialogfeld.*

2. **Klicken Sie auf das *VB-Klassenerstellungs-Assistent*-Symbol und dann auf *Öffnen*.**

   Das *Klassenerstellung*-Fenster wird angezeigt (siehe Abbildung 30.3).

   Abbildung 30.3: Das Klassenerstellung*-Fenster.*

3. **Wählen Sie *Datei/Neu/Klasse*, oder klicken Sie auf das *Neue Klasse*-Symbol in der Symbolleiste.**

   Das *Klassenmodulerstellung*-Dialogfeld wird angezeigt (siehe Abbildung 30.4). (Wenn Sie nur ein vorhandenes Klassenmodul ändern wollen, überspringen Sie die Schritte 3 und 4, und klicken Sie einfach auf den Klassennamen, der im Klassenfenster angezeigt wird.)

4. **Geben Sie den Namen Ihrer Klasse im *Name*-Textfeld ein, und klicken Sie auf *OK*.**

Mit den obengenannten Schritten können Sie nur das Klassenmodul erstellen und benennen. Zusätzlich müssen Sie noch die Eigenschaften und Methoden in Ihrer Klasse definieren.

Abbildung 30.4: Das Klassenmodulerstellung*-Dialogfeld.*

Eigenschaften der Klasse definieren

Um die Eigenschaften des Klassenmoduls zu erstellen, führen Sie folgende Schritte aus (Annahme: Das VB-Klassenerstellungs-Programm ist bereits geladen):

1. **Wählen Sie *Datei/Neu/Eigenschaft*, oder klicken Sie auf das *Neue Eigenschaft hinzufügen*-Symbol in der Symbolleiste.**

   Das *Eigenschaft erstellen*-Dialogfeld wird angezeigt (siehe Abbildung 30.5).

Abbildung 30.5: Das Eigenschaft erstellen-*Dialogfeld zur Definition der Eigenschaften eines Objekts.*

2. Geben Sie im *Name*-Textfeld den Namen der Eigenschaft ein.
3. Wählen Sie im *Datentyp*-Kombinationsfeld den Datentyp der Eigenschaft.
4. Klicken Sie auf *OK*.

Methoden der Klasse definieren

Um die Methoden des Klassenmoduls zu erstellen, führen Sie folgende Schritte aus (Annahme: das VB-Klassenerstellungs-Programm ist bereits geladen):

1. **Wählen Sie *Datei/Neu/Methode*, oder klicken Sie auf das *Neue Methode hinzufügen*-Symbol in der Symbolleiste.**

   Das *Methode erstellen*-Dialogfeld wird angezeigt (siehe Abbildung 30.6).

Abbildung 30.6: Das Methode erstellen*-Dialogfeld zur Definition der Methoden eines Objekts.*

2. **Geben Sie im *Name*-Textfeld den Namen der Methode ein.**
3. **Klicken Sie auf die *Neues Argument hinzufügen*-Schaltfläche (das Pluszeichen), wenn Ihre Methode Argumente benötigt.**

   Das *Argument hinzufügen*-Dialogfeld wird angezeigt (siehe Abbildung 30.7).
4. **Geben Sie den Namen des Arguments im *Name*-Textfeld ein.**
5. **Wählen Sie im *Datentyp*-Listenfeld den Datentyp des Arguments.**

Abbildung 30.7: Das Argument hinzufügen-*Dialogfeld.*

6. **Klicken Sie auf *OK*.**

7. **Wählen Sie im *Rückgabe-Datentyp*-Kombinationsfeld den Datentyp des Rückgabewerts.**

   (Überspringen Sie diesen Schritt, wenn die Methode keinen Rückgabewert hat.)

8. **Klicken Sie auf *OK*.**

Das VB-Klassenerstellungs-Programm verlassen

Wenn Sie Ihr Klassenmodul definiert oder geändert haben, können Sie das VB-Klassenerstellungs-Programm mit den beiden folgenden Methoden verlassen:

- ✔ Klicken Sie auf die *Schließen*-Schaltfläche des *Klassenerstellung*-Fensters.
- ✔ Wählen Sie *Datei/Beenden*.

Ein Klassenmodul in einem Visual Basic-Programm verwenden

Nachdem Sie das Klassenmodul erstellt haben, müssen Sie noch den BASIC-Code in Ihrem Hauptprogramm schreiben, um das Klassenmodul zu benutzen. Ehe Sie ein Objekt benutzen können, müssen Sie es erstellen. Nachdem Sie ein Objekt erstellt haben, können Sie seine Methoden benutzen oder Informationen in seinen Eigenschaften speichern oder aus diesen herauslesen.

Ein Objekt erstellen

Auch wenn Sie schon das Klassenmodul erstellt haben, müssen Sie noch ein Objekt erstellen, das auf diesem Klassenmodul basiert. In der Welt der objektorientierten Programmierung wird ein Objekt, das auf einem Klassenmodul beruht, auch als *Instanz* bezeichnet. (Sie sehen, daß Computerwissenschaftler bei der Wahl ihrer Fachbegriffe auch nicht besser sind als Experten auf anderen Gebieten.)

Um die Instanz einer Klasse zu erstellen, müssen Sie folgenden Befehl verwenden:

```
Set ObjektName = New KlassenName
```

Visual Basic interpretiert diese Zeile folgendermaßen:

1. Das Schlüsselwort *Set* weist Visual Basic an, ein neues Objekt zu erstellen.
2. Die Variable *ObjektName* speichert das neue Objekt.
3. Das Schlüsselwort *New* weist Visual Basic an, einen neuen Speicherbereich für das Objekt zu reservieren.
4. Der Platzhalter *KlassenName* gibt das Klassenmodul an, auf dem das Objekt basiert.

Ein Objekt benutzen

Nachdem Sie das Objekt erstellt haben, können Sie es folgendermaßen benutzen:

✔ Weisen Sie einer Eigenschaft des Objekts einen Wert zu.

```
ObjektName.Eigenschaft = Wert
```

✔ Lesen Sie den Wert einer Eigenschaft des Objekts.

```
Variable = ObjektName.Eigenschaft
```

✔ Rufen Sie eine Methode des Objekts auf, um seine Daten zu manipulieren.

```
ObjektName.Methode
```

Versuchen Sie es selbst mit einem Klassenmodul

Natürlich lernen Sie auch hier am besten, wenn Sie es selbst ausprobieren. Das Beispielprogramm zeigt, wie ein Hauptprogramm ein Objekt mit einem Klassenmodul erstellen, mit einer Methode des Objekts dessen Daten manipulieren und schließlich die Daten abfragen kann.

In diesem speziellen Programm geht es um die Formulierung der »Mission« eines Unternehmens. Achten Sie darauf, daß diese Formulierung das Wort »machen« enthält, wie z.B. »Wir machen Software.« Das Programm ersetzt dann dieses Wort durch einen anderen Ausdruck, welcher der Unternehmenskultur eher entspricht, wie z.B. »Wir produzieren hochklassige, kundengerechte Software.«

 Wenn Sie aus diesem Kapitel nichts mitnehmen, sollten Sie wenigstens behalten, daß die objektorientierte Programmierung dazu dienen soll, Programme so zu organisieren, daß die Gefahr verringert wird, Fehler in Programme einzubauen.

Object	Property	Setting
Form	Caption	Missionsformulierer
	Height	3195
	Width	4680
Text1	Height	615
	Left	480
	MultiLine	True
	Name	txtInput
	Text	(Empty)
	Top	360
	Width	3850
Text2	Height	615
	Left	480
	MultiLine	True
	Name	txtOutput
	Text	(Empty)
	Top	1440
	Width	3850
Command1	Caption	&Erstellen
	Height	495
	Left	600
	Name	cmdCreate
	Top	2400
	Width	1570
Command2	Caption	&Beenden
	Height	495
	Left	2640
	Name	cmdExit
	Top	2400
	Width	1575

Doppelklicken Sie auf die beiden Schaltflächen auf dem Formular, und erstellen Sie die folgenden Ereignisprozeduren:

```
Private Sub cmdCreate_Click()
  Set DoubleSpeak = New CorporateTalk
  DoubleSpeak.Message = txtInput.Text
  DoubleSpeak.CorporateSpeak
  txtOutput.Text = DoubleSpeak.Message
End Sub

Private Sub cmdExit_Click()
  Unload Me
End Sub
```

Erstellen Sie ein separates Klassenmodul, geben Sie diesem Modul den Namen CorporateTalk, und geben Sie folgenden Code in das Modul ein:

```
Private mvarMessage As String 'lokale Kopie

Public Property Let Message(ByVal vData As String)
  mvarMessage = vData
End Property

Public Property Get Message() As String
  Message = mvarMessage
End Property

Public Sub CorporateSpeak()
  Dim NewString As String, FrontString As String,
    TailString As String
  Dim Location As Integer, PickOne As Integer
  NewString = ""
  TailString = ""
  PickOne = CInt((4 * Rnd) + 1)
  Select Case PickOne
    Case 1
      NewString = "produzieren hochklassige, kundengerechte "
    Case 2
      NewString = "liefern und betreuen wettbewerbsfähige "
    Case 3
      NewString = "erzeugen materialtreue, erfolgssichere "
    Case Else
      NewString = "adaptieren funktionale, kreative "
  End Select
  Location = InStr(mvarMessage, "machen")
  If Location = 0 Then
    mvarMessage = "Sie müssen eine Missionsformulierung eingeben, die das Wort 'machen' enthält."
```

```
    Else
       FrontString = Left(mvarMessage, Location - 1)
       TailString = Right(mvarMessage, Len(mvarMessage) - (Location + 6))
       mvarMessage = FrontString & NewString & TailString
    End If
End Sub
```

Dateien verwalten

In diesem Kapitel

- Ermitteln, wie Visual Basic ein Programm speichert
- Mit dem Fenster des Projekt-Explorers spielen
- Formular-, Modul- und Klassendateien hinzufügen
- ActiveX-Controls in Ihre Programme einfügen

Der einzige Zweck eines Programms besteht darin, den Computer zu einem nützlichen Verhalten zu bewegen. Weil Leute oft viele tausend Mark für Ihren Computer ausgegeben haben, ist es wichtig, daß dieser nicht nur herumsteht und Platz wegnimmt.

Wie Visual Basic ein Programm speichert

Wenn Sie ein Textverarbeitungsprogramm benutzen, speichert dieses den gesamten Text in einer einzigen Datei, egal ob Sie nur einen Satz oder dreitausend Seiten eingeben. Visual Basic speichert dagegen Ihre Dateien immer (jawohl: immer) in zwei oder mehr separaten Dateien. Tabelle 31.1 zeigt die häufigsten Dateitypen, die Visual Basic zum Speichern benutzt, sowie ihre Dateierweiterungen.

Dateityp	Dateierweiterung	Beispiel-Dateiname
Projektdatei	.VBP	VIRUS.VBP
Formulardatei	.FRM	MAINMENU.FRM
Moduldatei	.BAS	LIBRARY.BAS
ActiveX-Control	.OCX	RICHT32.OCX
Klassendatei	.CLS	OBJECTS.CLS

Tabelle 31.1: Typische Visual Basic-Dateien und ihre Dateierweiterungen.

Jedes Visual Basic-Projekt enthält genau eine Projektdatei (.VBP). Eine Projektdatei enthält alle separaten Dateien, aus denen ein Visual Basic-Programm besteht.

Ein Visual Basic-Programm kann null oder mehrere Formulardateien (.FRM) enthalten. Jede Formulardatei enthält ein Fenster, das die Benutzeroberfläche Ihres Programms bildet, sowie den BASIC-Code, der das Verhalten der Benutzeroberfläche bestimmt. Die meisten Visual Basic-Programme enthalten zwei oder mehr Formulardateien.

Eine Moduldatei enthält BASIC-Code, der Funktionen ausführt, die von der Benutzeroberfläche unabhängig sind. Ein Visual Basic-Programm kann null oder mehrere Moduldateien enthalten.

Ein ActiveX-Control (.OCX) ist ein Miniaturprogramm, das Sie in Ihr eigenes Programm einfügen können, um dessen Funktion zu erweitern. Es gibt einige populäre ActiveX-Controls, mit denen Sie ein Visual Basic-Programm schnell um die Funktionen eines Textverarbeitungsprogramms, einer Tabellenkalkulation oder eines Grafikprogramms erweitern können.

Eine Klassendatei (.CLS) enthält BASIC-Code, der verschiedene Klassen definiert, die von Ihrem Visual Basic-Programm benutzt werden. Eine Klasse ist eine spezielle Methode, um die Daten und den Code Ihres Programms zu ordnen (siehe Kapitel 30).

VBP-Projektdateien

Eine VBP-Projektdatei enthält eine Liste aller FRM-, BAS- und OCX-Zusatzsteuerelement-Dateien, aus denen ein einzelnes Visual Basic-Programm besteht. Das folgende Beispiel zeigt alle Dateien in einer VBP-Projektdatei (siehe Abbildung 31.1):

Abbildung 31.1: Das Fenster des Projekt-Explorers zeigt alle Dateien eines Visual Basic-Programms.

Um den Überblick über die Dateien zu erleichtern, verwendet das Fenster des Projekt-Explorers verschiedene Ordner:

✔ Formulare

✔ Module

✔ Klassenmodule

Wenn Sie nicht alle Dateien in einem Ordner sehen wollen, doppelklicken Sie auf den Ordnernamen, so daß neben ihm ein Pluszeichen angezeigt wird. Wenn Sie wieder alle Dateien sehen wollen, doppelklicken Sie noch einmal auf den Ordnernamen.

31 ➤ Dateien verwalten

Um eine neue VBP-Projektdatei anzulegen, gehen Sie wie folgt vor:

1. **Wählen Sie den Menübefehl *Datei/Neues Projekt* oder drücken Sie auf ⌜Strg⌝+⌜N⌝.**

   Visual Basic zeigt das *Neues Projekt*-Dialogfeld an.

2. **Wählen Sie den Programmtyp, den Sie erstellen wollen, und klicken Sie dann auf *OK*.**

Um eine vorhandene VBP-Projektdatei zu öffnen, gehen Sie wie folgt vor:

1. **Wählen Sie den Menübefehl *Datei/Projekt öffnen*, oder drücken Sie auf ⌜Strg⌝+⌜O⌝.**

   Visual Basic zeigt das *Projekt öffnen*-Dialogfeld an.

2. **Wählen Sie den Namen der Projektdatei, die Sie öffnen wollen, und klicken Sie dann auf *Öffnen*.**

Wenn Sie eine VBP-Projektdatei öffnen, lädt Visual Basic automatisch alle Dateien, die in der VBP-Projektdatei aufgelistet sind.

Um eine Projektdatei zu speichern, gehen Sie folgendermaßen vor:

1. **Wählen Sie den Menübefehl *Datei/Projekt speichern*, oder klicken Sie auf das *Speichern*-Symbol in der Symbolleiste.**

   Wenn Sie Ihre Dateien (FRM- oder BAS-Dateien) noch nicht gespeichert haben, wird das *Speichern unter*-Dialogfeld geöffnet.

2. **Geben Sie für jede FRM-Datei einen Namen ein, und klicken Sie dann auf *Speichern*.**

   Wenn Sie alle Formulardateien gespeichert haben, zeigt Visual Basic das *Projekt speichern unter*-Dialogfeld an.

3. **Geben Sie für die Projektdatei einen Namen ein, und klicken Sie dann auf *Speichern*.**

Achten Sie darauf, Ihre Dateien zu speichern, bevor Sie ein Programm ausführen. Oft enthält ein Programm Fehler, die den Computer zum Absturz bringen können. Das bedeutet, daß Sie alle (jawohl: *alle*) Änderungen verlieren, wenn Sie Ihr Programm vor dem Ausführen nicht gespeichert haben.

Wenn Visual Basic alle Änderungen vor der Ausführung eines Programms automatisch speichern soll, führen Sie folgende Schritte aus:

1. **Wählen Sie *Extras/Optionen*.**

   Das *Optionen*-Dialogfeld wird angezeigt.

2. **Klicken Sie auf das *Umgebung*-Register.**

3. **Markieren Sie das *Änderungen speichern*-Optionsfeld oder das *Speichern der Änderungen bestätigen*-Optionsfeld.**

Dateien in eine Projektdatei einfügen

Je mehr Visual Basic-Programme Sie schreiben, desto häufiger werden Sie Unterprogramme schreiben, die Sie auch in zukünftigen Projekten wiederverwenden können. Glücklicherweise ist es in Visual Basic leicht, FRM-, BAS- und CLS-Dateien, die für andere Projekte erstellt wurden, in ein neues Projekt zu übernehmen.

Um die Funktionen und Prozeduren vorhandener FRM-, BAS- oder CLS-Dateien in Ihrem neuen Projekt zu nutzen, wählen Sie im *Projekt*-Menü den *Datei hinzufügen*-Befehl und dann die betreffende Datei.

Dateien aus einer Projektdatei entfernen

Umgekehrt wollen Sie manchmal eine Datei aus einem Projekt dauerhaft entfernen. Um eine Datei aus einer VBP-Projektdatei zu entfernen, gehen Sie folgendermaßen vor:

1. Drücken Sie auf [Strg]+[R], oder wählen Sie den Menübefehl *Ansicht/Projekt-Explorer*, oder klicken Sie auf das *Projekt-Explorer*-Symbol in der Symbolleiste.
2. Markieren Sie die Datei (Formular, Modul, Klasse), die Sie aus dem Projekt entfernen wollen.
3. Wählen Sie den Menübefehl *Projekt/Entfernen von <Dateiname>*.

Wenn Sie eine Datei aus einer Projektdatei entfernt haben, existiert die entfernte Datei nach wie vor auf Ihrer Festplatte oder Diskette. Das Entfernen einer Datei teilt Visual Basic einfach mit: »Siehst du diese Datei? Ich möchte sie nicht mehr in meinem Projekt haben, entferne sie deshalb aus dem Projekt. Verwahre sie aber weiterhin auf der Festplatte, falls ich sie noch einmal brauche.« Um eine Datei endgültig von der Festplatte oder einer Diskette zu löschen, benutzen Sie den Windows-Explorer.

ActiveX-Controls hinzufügen oder entfernen

Ein ActiveX-Control (.OCX) ist ein Miniaturprogramm, das Sie in Ihr eigenes Programm einfügen können, um dessen Funktion zu erweitern, ohne daß Sie selbst viel BASIC-Code zu schreiben brauchen. Weil man mit ActiveX-Controls ein Visual Basic-Programm schnell und einfach erstellen kann, sind viele Visual Basic-Programme nicht mehr als Sammlungen von ActiveX-Controls, die durch ein wenig BASIC-Code zusammengehalten werden.

Obwohl Visual Basic mit mehreren ActiveX-Controls geliefert wird, können Sie Massen von ActiveX-Controls zusätzlich per Mail-Order oder über das Internet kaufen. Achten Sie nur darauf, sich nicht zu sehr auf ActiveX-Controls zu verlassen. Wenn eine Firma ein ActiveX-Control geschrieben hat, das nicht zuverlässig funktioniert, dann funktioniert auch Ihr Visual Basic-Programm nicht zuverlässig.

Wenn Sie ein zusätzliches Steuerelement in eine Projektdatei einfügen, erscheint das Symbol dieses Steuerelements in der Visual Basic-Werkzeugsammlung.

Um ein ActiveX-Control in ein Visual Basic-Projekt einzufügen, gehen Sie folgendermaßen vor:

1. **Wählen Sie den Menübefehl *Projekt/Komponenten*, oder drücken Sie auf** `Strg`+`T`.

   Visual Basic zeigt das *Komponenten*-Dialogfeld an (siehe Abbildung 31.2).

2. **Markieren Sie das Kontrollkästchen des ActiveX-Controls, das Sie einfügen wollen, und klicken Sie dann auf *OK*.**

Abbildung 31.2: Das Komponenten-*Dialogfeld.*

Visual Basic zeigt das Symbol des ActiveX-Controls in der Visual Basic-Werkzeugsammlung an.

Wenn Sie das ActiveX-Control in Ihr Programm eingefügt haben, müssen Sie es in Ihre Benutzeroberfläche einfügen und BASIC-Code schreiben, um sein Verhalten festzulegen.

Weitere Informationen über die populärsten und nützlichsten marktgängigen ActiveX-Controls finden Sie in Kapitel 36.

 Ob Sie es glauben oder nicht: Sie können Visual Basic benutzen, um Ihre eigenen ActiveX-Controls zu schreiben. Obwohl das Schreiben von ActiveX-Controls nicht mehr zum Thema dieses Buches gehört, sollten Sie daran denken, daß Sie einen besonders nützlichen, vielseitig verwendbaren Teil eines Programms als ActiveX-Control speichern und an andere Leute verkaufen können.

Teil VIII

Datenbank-Programme und Drucken

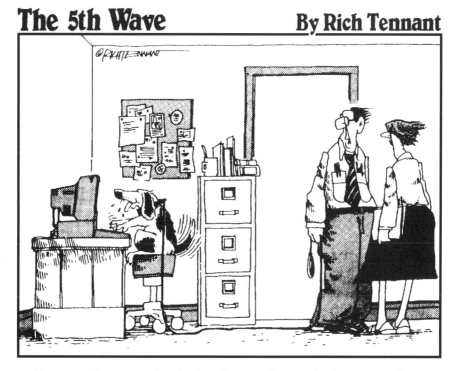

»Neeee – so klug ist er auch nicht. Er sichert seine Daten nicht, benennt seine Dateien nicht konsistent und sabbert auf die Tastatur.«

In diesem Teil...

Die meisten Leute interessieren sich nicht für Datenbankprogramme. Und noch weniger Leute interessieren sich für die verschiedenen Dateiformate, in denen Daten gespeichert werden. Um auch diesen Leuten dienlich sein zu können, stellt Visual Basic Funktionen bereit, mit denen man eine Vielzahl verschiedener Datenbankformate erstellen, lesen und schreiben kann, ohne diese Formate selbst zu kennen. Zu den Datenbankformaten zählen Microsoft Access, dBASE, Paradox und FoxPro.

Neben ihrer Funktion, Hunderten von Autoren und Verlegern Arbeit zu verschaffen, dienen die meisten Programme dazu, Informationen zu speichern und dann zu drucken. Denn welchen Nutzen hätte das beste Programm, wenn Sie mit ihm Informationen nur eintippen, aber nicht drucken könnten? In diesem Teil lernen Sie alles über das Speichern und Drucken von Informationen mit Ihren eigenen Visual Basic-Programmen.

Datenbankendateien erstellen

In diesem Kapitel

- Was ist eine Datenbank?
- Datenbanken organisieren
- Eine eigene Datenbank erstellen

*F*alls Sie ein Programm schreiben müssen, das Informationen, wie z.B. Adreßdaten oder Artikelstammdaten, speichern und wiedergewinnen soll, haben Sie zwei Möglichkeiten. Sie können entweder ein umfangreiches Visual Basic-Programm schreiben, um die Daten auf der Festplatte zu speichern, zu ordnen und wiederzugewinnen, oder Sie können ein spezielles Datenbankprogramm benutzen.

Wenn Sie Datenbankdateien benutzen, können Sie sich auf den Entwurf der Benutzeroberfläche konzentrieren, ohne sich um die eigentliche Speicherung, Verwaltung und Wiedergewinnung der Daten kümmern zu müssen.

 Sie haben zwei Möglichkeiten, eine Datenbankdatei zu erstellen. Entweder geben Sie Hunderte von Mark aus, um ein spezielles Datenbankprogramm, wie z.B. Microsoft Access, Paradox oder FoxPro, zu kaufen, oder Sie benutzen ein spezielles Visual Basic-Add-In-Programm mit dem Namen *Visual Data Manager*. Weil sich dieses Buch damit befaßt, wie man Aufgaben leicht lösen kann, beschäftigt sich dieses Kapitel hauptsächlich mit dem Visual Data Manager. Schließlich wird dieses Programm kostenlos mit Visual Basic geliefert.

Was sind Datenbankdateien?

Eine Datenbankdatei ist im Grunde nichts anderes als eine spezielle Datei, die Informationen in geordneter Form speichern soll. So wie ein Textverarbeitungsprogramm Sätze und Absätze enthält, speichert eine Datenbankdatei Namen, Adressen, Telefonnummern, Geburtstage usw.

Typischerweise besteht eine Datenbankdatei aus folgenden Komponenten (siehe Abbildung 32.1):

✔ Eine oder mehrere Tabellen

✔ Datensätze

✔ Felder

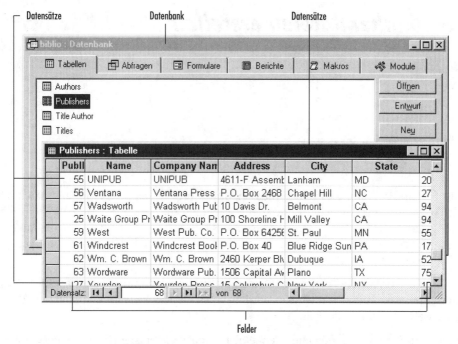

Abbildung 32.1: Komponenten einer Datenbank.

Die *Datenbank* ist (normalerweise) eine einzige Datei, die Ihre gesamten Informationen enthält.

Um die Informationen zu strukturieren, werden gleichartige Informationen in einer Datenbank in sogenannten *Tabellen* zusammenfasst. Eine Tabelle ist eine Untermenge Ihrer gesamten Datenbank. Sie enthält nur ganz bestimmte Informationen, wie z.B. Adresse, Kunden, Lieferanten, Artikel usw. Jede Datenbank muß wenigstens eine Tabelle enthalten

Jede Tabelle besteht aus einem oder mehreren *Datensätzen*, wobei ein Datensatz alle Informationen über ein bestimmtes Subjekt oder Objekt, wie z.B. einen Kunden, einen Lieferanten oder einen Artikel, enthält. Ein Datensatz ist im Büroalltag mit einer einzelnen Karteikarte vergleichbar.

Jeder Datensatz besteht aus einem oder mehreren *Feldern*, wobei ein Feld ein bestimmtes Datenelement, wie z.B. den Vornamen, den Nachnamen, die Artikelbezeichnung oder den Preis, enthält.

Die Struktur einer Datenbank festlegen

Nachdem Sie eine allgemeine Vorstellung vom Aufbau einer Datenbank bekommen haben, müssen Sie festlegen, wie Sie die Informationen in der Datenbank organisieren wollen. Ehe Sie eine Datenbank erstellen, müssen Sie sich fragen: »Welche Art von Informationen benötige ich in Zukunft?«

Wenn Sie z.B. eine Datenbank mit Ihren Geschäftskontakten erstellen wollen, müssen Sie die Namen, Telefon- und Faxnummern, E-Mail-Adressen Ihrer Geschäftspartner speichern. Wenn Sie ein Programm zur Lagerverwaltung schreiben wollen, müssen Sie Artikelnummern, Artikelbezeichnungen, Lagermengen und Preis speichern.

Nachdem Sie die Art der zu speichernden Informationen festgelegt haben, müssen Sie die Feldnamen festlegen, um jedes Datenelement zu identifizieren. Felder haben zwei Aufgaben:

✔ Sie speichern einzelne Datenelemente.

✔ Sie ermöglichen es, die Daten zu sortieren und die Datenbank zu durchsuchen.

Wenn Sie z.B. den Namen »Hans Schmitz« speichern wollen, können Sie zwei Methoden verwenden:

Methode	Feldname	Daten
1	Name	Hans Schmitz
2	Vorname	Hans
	Nachname	Schmitz

Keine der beiden Methoden ist an sich richtig oder falsch. Welche Methode Sie verwenden, hängt nur von dem Zweck ab, den Sie erreichen wollen. Wenn Sie die Datenbank nach dem Nachnamen durchsuchen wollen, sollten Sie die zweite Methode verwenden, weil diese Methode den Nachnamen jeder Person separat speichert.

Wenn Sie alle Felder in Ihrer Datenbank identifiziert und benannt haben, müssen Sie festlegen, wie Sie diese Felder zu Tabellen zusammenfassen (gruppieren, klassifizieren oder kategorisieren) wollen. Wenn Sie z.B. Ihre Visitenkarten speichern wollen, können Sie persönliche und geschäftliche Kontakte unterscheiden. Abbildung 32.2 zeigt ein typisches Design einer Datenbank.

 Sie müssen Ihre Datenbank nicht in mehrere Tabellen aufteilen, wenn Ihnen eine Tabelle ausreicht.

Abbildung 32.2: Design einer typischen Datenbank mit Tabellen und Feldern.

Eine Datenbankdatei erstellen

Nachdem Sie die Struktur Ihrer Datenbank auf dem Papier entworfen haben, können Sie die Datenbank auf Ihrem Computer erstellen. Sie können dazu ein separates Datenbankprogramm wie Microsoft Access oder dBase benutzen oder das Visual Basic-Add-In-Programm *Visual Data Manager* benutzen.

Den Visual Data Manager ausführen

Um den Visual Data Manager auszuführen, gehen Sie folgendermaßen vor:

1. **Laden Sie Visual Basic.**
2. **Wählen Sie im *Add-Ins*-Menü den *Daten-Manager*-Befehl.**

   Das Fenster des Visual Data Managers wird angezeigt (siehe Abbildung 32.3).

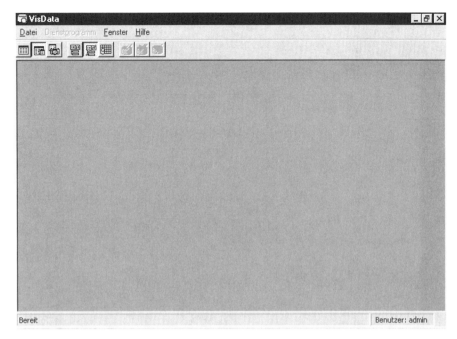

Abbildung 32.3: Das Fenster des Visual Data Managers, mit dem Sie Ihre eigenen Datenbankdateien erstellen können.

3. **Wählen Sie im *Datei*-Menü den *Neu*-Befehl.**

   Eine Liste mit Datenbankformaten, wie z.B. Microsoft Access, Paradox oder FoxPro, wird angezeigt.

4. **Wählen Sie *Microsoft Access/Version 3.0 MDB*.**

   (Wenn Sie nicht aus irgendwelchen Gründen ein anderes Format benötigen, ist dieses am besten geeignet.) Ein Dialogfeld wird angezeigt.

5. **Geben Sie den Namen Ihrer Datenbank ein, und klicken Sie auf *Speichern*.**

   Der Visual Data Manager zeigt ein *Datenbank-Fenster* an (siehe Abbildung 32.4).

6. **Klicken Sie mit der rechten Maustaste in das Datenbank-Fenster.**

   Ein Popup-Menü wird angezeigt.

7. **Klicken Sie auf *Neue Tabelle*.**

   Das *Tabellenstruktur*-Dialogfeld wird angezeigt (siehe Abbildung 32.5).

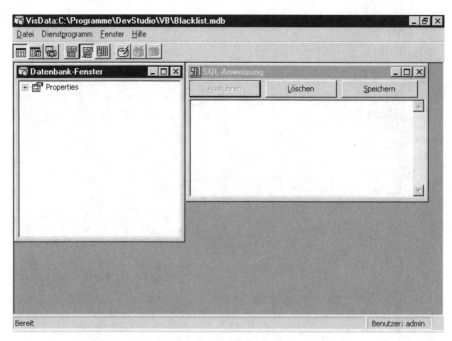

Abbildung 32.4: Das Datenbank-Fenster im Visual Data Manager.

Abbildung 32.5: Das Tabellenstruktur-*Dialogfeld.*

32 ▶ Datenbankendateien erstellen

8. Geben Sie im *Tabellenname*-Textfeld den Namen Ihrer Datenbank ein.
9. Klicken Sie auf die *Feld hinzufügen*-Schaltfläche.

   Das *Feld hinzufügen*-Dialogfeld wird angezeigt (siehe Abbildung 32.6).

Abbildung 32.6: Das Feld hinzufügen-*Dialogfeld.*

10. Geben Sie im *Name*-Textfeld den Feldnamen (z.B. *Vorname* oder *Geburtsdatum*) ein.
11. Wählen Sie im *Typ*-Kombinationsfeld den Datentyp (*Text*, *Currency*, *Date/Time* usw.), und geben Sie im *Größe*-Textfeld die Feldlänge ein. Klicken Sie dann auf *OK*.
12. Wiederholen Sie Schritt 11 für jedes Feld, das Sie in die Tabelle einfügen wollen. Klicken Sie danach auf *Schließen*.
13. Klicken Sie auf die *Tabelle erstellen*-Schaltfläche.

    Das Datenbank-Fenster zeigt Ihre neue Tabelle als Symbol an (siehe Abbildung 32.7).

Abbildung 32.7: Das Datenbank-Fenster zeigt die Tabellen als Symbole an.

Sie können eine Tabelle später folgendermaßen ändern: Klicken Sie im Datenbank-Fenster mit der rechten Maustaste auf das Tabellensymbol, und wählen Sie im Kontextmenü *Entwerfen*.

Informationen in der Datenbank speichern

Nachdem Sie die Datenbank, die Tabellen und die Felder erstellt haben, können Sie Informationen in der Datenbank speichern.

Sie brauchen keine Informationen in der Datenbank zu speichern, sondern können diese leer lassen, damit ein Benutzer Ihres Visual Basic-Programms seine Daten darin speichern kann.

Um Informationen in der Datenbank zu speichern, gehen Sie folgendermaßen vor:

1. **Klicken Sie im Datenbank-Fenster mit der rechten Maustaste auf das Tabellensymbol, und klicken Sie im Kontextmenü auf *Öffnen*.**

   Ein Dialogfeld wird angezeigt.

2. **Klicken Sie auf *Hinzufügen*.**
3. **Geben Sie die Informationen in die Felder ein.**
4. **Wenn Sie damit fertig sind, klicken Sie auf *Aktualisieren*.**
5. **Klicken Sie auf *Schließen*.**

Den Visual Data Manager verlassen

Um den Visual Data Manager zu verlassen, wählen Sie den Menübefehl *Datei/Beenden*.

Der Visual Data Manager ist ein einfaches Programm zur Erstellung von Datenbanken. Wenn Sie mit komplizierten Datenbanken arbeiten, machen Sie sich das Leben leichter, indem Sie Microsoft Access kaufen und benutzen, um Ihre Datenbanken zu erstellen.

Auf Datenbankdateien zugreifen

In diesem Kapitel

▸ Die Verbindung zu einer Datenbankdatei herstellen

▸ Datensätze anzeigen

▸ Bestimmte Datensätze suchen

Wenn Sie sehr viele Daten speichern wollen, sollten Sie zu diesem Zweck eine Datenbank verwenden. Visual Basic kann auf die Datenbankdateien der folgenden Datenbanken zugreifen:

✔ Microsoft Access MDB-Dateien

✔ Microsoft FoxPro DBF-Dateien

✔ Borland dBase DBF-Dateien

✔ Paradox DB-Dateien

Wenn Sie keine Ahnung haben, was sich hinter diesen Dateien oder Datenbanken verbirgt, schätzen Sie sich glücklich.

 Visual Basic enthält ein separates Programm mit dem Namen *Visual Data Manager*, mit dem Sie Dateien im MDB-Format der Microsoft Access-Datenbank erstellen können, ohne eine Kopie von Microsoft Access kaufen zu müssen. Wenn Sie wirklich aufwendige Datenbanken erstellen wollen, sollten Sie sich ein separates Datenbank-Programm wie Microsoft Access, dBASE oder Paradox kaufen.

Was sind Datenbankdateien?

Wenn ein hochgestochenes Datenbankprogramm wie Paradox, Access oder dBASE Informationen speichert, werden diese Informationen in einer Datei auf der Festplatte gespeichert. Weil diese Datei einen Haufen von Daten enthält, die irgend jemand für wichtig hält, wird sie als *Datenbank* bezeichnet. Im Grunde ist eine Datenbank wie eine Rolodexkartei, die mit Schrott vollgestopft ist.

Eine Datenbankdatei besteht aus einem oder mehreren Datensätzen, die dazu dienen, die Informationen geordnet zu speichern. Ein Datensatz ist mit einer Karteikarte vergleichbar. Jeder Datensatz besteht aus sogenannten *Feldern*, in denen bestimmte Informationen (Namen, Adressen, Geburtstage u.ä.) gespeichert werden. Abbildung 33.1 zeigt ein Beispiel eines Datensatzes.

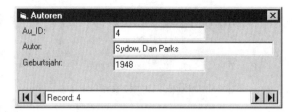

Abbildung 33.1: Ein typischer Datensatz in einer Datenbank.

Um die Informationen besser zu strukturieren, können Sie die Informationen in einer Datenbank in sogenannten *Tabellen* zusammenfassen. Eine Tabelle ist eine Untermenge Ihrer gesamten Datenbank. Sie enthält nur ganz bestimmte Informationen, wie z.B. die Namen aller Leute, die in Bayern wohnen, oder die Telefonnummern aller Leute, die Sie nicht ausstehen können.

Wie man die Verbindung zu einer Datenbankdatei herstellt

Wenn Sie mit Visual Basic eine Datenbankdatei lesen und ändern wollen, müssen Sie folgende Informationen angeben:

- ✔ Die Datenbank, auf die Sie zugreifen wollen
- ✔ Das Recordset, das Sie benutzen wollen
- ✔ Die Tabelle, die Sie benutzen wollen
- ✔ Die Datenfelder, die Sie anzeigen wollen

Sich manuell mit einer Datenbank verbinden

Um Ihr Programm mit einer Datenbankdatei zu verbinden, gehen Sie wie folgt vor:

1. **Prüfen Sie, ob die Datenbankdatei vorhanden ist, mit der Sie Ihr Programm verknüpfen wollen.**

   Falls die Datenbankdatei nicht vorhanden ist, müssen Sie sie mit einem Datenbankprogramm oder dem *Visual Data Manager* erstellen.

2. **Wählen Sie das *Data*-Symbol in der Visual Basic-Werkzeugsammlung, und zeichnen Sie das *Data*-Steuerelement auf Ihrem Formular (siehe Abbildung 33.2).**

3. **Drücken Sie auf F4, oder wählen Sie den Menübefehl *Ansicht/Eigenschaften*, um das Eigenschaftenfenster zu öffnen.**

33 ▶ Auf Datenbankdateien zugreifen

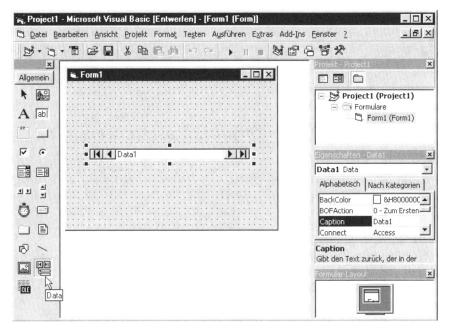

Abbildung 33.2: Das Data-Steuerelement in der Werkzeugsammlung und auf einem Formular.

4. **Doppelklicken Sie auf die *DatabaseName*-Eigenschaft.**

   Visual Basic öffnet das *DatabaseName*-Dialogfeld.

5. **Wählen Sie die Datenbankdatei, die Sie benutzen wollen (z.B. BIBLIO.MDB, die Beispieldatenbank, die mit Visual Basic geliefert wird), und klicken Sie auf *Öffnen*.**

6. **Wählen Sie die *RecordsetType*-Eigenschaft, und klicken Sie auf den nach unten gerichteten Pfeil im Eigenschaftenfeld.**

   Visual Basic zeigt eine Liste mit den verfügbaren Recordsettypen an:

   0 – Tabelle

   1 – Dynaset

   2 – Snapshot

7. **Wählen Sie einen Recordsettyp, wie z.B. *0 – Tabelle*.**

8. **Wählen Sie die *RecordSource*-Eigenschaft, und klicken Sie auf den nach unten gerichteten Pfeil im Eigenschaftenfeld.**

   Visual Basic zeigt eine Liste mit den verfügbaren Tabellen in der Datenbank an.

9. **Wählen Sie eine Datenbanktabelle (wie z.B. *Titel*, wenn Sie *BIBLIO*, die Beispieldatenbank, die mit Visual Basic geliefert wird, gewählt haben.)**

Wenn Sie nur mit MDB-Dateien von Microsoft Access arbeiten, wählen Sie in Schritt 7 den Wert *0 – Tabelle* für die *RecordsetType*-Eigenschaft. Wenn Sie mit einer anderen Datenbank arbeiten, wählen Sie den Wert *1 – Dynaset* für die *RecordsetType*-Eigenschaft. Wenn Sie die Daten nur lesen, aber nicht ändern wollen, wählen Sie den Wert *2 – Snapshot* für die *RecordsetType*-Eigenschaft.

Sich mit dem VB-Datenformularassistenten mit einer Datenbank verbinden

 Falls Sie nicht alles auf die schwere Tour machen wollen, können Sie den *VB-Datenformularassistenten* verwenden, der speziell dazu dient, Formulare zu erstellen, die Daten aus einer Datenbank anzeigen und bearbeiten sollen.

Um den *VB-Datenformularassistenten* zu verwenden, gehen Sie folgendermaßen vor:

1. **Klicken Sie im *Projekt*-Menü auf den *Formular hinzufügen*-Befehl.**

   Das *Formular hinzufügen*-Dialogfeld wird angezeigt.

2. **Klicken Sie auf das *VB-Datenformular-Assistent*-Symbol und dann auf *Öffnen*.**

   Das *Datenformularassistent – Einführung*-Dialogfeld wird angezeigt (siehe Abbildung 33.3).

Abbildung 33.3: Das Datenformularassistent – Einführung-*Dialogfeld.*

3. **Klicken Sie auf *Weiter*.**

   Das *Datenformularassistent – Datenbanktyp*-Dialogfeld wird angezeigt (siehe Abbildung 33.4).

Abbildung 33.4: Das Datenformularassistent – Datenbanktyp-*Dialogfeld.*

4. **Klicken Sie auf den gewünschten Datenbanktyp (z.B. *Access*), und klicken Sie dann auf *Weiter*.**

   Das *Datenformularassistent – Datenbank*-Dialogfeld wird angezeigt (siehe Abbildung 33.5).

Abbildung 33.5: Das Datenformularassistent – Datenbank-*Dialogfeld.*

5. **Klicken Sie auf *Durchsuchen*.**

   Das *Access-Datenbank*-Dialogfeld wird angezeigt (siehe Abbildung 33.6).

   Abbildung 33.6: Das Access-Datenbank-*Dialogfeld.*

6. **Klicken Sie auf die gewünschte Datenbank, klicken Sie auf *Öffnen* und dann auf *Weiter*.**

   Das *Datenformularassistent – Formular*-Dialogfeld wird angezeigt (siehe Abbildung 33.7).

   Abbildung 33.7: Das Datenformularassistent – Formular-*Dialogfeld.*

7. **Markieren Sie das gewünschte Formularlayout, und klicken Sie dann auf *Weiter*.**
   - Einzelner Datensatz – erstellt ein Formular, das einzelne Datensätze anzeigt
   - Tabelle (Datenblatt) – erstellt ein Formular, das Datensätze in Tabellenform anzeigt
   - Master/Detail – erstellt ein Formular, das einen einzelnen Master-Datensatz und eine Tabelle mit Detaildatensätzen anzeigt.

   Das *Datenformularassistent – Datensatzquelle*-Dialogfeld wird angezeigt (siehe Abbildung 33.8).

Abbildung 33.8: Das Datenformularassistent – Datensatzquelle-*Dialogfeld.*

8. **Wählen Sie im *Datensatzquelle*-Kombinationsfeld die Datenbankdatei, in der die Informationen gespeichert sind.**

9. **Klicken Sie im *Verfügbare Felder*-Listenfeld auf ein Feld, das auf dem Formular angezeigt werden soll, und klicken Sie dann auf die >-Schaltfläche, um das ausgewählte Feld in das *Ausgewählte Felder*-Listenfeld zu verschieben.**

10. **Wiederholen Sie Schritt 9 für jedes Feld, das auf Ihrem Formular angezeigt werden soll. Klicken Sie danach auf *Weiter*.**

    Das *Datenformularassistent – Steuerelementauswahl*-Dialogfeld wird angezeigt (siehe Abbildung 33.9).

Abbildung 33.9: Das Datenformularassistent – Steuerelementauswahl*-Dialogfeld.*

11. **Markieren Sie die Kontrollkästchen der Schaltflächen, die auf Ihrem Formular angezeigt werden sollen, und klicken Sie dann auf *Weiter*.**

    Das *Datenformularassistent – Fertig!*-Dialogfeld wird angezeigt (siehe Abbildung 33.10).

Abbildung 33.10: Das Datenformularassistent – Fertig!*-Dialogfeld.*

12. **Geben Sie den Namen Ihres Formulars ein, und klicken Sie dann auf *Fertig!*.**

    Das *Datenformular erstellt*-Dialogfeld wird angezeigt.

13. Klicken Sie auf *OK*.

Visual Basic erstellt automatisch ein Formular, ein *Data*-Steuerelement und die Datenfelder.

Wenn Sie den Visual Basic-Anwendungsassistenten benutzen, um automatisch ein Programmgerüst zu erstellen, können Sie gleich ein Formular zur Bearbeitung von Datenbankinformationen generieren. Sie brauchen dann später nicht auf den VB-Datenformularassistenten zurückzugreifen

Datenfelder auf dem Bildschirm anzeigen

Wenn Sie Ihr Programm mit einer Datenbankdatei verknüpft haben, müssen Sie als nächstes die Daten anzeigen, die in den Feldern der Datenbank gespeichert sind. Visual Basic stellt Ihnen mehrere Methoden zur Verfügung, um die Felder einer Datenbank anzuzeigen:

✔ Kontrollkästchen

✔ Abbildungsfelder und Bildfelder

✔ Bezeichnungsfelder und Textfelder

✔ Listenfelder und Kombinationsfelder

✔ Datengitter (Grids)

Kontrollkästchen zeigen Wahrheitswerte (*True* oder *False*) an. Wenn ein Feld den Wert *Ja*, *Yes*, *True* oder *Wahr* enthält, ist das Kontrollkästchen auf dem Bildschirm markiert. Wenn ein Feld den Wert *Nein*, *No*, *False* oder *Falsch* enthält, ist das Kontrollkästchen auf dem Bildschirm leer.

Mit Abbildungsfeldern und Bildfeldern können Sie Grafiken anzeigen, die in den Feldern der Datenbankdatei gespeichert sind.

Mit Textfeldern und Bezeichnungsfeldern können Sie Informationen wie z.B. Namen, Anschriften, Telefonnummern und Geburtstage anzeigen.

Mit Listenfeldern und Kombinationsfeldern können Sie Mehrfachwahlen anzeigen. Bei einem Kombinationsfeld kann der Benutzer Daten eintippen, die nicht in der Liste des Kombinationsfeldes enthalten sind.

Mit Datengittern (Grids) können Sie Datensätze in Tabellenform anzeigen.

Benutzen Sie ein Textfeld, wenn der Benutzer die Möglichkeit haben soll, Daten einzugeben. Benutzen Sie ein Bezeichnungsfeld, wenn der Benutzer die angezeigten Daten nicht ändern soll.

Um ein Textfeld, Bezeichnungsfeld, Kontrollkästchen, Bildfeld, Listenfeld, Kombinationsfeld oder Abbildungsfeld zum Anzeigen eines Feldes einer Datenbank zu erstellen, gehen Sie wie folgt vor:

1. **Zeichnen Sie das Textfeld, Bezeichnungsfeld, Kontrollkästchen, Bildfeld, Listenfeld, Kombinationsfeld oder Abbildungsfeld auf dem Formular, welches das Data-Steuerelement enthält.**
2. **Drücken Sie auf F4, oder wählen Sie den Menübefehl** *Ansicht/Eigenschaften*, **um das Eigenschaftenfenster zu öffnen.**
3. **Wählen Sie die** *DataSource*-**Eigenschaft und klicken Sie auf den nach unten gerichteten Pfeil im Eigenschaftenfeld.**

   Visual Basic zeigt eine Liste mit den Namen aller *Data*-Steuerelemente auf dem Formular an.
4. **Wählen Sie den Namen des** *Data*-**Steuerelementes (wie z.B.** *Data1*).
5. **Wählen Sie die** *DataField*-**Eigenschaft, und klicken Sie auf den nach unten gerichteten Pfeil im Eigenschaftenfeld. (Überspringen Sie diesen Schritt, wenn Sie in Schritt 1 ein Datengitter gezeichnet haben.)**

   Visual Basic zeigt eine Liste mit den Namen aller Felder an, die Sie anzeigen können.
6. **Wählen Sie einen Feldnamen.**

Wenn Sie den Feldnamen für ein Kontrollkästchen wählen, prüfen Sie, ob das Feld in der Datenbank nur die Wahrheitswerte (*Ja/Nein, Yes/No, True/False* oder *Wahr/Falsch*) enthält. Wenn Sie den Feldnamen für ein Bildfeld oder Abbildungsfeld wählen, prüfen Sie, ob das Feld in der Datenbank nur Grafiken enthält. Andernfalls kommt Visual Basic durcheinander und hört auf zu arbeiten.

Verschiedene Datensätze wählen

Wenn Visual Basic eine Datenbank lädt, macht es den ersten Datensatz der Datenbank zum aktuellen Datensatz. Alle Befehle, die Sie geben, betreffen nur diesen ersten Datensatz.

Andere Datensätze zu wählen ist vergleichbar mit dem Durchblättern einer Kartei in einer Bücherei. (Jüngere Leute, die noch nie eine Kartei in einer Bücherei gesehen haben, können diesen Vorgang besser mit dem Durchflippen der CDs in einem CD-Laden vergleichen.)

Visual Basic stellt zwei Methoden zur Verfügung, um einen anderen Datensatz zum aktuellen Datensatz zu machen:

✔ Das *Data*-Steuerelement
✔ BASIC-Code

Das *Data*-Steuerelement enthält vier Pfeile, mit denen der Benutzer die Datensätze durchblättern kann.

Das Data-Steuerelement entspricht in seinem Aussehen den Schaltknöpfen eines Kassettendecks oder eines Videorecorders. (Aber wie viele Leute können schon ihren Videorecorder programmieren?)

Mit den Pfeilen links und rechts außen können Sie zum ersten bzw. letzten Datensatz der Datenbank springen. Mit den beiden anderen Pfeilen können Sie jeweils einen Datensatz in der Datenbank rückwärts bzw. vorwärts blättern.

Mit dem *Data*-Steuerelement kann der Benutzer einen bestimmten Datensatz wählen. Achten Sie darauf, daß auf dem Bildschirm ein Textfeld oder Bezeichnungsfeld Daten aus dem aktuellen Datensatz anzeigt, sonst weiß der Benutzer nicht, welcher Datensatz aktuell ist.

Die Datensätze einer Datenbank anzeigen

Um den *ersten Datensatz* mit BASIC-Code anzuzeigen, benutzen Sie den folgenden Befehl:

```
Data1.Recordset.MoveFirst
```

In allen Befehlen ist *Data1* der Name Ihres *Data*-Steuerelementes. Wenn Sie den Namen des *Data*-Steuerelementes ändern, müssen Sie statt dessen den neuen Namen verwenden.

Um den *letzten Datensatz* mit BASIC-Code anzuzeigen, benutzen Sie folgenden Befehl:

```
Data1.Recordset.MoveLast
```

Um den *nächsten Datensatz* mit BASIC-Code anzuzeigen, benutzen Sie folgenden Befehl:

```
Data1.Recordset.MoveNext
```

Um den *vorherigen Datensatz* mit BASIC-Code anzuzeigen, benutzen Sie folgenden Befehl:

```
Data1.Recordset.MovePrevious
```

Einen Datensatz löschen

Um einen Datensatz aus einer Datenbank zu löschen, müssen Sie diesen Datensatz zum aktuellen Datensatz machen und dann die beiden folgenden Befehle eingeben:

```
Data1.Recordset.Delete
Data1.RecordSet.MoveNext
```

Diese Befehle sagen: »Siehst du den aktuellen Datensatz? Lösche ihn und zeige dann den nächsten Datensatz an, damit der gelöschte Datensatz nicht mehr zu sehen ist.«

Einen Datensatz hinzufügen

Um einen Datensatz in eine Datenbank einzufügen, gehen Sie wie folgt vor:

1. **Erstellen Sie mit dem folgenden Code einen neuen Datensatz:**

   ```
   Data1.Recordset.AddNew
   ```

2. **Füllen Sie die Felder des neuen Datensatzes mit Daten. Benutzen Sie dafür folgenden Code:**

   ```
   Data1.Recordset.Fields("FeldName") = "NeueDaten"
   ```

   (*FeldName* bezeichnet das bestimmte Feld, in das Sie neue Daten einfügen wollen. Sie müssen den Feldnamen in Anführungszeichen setzen. *NeueDaten* enthält die neuen Daten, die Sie in dem Feld speichern wollen. Dabei kann es sich um Zahlen oder Zeichenketten handeln. Eine Zeichenkette muß in Anführungszeichen gesetzt werden. Zahlen werden ohne Anführungszeichen angegeben.)

3. **Speichern Sie den Datensatz mit folgendem Code in der Datenbank:**

   ```
   Data1.Recordset.Update
   ```

Visual Basic fügt neue Datensätze immer am Ende einer Datenbankdatei ein.

Einen Datensatz editieren

Um einen vorhandenen Datensatz in einer Datenbank zu ändern, gehen Sie wie folgt vor:

1. **Zeigen Sie den Datensatz an, den Sie ändern wollen.**
2. **Teilen Sie Visual Basic mit folgendem Befehl mit, daß Sie den Datensatz ändern wollen:**

   ```
   Data1.Recordset.Edit
   ```

3. **Weisen Sie den Feldern, die Sie ändern wollen, die neuen Daten zu. Benutzen Sie dafür folgenden Code:**

   ```
   Data1.Recordset.Fields("FeldName") = "NeueDaten"
   ```

4. **Speichern Sie den Datensatz mit folgendem Code in der Datenbank:**

   ```
   Data1.Recordset.Update
   ```

Die Anzahl der vorhandenen Datensätze zählen

Wenn Sie wissen wollen, wie viele Datensätze in einer Datenbankdatei enthalten sind, benutzen Sie folgende Befehle:

```
Dim AnzahlDerDatensätze As Integer
Data1.Recordset.MoveLast
AnzahlDerDatensätze = Data1.Recordset.RecordCount
```

Visual Basic interpretiert diesen Code wie folgt:

1. Die erste Zeile sagt: »Erstelle eine Variable mit dem Namen *AnzahlDerDatensätze* und dem Datentyp *Integer*.«

2. Die zweite Zeile sagt: »Gehe zu dem letzten Datensatz in der Datenbankdatei.«

3. Die dritte Zeile sagt: »Ermittle die Anzahl der Datensätze und speichere diese Anzahl in der Variablen *AnzahlDerDatensätze*.«

Einen bestimmten Datensatz finden

Um einen bestimmten Datensatz in einer Datenbank zu finden, können Sie einen der folgenden Befehle verwenden:

✔ Data1.Recordset.FindFirst »Kriterium«

✔ Data1.Recordset.FindNext »Kriterium«

✔ Data1.Recordset.FindPrevious »Kriterium«

✔ Data1.Recordset.FindLast »Kriterium«

Das Suchkriterium spezifiziert das Feld, das Sie durchsuchen wollen, und die Daten, nach denen Sie in diesem Feld suchen wollen. Wenn Sie z.B. alle Datensätze suchen wollen, die Informationen über Leute enthalten, die den Nachnamen *Schmitz* haben, müssen Sie Ihr Suchkriterium wie folgt formulieren:

```
"NachName = 'Schmitz'"
```

Beachten Sie: Die Daten, nach denen Sie suchen wollen, müssen in einfache Anführungszeichen eingeschlossen sein. Wenn Sie keine einfachen Anführungszeichen verwenden, weiß Visual Basic nicht, wonach Sie suchen wollen, und macht deshalb gar nichts. Natürlich geht dieses Beispiel davon aus, daß ein Feld mit dem Namen *NachName* existiert.

Wenn Sie versuchen, nach Daten in einem Feld zu suchen, das nicht existiert, erhalten Sie eine Fehlermeldung.

Um den *ersten Datensatz* zu finden, der Ihr Suchkriterium erfüllt, müssen Sie folgenden Befehl geben:

```
Data1.Recordset.FindFirst "Nachname = 'Schmitz'"
```

Wenn Sie einen Datensatz gefunden haben, der Ihr Suchkriterium erfüllt, können Sie nach einem weiteren Datensatz suchen, der das Suchkriterium erfüllt. Um den *nächsten Datensatz* zu finden, der Ihr Suchkriterium erfüllt, müssen Sie folgenden Befehl geben:

```
Data1.Recordset.FindNext "Nachname = 'Schmitz'"
```

Um den *vorhergehenden Datensatz* zu finden, der Ihr Suchkriterium erfüllt, müssen Sie folgenden Befehl geben:

```
Data1.Recordset.FindPrevious "Nachname = 'Schmitz'"
```

Um den *letzten Datensatz* zu finden, der Ihr Suchkriterium erfüllt, müssen Sie folgenden Befehl geben:

```
Data1.Recordset.FindLast "Nachname = 'Schmitz'"
```

Testen Sie Ihr neu erworbenes Wissen

1. **Welche Schritte müssen Sie ausführen, um Ihr Visual Basic-Programm mit einer Datenbankdatei zu verknüpfen?**

    a) Erstelle zuerst eine Datenbankdatei mit einem separaten Datenbankprogramm wie Access oder Paradox. Füge dann ein Data-Steuerelement in ein Formular ein, füge den Namen der Datenbankdatei in die *DatabaseName*-Eigenschaft des *Data*-Steuerelements ein und wähle in der *RecordSource*-Eigenschaft des *Data*-Steuerelements eine Datenbanktabelle.

    b) Kaufe einen Computer, bringe ihn zurück in den Laden, weil er nicht funktioniert, engagiere einen Datenbankprogrammierer, wirf ihn wieder raus und raufe dir vor Verzweiflung die Haare.

    c) Visual Basic kann Datenbankdateien benutzen? Hört sich gut an, wo kann ich mehr darüber erfahren?

    d) Keine. Das ist eine Fangfrage. Ich weigere mich, meine Dummheit bloßzustellen, indem ich eine dieser Möglichkeiten wähle.

2. **Was bewirken die folgenden vier Zeilen BASIC-Code?**

    ```
    Data1.Recordset.AddNew
    Data1.Recordset.Fields("Frage") = "Haben Sie jemals etwas Illegales geraucht?"
    Data1.Recordset.Fields("Antwort") = "Ja, aber ich habe niemals inhaliert."
    Data1.Recordset.Update
    ```

a) Die erste Zeile löscht eine vorhandene Datenbank auf Ihrer Festplatte. Die zweite und die dritte Zeile sind überflüssig. Und die vierte Zeile löscht alle anderen Dateien auf Ihrer Festplatte.

b) Die erste Zeile fügt einen neuen Datensatz in Ihre Datenbank ein. Die zweite Zeile speichert die Zeichenkette »Haben Sie jemals etwas Illegales geraucht?« in dem Datenbankfeld mit dem Namen Frage. Die dritte Zeile speichert die Zeichenkette »Ja, aber ich habe niemals inhaliert.« in dem Datenbankfeld mit dem Namen Antwort. Die vierte Zeile speichert die neuen Informationen in der Datenbank, indem sie den neuen Datensatz am Ende der Datenbank einfügt.

c) Die erste Zeile verwirrt Visual Basic, die zweite Zeile stellt Visual Basic eine Frage, die dritte Zeile zeigt Visual Basics Antwort an, die nach Konsultation mit einem Anwalt formuliert wurde. Die vierte Zeile ignoriert das ganze Problem und hofft, daß jedermann vergißt, was wirklich passiert ist.

d) Komm, ich hab's durchschaut! Du willst eine bekannte Persönlichkeit auf den Arm nehmen, nicht wahr?

Daten aus einem Datenbankfeld herauslesen

Ehe Sie Daten aus einem Datenbankfeld herauslesen können, müssen Sie mit den Befehlen *FindFirst*, *FindNext*, *FindPrevious* oder *FindLast* den Datensatz mit dem betreffenden Feld finden. Dann können Sie die Daten mit einer der beiden folgenden Methoden aus dem Datenbankfeld herauslesen:

✔ Erstellen Sie ein Textfeld oder Bezeichnungsfeld, und weisen Sie seiner *DataField*-Eigenschaft das gewünschte Feld zu.

✔ Lesen Sie die Daten mit BASIC-Code aus dem Feld heraus, und weisen Sie die Daten einer Variablen zu:

```
Dim Speicher As String
Speicher = Data1.Recordset.Fields(»FeldName«).Value
```

Die erste Zeile sagt: »Erstelle eine Variable mit dem Namen *Speicher* und dem Datentyp *String*.« Die zweite Zeile sagt: »Hole die Daten aus dem Feld mit dem Namen *FeldName* heraus und speichere sie in der Variablen mit dem Namen *Speicher*.«

Daten in einer Datenbank ändern

Um den Inhalt eines Datenbankfeldes zu ändern, das in einem Textfeld, Kontrollkästchen, Bildfeld oder Abbildungsfeld angezeigt wird, brauchen Sie nur die neuen Daten in das Feld einzugeben oder zu kopieren.

Um den Inhalt eines Datenbankfeldes mit BASIC-Code zu ändern, benutzen Sie die folgenden Befehle:

```
Data1.Recordset.Edit
Data1.Recordset.Fields("FeldName").Value = NeuerWert
Data1.Recordset.Update
```

Der erste Befehl sagt Visual Basic: »Bereite dich darauf vor, einige Daten in der Datenbank zu ändern.« Der zweite Befehl ersetzt den aktuellen Wert des Feldes mit Namen *FeldName* durch den Wert, der in der Variablen *NeuerWert* gespeichert ist. Die dritte Zeile sagt Visual Basic: »Speichere meine Änderungen in der Datenbank.«

Einen bestimmten Datensatz mit einem Lesezeichen markieren

Sie können einen Datensatz mit einem Lesezeichen versehen, so daß Sie jederzeit schnell zu diesem Datensatz springen können. Um ein Lesezeichen zu erstellen, müssen Sie eine Variable vom Datentyp Variant oder String erstellen. Beispiel:

```
Dim LeseZeichen1 As Variant
```

oder

```
Dim LeseZeichen2 As String
```

Jedes Lesezeichen kann zu einem bestimmten Zeitpunkt nur einen einzigen Datensatz markieren.

Um ein Lesezeichen mit einem Datensatz zu verknüpfen, zeigen Sie den betreffenden Datensatz an, und geben Sie dann folgenden Befehl:

```
LeseZeichen1 = Data1.Recordset.Bookmark
```

Um zu einem bestimmten Lesezeichen zu springen, benutzen Sie folgenden Befehl:

```
Data1.Recordset.Bookmark = LeseZeichen1
```

Nicht alle Datenbankdateien unterstützen Lesezeichen. Bei den MDB-Dateien von Microsoft Access können Sie jederzeit mit Lesezeichen arbeiten. Bei anderen Datenbanken hängt das davon ab, ob die betreffende Datenbank einen Index hat oder nicht. (Falls Sie nicht wissen, was ein Index ist, macht das auch nichts.) Um festzustellen, ob eine Datenbankdatei Lesezeichen unterstützt, können Sie die *Bookmarkable*-Eigenschaft mit folgendem Code prüfen:

```
If Data1.recordset.Bookmarkable = True Then
    ' Sie können Lesezeichen benutzen.
ElseIf Data1.recordset.Bookmarkable = False Then
    ' Sie können keine Lesezeichen benutzen.
End If
```

Passen Sie bei Datenbankformaten auf. Oft arbeitet eine neue Version eines Datenbankprogrammes (wie z.B. Microsoft Access) auch mit einem neuen Dateiformat. Das bedeutet, daß Visual Basic möglicherweise nicht mit dem Dateiformat der neuen Version arbeiten kann.

Informationen mit Ihrem Programm drucken

34

In diesem Kapitel

- Ein Formular drucken
- Das *Drucker*-Objekt zum Drucken von Linien und Kreisen benutzen
- Seiten zählen
- Ein Visual Basic-Projekt drucken

*E*in Programm kann Daten annehmen, manipulieren und auf dem Bildschirm anzeigen. Aber irgendwann soll es die Daten auch ausdrucken.

In Visual Basic können Sie Daten auf zwei Wegen drucken:

✔ Daten in einem Formular anzeigen und dann das Formular drucken.

✔ Daten mit dem *Drucker*-Objekt direkt zum Drucker schicken.

Ein Formular drucken

Die einfachste Methode besteht darin, ein Formular zu drucken. Um ein Formular zu drucken, benutzen Sie folgende Syntax:

```
FormularName.PrintForm
```

Dieser Befehl weist Visual Basic an: »Suche das Formular mit dem Namen *FormularName* und sende es zum Drucker.«

Um ein Formular mit dem Namen *frmAbout* zu drucken, benutzen Sie folgenden Befehl:

```
frmAbout.PrintForm
```

Sie können jedes Formular in Ihrem Programm drucken einschließlich der unsichtbaren und der minimierten Formulare. Der einzige Nachteil beim Drucken von Formularen kann darin liegen, daß die Druckauflösung möglicherweise nicht besonders hoch ist.

Die Auflösung der meisten Bildschirme beträgt 96 Punkte pro Zoll. Die meisten Laserdrucker können wenigstens mit Auflösungen von 300 Punkten pro Zoll drucken. Um ein Formular schnell zu drucken, ist der Befehl *PrintForm* gut geeignet. Um mit höheren Auflösungen zu drucken, sollten Sie statt dessen das *Drucker*-Objekt benutzen.

Mit dem Drucker-Objekt drucken

Das *Drucker*-Objekt ist ein temporärer Speicher, in dem die Daten abgefangen, aufbereitet und dann in einer sauberen Version zum Drucker gesendet werden. Um ein Formular mit dem *Drucker*-Objekt zu drucken, müssen Sie gewissermaßen Ihr Formular mit BASIC-Code auf dem *Drucker*-Objekt neu zeichnen.

Das *Drucker*-Objekt hat den Vorteil, daß es mit der Auflösung Ihres Druckers arbeitet. Es hat den Nachteil, daß Sie schon für das Drucken eines einfachen Formulars eine Menge BASIC-Code schreiben müssen.

Vor dem Drucken mit dem *Drucker*-Objekt müssen Sie den oberen, unteren, linken und rechten Seitenrand definieren.

Um den *oberen* Seitenrand zu definieren, benutzen Sie folgende Syntax, wobei *TopValue* die Größe des oberen Rands angibt:

```
Printer.ScaleTop = TopValue
```

Um den *unteren* Seitenrand zu definieren, benutzen Sie folgende Syntax, wobei *BottomValue* die Größe des unteren Rands angibt:

```
Printer.ScaleBottom = BottomValue
```

Um den *linken* Seitenrand zu definieren, benutzen Sie folgende Syntax, wobei *LeftValue* die Größe des linken Rands angibt:

```
Printer.ScaleLeft = LeftValue
```

Um den *rechten* Seitenrand zu definieren, benutzen Sie folgende Syntax, wobei *RightValue* die Größe des rechten Rands angibt:

```
Printer.ScaleRight = RightValue
```

Text mit dem Drucker-Objekt drucken

Um Text mit dem *Drucker*-Objekt zu drucken, müssen Sie zunächst die *X*- und *Y*-Position definieren, an welcher der Text auf der Seite gedruckt werden soll.

Um diese Position zu definieren, benutzen Sie folgende Syntax:

```
Printer.CurrentX = XValue
Printer.CurrentY = YValue
```

Diese Befehle sagen: »Beginne den Druck an der Position, die durch den Wert der *CurrentX*- und *CurrentY*-Eigenschaften definiert wird.«

Um den Druck in der oberen linken Ecke einer Seite zu beginnen, benutzen Sie folgende Befehle:

```
Printer.CurrentX = 0
Printer.CurrentY = 0
```

Wenn Sie festgelegt haben, wo der Druck beginnen sollen, können Sie anfangen zu drucken. Um Text auf dem *Drucker*-Objekt zu drucken, benutzen Sie folgende Syntax:

```
Printer.Print "Zeichenkette"
```

Dieser Befehl sagt: »Sende eine Zeichenkette zum *Drucker*-Objekt und drucke sie an der Position, die vorher in den *CurrentX*- und *CurrentY*-Eigenschaften definiert wurde.«

Testen Sie Ihr neu erworbenes Wissen

1. **Warum sollten Sie mit Visual Basic etwas drucken wollen?**

    a) Um Papier zu verschwenden und dabei zu helfen, die Länder der dritten Welt zu entwalden.

    b) Damit ich den Kauf eines Laserdruckers für 1500 DM rechtfertigen kann.

    c) Um Hard-Copies der wichtigen Informationen zu erzeugen, die mein Visual Basic erzeugt.

    d) Es gibt niemals einen Grund, etwas zu drucken. Haben Sie nicht aus der Beobachtung der deutschen Politik gelernt, daß Sie niemals etwas zu Papier bringen sollten, was in der Zukunft gegen Sie verwendet werden könnte?

2. **Warum müssen Sie die *X*- und *Y*-Koordinaten angeben, wenn Sie Text drucken oder mit dem Drucker Linien und Kreise zeichnen wollen?**

    a) Damit Sie das Gefühl bekommen, daß Sie im Geometrieunterricht in der Schule etwas Nützliches gelernt haben.

    b) Damit Sie Visual Basic genau sagen können, wo der Text oder die Linien und Kreise auf dem Papier erscheinen sollen. Ist das zuviel verlangt?

    c) Die *X*- und *Y*-Koordinaten definieren die Position Ihres Druckers in bezug auf Ihren Computer. Wenn Sie die Koordinaten falsch angeben, kommen Ihre Dokumente nicht aus dem Drucker, sondern aus Ihrem Toaster oder aus der Klimaanlage.

    d) Kein Grund. Es handelt sich dabei um einen weiteren Winkelzug von Microsoft, um den Eindruck zu erwecken, Programmieren mit Visual Basic sei schwieriger, als es tatsächlich ist.

Linien und Kreise mit dem Drucker-Objekt drucken

Einfachen Text zu drucken, kann ziemlich langweilig sein. Deshalb können Sie in Visual Basic Ihre Ausdrucke mit Linien und Kreisen aufpeppen.

Linienstärke definieren

Vor dem Drucken von Linien und Kreisen müssen Sie die Linienstärke definieren, mit der die Linien und Kreise gedruckt werden sollen. Je kleiner die Linienstärke ist, desto dünner sehen Ihre Linien aus.

Um die Linienstärke zu definieren, benutzen Sie folgende Syntax:

```
Printer.DrawWidth = Wert
```

Um die kleinstmögliche Linienstärke zu definieren, geben Sie folgenden Befehl:

```
Printer.DrawWidth = 1
```

Um eine fettere Linienstärke zu definieren, geben Sie folgenden Befehl:

```
Printer.DrawWidth = 5
```

Für diejenigen, die es wirklich interessiert: Die Linienstärke hat einen Wertebereich von 1 bis 32.767. Der Wert 1 definiert eine Linienstärke von 1 Pixel. Der Wert 32.767 definiert eine Linienstärke von 32.767 Pixeln, was wahrscheinlich mehr ist, als Sie jemals brauchen werden.

Das Drucken einer 1Pixel breiten Linie auf einem Laserdrucker mit einer 600-dpi-Auflösung führt wahrscheinlich zu einem anderen Ergebnis als das Drucken eine 1Pixel breiten Linie auf einem 300-dpi-Tintenstrahldrucker.

Linien auf dem Drucker-Objekt drucken

Um eine Linie auf dem *Drucker*-Objekt zu drucken, benutzen Sie die folgende Syntax:

```
Printer.Line (X1, Y1) - (X2, Y2)
```

Dabei definieren *X1* und *Y1* den Anfangspunkt und *X2* und *Y2* den Endpunkt der Linie.

Kreise auf dem Drucker-Objekt drucken

Um einen Kreis auf dem *Drucker*-Objekt zu drucken, benutzen Sie die folgende Syntax:

```
Printer.Circle (X, Y), Radius
```

Dabei definieren *X* und *Y* den Mittelpunkt und *Radius* den Radius des Kreises.

Mehrere Seiten drucken

Normalerweise druckt Visual Basic so lange Daten auf eine Seite, bis die Seite voll ist. Dann schneidet es den Text ab und beginnt automatisch mit einer neuen Seite.

Wenn Sie selbst steuern wollen, wann Visual Basic eine neue Seite beginnen soll, benutzen Sie den folgenden Befehl:

```
Printer.NewPage
```

Dieser Befehl weist Visual Basic an, den Druck auf einer neuen Seite zu beginnen. (Toll! Was bringen die wohl demnächst?)

Die Druckqualität festlegen

Abhängig von Ihrem Drucker können Sie einen bestimmten Bereich für die Auflösung beim Drucken definieren. Der magische Befehl zur Steuerung der Druckauflösung lautet:

```
Printer.PrintQuality = X
```

Dabei repräsentiert X eine ganze negative Zahl zwischen *-4* und *-1* oder eine positive ganze Zahl, die eine bestimmte gewünschte Auflösung, gemessen in dpi (= dots per inch = Punkte pro Zoll), definiert. Die folgende Tabelle zeigt die Bedeutung der negativen Werte *-1* bis *-4*:

```
Printer.PrintQuality = -1      Entwurfsauflösung
Printer.PrintQuality = -2      Geringe Auflösung
Printer.PrintQuality = -3      Mittlere Auflösung
Printer.PrintQuality = -4      Hohe Auflösung
```

Wenn Sie die vordefinierten Visual Basic-Konstanten benutzen wollen, können Sie folgende Daten einsetzen:

Konstante	Wert	Druckerauflösung
vbPRPQDraft	-1	Entwurfsauflösung
vbPRPQLow	-2	Geringe Auflösung
vbPRPQMedium	-3	Mittlere Auflösung
vbPRPQHigh	-4	Hohe Auflösung

Wenn Sie lieber die genaue Druckauflösung spezifizieren wollen, geben Sie einfach eine positive ganze Zahl an. Um z.B. eine Auflösung von 300 dpi zu spezifizieren, was heutzutage die meisten Laserdrucker leisten, benutzen Sie folgenden Befehl:

```
Printer.PrintQuality = 300
```

Die Anzahl der Seiten mitzählen

Wenn Sie mehrere Seiten drucken, zählt Visual Basic automatisch die Seitenzahl mit und speichert sie in der sogenannten *Page*-Eigenschaft. Um auf diese Seitenzahl zuzugreifen, benutzen Sie den folgenden BASIC-Befehl :

```
Printer.Page
```

Nach dem Drucken

Um Visual Basic mitzuteilen, daß Sie mit dem Drucken fertig sind, benutzen Sie folgenden BASIC-Befehl:

```
Printer.EndDoc
```

Was passiert wohl, wenn Sie diesen Befehl vergessen? Visual Basic nimmt trotzdem an, daß der Befehl vorhanden ist, so daß sie ihn eigentlich nicht zu geben brauchen. Es zeugt jedoch von einem guten Programmierstil, wenn Sie den Befehl trotzdem verwenden, um in Ihrem Programm deutlich zu machen, wann das Drucken beendet ist.

Falls Sie den Druckvorgang abbrechen wollen, benutzen Sie folgenden Befehl:

```
Printer.KillDoc
```

Dieser Befehl sagt Visual Basic: »Paß auf, ich hab's mir anders überlegt. Hör mit dem Drucken auf.«

Probieren Sie es selbst

Das folgende Beispielprogramm druckt eine kurze Meldung, wenn Sie auf die *Druck starten*-Schaltfläche klicken. Um dieses Programm zu erstellen, benutzen Sie die folgenden Einstellungen:

Objekt	Eigenschaft	Wert
Formular	Caption	Druck-Beispiel
Command1	Caption	Druck starten
	Name	cmdPrint

Geben Sie folgenden Code im Code-Fenster ein:

```
Private Sub cmdPrint_Click()
    Dim TotalPages As Integer
    Dim PageCount As String

    ' Textposition definieren
    Printer.CurrentX = 100
    Printer.CurrentY = 100
    Print.Print "Dies erscheint am oberen Rand der Seite."

    ' Linienstärke und -position definieren
    Printer.DrawWidth = 3
    Printer.Line(100, 100)-(10000, 100)
    Printer.Line(100, 350)-(10000, 350)
    TotalPages = Printer.Page

    ' Position der Seitenzahl definieren
    Printer.CurrentX = 1000
    Printer.CurrentY = 400
    PageCount = "Seitenzahl = " & CStr(TotalPages)
    Printer.Print PageCount
    Printer.EndDoc

End Sub
```

Für einfache Druckaufgaben ist das Arbeiten mit BASIC-Code nicht zu schwierig. Aber wenn Sie ausgefeilte Drucke herstellen oder Ihr eigenes Textverarbeitungsprogramm in Visual Basic schreiben wollen, dann viel Glück! Es ist möglich; nur dauert es wahrscheinlich wirklich sehr lange, um den ganzen BASIC-Code für den Drucker zu schreiben.

Ein Visual Basic-Projekt drucken

Dieses Kapitel hat Ihnen bis jetzt gezeigt, wie Sie mit einem Programm Daten ausdrucken können. Aber wie können Sie den Quellcode Ihres Visual Basic-Projekts selbst ausdrucken?

Visual Basic stellt für diesen Zweck drei Methoden bereit:

- ✔ Formulardarstellung – *druckt Ihr Formular genau so, wie es auf dem Bildschirm erscheint*
- ✔ Code – *druckt nur Ihren BASIC-Code*
- ✔ Formular als Text – *druckt die Werte der Eigenschaften aller Objekte und Formulare, aus denen Ihre Benutzeroberfläche besteht*

Um ein Visual Basic-Projekt zu drucken, gehen Sie folgendermaßen vor:

1. **Wählen Sie im Datei-Menü den Drucken-Befehl, oder drücken Sie auf `Ctrl`+`P`.**

   Visual Basic zeigt das *Drucken*-Dialogfeld an (siehe Abbildung 34.1).

2. **Markieren Sie das *Aktuelles Modul*-Optionsfeld, wenn Sie nur die markierte Datei im Fenster des Projekt-Explorers drucken wollen, oder das *Aktuelles Projekt*-Optionsfeld, wenn Sie das gesamte Visual Basic-Projekt drucken wollen.**

3. **Markieren Sie eins oder mehrere der folgenden Kontrollkästchen:**

   - Formulardarstellung
   - Code
   - Formular als Text

4. **Prüfen Sie, ob Ihr Drucker bereit ist, und klicken Sie auf *OK*.**

Abbildung 34.1: Das Drucken-*Dialogfeld zum Drucken des Visual Basic-Projekts.*

Teil IX

Dies und das

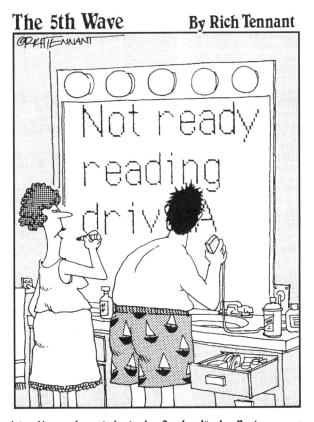

»Du hast deine Maus schon wieder in den Stecker für den Rasierapparat gesteckt.«

In diesem Teil...

Jetzt, wo Sie in diesem Buch so weit gekommen sind (d.h., wenn Sie das Buch von Anfang bis Ende gelesen haben), sollen Sie einige Hinweise erhalten, wie Sie die bestmöglichen Visual Basic-Programme schreiben können, ohne dabei den Verstand zu verlieren.

Die zehn nützlichsten Zusatzprogramme für Visual Basic

35

In diesem Kapitel

- Mit ActiveX-Controls arbeiten
- Tabellenkalkulation mit Visual Basic
- Textverarbeitung mit Visual Basic
- Präsentationen mit Visual Basic
- Fehlersuche und -beseitigung
- Visual Basic mit eigenen VBA-Makros erweitern

Obwohl sich Microsoft große Mühe gegeben hat, Visual Basic zum leistungsfähigsten Windows-Programmierwerkzeug zu machen, das es gibt (und weiter nach der weltweiten Dominanz des Softwaremarktes zu streben), können Sie die Funktionen von Visual Basic mit ActiveX-Controls noch erweitern.

ActiveX-Controls sind Miniaturprogramme, die andere Leute geschrieben haben und die Sie in Ihre Visual Basic-Programme einfügen können, um deren Funktionsumfang zu erweitern, ohne daß Sie selbst eine einzige Zeile BASIC-Code zu schreiben brauchen.

Wenn Sie z.B. mit Visual Basic ein Textverarbeitungsprogramm schreiben wollen, können Sie entweder umfangreichen BASIC-Code schreiben (viel Glück dabei) oder ein ActiveX-Textverarbeitungsprogramm kaufen, in Ihr Visual Basic-Programm einfügen und dieses damit in weniger als zehn Sekunden zu einem Textverarbeitungsprogramm machen.

Wenn Sie ActiveX-Controls verwenden, können Sie nach Bedarf Funktionen hinzukaufen und kombinieren und damit schnell und leicht leistungsstarke Visual Basic-Programme erstellen, ohne dabei den Verstand zu verlieren.

Die Geschichte der ActiveX-Controls

Falls Sie sich fragen, warum es überhaupt ActiveX-Controls gibt, lesen Sie weiter. Als Microsoft die erste Version von Visual Basic herausgab, schufen sie auch einen neuen Standard für Add-Ons, die sogenannte *Visual Basic-Extension* oder abgekürzt *VBX*. Eine VBX-Datei war ein kleines Programm, das man in ein Visual Basic-Programm einfügen konnte, um dessen Funktionalität zu erweitern.

Mit Windows 95 brachte Microsoft auch eine neue Version von VBX heraus, die sogenannte *OLE-Custom-Extension* oder abgekürzt *OCX*. OCX war mit VBX fast identisch, ausgenommen, daß VBX nur mit Windows 3.1 arbeiten konnte, während OCX mit Windows 3.1 und Windows 95 funktionierte.

Weil der Name *OCX* nicht sehr sexy klang, änderte Microsoft ihn bald darauf in *ActiveX* und erweiterte zusätzlich die Funktionalität dieses Standards um die Zugriffsmöglichkeit auf das Internet und die Möglichkeit, Web-Seiten zu erstellen. Ob der Rest der Internet-Gemeinde den ActiveX-Standard akzeptieren wird, ist noch unklar. Aber selbst wenn das nicht der Fall sein sollte, können Sie mit ActiveX-Controls leistungsstärkere Visual Basic-Programme schneller als jemals zuvor erstellen.

Add-Ons, die den Visual Basic-Programmierer davor bewahren, vollkommen verrückt zu werden

Je häufiger Sie mit Visual Basic arbeiten, desto mehr werden Sie sich über diese endlosen Mausklicks, Menüaufrufe und Tipparbeiten ärgern, die allein dafür notwendig sind, die Eigenschaften der vielen Objekte zu definieren, die Sie erstellen. Um sich diese Wiederholungen zu sparen, die mit dem Erstellen einer Visual Basic-Benutzeroberfläche verbunden sind, sollten Sie einen Blick auf das Programm *VBAssist* werfen.

Neben vielen anderen Features können Sie in VBAssist ein Objekt einmal entwerfen und dann als Schablone für die Erstellung weiterer Objekte verwenden. Wenn Sie z.B. alle Kontrollkästchen mit grünem Hintergrund, rotem Vordergrund, Rahmen und leeren Captions erstellen wollen, können Sie ein solches ungewöhnliches Design mit VBAssist erstellen und speichern.

Ein anderes Problem tritt beim Schreiben sehr großer Visual Basic-Programme auf. Wenn Sie bei einem solchen Programm wissen wollen, in welcher FRM- oder BAS-Datei eine bestimmte Variable gespeichert ist, die Sie ändern wollen, dann ist die Suche nach dieser Variablen ungefähr so amüsant wie die Suche nach Ihrem Auto in dem mehrgeschossigen Parkhaus eines riesigen Einkaufszentrums.

35 ➤ Die zehn nützlichsten Zusatzprogramme für Visual Basic

Aus diesem Grund brauchen Sie das *Scope/VB*. Mit diesem Programm können Sie Teile Ihres Programms schnell lokalisieren, ordnen und verschieben, ohne sich die Haare auszuraufen oder zu wünschen, Sie hätten Psychologie statt Informatik studiert.

VBAssist	Scope/VB
Sheridan Software Systems, Inc.	Crescent Division of Progress Software
35 Pinelawn Road	14 Oak Park
Melville, NY 11747	Bedford, MA 01730
Tel: +1 516-753-0985	Tel: +1 617-280-3000
Fax: +1 516-753-3661	Fax: +1 617-280-4025
BBS: +1 516-753-5452	Web: http://crescent.progress.com
Web: http://www.shersoft.com	

Machen Sie Visual Basic als Programmiersprache etwas weniger schwächlich

Visual Basic stellt die Standardobjekte zur Verfügung, mit denen Sie eine halbwegs professionelle Benutzeroberfläche erstellen können: Befehlsschaltflächen, Kontrollkästchen, Optionsfelder, Kombinationsfelder und Bildlaufleisten. Echte Programmierer verlangen mehr Power. Wenn Sie ASCII-Dateien anzeigen und nach bestimmten Zeichenketten durchsuchen wollen, brauchen Sie die *OLETools* von *MicroHelp*.

Neben dem Zusatzsteuerelement zur Anzeige von ASCII-Dateien enthält OLETools von MicroHelp Zusatzsteuerelemente zur Anzeige von Spielkarten und Würfeln (sehr nützlich, wenn Sie Spielprogramme schreiben wollen), zur Erstellung von Geschäftsgrafiken (nützlich, wenn Sie eine Visual Basic-Version von Harvard Graphics schreiben wollen) und zur Anzeige von Meßkörpern (wie z.B. Thermometer oder Füllstandsanzeiger).

Von *Crescent Software* gibt es das Zusatzpaket *QuickPak VB/J++*, das ebenfalls viele Zusatzsteuerelemente zur Erweiterung von Visual Basic enthält. Das Paket enthält Zusatzsteuerelemente zur Anzeige von Hypertext-Dokumenten (im Stile des Windows-Hilfesystems), von Kalendern (so daß der Benutzer ein Datum auswählen kann, statt es einzutippen) und zur Eingabe und Anzeige von Geldbeträgen (so daß Sie nachhalten können, wieviel Geld Sie für Visual Basic-Zusatzprodukte ausgegeben haben).

Wenn die Visual Basic-Werkzeugsammlung für Ihre Zwecke zu beschränkt ist, sollten Sie diese Zusatzprodukte in Erwägung ziehen, um mit Visual Basic schneller mächtigere Programme zu schreiben als jemand, der sich mit C++ herumschlägt.

MicroHelp OLETools	QuickPak VB/J++
MicroHelp 4211 J.V.L. Industrial Park Drive, NE Marietta, GA 30066 Tel: +1 770-516-0899 Fax: +1 770-516-1099 BBS: +1 770-516-1497 Web: http://www.microhelp.com	Crescent Division of Progress Software 14 Oak Park Bedford, MA 01730 Tel: +1 617-280-3000 Fax: +1 617-280-4025 Web: http://crescent.progress.com

Aus Visual Basic eine Tabellenkalkulation machen

Eine der Visual Basic-Erfindungen in der Softwareindustrie ist die Tabellenkalkulationsmatrix, mit der Sie Zahlen und Wörter in Spalten und Reihen anzeigen und mit Formeln manipulieren können.

Wenn Sie zwei Milliarden Zeilen mal zwei Milliarden Spalten benötigen, sollten Sie das Zusatzsteuerelement *Spread* der Firma *FarPoint* in Erwägung ziehen, das Microsoft benutzt hat, um das Buchhaltungsprogramm Microsoft Profit in Visual Basic schreiben zu können. (Microsoft Profit wurde an eine andere Firma verkauft, nachdem Microsoft beschlossen hatte, sich aus dem Markt für Buchhaltungssoftware zurückzuziehen.)

Leute, die Excel-Dateien lesen und schreiben müssen, sollten das Programm *Formula One* prüfen. Mit diesem Programm können Sie Excel-Dateien ändern und die meisten Excel-Formeln benutzen. Wenn Sie mit Excel umgehen können, ist es für Sie leicht, Formula One in ein Visual Basic-Programm einzubinden und für die Lösung von Aufgaben zu programmieren, für die Sie sonst Excel benötigt hätten.

Formula One	Spread
Visual Components 15721 College Boulevard Lenexa, KS 66219 Tel: +1 913-599-6500 Fax: +1 913-599-6597 BBS: +1 913-599-6713 Web: http://www.visualcomp.com	FarPoint Technologies, Inc. 133 Southcenter Court, Suite 1000 Morrisville, NC 27560 Tel: +1 919-460-4551 Fax: +1 919-460-7606 BBS: +1 919-460-5771 Web: http://www.fpoint.com

Daten in ansprechende Grafiken umwandeln

Daten in Form von ermüdenden Zahlenreihen und -spalten anzuzeigen ist eine Sache. Eine ganz andere Sache ist es, dieselben Daten als attraktive Kuchendiagramme, 3-D-Balkendiagramme oder Hoch-Tief-Finanzcharts anzuzeigen, so daß Sie jedem genau zeigen können, warum Ihre Firma bankrott geht und wer daran schuld hat.

Wenn Sie also demnächst rohe Zahlen in leicht zu verstehende Diagramme umwandeln müssen oder Leute mit hübschen Bildern verwirren wollen, die nach etwas aussehen, aber nichts sagen, können Sie eins der folgenden Zusatzsteuerelemente für Grafiken in Ihr Visual Basic-Programm einbinden:

First Impression	Graphics Server
Visual Components	Pinnacle Publishing, Inc.
15721 College Boulevard	P.O. Box 888
Lenexa, KS 66219	Kent, WA 98035-0888
Tel: +1 913-599-6500	Tel: +1 206-251-1900
Fax: +1 913-599-6597	Fax: +1 206-251-5057
BBS: +1 913-599-6713	Web: http://www.pinpub.com
Web: http://www.visualcomp.com	

Leichter Zugriff auf Access-Datenbanken

Eine der populärsten Eigenschaften von Visual Basic ist die Möglichkeit, auf Informationen in Access-Datenbankdateien zuzugreifen. Obwohl Visual Basic das Speichern, Editieren und Wiedergewinnen von Informationen in der Datenbank leicht macht, geht es mit einem ActiveX-Control vielleicht noch einfacher.

GreenTree Technologies bietet vier verschiedene ActiveX-Controls zum Betrachten, Editieren und Anzeigen von Datenbankinformationen in Dateneingabeformularen oder hierarchischen Baumstrukturen an. Wenn Sie Daten in Tabellenform anzeigen, umordnen oder sortieren wollen, besorgen Sie sich *VSFlex* von *VideoSoft*.

VideoSoft vertreibt auch zwei andere ActiveX-Controls, *VSData* und *VSReports*. Mit VSData können Ihre Visual Basic-Programme auf Microsoft Access-Datenbanken ohne die großen und umständlichen Access-Run-Time-Dateien zugreifen, die Visual Basic benötigt. Mit VSReports können Sie Datenbankinformationen aufwendiger in Berichten aufbereiten, als dies mit dem *Crystal Report Writer*-Programm möglich ist, das mit Visual Basic geliefert wird.

VSData, VSReports und VSFlex	DataTree, DataView, DataMask und DataList
VideoSoft	GreenTree Technologies, Inc.
5900 Hollis Street, Suite T	33 Walt Whitman Road, Suite 228
Emeryville, CA 94608	Huntington Station, NY 11746
Tel: +1 510-595-2420	Tel: +1 516-271-6995
Fax: +1 510-595-2424	Fax: +1 516-271-8067
Web: http://www.videosoft.com	Web: http://www.green-tree.com

Aus Visual Basic eine Textverarbeitung machen

Falls Sie der Ansicht sind, daß Microsoft, Lotus oder WordPerfect selbst dann kein anständiges Textverarbeitungsprogramm auf die Beine stellen könnten, wenn ihr Überleben davon abhinge, können Sie diese Meinung jetzt beweisen. Normalerweise stellt Visual Basic nur Textfelder mit beschränkten Editier- und Wortumbruchmöglichkeiten zur Verfügung. Mit HighEdit oder Visual Writer können Sie in Visual Basic Ihr eigenes Textverarbeitungsprogramm schreiben.

Beide Programme werden wahlweise mit einer Rechtschreibprüfung geliefert, *Visual Speller* bzw. *HighSpell*.

Visual Writer	HighEdit
Visual Components 15721 College Boulevard Lenexa, KS 66219 Tel: +1 913-599-6500 Fax: +1 913-599-6597 BBS: +1 913-599-6713 Web: http://www.visualcomp.com	BeCubed Software, Inc. 1750 Marietta Hwy., Suite 240 Canton, GA 30114 Tel: +1 770-720-1077 Fax: +1 770-720-1078 Web: http://www.becubed.com

Grafiken und andere hübsche Bilder anzeigen

Die Bildfelder und Abbildungsfelder von Visual Basic können ohne Probleme mit WMF-Metafiles, BMP-Bitmap-Dateien und ICO-Symboldateien umgehen. Aber die Computerwelt enthält eine Vielzahl weiterer Grafikdateiformate wie TIFF, WPG, PCX, EPS, GIF, GEM, TARGA, DIB, DRW und andere Akronyme, die sich kein Mensch merken kann.

In einer Welt, die von Grafiken in unterschiedlichen Formaten überfließt, müssen Sie entweder ein Spezialprogramm zur Konvertierung der Grafiken kaufen oder einen Weg finden, die verschiedenen Grafikformate in Visual Basic anzuzeigen.

Wenn Sie den zweiten Weg wählen, sollten Sie eins der Programme *ImageMan* oder *LeadTools* verwenden. Mit beiden Zusatzprogrammen können Sie die verschiedenen Grafikdateiformate lesen, schreiben und ändern. Wenn Sie also Spaß daran haben, das Gesicht Ihres Hundes einzuscannen und in Ihrem Visual Basic-Programm anzuzeigen, können Sie das jetzt tun, ohne sich Gedanken über das Dateiformat machen zu müssen, in dem das Hundegesicht gespeichert ist.

35 ▶ Die zehn nützlichsten Zusatzprogramme für Visual Basic

ImageMan

Data Techniques, Inc.
300 Pensacola Road
Burnsville, NC 28714
Tel: +1 704-682-4111
Fax: +1 704-682-0025
BBS: +1 704-682-4356
Web: http://www.data-tech.com

LeadTools

Lead Technologies, Inc.
900 Baxter Street
Charlotte, NC 28204
Tel: +1 704-332-5532
Fax: +1 704-372-8161
Web: http://www.leadtools.com

Fehler in Ihrem Visual Basic-Programm ausmerzen

Visual Basic stellt Ihnen einfache Werkzeuge zur Fehlersuche zur Verfügung, mit denen Sie Schritt für Schritt durch Ihr Programm gehen, Haltepunkte setzen und Ihre Variablen überwachen können.

Mit solchen einfachen Werkzeugen können Sie ein korrekt funktionierendes Programm erstellen. Aber was machen Sie, wenn Sie Ihr Programm optimieren wollen, indem Sie untersuchen, welche Prozeduren am häufigsten benutzt werden? Oder wenn Sie genau wissen wollen, welchen Einfluß Ihr Programm auf die Speicherauslastung Ihres Computers hat? Dann benötigen Sie ein spezialisierteres Debugging-Werkzeug wie z.B. *PinPoint* oder *SpyWorks*.

Mit diesen Debugging-Werkzeugen können Sie in die Eingeweide Ihres Visual Basic-Programms schauen und mehr darüber erfahren, als Sie sich je erträumt haben. Wenn Sie mit Leib und Seele Programmierer sind, dann sind diese Debugging-Werkzeuge für Sie nicht nur Lebensretter, sondern das ideale Mittel, andere Programmierer mit Ihrer Fähigkeit zu beeindrucken, Programme zu schreiben, die tatsächlich funktionieren.

PinPoint

Avanti Software, Inc.
385 Sherman Avenue, Suite #3
Palo Alto, CA 94306
Tel: +1 415-329-8999
Fax: +1 415-329-8722
Web: http://www.avantisoft.com

SpyWorks

Desaware, Inc.
5 Town & Country Village #790
San Jose, CA 95128
Tel: +1 408-377-4770
Fax: +1 408-371-3530
Web: http://www.desaware.com

Fügen Sie Ihre eigenen VBA-Makros hinzu

Im Bemühen, die Softwareindustrie zu standardisieren (und dabei ein paar Dollars zu verdienen), hat Microsoft angekündigt, daß alle Microsoft Anwendungsprogramme Visual Basic als primäre Makrosprache benutzen werden. Anders als früher, als Sie für Excel eine andere Makrosprache als für Word lernen mußten, sollen in Zukunft alle Anwendungen die neue

Makroversion von Visual Basic (mit dem Namen *Visual Basic für Applikationen* oder *VBA*) benutzen.

Wenn Sie ein Programm schreiben wollen, das mit einer Makrosprache ausgestattet sein soll, dann können Sie Ihre eigene Makrosprache von Grund auf neu entwickeln (viel Glück dabei!) oder einfach eins der Zusatzprogramme *BasicScript* oder *Sax Basic Engine* in Visual Basic einfügen.

Bei beiden Programmen kann der Benutzer mit der Standard-VBA-Makrosprache seine eigenen Makros schreiben. Dadurch wird es nicht nur für die Leute einfacher, Makros für Ihr Programm zu schreiben, sondern es trägt auch dazu bei, daß Microsofts Standard den Welt-Softwaremarkt noch ein bißchen stärker dominiert.

BasicScript	Sax Basic Engine
Summit Software Company	Sax Software Corporation
4933 Jamesville Road	950 Patterson Street
Jamesville, NY 13078-9428	Eugene, OR 97401
Tel: +1 315-445-9000	Tel: +1 503-344-2235
Fax: +1 315-445-9567	Fax: +1 503-344-2459
Web: http://www.summsoft.com	Web: http://www.saxsoft.com

Kombinieren Sie Computer-Telephonie mit Visual Basic

Computer-Telephonie sieht wie ein Druckfehler oder wie ein wirklich dummer Ausdruck aus. Doch für Tausende von Leuten bedeutet er die Hochzeit zwischen Faxgeräten, Anrufbeantwortern und Voice-Mail (=gesprochene Nachrichten). Wenn Sie Ihr eigenes Voice-Mail-Verteilersystem oder -Bestellwesen einrichten wollen und es Ihnen gleichgültig ist, daß Sie dadurch Kunden verlieren, die keine Lust haben, ewig an der Strippe zu hängen und eine endlose Kette von Anweisungen zu hören (»Drücken Sie die Eins, um diese Meldung in 16 verschiedenen Sprachen zu wiederholen...«), dann können Sie mit Ihren Visual Basic-Fähigkeiten Ihr eigenes Telefonsystem erstellen.

Die Firmen *Parity Software* und *Computer Telephony Group* bieten eine Reihe von Computer-Telephonie-Produkten an, mit denen Sie jedes Geschäftstelefon in eine computergesteuerte Barriere zwischen lebendigen menschlichen Wesen verwandeln.

35 ➤ Die zehn nützlichsten Zusatzprogramme für Visual Basic

Visual Voice
Computer Telephony Group,
Artisoft, Inc.
5 Cambridge Center
Cambridge, MA 02142
Tel: +1 617-354-0600
Fax: +1 617-354-7744
Web: http://www.stylus.com

CallSuite
Parity Software
One Harbor Drive, Suite 110
Sausalito, CA 94965
Tel: +1 415-332-5656
Fax: +1 415-332-5657
Web: http://www.paritysw.com

Visual Basic-Themen, die sonst nirgends hineingepaßt haben

In diesem Kapitel

- Zeitschriften und Newsletter
- Software-Versandhändler
- CompuServe benutzen
- Visual Basic-Web-Sites besuchen
- Einer Benutzergruppe beitreten
- Technische Konferenzen besuchen
- Eigene DLL-Dateien schreiben

Nachdem Sie das Ende dieses Buches erreicht haben (auch wenn Sie nur im Buchladen hierher gesprungen sind), fragen Sie sich vielleicht, wie Sie Ihre Visual Basic-Programmierkenntnisse weiter ausbauen können, ohne durch Versuch und Irrtum verrückt zu werden.

In diesem Kapitel erfahren Sie, wo Sie zusätzliche Informationen finden, die für Ihre nächste Killer-Applikation in Visual Basic nützlich und interessant sein könnten.

Kaufen, lesen oder stehlen Sie das Visual Basic-Programmer's Journal

Jeden Monat gibt es eine neue, frische Kopie des *Visual Basic Programmer's Journal* im Bahnhofszeitschriftenhandel oder bei Ihrem Computerfachbuchhändler. Die Zeitschrift enthält Artikel über viele Details von Visual Basic, Besprechungen von Visual Basic-Zusatzprogrammen und Beispiel-Code in Visual Basic, den Sie für Ihre eigenen Zwecke kopieren können.

In Deutschland gibt es *basic pro, Das Fachmagazin für Basic-Profis*, das den besten Zugang zu den weiteren Quellen (Hersteller, Lieferanten, Literatur, Zusatzsoftware usw.) auf dem deutschsprachigen Mark bietet. Die Zeitschrift enthält auch die Adressen der deutschen Lieferanten der weiter oben genannten amerikanischen Produkte sowie von Visual Basic-Zusatzprodukten aus deutscher Entwicklung. Die Zeitschrift *basic pro* ist im Fachbuchhandel und bei großen Zeitschriftenhändlern erhältlich.

Abo-Informationen erhalten Sie unter den folgenden Adressen:

Visual Basic Programmer's Journal	In Deutschland:
Fawcette Technical Publications 209 Hamilton Avenue Palo Alto, CA 94301-2500 Tel: +1 415-833-7100 Fax: +1 415-853-0230 CompuServe: GO WINDX Web: http://www.windx.com	Im Bahnhofszeitschriftenhandel und in Computer buchabteilungen größerer Buchhandlungen und bei: MicroBasic GmbH für EDV-Service Am Sommerfeld 11 85622 Weißenfeld Tel.: 089 / 9049 9049 Fax: 089 / 9049 9090 Web: http://www.MicroBasic.com

basic pro
Steingräber Fachverlag basic pro Dreiecksplatz 9 / Haus Abbildung x-1: . 24103 Kiel Tel: 0431/5578-100 Fax: 0431/5578-109

Lesen Sie einen Visual Basic-Newsletter

Die Fima The Cobb Group gibt eine Reihe von monatlichen Newslettern für eine Reihe von Programmen heraus einschließlich Paradox, Microsoft Office und Visual Basic. Der Jahresbezugspreis beträgt ca. 100 DM. Dafür bietet der *Inside Visual Basic*-Newsletter viele Beispiele im Quellcode, die Sie studieren und ändern können.

Die Firma Pinnacle Publishing veröffentlicht ebenfalls einen monatlichen Newsletter, *Visual Basic Developer*, mit Quellcode und beiliegender Diskette. Dieser Newsletter ist natürlich etwas teurer (US $ 179 pro Jahr), aber vielleicht bringen Sie Ihre Firma dazu, das Abo zu bezahlen.

Inside Visual Basic	Visual Basic Developer
The Cobb Group 9420 Bunsen Parkway Louisville, KY 40220 Tel: +1 502-493-3300 Fax: +1 502-491-8050 Web: http://www.cobb.com	Pinnacle Publishing, Inc. P.O. Box 888 Kent, WA 98035-0888 Tel: +1 206-251-1900 Fax: +1 206-251-5057 Web: http://www.pinpub.com

Bitten Sie Microsoft um eine Kopie von The Microsoft Developer's Network News

Um Entwickler fest an das Microsoft-Lager zu binden, gibt Microsoft einen monatlichen Newsletter mit dem Namen *The Microsoft Developer's Network News* heraus. Dieser Newsletter ist vollgepackt mit Informationen über Visual C++, Visual Basic, Windows, Excel und andere Microsoft-Produkte, die Microsoft im Augenblick forcieren will. Bemerkenswerterweise werden Sie allerdings nie eine der Microsoft-Sprachen (wie z.B. Microsoft QuickPascal oder Microsoft LISP) erwähnt finden, die ein Flop waren.

Weil Microsoft genug flüssige Mittel hat, schickt die Firma die *The Microsoft Developer's Network News* kostenlos an Leute, von denen sie annimmt, daß sie die Sache von Microsoft vertreten, indem sie Microsoft-Produkte verwenden. Wenn Sie Microsoft von Ihrer ewigen Treue überzeugen können, können auch Sie diesen Newsletter kostenlos erhalten. Nehmen Sie Kontakt auf mit:

The Microsoft Developer's Network News

Microsoft Corporation
One Microsoft Way
Redmond, WA 98052-6399
Fax: +1 206-936-7329
Internet: devnet@microsoft.com

Benutzen Sie die Visual Basic-Foren in CompuServe

CompuServe unterstützt mehrere Foren, die sich mit Visual Basic befassen. Melden Sie sich bei CompuServe an, und geben Sie den Befehl *GO MSBASIC*. Sie können dort Kontakt zu Visual Basic-Experten aufnehmen, um Hilfe schreien, Visual Basic-Programme herunterladen und Ideen austauschen.

In CompuServe finden Sie auch das Visual Basic Programmer's Journal unter *GO WINDX*.

CompuServe	In Deutschland
CompuServe P.O. Box 20212 5000 Arlington Centre Boulevard Columbus, OH 43220 Tel: +1 800-848-8990 (nur USA und Canada)	Tel: 0130 / 3732 Fax: 089 / 66578000

Treten Sie einer lokalen Visual Basic-Benutzergruppe bei

Benutzergruppen bestehen aus freundlichen, fanatischen Leuten, die ihr Leben einem ganz bestimmten Programm, Computer oder Thema gewidmet haben. In vielen Städten gibt es lokale Visual Basic-Benutzergruppen, wo sich Visual Basic-Enthusiasten (und -Fanatiker) treffen können, um das neueste Garn über Visual Basic auszutauschen, Programme zu kopieren und andere Leute mit ihrem Enthusiasmus anzustecken.

Weil Microsoft mehr verdient, wenn mehr Leute seine Produkte benutzen, unterstützt Microsoft die Bildung von Visual Basic-Benutzergruppen, wo immer sie auch sein mögen. Sie finden lokale Benutzergruppen oft in regional begrenzten Computerzeitschriften, Newslettern oder BBSs. Wenn Sie eine eigene Visual Basic-Benutzergruppe gründen wollen, können Sie auch Ihre nationale Microsoft-Niederlassung anrufen, damit Ihr Name und Ihre Telefonnummer in das Verzeichnis der Visual Basic-Benutzergruppen aufgenommen werden. Sie können dort auch nachfragen, ob es in Ihrer Nähe eine Visual Basic-Benutzergruppe gibt.

Besuchen Sie Web-Sites über Visual Basic

Im Internet gibt es mehrere Web-Sites, die sich speziell mit Visual Basic befassen. Die Zahl der Sites, die sich mit spezielleren Themen befassen, wächst ständig. Hier ist eine Aufstellung der Sites, die ein breiteres Publikum ansprechen:

Carls und Garys Visual Basic-Home-Page:

http://www.apexsc.com/vb

Gary Beenes Visual Basic-World:

http://web2.airmail.net/gbeene/welcome.html

VB-Tips & Tricks-Home-Page:

http://apexsc.com/vb/davem/vbtt.html

Besuchen Sie eine technische Konferenz über Visual Basic

Jedes Jahr sponsern Microsoft und das Visual Basic Programmer's Journal in den USA und anderen Ländern eine technische Konferenz über Visual Basic, auf der Sie die neuesten Gerüchte über Visual Basic hören, Werbeseminare von Microsoft-Vertretern hören, Visual Basic-Add-Ons billig von den Herstellern kaufen und Kontakte zu anderen Visual Basic-Programmierern knüpfen können. Informationen über diese technischen Konferenzen erhalten Sie bei:

Visual Basic Programmer's Journal

Fawcette Technical Publications
209 Hamilton Avenue
Palo Alto, CA 94301-2500
Tel: +1 415-833-7100
Fax: +1 415-853-0230
CompuServe: GO WINDX
Web: http://www.windx.com

Wenn alles nichts hilft, rufen Sie den technischen Support von Microsoft an

Aus reiner Herzensgüte stellt Microsoft verschiedene Hotlines bereit, die Sie anrufen können, wenn Sie Hilfe brauchen. Im Gegensatz zu WordPerfect weigert sich Microsoft allerdings, die Telefonkosten zu tragen.

Hier die Visual Basic-Hotline von Microsoft:

Visual Basic-Hotline: 089 / 3176-1151

Suchen Sie nach Versandhändlern

Kaufen Sie Visual Basic oder Visual Basic-Zusatzprogramme nicht direkt vom Hersteller. Die meisten Softwarehersteller berechnen, ohne mit der Wimper zu zucken, den vollen Endverkaufspreis für ihre Programme.

Lokale Computerhändler verkaufen Software oft mit einem Preisnachlaß von 10 bis 30 Prozent. Viele lokale Händler verkaufen Visual Basic, aber die wenigsten führen auch Visual Basic-Zusatzprogramme.

Kaufen Sie solche Zusatzprogramme nicht beim Softwarehersteller, sondern bei einem Versandhändler. Versandhändler geben Ihnen oft noch größere Preisnachlässe (manchmal bis zu 50 Prozent).

Populäre Versandhändler, die sich darauf spezialisiert haben, Programmierwerkzeuge und Zusatzprogramme zu verkaufen, sind MicroBasic, Programmer's Paradise und SOS Software-Service. Von diesen Händlern hat sich MicroBasic auf Visual Basic spezialisiert. Die Firma gibt zudem gegen eine Versandkostenpauschale eine CD (MicroBasic Tools-CD) mit Demoprogrammen zu diversen Visual Basic-Produkten heraus.

Versandhändler	
MicroBasic GmbH für EDV-Service Am Sommerfeld 11 85622 Weißenfeld Tel: 089 / 9049 9049 Fax: 089 / 9049 9090 Web: http://www.MicroBasic.com	Programmers Paradise Gruberstraße 46b 85586 Poing bei München Tel: 08121/79073 Fax: 08121/76566 CompuServe: 100135,1410
SOS Software-Service-GmbH Alter Postweg 101 86159 Augsburg Tel: 0821/25782-0 Fax: 0821/25782-50 CompuServe: 75360,1017	

Erweitern Sie Visual Basic, indem Sie Ihre eigenen DLL-Dateien schreiben

Wenn Sie viele Visual Basic-Programme schreiben wollen, sollten Sie Ihre häufig verwendeten Prozeduren in separaten BAS-Moduldateien speichern. Auf diese Weise können Sie eine BAS-Moduldatei in vielen Programmen wiederverwenden.

Leider können BAS-Moduldateien nur Visual Basic-Befehle enthalten. Weil Sprachen wie C++ und Pascal sich besser dazu eignen, in den Eingeweiden Ihres Computers herumzuwühlen und einzelne Bits und Bytes zu manipulieren, schreiben viele Programmierer allgemein nutzbare Prozeduren in C++ oder Pascal und speichern sie in separaten DLL-Dateien (DLL=*Dynamic Link Library*). Eine DLL-Datei enthält allgemein nutzbare Prozeduren, die von mehreren Programmen genutzt werden können.

Man kann eine DLL mit C++, Pascal und sogar Visual Basic schreiben. Egal, welche Sprache Sie benutzen, wenn Sie DLL-Dateien statt BASIC-Code in einem BAS-Modul benutzen, werden Ihre Visual Basic-Programme schneller.

Das Arbeiten mit DLL-Dateien ist nicht einfach; aber wenigstens ist es einfacher als die andere Alternative, nämlich das Windows-Application-Interface (API) zu verwenden (siehe den folgenden Abschnitt).

Erweitern Sie die Fähigkeiten von Visual Basic, indem Sie das Windows Application Interface (API) benutzen

Visual Basic macht das Programmieren so einfach, weil es Sie von den vielen haarigen Details abschirmt, die beim Schreiben von Windows-Programmen berücksichtigt werden müssen. Der Preis, den Sie für diese Abschirmung bezahlen, besteht in einem Verlust an Flexibilität, mit der C++-Programmierer so gerne angeben (während sie durch den Umgang mit der Komplexität der Windows-Programmierung langsam in den Wahnsinn gleiten).

Irgendwann wird Sie jedoch die leichte Bedienbarkeit von Visual Basic frustrieren, weil Sie bestimmte Aufgaben einfach nicht mit Visual Basic lösen können. Die schnellste und einfachste Alternative besteht im Kauf eines Visual Basic-Zusatzprogrammes, das Ihnen die gewünschten Features bereitstellt. Aber wenn Sie ein solches Programm nicht finden können, müssen Sie selbst in den Innereien von Windows herumwühlen.

Um Programmierer beim Schreiben von Windows-Programmen zu unterstützen, gibt es unter Windows viele Befehle, die in dem sogenannten *Windows-Application-Interface* (API) zusammengefaßt sind. Obwohl diese Befehle schwer zu erlernen und zu verstehen sind, geben Sie Ihnen die Möglichkeit, Windows nach Herzenslust zu manipulieren (und natürlich auch zum Absturz zu bringen).

Wenn Sie das Leben auf des Messers Schneide lieben, sollten Sie sich näher mit dem Windows-API befassen. Andernfalls tun Sie einfach so, als sei dieser Abschnitt gar nicht vorhanden, und lesen Sie an einer anderen Stelle des Buches weiter.

Kaufen Sie ein Programm, um Hilfedateien zu erstellen

Jedes gute Windows-Programm enthält ein Online-Hilfesystem, damit die Benutzer direkt am Bildschirm den Hypertext durchstöbern können, statt Handbücher mit mehreren hundert Seiten zu wälzen. Wenn Sie ernsthaft Visual Basic-Programme schreiben wollen, müssen Sie dafür auch ein Hilfesystem erstellen.

Das Erstellen eines Hilfesystems ist nicht schwer, aber unglaublich langweilig und mühsam. Glücklicherweise gibt es einige Spezialprogramme, die Ihnen einen Teil der Mühe abnehmen können. Drei populäre Programme für diesen Zweck sind *RoboHelp*, *ForeHelp* und *Doc-to-Help*, mit denen Sie Hilfethemen so leicht wie ein Dokument in einem Textverarbeitungsprogramm erstellen können. Wenn Sie damit fertig sind, zeigen Ihnen die Programme genau, wie die fertigen Hilfethemen in Ihrem Visual Basic-Programm aussehen.

Ein gutes Hilfesystem verleiht Ihrem Programm eine professionelle Erscheinung. Aber wenn Sie nicht daran interessiert sind, Ihre Programme leichter bedienbar zu machen, sollten Sie lieber für eine der großen Softwarefirmen arbeiten.

Weitere Informationen über *RoboHelp*, *ForeHelp* und *Doc-To-Help* finden Sie bei:

RoboHelp	ForeHelp
Blue Sky Software 7777 Fay Avenue, Suite 201 La Jolla, CA 92037 Tel: +1 619-459-6365 Fax: +1 619-459-6366 Web: http://www.blue-sky.com	ForeFront, Inc. 4710 Table Mesa Drive, Suite B Boulder, CO 80303 Tel: +1 303-499-9181 Fax: +1 303-494-5446 Web: http://www.ff.com

Doc-To-Help
MicroBasic GmbH für EDV-Service Am Sommerfeld 11 85622 Weißenfeld Tel: 089 / 9049 9049 Fax: 089 / 9049 9090 Web: http://www.MicroBasic.com

Kaufen Sie ein Programm, um Installationsdisketten zu erstellen

Wenn Sie ein Programm in Visual Basic geschrieben haben, besteht der letzte Schritt darin, das Programm an andere zu verkaufen. Sie können natürlich Ihr Programm einfach auf eine Diskette kopieren und darauf hoffen, daß die andere Person schon weiß, wie sie es installieren soll. Besser jedoch ist es, wenn Sie ein spezielles Installationsprogramm benutzen.

Installationsprogramme führen den Benutzer Schritt für Schritt durch den oft komplizierten Vorgang der Installation eines Programms. Visual Basic enthält zwar ein eigenes Installationsprogramm, den *Application Setup Wizard*, aber bei einem speziellen Installationsprogramm können Sie die Installation anpassen, Ihr Firmenlogo verwenden sowie Werbung oder Sound-Effekte einfügen.

Zwei populäre Installationsprogramme sind *InstallShield* und *PC-Install*. Beide helfen Ihnen, bombensichere Installationsroutinen für Ihre Visual Basic-Programme zu erstellen.

PC-Install

20/20 Software, Inc.
8196 SW Hall Blvd., Suite 200
Beaverton, OR 97008
Tel: +1 503-520-0504
Fax: +1 503-520-9118
Web: http://www.twenty.com/~twenty

InstallShield

MicroBasic
GmbH für EDV-Service
Am Sommerfeld 11
85622 Weißenfeld
Tel: 089 / 9049 9049
Fax: 089 / 9049 9090
Web: http://www.MicroBasic.com

Mit Assistenten und Formularvorlagen arbeiten

In diesem Kapitel

- Ein Programm mit dem Visual Basic-Anwendungsassistenten erstellen
- Zeit mit vordefinierten Formularen sparen
- Vordefinierte Formulare von Visual Basic anpassen

Seit seiner Einführung im Jahre 1991 hat sich Visual Basic schnell zur einfachsten Sprache zum Schreiben von Windows-Anwendungen entwickelt. Mit der Einführung von Visual Basic 5 fast sechs Jahre später hat Microsoft das Programmieren leichter als je zuvor gemacht. Zwei der neuesten Features von Visual Basic sind

✔ Der Visual Basic-Anwendungsassistent

✔ Formularvorlagen

Der Visual Basic-Anwendungsassistent erstellt für Sie ein komplettes, lauffähiges Programmgerüst, das Sie an Ihre Erfordernisse anpassen können. Mit Formularvorlagen können Sie neue Funktionen in die Benutzeroberfläche Ihres Programms einfügen, ohne die Benutzeroberfläche von Grund auf erstellen zu müssen.

Ein Programm schnell mit dem Visual Basic-Anwendungsassistenten schreiben

Wenn Sie ein Programm schnell schreiben wollen, können Sie mit dem Visual Basic-Anwendungsassistenten das Grundgerüst des Programms automatisch in wenigen Minuten erstellen. Natürlich müssen Sie in dieses Grundgerüst noch BASIC-Code einfügen, um die gewünschten Funktionen zu realisieren. Aber dies geht erheblich schneller, als das Programm von Grund auf zu erstellen.

Um ein Programm mit dem Visual Basic-Anwendungsassistenten zu erstellen, gehen Sie folgendermaßen vor:

1. **Wählen Sie im *Datei*-Menü den *Neues Projekt*-Befehl.**

    Das *Neues Projekt*-Dialogfeld wird angezeigt. (Wenn Sie Visual Basic gerade starten, erscheint dieses Dialogfeld automatisch.)

2. **Klicken Sie auf das *Visual Basic-Anwendungsassistent*-Symbol und dann auf *OK*.**

   Das einführende Dialogfeld des Visual Basic-Anwendungsassistenten wird angezeigt.

3. **Klicken Sie auf *Weiter*.**

   Das *Anwendungsassistent – Art der Benutzeroberfläche*-Dialogfeld wird angezeigt. Der Visual Basic-Anwendungsassistent kann die drei folgenden Arten von Programmgerüsten erstellen (siehe Abbildung A.1):

   - *Multiple Document Interface (MDI)* – ermöglicht es dem Benutzer wie bei einem Textverarbeitungsprogramm mehrere Fenster auf einmal zu öffnen
   - *Single Document Interface (SDI)* – zeigt, wie z.B. ein Web-Browser, die ganze Zeit ein einziges Fenster
   - *Explorer Style* – zeigt, wie z.B. der Windows-Explorer, hierarchisch angeordnete Symbole

Abbildung A.1: Die verschiedenen Programmtypen, die der Visual Basic-Anwendungsassistent erstellen kann.

4. **Klicken Sie auf das Optionsfeld des Programmtyps, den Sie erstellen wollen, wie z.B. *Single Document Interface (SDI)*, und klicken Sie dann auf *Weiter*.**

   Das *Anwendungsassistent – Menüs*-Dialogfeld wird angezeigt. (Das Dialogfeld enthält nur die Menüs *Datei, Bearbeiten, Ansicht, Fenster* und *Hilfe (?)*. Aber Sie können später weitere Menüs hinzufügen.)

5. **Markieren Sie alle Menüs, die in Ihrem Programm verwendet werden sollen, und klicken Sie auf *Weiter*.**

   Das *Anwendungsassistent – Ressourcen*-Dialogfeld wird angezeigt. Ressourcen-Dateien werden meistens dazu benutzt, bei mehrsprachigen Programmen die englischen Meldungen aus dem Programmtext auszulagern. Wenn Sie kein mehrsprachiges Programm schreiben wollen, brauchen Sie keine Ressourcen-Dateien.

6. **Markieren Sie das *Ja*-Optionsfeld, wenn Sie Ressourcendateien benutzen wollen, anderfalls markieren Sie das *Nein*-Optionsfeld. (Sie können Ihre Wahl später ändern.) Klicken Sie dann auf *Weiter*.**

   Das *Anwendungsassistent – Internet-Verbindung*-Dialogfeld wird angezeigt. Mit diesem Dialogfeld können Sie einen Web-Browser in Ihr Programm einfügen. (Sie können dies auch später noch tun.)

7. **Markieren Sie das *Ja*-Optionsfeld, wenn Sie einen Web-Browser benutzen wollen, anderfalls markieren Sie das *Nein*-Optionsfeld. (Sie können Ihre Wahl später ändern.) Klicken Sie dann auf *Weiter*.**

   Das *Anwendungsassistent – Standardformulare*-Dialogfeld wird angezeigt. Sie können damit einen *Eröffnungsbildchirm*, einen *Anmeldedialog*, einen *Optionsdialog* oder ein *Info-Feld* in Ihr Programm einfügen.

8. **Markieren Sie alle zusätzlichen Formulare, die in Ihrem Programm verwendet werden sollen, mit einem Häkchen. (Sie können diese Formulare auch später noch hinzufügen.) Klicken Sie dann auf *Weiter*.**

   Das *Anwendungsassistent – Datenzugriffsformulare*-Dialogfeld wird angezeigt. Sie können damit ein Formular hinzufügen, das speziell auf den Zugriff auf Datenbankdateien zugeschnitten ist.

9. **Markieren Sie das *Nein*-Optionsfeld, wenn Ihr Programm nicht auf Datenbankdateien zugreifen soll. Anderfalls markieren Sie das *Ja*-Optionsfeld, und wählen Sie das Datenbankprogramm und die Datenbank. (Wenn Sie *Ja* wählen, müssen Sie einige weitere Schritte ausführen, um zusätzliche Informationen über die Datenbank einzugeben.) Klicken Sie dann auf *Weiter*.**

   Das *Anwendungsassistent – Fertig!*-Dialogfeld wird angezeigt.

10. **Geben Sie den Namen Ihres Projekts ein, und klicken Sie dann auf *Fertig*.**

    Visual Basic erstellt das Programmgerüst.

     Nachdem der Visual Basic-Anwendungsassistent das Programmgerüst erstellt hat, müssen Sie dieses mit BASIC-Code füllen, um das Programm an Ihre Erfordernisse anzupassen.

Vordefinierte Formulare benutzen

Während Sie mit dem Visual Basic-Anwendungsassistenten ein neues Programmgerüst erstellen können, können Sie mit den vordefinierten Formularvorlagen von Visual Basic vorhandene Programme ergänzen, indem Sie zusätzliche Formulare zu diesen Programmem hinzufügen, ein Vorgang, der viel einfacher ist.

Abbildung A.2: Das Formular hinzufügen-*Dialogfeld.*

Im Gegensatz zu dem Visual Basic-Anwendungsassistenten, der ein vollständiges Programm automatisch für Sie erstellt, stellen Formularvorlagen (siehe Abbildung A.2) nur einige häufig verwendete Formulare oder Dialogfelder bereit, die Sie in Ihre Programm einbauen können. Die Arten von Dialogfeldern oder Fenstertypen, die Sie verwenden können, lauten:

✔ *Formular* – Standardformular

✔ *VB-Datenformular-Assistent* – Formular, das auf Informationen in einer Datenbankdatei zugreifen soll (siehe auch Kapitel 33)

✔ *Info-Dialog* – Formular, das Informationen über Ihr Programm, wie z.B. Copyright oder Versionsnummer, anzeigt

✔ *Anmeldung-Dialog* – Formular, das den Benutzer bei der Anmeldung nach seinem Namen und Kennwort fragt

✔ *Optionen-Dialog* – Formular, das mehrere Register anzeigt, mit denen der Benutzer Programmoptionen anpassen kann

✔ *Eröffnungsbildschirm* – Formular, das beim Starten den Programmnamen, die Versionsnummer, Ihr Logo usw. anzeigt

A ➤ Mit Assistenten und Formularvorlagen arbeiten

✔ *Tip des Tages* – Formular, das hilfreiche Hinweise anzeigt, um die Bedienung des Programms zu vereinfachen

✔ *Add-In* – Formular, mit dem Sie ein Add-In testen können

✔ *ODBC-Anmeldung* – Formular, das die Anmeldung eines Benutzers bei einer Datenbank steuert

✔ *Browser* – Formular, das den Zugang zum Internet ermöglicht

✔ *Datentabelle* – Formular, das ein Gitter zur Anzeige von Daten in Form einer Tabellenkalkulation bereitstellt

✔ *Abfragen* – Formular, das die Eingabe von SQL-Abfragen ermöglicht

Um eine Formularvorlage in Ihr Programm einzufügen, gehen Sie folgendermaßen vor:

1. **Wählen Sie im *Projekt*-Menü den *Formular hinzufügen*-Befehl, oder klicken Sie in der Symbolleiste auf das *Formular*-Symbol.**

   Das *Formular hinzufügen*-Dialogfeld wird angezeigt (siehe Abbildung A.2).

2. **Klicken Sie auf die Formularvorlage, die Sie benutzen wollen (z.B. *Tip des Tages*), und klicken Sie dann auf *Öffnen*.**

   Visual Basic zeigt das gewählte Formular auf dem Bildschirm an (siehe Abbildung A.3).

Abbildung A.3: Ein typisches Formular, das mit einer Formularvorlage erstellt wurde.

 Wenn Sie ein Formular mit einer Formularvorlage hinzugefügt haben, müssen Sie in der Regel zusätzlich BASIC-Code schreiben, um das Formular an Ihre Erfordernisse anzupassen.

Über die CD

Im hinteren Innendeckel dieses Buches finden Sie eine CD mit dem Visual Basic-Quellcode der Übungen aus den verschiedenen Kapiteln in diesem Buch.

Die Programme zeigen lauffähige Beispiele der BASIC-Befehle, die in einzelnen Kapiteln besprochen werden. Indem Sie den Code studieren, können Sie mehr Zeit mit Lernen statt mit mühsamem Eintippen verbringen.

Systemanforderungen

Für die Benutzung der CD benötigen Sie folgende Ausrüstung:

- ✔ Einen PC mit ausreichend RAM und einem Prozessor, der Windows 95 ausführen kann
- ✔ Windows 95
- ✔ Visual Basic 5

Inhalt der CD

Die CD enthält den Visual Basic-Quellcode in verschiedenen Ordnern, die nach den Kapiteln benannt sind.

Kapitel 3

Enthält die beiden Programme *Hello1* und *Hello2*.

Kapitel 4

Enthält das endgültige *Hello*-Programm.

Kapitel 5

Enthält das *Caption*-Programm, das zeigt, wie Sie mit BASIC-Code die Caption eines Objekts auf der Benutzeroberfläche ändern können.

Kapitel 6

Enthält das Programm mit den Formularen und Schaltflächen, das zeigt, wie Sie mit Schaltflächen das Aussehen eines Formulars verändern können. (Als Bonus zeigt dieses Programm, wie Sie Dialogfelder verwenden können. Mehr darüber finden Sie in Kapitel 13.)

Kapitel 7

Enthält das Programm mit den Kontrollkästchen und Optionsfeldern, das Ihnen zeigt, wie Sie Kontrollkästchen, Optionsfelder, Kombinationsfelder und Listenfelder verwenden können.

Kapitel 8

Enthält das Programm mit den Textfeldern, das Ihnen zeigt, wie Sie Textfelder und Kennwortfelder erstellen können.

Kapitel 9

Enthält das Programm mit den Bildlaufleisten, das Ihnen zeigt, wie Sie Bildlaufleisten verwenden und ihren Wert anzeigen können.

Kapitel 10

Enthält das Programm mit den verschiedenen Figuren, das Ihnen zeigt, wie Sie die Größe eines Kreises zur Laufzeit von der Benutzeroberfläche aus ändern können.

Kapitel 13

Enthält das Dialogfeld-Programm, das Ihnen zeigt, wie Sie das integrierte Standarddialogfeld-Objekt benutzen können.

Kapitel 15

Enthält das Variablen-Programm, das Ihnen zeigt, wie Sie die Eigenschaften von Objekten in verschiedenen Formularen ändern können.

Kapitel 18

Enthält das *ELIZA*-Programm, das Ihnen zeigt, wie Sie Strings manipulieren können. ELIZA simuliert einen Psychotherapeuten, der einfach alles, was Sie eintippen, wie ein Echo zurückgibt und Ihnen damit die Illusion gibt, daß der Computer tatsächlich das versteht, was Sie eintippen. Das Programm ist auf die Eigenheiten der englischen Sprache abgestimmt und in der Form nicht übersetzbar.

Kapitel 25

Enthält das *ForNext*-Programm, das Ihnen zeigt, wie eine einfache *For-Next*-Schleife funktioniert.

Kapitel 28

Enthält das *Argumente*-Programm, das Ihnen zeigt, wie Sie Argumente an Prozeduren übergeben können.

Kapitel 30

Enthält das *Mission*-Programm, das Ihnen zeigt, wie Klassenmodule funktionieren und wie Sie diese in einem Visual Basic-Programm benutzen können.

Kapitel 34

Enthält das *DruckBeispiel*-Programm, das Ihnen zeigt, wie Sie aus einem Visual Basic-Programm heraus drucken können.

Wenn Sie Probleme mit der CD haben

Weil Computer von Natur aus gerade dann unzuverlässig sind, wenn wir sie am meisten brauchen, gehören Sie vielleicht zu den wenigen Unglücklichen, die Probleme bei der Benutzung der beiliegenden CD haben.

Wenn Ihr Computer die Dateien nicht von der CD lesen kann, ist möglicherweise Ihre CD defekt. Trotz größter Anstrengungen unsererseits entschließt sich eine CD gelegentlich dazu, »der dunklen Seite der Kraft zu folgen«, und versucht, Computerprobleme auf den Benutzer abzuwälzen.

Wenn also Ihr Computer die beiliegende CD aus irgendeinem Grund nicht lesen kann, versuchen Sie folgende Schritte:

1. **Klicken Sie auf die *Start*-Schaltfläche in der Task-Leiste von Windows 95.**
2. **Wählen Sie *Programme/Zubehör/Systemprogramm/ScanDisk*.**

Das *ScanDisk*-Dialogfeld wird angezeigt.

3. **Klicken Sie auf das *CD:*-Symbol und dann auf *Starten*.**

Wenn Sie immer noch Probleme haben, die Dateien von der CD zu lesen, wenden Sie sich an ITP, Tel. 0228/970240, um eine Ersatz-CD anzufordern.

Stichwortverzeichnis

Symbole

—-Operator 276, 277
300
&-Operator 276, 280
*-Operator 276, 277
+-Operator 276
.BAS 413
.CLS 399, 413
.FRM 413
.OCX 413
.VBP 413
/-Operator 276
<-Operator 282
<=-Operator 282
<>-Operator 282, 284
=-Operator 282
>-Operator 282
>=-Operator 282
^-Operator 276, 279

A

Abbildungen 159
   Bilder anzeigen 160
   erstellen 159
   Größe 162
   Rahmen 161
Abbildungsfelder 437
Abblenden
   von Menübefehlen 191
Abbrechen-Schaltfläche 115
Abfragen 100, 481
Abgerundete Quadrate 165
Abgerundete Rechtecke 165
Access 420, 429, 432, 442ff.
Access-Datenbank-Dialogfeld 434
Activate-Ereignis 233
ActiveX-Control 413, 414, 416, 457
ActiveX-DLL 34
ActiveX-Dokument-DLL 35
ActiveX-Dokument-EXE 35

ActiveX-EXE 34
ActiveX-Steuerelement 34
Add-In 35, 100, 481
Add-Ons 458
Addieren
   Zeichenketten 280
AddItem-Befehl 129
Addition 276
Aktuell-Register 35
allgemeine Prozedur 371, 372, 374, 375
Alphanumerische Konstanten 300
American National Standards Institut 283
And 286
And-Operator 280, 281
Anführungszeichen
   bei Zeichenketten 289
Animationen 49
Anmeldedialog 99, 479f.
ANSI 283
ANSI-Tabelle 297
ANSI-Werte 283
ANSI-Zeichencode 284
ANSI-Zeichensatz 283
Anwendung erstellt-Dialogfeld 57
Anwendungsassistent 48
Anwendungsassistent-Zusammenfassung-
   Dialogfeld 57
Anzahl der Argumente 382
Anzeige der aktuellen Werte 316
Anzeige-Symbol 37
API 472, 473
Application Setup Wizard 474
Argument hinzufügen-Dialogfeld 407
Argumente 377
   als Werte übergeben 377, 383
   an eine Prozedur übergeben 377
   annehmen 379
   Anzahl 382
   Datentypen 381
   falsche Anzahl 382
   falscher Datentyp 382
   Probleme bei Übergabe 382

übergeben 378
   von Funktionen 392
Argumentliste 375, 380, 383
   Funktionen 395
Argumenttypen 381, 393
Arithmetische Operatoren 275
Asc-Befehl 297
ASCII-Tabelle 297
ASCII-Zahlenwerten 297
Assistenten
   Anwendungsassistent 48
Auflösung
   beim Drucken 451
Ausgabe 238
auskommentieren 308
Ausrichtung
   in Bezeichnungsfeldern 157
   in Textfeldern 140
   Kontrollkästchen 120
   Optionsfelder 120
   von Popup-Menüs 201
Ausschneiden
   Zeichenketten 291
Auszeichnung 85
   in Textfeldern 146
   Kombinationsfeld 136
   Listenfeld 136
   von Captions ändern 88
AutoSize-Eigenschaft 156
Avanti Software 463

B

BackColor-Eigenschaft 147, 164
BackStyle-Eigenschaft 172
BAS-Dateien 372, 373
   aus einem Projekt entfernen 416
   in ein Projekt einfügen 416
   permanent löschen 416
BAS-Moduldatei 303
BASIC 61
basic pro 468
BASIC-Befehl 31, 61
BASIC-Code 61, 62, 66, 223
BasicScript 464
Bearbeiten-Menü 177, 178

Bedingung 325, 345, 348, 353ff.
   Ausdruck 326
   If-Then 326, 329
   If-Then-Else 329
   If-Then-ElseIf 330
   If-Then-End If 327
   Mehrweg-Entscheidungen 331
   Variable 325
Befehl 61
Befehlsschaltflächen 110, 111
   erstellen 111
Benutzergruppe 76
Benutzeroberfläche 30f., 41f., 47, 76, 99, 261
   Daten ermitteln 261
   entwerfen 75, 78
   erstellen 44
Bezeichnungsfelder 78, 154, 437
   Ausrichtung 157
   automatische Anpassung an Text 156
   AutoSize-Eigenschaft 156
   erstellen 154
   Größe 156
   Rahmen 155
   Text anzeigen 154
   WordWrap-Eigenschaft 158
   Zeilenumbruch 158
Bild laden-Dialogfeld 51, 112, 113, 124, 160
Bilder
   laden 160
Bildfelder 78, 159, 437
   Bilder anzeigen 160
   erstellen 159
   Größe 162
   Hintergrundfarbe 164
   Rahmen 161
   Stretch-Eigenschaft 162
Bildlauffeld 150ff.
   Position 152
   verschieben 152
   Wert der Bildlaufleiste 152
Bildlaufleisten 142
   erstellen 150
   Höchstwert 150, 151
   horizontale 150
   in Textfeldern 142
   Komponenten 150

Stichwortverzeichnis

LargeChange-Eigenschaft 153
Mindestwert 150f.
SmallChange-Eigenschaft 152
vertikale 150
Wert 150ff.
Wert ermitteln 268
Bildlaufpfeil 150
Bildlaufpfeile 152
Bildschaltflächen 110f.
   erstellen 112, 124
Bildschirme
   Auflösung 447
Binärzahlen 283
Bitmap-Dateien 160
Bitmaps
   Größe 162
BMP 160
Bookmarkable-Eigenschaft 444
BorderStyle-Eigenschaft 167, 208
Browser 55, 100, 481
Bugs 311f., 317
ByVal-Schlüsselwort 383

C

C++ 259, 472
Call-Schlüsselwort 375
Caption 83
   ändern 84
   Auszeichnung ändern 88
   Farbe ändern 89
   Schriftart ändern 86
   Schriftgrad ändern 87
   von Menübefehlen 198
   von Menüelementen 181
   von Menüs 181
CDbl-Befehl 296
Change-Ereignis 233
check boxes 119
Chr-Befehl 297
Clear-Befehl 133
Click-Ereignis 233
Code 31, 61, 66, 366
Code drucken 453
Code-Fenster 64, 240, 374
   unterteilen 228
   Unterteilung aufheben 228

CommonDialog-Symbol 210f.
CompuServe 469
Computer
   Geschichte 42
Computer-Telephonie 464
Computerprogramm 27
control array 234
CorelDRAW 160
Crescent Software 459
Critical Message 207
Crystal Report Writer 461
CSng-Befehl 296
Currency 253
Cursor 42

D

Data Manager 429
DatabaseName-Dialogfeld 431
Datei-Menü 177f.
Dateilistenfeld 267
Daten 237
   aus Bildlaufleisten lesen 268
   aus Dateilistenfeldern lesen 266
   aus Kombinationsfeldern lesen 268
   aus Kontrollkästchen lesen 265
   aus Laufwerkslistenfeldern lesen 266
   aus Listenfeldern lesen 269
   aus Optionsfeldern lesen 264
   aus Textfeldern lesen 264
   aus Verzeichnislistenfeldern lesen 266
   Ausgabe 238
   Eingabe 238
   Verarbeitung 238
   Zahlen 238
   Zeichenketten 238
Daten-Steuerelement 439
Datenbank 422, 430
   Navigation 438
Datenbankdatei 421, 429, 430
Datenbankfelder
   ändern 443
Datenbankformate
   bei neuen Versionen 445
Datenfelder 430
Datenformular erstellt-Dialogfeld 436

Datensätze 422
    ändern 440
    anzeigen 439
    Daten wiedergewinnen 443
    erstellen 440
    erster 439
    letzter 439
    löschen 439
    mit Lesezeichen markieren 444
    nächster 439
    suchen 441
    Suchkriterium 441
    vorheriger 439
    wählen 438
    zählen 441
Datentabelle 100, 481
Datentyp 252
    deklarieren 253
    Funktion 390
    Funktionen 391
    von Argumenten 381
Datentyp Variant 380
Datum-Konstanten 300
dBASE 420, 429
DblClick-Ereignis 233
Deactivate-Ereignis 233
Debugging 311, 312
Default-Eigenschaft 114
Deklaration 300
    von Konstanten 300
Dialogfeld 197, 205
    Access-Datenbank 434
    Anwendung erstellt 57
    Anwendungsassistent-Zusammenfassung 57
    Argument hinzufügen 407
    Befehlsschaltflächen 206, 208, 209
    Bild laden 51, 112f., 124, 160
    DatabaseName 431
    Datenformular erstellt 436
    Drucken 219, 454
    Eigenschaft erstellen 406ff.
    Farbe 216
    Formular hinzufügen 100, 432 – 436., 481
    Hilfethemen 303
    Klassenmodul hinzufügen 398, 404 – 408
    Komponenten 210, 417

Modul hinzufügen 258, 373
Neues Projekt 33, 44 – 47, 51, 304, 415, 477
Öffnen 212
Optionen 39, 415
Projekt öffnen 35, 415
Projekteigenschaften 108
Rückgabewert 209
Schriftart 218
Speichern 46
Speichern unter 215
Symbol laden 107
Symbole 207
Symbole einfügen 207
Tabellenstruktur 425ff.
Überwachung hinzufügen 319
DIB 160
Division 278
    ganzzahlige 278
    Modulus 279
    Rest 279
    Rundung 279
DLL 34
DLL-Dateien 472
Do-Loop-Until-Schleifen 353
Do-Loop-While-Schleifen 347
Do-Until-Schleifen 351
Do-While-Schleifen 345
Double 252
Double-Datentyp 253
DragDrop-Ereignis 233
DragOver-Ereignis 233
DropDown-Ereignis 233
DropDown-Kombinationsfeld 126
DropDown-Listenfeld 126
Drucken
    Auflösung 447
    Formular 447
Drucken-Dialogfeld 454
Drucker-Objekt 447, 448
    Anfangsposition 448
    Auflösung 448, 451
    Linien und Kreise drucken 450
    Seitenrand 448
    Seitenzahl 451
    Text drucken 448

Druckvorgang
   abbrechen 452
   beenden 452
Dynamic Link Library 472
Dynaset 432

E

Eigenschaft erstellen-Dialogfeld 406ff.
Eigenschaften 31, 239, 399
   ändern 49, 245
   definieren 47, 51
   Funktion 48
   von Objekten 263
   zur Laufzeit ändern 49
Eigenschaftenfenster 37, 80
Einbettung
   Zeichenketten 292
Einfaches Kombinationsfeld 126
Eingabe 238
Einrückung
   Code 366
Einrückungsstufe 197
Einzelschritt 317, 320
Elemente-Listenfeld 232
Ellipsen 165
EndDoc-Befehl 452
Endlosschleife 346, 366
Entscheiden
   mit Kombinationsfeldern 130
   mit Kontrollkästchen 124
   mit Listenfeldern 130
   mit Optionsfeldern 124
Entscheidungen 325, 326
Entwicklungszyklus 28
Entwurfszeit 48
Eqv 286
Ereignis 31, 68, 223
   Activate 233
   Change 233
   Click 233
   DblClick 233
   Deactivate 233
   DragDrop 233
   DragOver 233
   DropDown 233

GotFocus 233
KeyDown 233
KeyPress 233
KeyUp 233
LostFocus 233
MouseDown 233
MouseMove 233
MouseUp 233
Ereignisprozeduren 223, 371
   erstellen 224f.
   Komponenten 226
   Namen 233
Ereignisse 232
   Arten 223
   Mausereignisse 223
   Programmereignisse 223
   Tastaturereignisse 223
Eröffnungsbildschirm 100, 479, 480
Ersetzen
   in Zeichenketten 293
EXE 34
Explorer Style 478
Extras-Menü 179

F

Farbe
   in Textfeldern 147
   Linienfarbe 167
   von Captions ändern 89
   von Linien und Figuren 167
FarPoint 460
Fehler 311f.
   beseitigen 314f.
   suchen 314, 315
   suchen und beseitigen 311
   Ursachen 315
   vermeiden 316, 381
Fehlerarten 312
Felder 422f., 429f.
Fenster 41, 78, 99
   umformen 38
   verankern 39
   verschieben 38
Fenster-Menü 177, 178
Fensterteiler 228

Figuren
  erstellen 166
  Figurenart 166
  Füllmuster 171, 172
  Füllmusterfarbe 172
  Größe definieren 171
  Größe mit der Maus ändern 170
  Hintergrundfarbe 173
  Linienart 167
  Linienfarbe 167
  Linienstärke 167
  Position 169
  Position definieren 171
  Position mit der Maus ändern 170
FillStyle-Eigenschaft 171
Filter 212
Fixed Dialog 208
For-Next-Schleifen 357
  Schrittweite 359
  Zähler 357
ForeColor-Eigenschaft 147
ForeHelp 473
Formen 30, 41, 78
FormName!ObjektName.Eigenschaft 263
Formula One 460
Formular 30, 37, 480
  als Text 453
  drucken 447
Formular hinzufügen-Dialogfeld 100, 432 – 436, 481
Formular-Dateien 372
Formular-Layout-Fenster 37, 102
Formular-Vorlage 99
Formulardarstellung drucken 453
Formulardatei 413
Formulare 225
  maximieren 105
  Menüsystem 180
  minimieren 105
  mit Rahmen versehen 104
  normal darstellen 105
  Rahmentyp ändern 105
  Reihenfolge der Anzeige 108
  speichern 101
Formularvorlagen 477
Frame-Symbol 115

FRM-Dateien 372
  aus einem Projekt entfernen 416
  in ein Projekt einfügen 416
  permanent löschen 416
Füllmuster 171
Function 389
Funktionen 389
  abbrechen 396
  Anzahl der Argumente 395
  Argumentliste 395
  aufrufen 390
  Datentypen 390f., 395
  falsche Datentypen 395
  Function 389
  in mathematischen Ausdrücken 391
  Namen 389
  Public 389
  Variablen 390
  Vergleich mit Prozeduren 390
Funktionsnamen 389

G

Geldbeträge 253
Gitternetz 109
GotFocus-Ereignis 233
Grafiken 159f.
  Größe 162
  Größe anpassen 113
  Größe automatisch anpassen 163
  in Abbildungen 160
  in Bildfeldern 160
  laden 160
graphical user interface 42
GreenTree Technologies 461
Großbuchstaben
  Zeichenketten 290
Größe
  von Grafiken 162, 163
GUI 42
Gültigkeitsbereich 256
  von Konstanten 301

H

Häkchen 187, 190
Haltepunkt 320
    löschen 321
    setzen 320
Herausspringen-Befehl 317
HighSpell 462
Hilfe-Menü 177, 179
Hilfesystem 473
Hilfethemen-Dialogfeld 303
Hintergrundfarbe 147
    bei Bildfeldern 164
    von Figuren 172
Home-Page 55
Horizontale Bildlaufleisten 142, 150

I

ICO 107, 160
Icons 160
If-Then-Befehl 326, 329
If-Then-Befehle
    verschachteln 332
If-Then-Else-Befehl 329
If-Then-ElseIf-Befehl 330, 335
If-Then-End If-Befehl 327
image box 159
ImageMan 462
Imp 286
Indexnummer 131, 132
Info-Dialog 99, 480
Info-Feld 479
Information Message 207
InstallShield 474
Instanz 409
InStr-Befehl 292
Integer 252
Integer-Datentyp 253
Internet 481
Is 286

K

Kennwort-Textfelder 143
KeyDown-Ereignis 233
KeyPress-Ereignis 233
KeyUp-Ereignis 233
KillDoc-Befehl 452
Klammern 281, 287, 375
Klassendatei 413, 414
Klassenmodul 399
Klassenmodul hinzufügen-Dialogfeld 398, 404 – 408
Kleinbuchstaben
    Zeichenketten 290
Kombinationsfelder 119, 125, 437
    als Entscheidungshilfe 130
    Arten 126, 128
    Auszeichnung 136
    Dropdown Listenfeld 126
    Dropdown-Kombinationsfeld 126
    Einfaches Kombinationsfeld 126
    Elemente entfernen 133
    erstellen 126
    löschen 133
    mit Elementen füllen 128
    Schriftart 135
    Schriftgrad 136
    sortieren 131
Kommentare 304
    Befehle unterdrücken 308
    erstellen 305
    Lesbarkeit 306
    Nachteile 307
    Verständlichkeit 307
Komponenten-Dialogfeld 210, 417
Konstante 299
    alphanumerische 300
    benennen 299
    berechnen 301
    Datum-Konstante 300
    deklarieren 300
    Gültigkeitsbereich 301
    lokale 301
    modulweite 301, 302
    numerische 300
    öffentliche 301, 302
    Programmierstil 302
Kontrollkästchen 119, 437
    als Entscheidungshilfe 124
    ausrichten 120

gruppieren 120
in ein Listenfeld einfügen 133
TabStop-Eigenschaft 121
Kontrollstrukturen 345, 351, 357
If-Then-Varianten 325
Select Case 335
Kreise 165
erstellen 166

L

Länge einer Zeichenkette 290
LargeChange-Eigenschaft 153
Laufwerklistenfeld 266
Laufzeit 49
Laufzeitfehler 312, 313
Layout-Fenster 102
LCase-Befehl 290
LeadTools 462
Leerzeichen
bei Zeichenketten entfernen 294
Left-Befehl 291
Len-Befehl 290
Lesezeichen 444
Like 286
Linien 165
erstellen 165
Größe definieren 170
Größe mit der Maus ändern 169
Linienart 167
Linienfarbe 167
Linienstärke 167
Position 169
Position definieren 170
Position mit der Maus ändern 169
Linienart 168
Linienfarbe 167
Linienstärke 167, 450
Linke Maustaste 203
Listenelemente 128
am Anfang einfügen 129
entfernen 133
Listenfelder 119, 125, 437
als Entscheidungshilfe 130
Auszeichnung 136
Elemente entfernen 133

erstellen 125
Indexnummer 131
Kontrollkästchen einfügen 133
löschen 133
mehrspaltige 134
mit Elementen füllen 128
Schriftart 135
Schriftgrad 136
sortieren 131
LoadPicture-Befehl 161
Logikfehler 312f.
Logische Operatoren 275, 280
And 280f.
Not 280
Or 280f.
Xor 280ff.
Lokal 301
lokale Konstante 301
lokale Variable 256
Long 252
Long-Datentyp 253
LostFocus-Ereignis 233
Lotus 1-2-3 34
LTrim-Befehl 295

M

Maßeinheiten 109
Millimeter 109
Pixel 109
Points 109
Twips 109
Zeichen 109
Zentimeter 109
Zoll 109
Mausereignisse 223, 224
Maustaste
linke 203
rechte 202
Maximieren-Schaltfläche 107
maximiert 105
MaxLength-Eigenschaft 144
MDB-Dateien 432
MDI 478
Mehrfachauswahl 270
Mehrfachverzweigungen 336

Mehrfachwahlen 119, 437
Mehrweg-Entscheidungen
    ElseIf 331
Meldung 206
Menü-Editor 179, 189, 197
Menü-Editor-Symbol 180
Menü-Steuerelement-Listenfeld 185, 197
Menübefehle
    abblenden 191
    Caption zur Laufzeit ändern 198
    Häkchen 190
    Shortcuts 187, 189
    unterdrücken 193
    Visible-Eigenschaft 193
Menüelemente 177
    Caption 181
    definieren 185
    Namen 181
    verschieben 186
    Zugriffstaste 181
Menüleiste 177, 195
Menüoberfläche 177
Menüs 177
    Bearbeiten-Menü 178
    Caption 181
    Datei-Menü 178
    dynamisch wachsende 198f.
    erstellen 179
    Extras-Menü 179
    Fenster-Menü 178
    Häkchen 187
    Hilfe-Menü 179
    Namen 181
    programmspezifische Menüs 179
    Shortcuts 188
    Trennlinien 187, 188
    verschieben 186
    Zugriffstaste 181
Menüsystem 180
Menütitel 177
    definieren 182
    in ein Menü einfügen 183
    löschen 184
    programmspezifische 177
    sichtbar machen 193
    unsichtbar machen 193

Metafiles 160, 162
Methoden 399
MicroBasic 468, 472, 474
MicroHelp 459
Microsoft 469
Microsoft Corporation 469
Microsoft Developer's Network News 469
Microsoft Word 34
Millimeter 109
Minimieren-Schaltfläche 107
minimiert 105
Mod-Operator 276, 279
Modul 301
Modul hinzufügen-Dialogfeld 258, 373
Modul-Dateien 372
Modul-Variablen 256
Moduldatei 413, 414
modulo 276
Modulweite Konstanten 302
MouseDown-Ereignis 233
MouseMove-Ereignis 233
MouseUp-Ereignis 233
MultiLine-Eigenschaft 141, 144
Multiple Document Interface 478
Multiplikation 277
MultiSelect-Eigenschaft 269, 270

N

Namen
    allgemeine Prozedur 374
    allgemeine Prozeduren 374
    von Konstanten 299
Negation 277
Netscape Navigator 34
Neues Projekt-Dialogfeld 44 – , 51, 304f., 477
normal 105
Not 286
Not-Operator 280
Numbers 253
Numerische Konstanten 300

O

Objektliste 63
Objekt-Kombinationsfeld 230

Objekte 30, 41, 78, 225, 398
   anzeigen 43
   benennen 81
   deaktivieren 95
   Eigenschaften 47, 263
   Eigenschaften ändern 249
   Ereignisse 223f.
   Erscheinungsbild 48
   Größe definieren 93
   Größe mit der Maus ändern 92
   identifizieren 48
   kopieren 91
   löschen 90
   mehrere auf einmal bearbeiten 91
   mit der Maus verschieben 90
   Name 48
   Namen 82
   Position definieren 90
   Prozeduren 62
   unsichtbar machen 96
   wählen 92
   zeichnen 80
Objektorientierte Programmierung 397
OCX 34, 458
ODBC-Anmeldung 100, 481
Öffentlich 301
Öffentliche Konstanten 302f.
Öffentliche Variablen 257
OLE-Custom-Extension 458
OLE-Server 34
OLETools 459
OOP 398
Operatoren 275 – 279
   Reihenfolge 287
   Vorrang 285
Optionen-Dialog 99, 479f.
Optionen-Dialogfeld 39, 415
Optionsfelder 119
   als Entscheidungshilfe 124
   ausrichten 120
   gruppieren 122
Or 286
Or-Operator 280, 281

P

Page-Befehl 452
Paradox 420, 429
Parity Software 464
Pascal 259, 472
Paßwörter 143
PC-Install 474
Pfeilspitzensymbol 196
picture box 159
Picture-Eigenschaft 161
PinPoint 463
Pixel 109
Points 109
Popup-Menüs 200
   Ausrichtung 201
   erstellen 201
   linke Maustaste 203
   Position 201
   rechte Maustaste 202
PopupMenu-Befehl 200
Potenz 279
PrintForm-Befehl 447
PrintQuality-Befehl 451
Private 400
Programm 61f.
   beenden 235
Programmereignisse 223f.
Programmieren 62
Programmieretikette 61
Programmiersprachen 27
Programmierstil 241, 302
Programmierung 27
Projekt öffnen-Dialogfeld 35, 415
Projekt-Explorer 37
Projekt/Bibliothek-Kombinationsfeld 231
Projektdatei 413
Projekteigenschaften-Dialogfeld 108
Prozedur 62
   abbrechen 377, 386
   aufrufen 375, 382
   Call 375
   einfügen 373
   hinzufügen 372
   schreiben 64
   Vergleich mit Funktionen 390

Prozedur hinzufügen-Dialogfeld 372
Prozedur-Kombinationsfeld 230
Prozedurliste 64
Prozedurname
    Public 375
    Sub 375
Prozedurschritt 317, 320
Public 389, 400
Public-Schlüsselwort 375
Pulldown-Menüs 36, 182, 187, 225

Q

Quadrate 165
Quellcode drucken 453
QuickInfo 117
QuickPak VB/J++ 459

R

Rahmen 122
    bei Abbildungen 161
    bei Bezeichnungsfeldern 155
    bei Bildfeldern 161
    Textfelder 138
Rahmentypen 104
Rechte Maustaste 202
Rechtecke 165
    erstellen 166
Recordset 430
Redo-Befehl 198
Reihenfolge
    bei Operatoren 287
RemoveItem-Befehl 133
Right-Befehl 291
RoboHelp 473
RTrim-Befehl 294
Rückgängig-Befehl 198

S

Satzzeichen 283
Sax Basic Engine 464
Sax Software 464
Schachtelung 339

Schaltflächen 78, 110
    aktivieren 95
    Bild einfügen 112
    deaktivieren 96
    sichtbar machen 96
    unsichtbar machen 96
    zu Gruppen zusammenfassen 115
Schleifen 345, 351, 357
    abbrechen 367
    Do-Loop-Until 353
    Do-Loop-While 347
    Do-Until 351
    Do-While 345
    Endlosschleifen 366
    For-Next 357
    verschachtelen 365
    verzahnen 367
Schlüsselwörter 62
Schriftart 85, 135
    in Textfeldern 146
    Kombinationsfeld 135
    Listenfeld 135
    von Captions zu ändern 86
Schriftgrad 85
    in Textfeldern 146
    Kombinationsfeld 136
    Listenfeld 136
    von Captions zu ändern 87
schrittweise Programmverfolgung 316
Schrittweite
    in For-Next-Schleifen 359
scope 256
Scope/VB 459
SDI 478
Seitenzahl 452
Select-Case-Befehl 335, 338
Shortcuts 187ff.
Single 252
Single Document Interface 478
Single-Datentyp 253
SmallChange-Eigenschaft 152
Snapshot 432
Sorted-Eigenschaft 132
Sortieren
    Kombinationsfelder 131
    Listenfelder 131

Spalten in Listenfeldern 134
Speichern-Dialogfeld 46
Spread 460
SpyWorks 463
SQL-Abfragen 481
Standard-Befehlsschaltfläche
   erstellen 114
Standard-Dialogfelder 210, 220
Standard-EXE 44
Standardelement 130
   eines Kombinationsfeldes 130
Standardschaltfläche 114
Steingräber Fachverlag 468
Steuerelementfeld 234
Str-Befehl 296
Stretch-Eigenschaft 113, 162
String 253
String-Datentyp 253
Strukturierte Programmierung 397
Stylus Innovation 465
Sub-Schlüsselwort 375
Subtraktion 276
Suchen
   in Zeichenkette 292
Suchkriterium 441
Summit Software Company 464
Symbol 107
   ändern 107
   Größe 162
Symbol laden-Dialogfeld 107
Symbol-Dateien 160
Symbolleiste 36
Syntaxfehler 312
Systemmenüfeld 107
   unterdrücken 108
Systemsteuerung-Dialogfeld 37

T

Tabellen 422, 430
Tabellenkalkulation 481
Tabellenstruktur-Dialogfeld 425, 426, 427
TabIndex-Eigenschaft 93, 114
   ändern 94
TabStop-Eigenschaft 116, 121
   unterdrücken 116
Tastaturereignisse 223

Tastenkombination 78
   in Textfeldern 137
Terminal 42
Testen 312, 314
   Befehle auskommentieren 308
Text-Eigenschaft 140
Textfelder 78, 137, 437
   ausrichten 140
   Auszeichnung 146
   Bildlaufleisten 142
   erstellen 137, 138
   Farben 147
   Hintergrundfarbe 147
   Kennwörter 143
   Länge des Textes 144
   MaxLength-Eigenschaft 144
   MultiLine-Eigenschaft 141
   Rahmen 138
   Schriftart 146
   Schriftgrad 146
   Tastenkombinationen 137
   Text-Eigenschaft 140
   Vordergrundfarbe 147
Tip des Tages 100, 481
Titelleiste 206
ToolTipText-Eigenschaft 118
Trennlinien 187f.
Trim-Befehl 295
Twips 109

U

Überwachung hinzufügen-Dialogfeld 319
Überwachungsfenster 37, 319
UCase-Befehl 290
Umkehrung 277
Umwandlung
   von Zeichenketten 295
Undo-Befehl 198
Untermenüs 195
   Einrückungsstufe 197
   erstellen 197
   mehrstufige 197
   Schachtelung 196
Unterprogramme 62, 371, 389
Unterprozedur 375
Unterroutinen 62

V

Value-Eigenschaft 264, 266
Variablen 239
   beobachten 319
   definieren 239
   deklarieren 240, 259
   Gültigkeitsbereich 256
   lokale 256
   modulweite 256
   Namen 240, 242
   öffentliche 257
   Variable zuweisen 247
   verfolgen 319
   Zahlenwerte zuweisen 243
   Zeichenketten zuweisen 244
Variant 253
Variant-Datentyp 253, 380
VB-Anwendungsassistent 35
VB-Datenformular-Assistent 100, 432, 480
VB-Klassenerstellungs-Assistent 404
VBAssist 458
VBP-Projektdatei 414f.
VBX 458
Verankern 39
Verarbeitung 238
Vergleich
   Zahlen 283
   Zeichenketten 284
Vergleichsoperatoren 275, 282
   Select Case 336
Verketten
   Zeichenketten 280
Verneinung 277
verschachtelte Schleife 365
Verschachtelung 339
   If-Then-Befehle 332
   Kontrollstrukturen 337
   Schleifen 365
Vertikale Bildlaufleisten 142, 150
Verzeichnislistenfeld 267
VideoSoft 461
Visible-Eigenschaft 193
Visual Basic
   bedienen 36
   Code 31
   Hotline 471

   laden 33
   Programmieren 27
   Zeitschriften 467
Visual Basic-Anwendungsassistent 53, 477
Visual Basic-Benutzeroberfläche 36
Visual Basic-Extension 458
Visual Basic-Pogramme 223
Visual Basic-Projekt
   drucken 453
Visual Basic-Prozedur
   Name 65
Visual Components 460, 462, 463, 468, 471
Visual Data Manager 421, 430
Visual Speller 462
Vordergrundfarbe 147
Vorhanden-Register 35, 51
Vorrang bei Operatoren 285
VSData 461
VSFlex 461
VSReports 461

W

Warning Message 207
Warning Query 207
Web-Site 35
Werkzeugsammlung 37, 43
Werte 239
Wiederherstellen-Befehl 198
Windows 42
Windows-Application-Interface 472f.
WMF 160
WordWrap-Eigenschaft 158

X

X1-Eigenschaft 169f.
X2-Eigenschaft 169f.
Xor 286
Xor-Operator 280, 282

Y

Y1-Eigenschaft 169f.
Y2-Eigenschaft 169f.

Z

Zahlen 238
    aus Zeichenkette erstellen 296
    in Zeichenketten umwandeln 296
    vergleichen 283
Zähler
    in For-Next-Schleifen 357, 362
Zeichen 109
Zeichenketten 238
    addieren 280
    aus Zahlen erstellen 296
    ausschneiden 291
    einbetten 292
    ersetzen 293
    Großbuchstaben 290
    in Zahlen umwandeln 296
    Kleinbuchstaben 290
    Länge berechnen 290
    Länge beschränken 255
    Leerzeichen entfernen 294
    links abschneiden 291
    manipulieren 289
    rechts abschneiden 291
    suchen 292
    umwandeln 295
    und Variable 244
    vergleichen 284
    verketten 280
Zeilenumbruch
    in Bezeichnungsfeldern 158
Zentimeter 109
Ziehpunkte 169, 170
Zielgruppe 75
Ziffern 238
Zoll 109
Zugriffstasten 84, 181
Zusatzprogramme
    BasicScript 464
    Formula One 460
    ImageStream 463
    PinPoint 463
    QuickPak Professional 459
    Sax Basic Engine 464
    Spread/VBX 460
    Telephonie 465
    VBAssist 458
    VBTools 459
    VBXRef 459
    Visual Deverloper's Suite 468, 471
    Visual Writer 462
Zusatzsteuerelement-Dateien 414

Visual Basic 5 für Windows Dummies – Schummelseite

Objekte, die Daten mit der Benutzeroberfläche austauschen

Objekt	Datentyp	Objekt-Eigenschaft
Bildlaufleisten	Zahl	Value (=Wert)
Dateilistenfeld	String	FileName (=Dateiname)
Dialogfeld Farbe	Long	Color (=Farbe)
Dialogfeld Öffnen	String	FileName (=Dateiname)
Dialogfeld Schriftart	Long	Color (=Farbe)
	Boolean	FontBold (=fett)
	Boolean	FontItalic (=kursiv)
	Boolean	FontStrikeThrough (=durchgestrichen)
	Boolean	FontUnderline (=unterstrichen)
	String	FontName (=Schriftartname)
	Number	FontSize (=Schriftgrad)
Dialogfeld Speichern unter	String	FileName (=Dateiname)
Kombinationsfeld	String	Text (=Text)
Kontrollkästchen	0 (Unchecked =Leer) 1 (Checked =Markiert) 2 (Grayed =Abgeblendet)	Value (=Wert)
Laufwerklistenfeld	String	Drive (=Laufwerk)
Listenfeld	String	Text (=Text)
Optionsfeld	0 (False=Falsch) 1 (True=Wahr)	Value (=Wert)
Textfeld	String	Text (=Text)
Verzeichnislistenfeld	String	Path (=Pfad)

Visual Basic-Dateierweiterungen

Dateierweiterung	Beschreibung	Inhalt
BAS	Moduldatei	Allgemeine Prozeduren
CLS	Klassenmodul	Definiert eine Klasse (ein Klassenobjekt)
FRM	Formdatei	Formulare, Ereignisprozeduren und allgemeine Prozeduren
OCX	ActiveX	Ein fertiges Programm-Control, das die Eigenschaften von Visual Basic erweitert
VBP	Projektdatei	Liste aller Dateien (FRM, BAS usw.), aus denen ein Visual Basic-Programm besteht

Kontrollstrukturen

```
If Bedingung Then Anweisungen

If Bedingung Then
    Anweisungen1
    Anweisungen2
End If

If Bedingung Then
    Anweisungen1
Else
    Anweisungen2
End If

If Bedingung1 Then
    Anweisungen1
ElseIf Bedingung2 Then
    Anweisungen2
End If

Select Case VariablenName
Case X
    Anweisungen1
Case Y
    Anweisungen2
Case Z
    Anweisungen3
End Select

Select Case VariablenName
Case X
    Anweisungen1
Case Y
    Anweisungen2
Case Z
    Anweisungen3
Case Else
    StandardAnweisungen
End Select
```

Schleifenstrukturen

```
Do While Bedingung
    Anweisungen
Loop

Do
    Anweisungen
Loop While Bedingung

Do Until Bedingung
    Anweisungen
Loop

Do
    Anweisungen
Loop Until Bedingung

For Zähler = Start To Ende
    Anweisungen
Next Zähler

For Zähler = Start To Ende
Step Inkrement
    Anweisungen
Next Zähler
```

Visual Basic 5 für Windows Dummies – Schummelseite

Namenskonventionen für Objekte

Objekt	Präfix	Beispiel
Anzeige	img	imgDirty
Befehlsschaltfläche	cmd	cmdSit
Bezeichnungsfeld	lbl	lblGraffitti
Bildfeld	pic	picAndShovel
Dateilistenfeld	fil	filThisBox
Figur (Kreis, Quadrat usw.)	shp	shpUpOrShipOut
Formular	frm	frmAStraightLine
Horizontale Bildlaufleiste	hsb	hsbTemperature
Kombinationsfeld	cbo	cboSandwich
Kontrollkästchen	chk	chkTheMail
Laufwerklistenfeld	drv	drvHardDisk
Linie	lin	linBorder
Listenfeld	lst	lstCandidates
Menü	mnu	mnuFileExit
Optionsfeld	opt	optStation101
Rahmen	fra	fraGroupedButtons
Textfeld	txt	txtWarning
Vertikale Bildlaufleiste	vsb	vsbVoltage
Verzeichnislistenfeld	dir	dirTree

Einfügemarke im Code-Fenster verschieben

Taste	Funktion
Strg + Pos1	Zum Anfang des Code-Fensters
Strg + Ende	Zum Ende des Code-Fensters
Strg + →	Ein Wort nach rechts
Strg + ←	Ein Wort nach links
Strg + ↓	Zur ersten Zeile der nächsten Prozedur
Strg + ↑	Zur ersten Zeile der vorhergehenden Prozedur
Strg + Bild-Ab	Zur nächsten Prozedur
Strg + Bild-Auf	Zur vorhergehenden Prozedur

Einfügemarke im Code-Fenster verschieben

Tastenkombination	Funktion
Alt + Q	Visual Basic verlassen
Strg + N	Ein neues Projekt erstellen
Strg + S	Eine Datei speichern
Strg + O	Ein vorhandenes Projekt öffnen
Strg + P	Ein Projekt drucken
Strg + S	Eine Datei speichern
F7	BASIC-Code anzeigen und editieren
Umsch + F7	Das Objekt einer bestimmten Ereignisprozedur anzeigen
Umsch + F2	Zur Definition des Wortes springen, das durch den Cursor identifiziert wird. (Nützlich, um den BASIC-Code hinter einem Prozeduraufruf oder die Definition einer Konstanten anzuzeigen.)
F2	Objektkatalog anzeigen
Strg + R	Alle Dateien anzeigen, aus denen ein Visual Basic-Programm zusammengesetzt ist
F4	Eigenschaftenfenster anzeigen
Strg + E	Pulldown-Menüs erstellen und editieren
Strg + D	Datei (FRM, BAS, CLS usw.) in ein Visual Basic-Projekt einfügen
Strg + T	ActiveX-Control (OCX-Datei) hinzufügen oder entfernen
F5	Visual Basic-Projekt ausführen